王叔岷著作集

諸子斠證

中華書局

圖書在版編目(CIP)數據

諸子斠證/王叔岷撰 . —北京:中華書局,2007.10
(王叔岷著作集)
ISBN 978 – 7 – 101 – 05787 – 4

Ⅰ.諸…　Ⅱ.王…　Ⅲ.先秦哲學 – 古籍 – 考證
Ⅳ.B220.3　G256.3 – 53

中國版本圖書館 CIP 數據核字(2007)第 111976 號

本書原由世界書局出版,現授權中華書局印行大陸版。
圖字:01 – 2007 – 4281 號

責任編輯:王　芳

王叔岷著作集

諸　子　斠　證

王叔岷　撰

*

中　華　書　局　出　版　發　行
(北京市豐臺區太平橋西里 38 號　100073)
http://www.zhbc.com.cn
E – mail:zhbc@zhbc.com.cn
北京市白帆印務有限公司印刷

*

700×1000 毫米 1/16 · 36¾印張 · 350 千字
2007 年 10 月第 1 版　2007 年 10 月北京第 1 次印刷
印數:1 – 3000 册　定價:78.00 元

ISBN 978 – 7 – 101 – 05787 – 4

王叔岷著作集出版説明

　　王叔岷先生，號慕廬，一九一四年生，四川簡陽人。幼習詩書，及長，喜讀莊子、史記、陶淵明集，兼習古琴。一九三五年，就讀於四川大學中文系，一九四一年考入北京大學文科研究所，師從傅斯年、湯用彤先生。後任職於中央研究院歷史語言研究所。一九四九年後，出任臺灣大學中文系副教授、教授。一九六三年後，先後任教於新加坡大學、臺灣大學、馬來西亞大學、新加坡南洋大學等校。一九八四年，自中研院史語所及臺灣大學中文系退休，仍擔任史語所兼任研究員及中國文哲所籌備處諮詢委員。

　　王叔岷先生治學，由斠讎入義理，兼好詞章，尤精研先秦諸子，遍校先秦漢晉群籍，撰有專書近三十種，論文二百餘篇，是海內外廣受推崇的斠讎名家。限於各種條件，王叔岷先生的著作在大陸已難於覓得。爲滿足學術界研究之急需，承蒙王叔岷先生及其女公子臺灣大學中國文學系王國瓔教授慨允，並得到中研院史語所、中國文哲所及華正書局、藝文印書館、大安出版社、世界書局等機構的大力支持，將王叔岷先生此前出版的重要學術成果授權中華書局以著作集的形式，整體推出。在此，謹向王叔岷先生、王國瓔教授及上述各機構，表示誠摯的謝意。

　　王叔岷著作集所選擇使用的版本，根據初版日期，依次如下：

諸子斠證,世界書局,一九六四年四月初版。

斠讎學(補訂本),史語所專刊之三十七,一九五九年八月初版,一九九五年六月修訂一版。

劉子集證,史語所專刊之四十四,一九六一年八月初版,一九七五年十一月再版。

陶淵明詩箋證稿,藝文印書館,一九七五年一月初版。

世説新語補正,藝文印書館,一九七五年九月初版。

文心雕龍綴補,藝文印書館,一九七五年九月初版。

顔氏家訓斠注,藝文印書館,一九七五年九月初版。

莊學管窺,藝文印書館,一九七八年三月初版。

慕廬演講稿,藝文印書館,一九八一年十二月初版。

史記斠證(全十册),史語所專刊之七十八,一九八三年十月初版。

校讎學別録,華正書局,一九八七年五月初版。

莊子校詮(全三册),史語所專刊之八十八,一九八八年三月初版,一九九四年二月再版。

慕廬雜著,華正書局,一九八八年三月初版。

古籍虚字廣義,華正書局,一九九〇年四月初版。

先秦道法思想講稿,文哲所中國文哲專刊之二,一九九二年五月初版。

鍾嶸詩品箋證稿,文哲所中國文哲專刊之一,一九九四年三月初版。

列仙傳校箋,文哲所中國文哲專刊之七,一九九五年四月初版。

左傳考校，文哲所中國文哲專刊之十四，一九九八年四月初版。

慕廬雜稿，大安出版社，二○○一年二月初版。

共計十九種三十册。自一九六四年諸子斠證出版，至二○○一年慕廬雜稿問世，時隔近四十年，各書體例不一，標點各異，本次結集，除王叔岷先生親筆校改之處、明顯因排版導致的衍、誤、錯字及紀年、標綫不清之處，予以必要的改正外，其餘基本保持原貌。

爲便於讀者使用，在徵得王叔岷先生同意後，將慕廬雜著、慕廬演講稿、慕廬雜稿、世說新語補正、文心雕龍綴補、顏氏家訓斠注彙編成慕廬論學集，油印本呂氏春秋校補亦予以收録，彙編後的慕廬論學集擬分二册。

另外，原莊子校詮的附録部分、諸子斠證附録淮南子與莊子、先秦道法思想講稿附録黃老考，歸入莊學管窺；劉子集證原版以雙行夾注排版，爲便於閱讀，改爲單行，標點按通行規範重新標加，不加專名綫。華正書局一九九三年十二月曾出版王叔岷先生的回憶録慕廬憶往，此次不收入著作集中，將單行出版。原慕廬雜稿所收傅斯年先生百歲誕辰紀念恭述所憶、整理先君耀卿公遺稿記及其附録王國瓔教授所撰淡泊名利之外，謹守規矩之中——我的父親王叔岷等三篇文章亦歸入慕廬憶往。

中華書局編輯部　二○○七年三月

王叔岷著作集書目

諸子斠證自序

民國三十年（一九四一）秋，岷始從事斠理古書。時亂年荒，未輟所業。先後寫成專著莊子校釋五卷、列子補正四卷、呂氏春秋校補一卷、郭象莊子注校記五卷、劉子集證十卷，單篇文論約五十篇。又綜合所獲經驗，寫斠讎學一卷。中外學人稱引拙說者頗多；自度淺疏，力求進益，近正整理司馬遷史記，旁搜博采，創獲甚豐。擬於三數年內，完成史記集證一部。但恐牽累太多，伏案之時苦少耳！

自三十八年（一九四九）初，浮海來臺，講學、撰述，未遑喘息；兼以指導諸生，心力交困。然諸生於斠讎之學，頗有得門徑，卓然可觀者。此差足以自慰也。近因應新嘉坡大學中國文學系之聘，離臺在即，選擇斠證諸子舊作十四篇，及附録五篇，都爲一集，以廣流傳。舊說之未安及未盡者，偶有修正補苴；其或校記、斠理標名之不同，則仍其舊。

憶昔幼時，日承庭訓，廣讀經傳子史，兼習競病之學。年事漸長，負笈遠遊，著作雖多，僅莊子校釋一部，寄呈家大人過目。一九五二年秋，始驚悉家破親亡矣！樹欲靜而風不止，子欲養而親不待，哀痛之情，時激於懷，謹以此集，追念親恩於萬一耳！

一九六三年五月十八日簡陽王叔岷自序於臺北慕廬。

目　録

附　録

管 子 斠 證

　　管子一書，古奧駁雜，向稱難讀。唐尹知章註雖以疏謬見譏，然，創始之功不可沒也。明劉績增註繼之，頗有發明。清乾、嘉以來，討治者漸多，斠斠之精，當推高郵王氏。戴望校正，博采眾說，附益己見，則頗便初學焉。次如孫詒讓札迻、劉師培斠補、陶鴻慶札記、于省吾新證，續有創獲，足資撫拾。而張佩綸之管子學，考證繁富，用力尤勤。岷於是書，粗加涉獵，亦時有弋獲，足補諸家未備。因據景宋楊忱刊本，檢驗羣書，條舉所見。糟魄之學，未敢自珍也。

牧 民 第 一

我佚樂之。

　　案治要引佚作逸，下同。

我存安之。

　　戴望云：御覽治道部五引作『我安存之。』

　　案景宋本御覽仍作『我存安之。』

故知予之爲取者，政之寶也。注：謂與之生全，取其死難也。

　　案史記本傳、治要、長短經八大私篇引予皆作與，與注合。

錯國於不傾之地，

　　張佩綸云：錯，治要作措，下同。

　　案長短經一政體篇引下文亦作措。措、錯正、假字。

錯國於不傾之地者，授有德也。

　　案自此至下文『不行不可復者，不欺其民也。』凡十一者字，治要引皆無。長短經引此至下文『不處不可久者，不偷取一世也。』凡十者字皆無，所據本蓋與治

1

要同。（張佩綸謂『治要節十一者字。』以長短經所引證之。治要恐非節引也。）

令順民心也。

案長短經引令作以。

使民於不爭之官者，

孫星衍云：長短經八引民作士，爭作諍。（洪頤煊義證引。）

案孫氏所稱長短經八乃長短經一之誤。

使各爲其所長也。

劉師培云：羣書治要使下有民字。

案長短經引使下有人字，蓋避唐太宗諱，以人代民也。

不偷取一世也。

案長短經引作『不偷一世宜也。』

唯君之節。

案治要引唯作維，同。

道民之門，

案治要引道作導。導、道正、假字。

形 勢 第 二

上無事則民自試。

戴望云：元刻則作而，與後解合。

案朱東光本則亦作而。

不足以享鬼神。

趙用賢本、歸有光諸子彙函本、享並作饗。戴望云：宋本饗作享，是也。

案朱東光本亦作享。享、饗古通。

美人之懷，定服而勿厭也。

俞樾云：『此句之義，爲不可曉。據形勢解曰：「貴富尊顯，民歸樂之，人主莫不
欲也。故欲民之懷樂己者，必服道德而勿厭也。而民懷樂之。」然則管子原文本
作「欲人之懷，必服而勿厭也。」故其解如此。若作「美人之懷，定服而勿厭，」

則解何以不及美字、定字之義乎？』

案此文無誤，形勢解云云，正以欲解美，必解定。『美人之懷，定服而勿厭也。』
卽『欲人之懷，必服而勿厭也』之意。俞氏蓋未深思耳！說文：『美與善同意。』
荀子彊國篇：『善日者王。善時者霸。』注：『善謂愛惜不忘棄也。』則美亦有
愛惜義。（陶淵明擬古九首之七：『佳人美清夜，達曙酬且歌。』美卽有『愛惜』
義。）愛惜與欲義近，（禮曲禮疏：心所愛爲欲。）故美可解爲欲。史記項羽本
紀：『項梁聞陳王定死。』定亦必也。與此定字同義。

必參於天地也。

安井衡纂詁參下補之字。云：諸本作『參於，』無之字，今從古本。解亦有之字。
案朱東光本參下有之字。據注：『故曰：參之天地。』是正文原有之字矣。

權 脩 第 三

野不辟也。

案治要引辟作闢，下同。

是以臣有殺其君、子有殺其父者矣。

案朱本上殺字作弒。

有身不治，奚待於人！

案待借爲持，儀禮公食大夫禮：『左人待載。』注：『古文待爲持。』卽待、持
通用之證。持、治互文，莊子讓王篇：『道之眞，以治身。』日本舊鈔卷子本治
作持；（呂氏春秋貴生篇同。）漁父篇：『爵祿不持。』舊鈔卷子本持作治，並
持、治通用之證。『有身不治，奚待於人！』卽『有身不治，奚治於人』也。下
文四待字皆同此義。

好用巫醫，

戴望云：元刻本醫作醫。

案朱本亦作醫。

莫如樹穀。

案意林引如作若，下同。

欲民之可御，則法不可不審。

王念孫云：審本作重，今作『不可不審』者，涉下文兩『不可不審』而誤。鈔本
北堂書鈔刑法部一、太平御覽刑法部四引此並作『不可不重。』

案王校是也。御覽引重下更有也字，當補。

則刑罰不可不審。

戴望云：元刻本審下有也字。

案朱本亦有也字。

立 政 第 四

孫星衍云：羣書治要引作立君。

案政與正同，廣雅釋詁：『正，君也。』是『立政』與『立君』義符。

則不可授與重祿。

趙本與作以。孫星衍云：宋本以作與，羣書治要引以亦作與，無授字。

案朱本亦作與，與猶以也，作以者後人所改耳。『則不可授與重祿，』與上文『則
不可加于尊位，』下文『則不可使任大官，』文例一律，治要引無授字，蓋誤脫
也。

而毋失於小人。

案治要引毋作無，同。

使者以發。

戴望云：元刻以作已。

案朱本亦作已。

薪蒸之所積，

案之當作有，涉上『宮室之用』而誤也。下文『歲雖凶旱，有所紛糅。』與此作
『有所』同。

勸勉百姓，

案朱本勉作免。

辯功苦。

案趙本辯作辨，朱本與此本同。

4

終於不可及。注：終則功成事逐，故不可及也。

戴望云：元刻本可作足。

案朱本亦作足，疑涉上『不足見』而誤。注文可證。

成而不議。

戴望云：鶡冠子（天則篇）作『成而不敗。』

案議讀爲俄，詩小雅賓之初筵：『側弁之俄，』鄭箋：『俄，傾貌。』廣雅釋詁：『俄，衺也。』傾、衺與敗義近。

乘 馬 第 五

地不平均和調，

戴望云：御覽三十六地部引作『均平。』

案注：『不均平和調，則地利或幾於息。』則正文本作『均平』矣。

春秋冬夏，陰陽之推移也。

戴望云：宋紹興本連上節，不別行。

案朱本、諸子彙函本並與紹興本同。記纂淵海一引『春秋冬夏』作『春夏秋冬。』

長短小大盡正。

案朱本小大同。趙本、諸子彙函本並倒作大小。

明日亡貨。

案亡字朱本同。趙本、諸子彙函本並作忘。忘、亡古通。

七 法 第 六

論材審用，

戴望云：宋紹興本材作財。

案朱本亦作財。財、材古通。下文『故聚天下之精財，』幼官篇作材，亦同例。

爲兵之數。

案通典百四十八、御覽二百七十引爲上並有夫字。

故兵未出境而無敵者八。是以欲正天下，

孫星衍云：『通典百四十八、太平御覽二百七十一引作「此八者皆强，故兵未出
境而無敵。八者悉備，然後能正天下。」文義方明晰，今本脫誤。』

案此文有脫無誤，『故兵未出境而無敵者八，』上下並有脫文，通典百四十八引
作『此八者皆須無敵。故兵未出境而無敵者八，悉備然後能正天下。』較今本多
十五字，是也。御覽二百七十（孫氏誤爲二百七十一）引作『此八者皆須。故兵
未出境而無敵八者。悉備然後能正天下。』『皆須』下蓋脫『無敵』二字，『無敵
八者，』乃『無敵者八』之誤倒，當據通典所引補正。『是以欲正天下』六字，
乃緊承『悉備然後能正天下，』以起下之詞，決非『然後能正天下』之誤。孫氏
未細繹文理；於通典、御覽亦失檢。

不試不臧。

案趙本、朱本、諸子彙函本臧皆作藏，古字通用。

動之如雷電。

案記纂淵海八十引電作霆，淮南子兵略篇同。

莫敢禁圉。

案日本古鈔卷子本淮南子兵略篇作『莫能壅圉。』（今本壅作應，詳淮南子斠證。）

脩務篇亦云：『莫能壅御。』壅與禁義近，圉與御同。

必順於理義。故不理不勝天下，

案趙本、朱本、諸子彙函本理皆作禮。禮猶理也，禮記仲尼燕居：『禮也者，理
也。』本書明法解：『明理義以道其主。』元本、朱本理並作禮，亦同例。

不可約也。

案通典一百五十兵錄三引可作能。（劉師培誤爲兵錄二。）

百戰百勝。

案通典引勝下有也字。

則無蓄積。

戴望云：宋紹興本蓄作畜。

案朱本亦作畜，畜、蓄古通。

故器械不功。

孫星衍云：功讀爲工。工，巧也。

案孫說是也，兵法篇功正作巧，下同。

雷電之戰者，士不齊也。

案不字疑涉下文『野不收，耕不獲』而衍。上文言『齊勇士，』可證。

故攻國救邑，不恃權與之國。

王念孫云：『故字涉上下文而衍。恃當爲待，幼官、事語二篇竝云：「不待權與。」是其證。今本涉上文「恃固」而誤。』

丁士涵云：『王改非也。幼官、事語二篇均係譌字。樞言篇曰：「恃與國。」八觀篇曰：「然則與國不恃其親。」淮南要略：「恃連與國。」亦作恃。是其明證。』（戴望校正引。）

案王改固非；丁說亦誤。恃、待古通，莊子徐无鬼篇：『故足之於地也踐。雖踐，恃其所不蹍而後善博也。人之於知也少。雖少，恃其所不知而後知天之所謂也。』淮南子說林篇恃作待；呂氏春秋審時篇：『辟米不得恃定熟，』注：『恃，或作待。』並其比。張佩綸云：『恃、待意同。』是也。

版 法 第 七

三經旣飭，

戴望云：宋本飭作飾。

案朱本亦作飾。飾、飭古通。

民乃自圖。

案趙本、朱本、諸子彙函本圖皆作圖。後解亦作圖。

悅在施有。（注：將悅於下，在於施無令有。）衆在廢私。（注：將欲齊衆，在於廢私。）

臧庸云：『尹注四字爲句者誤。後解作「說在愛施，有衆在廢私。」而宋本作「四說在愛施，」其上文云：「愛施俱行，則說君臣，說朋友，說兄弟，說父子。」此四說之明證也。然則此文實五字爲句，本篇脫四字、愛字，後解有愛字而脫四字。合之宋本，而四說之旨乃明。』（王氏雜志、戴氏校正並引。）

案臧說是也。朱本此文施上愛字未脫，最爲可貴；惟悅上仍脫四字。

幼 官 第 八

修鄉閭之什伍。

　　戴望云：元本無之字。

　　案朱本亦無之字。

審取予以總之。

　　案朱本予作與。

莫之能害，

　　戴望云：元本作『莫之能圉。』後圖亦作圉，此涉上文『無害』而誤。

　　案戴說是也，朱本亦作圉，

幼 官 圖 第 九

　　戴望云：宋本此篇先『西方本圖，』次『西方副圖，』次『南方本圖，』次『中方本圖，』次『北方本圖，』次『南方副圖，』次『中方副圖，』次『北方副圖，』次『東方本圖，』次『東方副圖。』與今本大異。恐宋本爲是。

　　案朱本與宋本同。

攻之以言。

　　戴望云：攻，當從一本作攷。攻字誤。

　　案朱本攻作攷。

五年大夫請變。

　　戴望云：元本作『請受變。』案前篇本有受字。

　　案朱本亦作『請受變。』

五 輔 第 十

暴王之所以失國家，

　　案治要引王作主。

賢人進而奸民退。

戴望云：元刻奸作姦。

案朱本亦作姦，治要引同。

臣不殺君。

戴望云：宋本殺作弒。

案朱本亦作弒。

修飢饉。

俞樾云：修乃備字之誤。

案俞說是也。上文『纖嗇省用以備飢饉。』字正作備。

賑罷露。

戴氏校正所據本賑作賜，云：宋本賜作賑，賜字誤。

案趙本、朱本賑字並同，與上文合。

宙合第十一

懷繩與准鉤。

戴望云：准，俗準字。

案諸子彙函本作準。下同。

詘信涅濡，

案諸子彙函本濡作濡。

可以無反於寒暑之菑矣。

張佩綸云：反，各本作及。

案朱本亦作反。

爵尊卽蕭士。

趙本、諸子彙函本卽並作則。戴望云：宋本則作卽。

案朱本亦作卽。

聽不慎不審不聰。

趙本、諸子彙函本不慎並作不順。丁士涵云：二字衍。

案丁說是也，朱本正作『聽不審不聰。』

不得不知則昏。

　　戴望云：宋本昏作惛，下同。

　　案趙本、諸子彙函本昏並作昏，下同。昏、昏同字。朱本昏作惛，下同。惛、惛
　　同字。昏、惛古通。

攻于一事者，注：攻一事，

　　戴望云：宋本攻作政，注文同。

　　案朱本亦作政，注文同。

樞 言 第 十 二

立而不立者四。注：人君雖欲自立，而重珠玉，則不令得立者四。謂喜、怒、惡、欲。

　　案『不立』疑本作『不敗，』涉上立字而誤也。下文『喜也者、怒也者、惡也者、
　　欲也者，天下之敗也。』與此敗字相應。尹注非。

萬物之脂也。

　　案趙本、朱本、諸子彙函本脂皆作指。

先王之所以最重也。

　　趙本最作冣。戴望云：元本作最，誤。

　　案朱本、諸子彙函本最字並同。

賢大夫不恃宗室。

　　趙本、朱本室並作至。王念孫云：當依宋本作室。

　　案諸子彙函本亦作室。

遺遺乎若有從治。

　　案朱本有下有所字。

明其刑而賤其士者殆。

　　戴望云：宋蔡潛道本賤作殘。

　　案朱本亦作殘。殘、賤古通，晏子春秋內篇諫下：『皆謂吾君愛樹而賤人。』記
　　纂淵海九五引賤作殘；莊子漁父篇 ：『擅相攘伐以殘民人。』道藏王元澤新傳
　　本、趙諫議本、元纂圖互注本、世德堂本殘皆作賤。並其比。

八　觀　第　十　三

而飢飽之國可以知也。

　　戴望云：宋本飢作饑，後皆放此。御覽地部三十引無以字。

　　案朱本亦作饑，下同。御覽地部二十引此無以字，戴氏失檢。（下文『芸之不蘄，』
　　御覽地部二十引蘄作勤，戴氏亦誤爲三十。）

觀臺榭。

　　戴望云：中立本觀作視。

　　案諸子彙函本亦作視。

什一之師，三年不解。

　　案朱本一作三。

實虛之國可知也。

　　案朱本實上有而字，是也。上文『而飢飽之國可知也。』『而貧富之國可知也。』
　　『而侈儉之國可知也。』下文『而治亂之國可知也。』『而彊弱之國可知也。』『而
　　行於其民、不行於其民可知也。』『而存亡之國可知也。』文例並同。

不論而在爵祿。注：不論志行，使之在爵祿之位也。

　　案趙本、朱本並作『不論志行而有爵祿。』據注，則此文本作『不論志行而在爵
　　祿。』此本脫『志行』二字，趙本、朱本在並誤有。諸子彙函本作『不論志行而
　　有爵祿也。』有字亦誤；也字乃涉注文而衍，上下文例可照。

豪傑材人。

　　案朱本人作臣。

法　禁　第　十　四

泰誓曰：紂有臣億萬人，亦有億萬之心。武王有臣三千，而一心。

　　案僞古文泰誓剽襲此文，略有刪改。亦、而互文，亦猶而也。古鈔卷子本淮南子
　　兵略篇：『故紂之卒百萬，而有百萬之心。武王之卒三千人，皆專而爲一。』（今
　　本有脫文，詳淮南子斠證。）卽本泰誓，亦正作而。

重令第十五

此霸王之本也。

　　戴望云：宋本作『伯王。』

　　案朱本亦作『伯王。』

不爲六者益損於祿賞。

　　戴望云：元本作『損益。』

　　案朱本亦作『損益。』

法法第十六

如是，則慶賞雖重，

　　案治要引『慶賞』作『賞慶。』

則民不誹議。

　　戴望云：宋本議作謗，下文同。

　　案朱本亦作謗，下同。

夫至用民者，殺之，危之，勞之，飢之，渴之。

　　案趙本、朱本『勞之』下並有『苦之』二字，據注『甚者危、殺之；其次勞、
　　苦、飢、渴之。』則有『苦之』二字是也。

故民未嘗可與慮始，而可與樂成功。

　　案商君書更法篇無功字，史記商君列傳同。

門廷遠於萬里。

　　案意林引廷作庭，古字通用。記纂淵海八引下文亦作庭。

十日而君不聞。

　　案意林引『不聞』作『不知。』下文『一月而君不聞，』亦作『不知。』

期年而君不聞。

　　案記纂淵海引『期年』作『周年。』

過與不及也，

案也字涉上下文而衍。治要引此正無也字。

勇而不義傷兵。

案朱本勇上有故字。

生於不正。

趙本於作而。戴望云：宋本而作於，是。

案朱本亦作於，治要引同。

倍法而治。

案治要引倍作背，古字通用。

賢人不至謂之蔽。

案朱本至作臣，蓋涉下文『忠臣不用』而誤。下文『爲賢者之不至，』與此相應。

上文亦作『賢人不至。』

忠臣不用謂之塞。

孫星衍云：羣書治要引用作至。

案治要引用作至，蓋涉上文『賢人不至』而誤。上文亦作『忠臣不用。』

從情之所好者也。

案治要無者字。

兵 法 第 十 七

金所以坐也。

劉師培云：玉海百四十一引坐作造。

案記纂淵海八十引坐亦作造。

大 匡 第 十 八

與夫人皆行。

戴望云：元刻皆作偕。

案朱本亦作偕。

不畏惡親聞容，昏生無醜也。

戴望云：『「聞容」當爲「閒咎，」廣雅釋詁：「閒，加也。」』

案容爲咎訛，良是；聞非誤字，聞猶問也，（晏子春秋內篇雜上：『曾子以聞孔子。』家語子貢問篇聞作問；莊子天地篇：『願聞聖治。』釋文引司馬彪本聞作問；荀子堯問篇：『不聞卽物少至。』楊倞注：『聞，或爲問。』皆聞、問古通之證。）『閒咎』卽『問咎，』下文『魯人告齊曰』云云，正所謂『問咎』也。『昏生』疑本作『昏主，』主、生形近，又涉上下文彭生字而誤也。

二月，魯人告齊曰，

　　案朱本無齊字。

使魯殺公子糾。

　　案朱本魯下有人字。

將胥有所定也。注：胥，待。

　　趙本、朱本胥並作胥，注同。戴望云：宋本『將胥』二字作『胥胥。』

　　案胥，當從趙本、朱本作胥，注同。胥，俗作胥，因誤爲胥耳。宋本將亦作胥，

　　則又涉胥字而誤也。

君果弱魯君，

　　案朱本作『若魯弱於君。』

今君箍封亡國，

　　案朱本箍作近。

諸侯之禮。

　　戴望云：元刻諸上有請字。

　　案朱本亦有請字。

遇山戎。

　　劉師培云：書鈔一百十四引遇作過，與安井衡纂詁所引古本合。

　　案朱本亦作過，遇卽過之形誤。安井衡所引古本，大都與朱本合。

食其委。

　　戴望云：朱本其作以，是。

　　案朱本亦作以。其字涉上文『養其馬』而誤。

耕者農農用力。

王念孫云：『此文內多一農字，後人所加也。「耕者農用力，」此農字非謂農夫，廣雅曰：「農，勉也。」言耕者勉用力也。下文云：「耕者用力不農。」亦謂用力不勉也。』

案『農農用力，』即『勉農用力，』非多一農字。下文本作『用力不農農，』即『用力不勉農』也。今本下文脫一農字，（說詳後。）王氏不知，因誤謂此文多一農字耳。

三大夫旣已選擧，

案朱本擧作得，疑涉上『得二、』『得一』字而誤。

上而見之於君。

戴望云：宋本無之字。

案朱本亦無之字。

用力不農，不事賢。行此三者，有罪無赦。

孫星衍云：『不事賢行，』御覽八百二十二引作『農不事賢行。』後人因上句『用力不農，』疑衍農字刪之，非也。

案御覽引『不事賢』上有農字，（鮑刻本農作事，涉『不事』字而誤。）是也。惟農字當屬上絕句。行字屬下爲句。孫讀失之。此言『用力不農農，』上言『農農用力，』文可互證。『不農農，』即『不勉農，』（詳上。）與『不事賢』對言。賢，財也。上文『事賢多，』亦謂『事財多』也。說文：『賢，多才也。』才與財同。（段注本改才爲財。）

工賈出入不應父兄，

案朱本『不應』下有於字，與上文一律。

中 匡 第 十 九

而后必有廢也。

戴望云：宋紹興本廢作發。

案朱本亦作發。

昔三王者旣弑其君。

　　案朱本弑作試，古字通用。

小 匡 第 二 十

不可棄其父母。

　　案治要引作『不可以弃其父母。』

君何不殺而受之其屍？

　　孫星衍云：左氏（莊九年）正義引受作授，無之字。

　　案朱本受亦作授。

是君與寡君賊比也。

　　戴望云：左氏正義引『寡君』下有之字，元刻同。

　　案朱本亦有之字。

於是魯君乃不殺。

　　戴望云：宋本是下有乎字，左氏正義同。

　　案朱本亦有乎字。

願以顯其功。注：願君試用管仲，以顯其定齊之功。

　　戴望云：宋本願作顧。

　　案朱本亦作顧，注同。

而百姓可御。

　　案朱本御下有矣字。

三鄉一帥。

　　案朱本三作五。

毋有淫泆者。

　　趙本泆作佚。戴望云：宋本作泆。

　　案朱本亦作泆。

且昔從事於此，

　　案朱本昔作暮，下同。齊語同。

16

其秀才之能爲士者，注：農人之子有秀異之材可爲士者。

案朱本才作材，與注合。

相示以功，相陳以巧。

戴望云：元刻作『相示以巧，相陳以功。』與齊語同。

案朱本功、巧二字亦互易。

民心未吾安。

案朱本無吾字。

禍福相憂。

戴望云：元刻無福字。

案朱本亦無福字。

乃召而與之坐。

戴望云：宋本乃作酒。

案朱本亦作酒。

聰明賢仁。

案趙本、朱本賢並作質。

事已成矣。

戴望云：宋本成作定。

案朱本亦作定。

桓公曰：甲兵大足矣。

戴望云：宋本別行。

案朱本亦別行。

管子對曰，

趙本作管仲。戴望云：宋本作管子。

案朱本亦作管子。

渠彌於有陼。

趙本作『河陼。』王念孫云：當依齊語作『有陼。』

戴望云：宋本作『有陼，』與齊語同。

17

案朱本亦作『有陼。』

中國諸侯，

趙本作『中諸侯國，』戴望云：宋本、元本作『中國諸侯，』此誤倒。

案朱本亦作『中國諸侯。』

龍旗九游。

戴望云：宋本旗作旂。

案朱本亦作旂。

於是又大施忠焉。

案朱本忠作惠。

通齊國之魚鹽東萊。

案朱本『魚鹽』下有于字。

敎大成。

戴望云：宋本敎下有之字。

案朱本亦有之字。

假五兵。

戴望云：朱本作『隱五刃。』

案朱本『假五兵，』同，戴氏失檢。

度義光德，

案朱本義作儀。

升降揖讓，進退閑習，辨辭之剛柔，

案治要、長短經一引此並無『辨辭之剛柔』五字，呂氏春秋勿躬篇、新序雜事四亦並無此五字。

墾草入邑，辟土聚粟多衆，盡地之利，

案治要、長短經引『辟土聚粟』上並無『墾草入邑』四字，下並無『多衆』二字。韓非子外儲說左篇、呂氏春秋、新序皆無『多衆』二字。

不撓富貴，

案治要引『富貴』二字倒。

則五子者存矣。

> 孫星衍所據本存作在，云：呂氏春秋在作足。

> 俞樾云：當依呂氏春秋作『則五子者足矣。』

> 案韓非子、新序存並作足。長短經引矣作焉。

夷吾在此。

> 案長短經引夷吾上有則字。

霸形第二十二

有貳飛鴻而過之。

> 案朱本、諸子彙函本貳並作二。

非唯有羽翼之故，是以能通其意於天下乎！

> 洪頤煊云：『非唯有羽翼之故，』案文義，不應有非字。藝文類聚（九六）、御覽（九一六）引俱無非字。

> 案『非唯有羽翼之故，是以能通其意於天下乎！』意卽謂『唯有羽翼之故，是以能通其意於天下也。』非字不當無。藝文類聚、御覽引此俱無非字，蓋妄刪；或誤脫，不足據。

寡人之有仲父也，

> 張佩綸云：治要、類聚、御覽『有仲父』下均無也字。

> 案北堂書鈔四九、記纂淵海九七引此亦並無也字。

則必從其本事矣。

> 丁士涵云：『本事』之事，涉上文『大事』而衍。元本作『從其事，』亦非。

> 案朱本亦作『從其事。』

桓公親管子曰，

> 戴望云：元刻親作視。

> 案趙本、諸子彙函本『親管子』並作『視管仲。』朱本親亦作視。

楚取宋、鄭而不止禁。

> 案止字朱本同。趙本、諸子彙函本並作知。

霸言第二十三

大本而小摽。注：摽，末也。

　　案趙本、朱本摽並作標，注同。標、摽正、假字。說文：『標，木杪末也。』

重而凌節者復輕。

　　戴望云：宋紹興本凌作陵。

　　案朱本亦作陵。

因其大國之重。

　　案朱本無其字。

夫神聖視天下之刑，

　　案朱本刑作形。

問 第 二 十 四

令守法之官日，

　　王念孫云：日當爲曰，字之誤也。『令守法之官曰』爲句。

　　案王說是也，朱本日正作曰。

戒 第 二 十 六

公亦固情鍾聲以嚴尊生。

　　案意林引亦作但。

靜然定生，聖也。

　　案然疑默之誤，莊子外物篇：『靜然可以補病。』文選江文通雜體詩注引作『靜

　　默，』然亦默之誤，與此同例。

夫唯有羽翼以通其意於天下乎！

　　案夫，當從霸形篇作非。涉上文『今夫』字而誤也。

以德予人者謂之仁。以財予人者謂之良。

　　案莊子徐无鬼篇仁作聖，(列子力命篇作聖人。)良作賢。(列子作賢人。)

20

必則朋乎！

案朱本作『必隱朋乎！』

居公門不忘其家。

案記纂淵海五四引居作在。

鮑叔之爲人，

案朱本人下有也字，下文『孫在之爲人』下亦有也字。據此，則下文『寧戚之爲人』下亦當有也字，文乃一律。

故公死七日不歛，九月不葬。

陶鴻慶云：『「七日」當作「六十七日，」兩不字當作而。僖公十七年左傳：「冬十月乙亥，齊桓公卒。十二月乙亥，赴。辛巳夜，殯。」杜注云：「六十七日而殯。」史記齊世家：「桓公尸在牀上六十七日，尸蟲出於戶。」故此云「六十七日而歛」也。春秋經十有七年：「冬十二月乙亥，齊侯小白卒。」次年：「秋八月丁亥，葬齊桓公。」相距九月，故此云「九月而葬」也。傳寫奪「六十」二字，後人輒改兩而字爲不。然諸侯正禮，五日而歛，五月而葬，不當以「七日不歛，九月不葬」爲異也。足明其誤。』

案『七日不歛，』劉師培亦疑七上挩『六十』兩字，惟未言不當作而。據淮南子精神篇高誘注：『桓公卒，五公子爭立，六十日而殯，蟲流出戶。五月不葬。』所謂『六十日而殯，』乃舉大數言之，亦可證成陶說。諸侯正禮，五月而葬，高注之『五月不葬，』乃對正禮而言，明其不以時葬也。據春秋經，則此文之『九月不葬，』自當從陶說作『而葬』矣。

君臣上第三十

以勞授祿，

案授字朱本同。趙本作受。

人臣也者，

案朱本『人臣』二字倒。

竊久而不知，

趙本寑作寢。戴望云：宋本濅作寢。

　　案朱本亦作寢。

共大者有侵侮殺上之禍。

　　戴望云：宋本殺作弒。

　　案朱本亦作弒。

君臣下第三十一

明君之道。

　　戴望云：元本道下有也字。

　　案朱本亦有也字。

此宮亂也。

　　案長短經二(孫星衍誤爲十二)引『宮亂』作『家亂。』下文『家亂』作『宗亂。』

庶有疑適之子，

　　案治要、長短經適並作嫡。

小稱第三十二

毋患人莫己知。

　　案治要引毋作無。下文『可毋愼乎！』毋亦作無。

以爲可好。

　　戴望云：宋本無可字。

　　案朱本亦無可字。

仲父之病病矣。

　　戴望云：當依呂覽知接篇作『仲父之疾病矣。』

　　案作『病病矣，』亦自可通。莊子徐无鬼篇、列子力命篇並作『仲父之病病矣。』

　　（元本、世德堂本列子下病字並作疾，非。）晏子春秋內篇諫上：『寡人之病病

　　矣。』亦同例。

夫易牙以調和事公，

孫星衍云：羣書治要引和作味。

案治要引和作味，味乃咊之誤，咊、和古、今字。淮南子齊俗篇：『煎敖燎炙，
齊和萬方。』今本和誤味，（王念孫有說。）與此同例，淮南子精神篇：『桓公甘
易牙之和，』與此和字同旨。

於是烝其首子而獻之公。

孫星衍云：『首子』當作『子首，』韓非子難一篇宋本作『子首』。

戴望云：治要『首子』作『子首，』韓子難篇同。今本誤倒。

案治要引作『子首，』乃『首子』之誤倒。道藏本、趙用賢本韓非子二柄篇、十
過篇、難一篇及淮南子主術篇、精神篇高誘注皆作『首子。』宋本韓非子作『子
首，』亦『首子』之誤倒。（說詳韓非子斠證二柄第七。）不足據。

吾何面目以見仲父於地下。

戴望云：宋本無於字。

案朱本亦無於字。

四稱第三十三

固其武臣，

案朱本其作大，蓋涉上文兩大字而誤。

仲父已語我其善，

案朱本已作以。

不諱其辭。

趙本諱作毀，戴望云：宋本作『不諱。』

案朱本亦作『不諱。』

迷或其君。

戴望云：宋本或作惑。

案朱本亦作惑。

23

侈靡第三十五

好禮樂而如賤事業。注：末業，常人貴之，賢人賤之。今則賢者之好禮樂，如常人貴末業。

案『事業』本作『末業，』注文可證。

故嘗至味。

戴望云：宋本至作致。

案朱本亦作致。

毋仕異國之人，

案朱本仕作事，事、仕古通。詩小雅四月：『盡瘁以仕。』箋：『仕，事也。』大雅文王有聲：『武王豈不仕？』傳：『仕，事。』並其證。

故雖有聖人惡用之！

戴望云：宋本無有字。

案朱本亦無有字。

任之以事，因其謀。

戴望云：元刻因上有而字。

案朱本亦有而字。

重不可起輕。

案輕字當屬下『重有齊』爲句。朱本不誤。（趙本衍一輕字，戴氏校正已言之。）

國雖羸，令必敬以哀。

丁士涵云：哀當是愛字之誤。

案哀、愛古通，禮記樂記：『肆直而慈愛者，』鄭注：『愛，或爲哀。』卽其證。本書形勢篇：『見哀之俲，幾於不結。』（今本俲誤役。）亦以哀爲愛，（詳王念孫說。）與此同例。丁說非也。

然後移商人於國。

案朱本人作入。

智運謀而雜蘗刃焉。

趙本上方校語云：雜，一作離。

案作離，義不可通，離卽雜之誤。雜、離形近，往往相亂，莊子繕性篇：『離道
以善。』淮南子俶眞篇離誤雜；淮南子兵略篇：『故羣居雜處，』日本古鈔卷子
本雜誤離。並其證。

分其多少，以爲曲政。

案注：『隨其多少，委曲爲政。』疑正文本作『以曲爲政。』

周、鄭之禮移矣。

案朱本無此句。

心術上第三十六

掃除不絜，神乃留處。

戴望云：『宋本乃作不，丁（士涵）云：「當從宋本，下文云：不絜，則神不處。」』
（俞樾說同。）

案朱本乃亦作不。

去智與故，注：故，事也。

案故猶巧也，淮南子俶眞篇：『不以曲故是非相尤。』注：『曲故，曲巧也。』主
術篇：『上多故則下多詐。』注：『故，巧也。』並其證。韓非子揚搉篇：『去智
與巧。』故正作巧。尹注非。

心術下第三十七

是故曰：無以物亂官。

戴望云：元本無是字。宋本無作毋。

案朱本亦無是字。無亦作毋。

是故聖人一言解之，上察於天，下察於地。

王念孫云：『一言解之，』當依內業篇作『一言之解。』解與地爲韻。

案王說是也。淮南子原道篇：『一之解，際天地。』卽本管子，亦可證此文『解
之』二字誤倒。察、際古通。

白心第三十八

建當立有，

王念孫云：當當爲常，有當爲首，皆字之誤也。下文『非吾當，』當字亦當爲常。

案王氏謂有爲首之誤，是也；惟當、常古通，則無煩改字。晏子春秋外篇重而異

者第七：『則虞、夏當存矣。』明活字本當作常；荀子榮辱篇：『是又人之所常生

而有也。』記纂淵海六一引常作當；淮南子原道篇：『曲因其當。』文子道原篇

當作常；文子道德篇：『故聖人常聞禍福所生而擇其道。』唐寫本常作當；本書

版法解：『惡不公議而名當稱。』朱本當作常，皆其比。

故曰：功成者隳。名成者虧。故曰：孰能棄名與功，而還與衆人同？

案下『故曰』二字疑涉上『故曰』二字而衍，上文『故曰：有中有中。孰能得夫

中之衷乎？』與此文例同。

洒乎天下滿。注：風之洒散滿天下也。

趙本洒作灑，戴望云：朱本作洒。

案朱本亦作洒，與注合。

滿盛之國，不可以仕任。注：滿盛則敗亡，故不可任其仕也。

王念孫云：『任卽仕字之誤，今作「仕任」者，一本作仕，一本作任，而後人誤

合之也。尹注云：「不可任其仕。」則所見本已衍任字矣。』

案任似非仕字之誤，『仕任』疑『任仕』之誤倒。注云：『不可任其仕。』是正

文本作『不可以任仕』矣。仕與事同，記纂淵海五二引注作『不可任其事。』是

也。

水地第三十九

目之所以視，

案朱本無以字。

欲小則化如蠶蠋。

案文選張平子西京賦注、御覽九二九、事類賦注二八、記纂記海九九引此皆無化

字。

欲大則藏於天下。

案記纂淵海引作『欲大則極天地。』

欲上則凌於雲氣。注：佇，上也。

案御覽引作『欲上則陵雲。』事類賦注、記纂淵海並引作『欲上則凌雲。』陵、

凌古通。朱本上作佇，與注合。

欲下則入於深泉。

孫星衍云：太平御覽、事類賦注引作『欲沈則伏泉。』

案記纂淵海亦引作『欲沈則伏泉。』

戴黃蓋。

戴望云：宋本戴作載。

案朱本亦作載。

秦之水泔冣而稽。注：冣，絕也。

俞樾云：宋本冣作最。

案朱本亦作最，與注合。

故其民閔易而好正。

孫星衍云：困學紀聞（十）引閔作簡。

戴望云：意林引閔作簡，元刻同。

案朱本亦作簡。

四 時 第 四 十

是故春行冬政則雕。注：肅殺之氣乘之，故雕落也。

戴望云：宋本雕作彫，案彫、雕皆凋借字。

案朱本亦作彫，注同。

行夏政則欲。

案朱本欲作燠。

五政苟時，

孫星衍云：白帖二引作『順時。』

案記纂淵海二亦引作『順時。』

居不敢淫佚。

戴望云：宋本居下有而字。

案朱本亦有而字。

圉小辯。圛譯誋。注：小辯則利口覆國。

案朱本辯作辨，注同。辯、辨古通。趙本誋作跟，朱本與此本同。

趣聚收。

劉師培云：初學記三、事類賦注五並引趣作趍。

案記纂淵海二亦引作趍。

修牆垣。

案初學記三、事類賦注五、記纂淵海皆引作『修垣牆。』

周門閭。

孫星衍云：初學記、太平御覽（二四）、事類賦注俱引作『謹門閭。』

案記纂淵海亦引作『謹門閭。』

五政苟時，五穀皆入。

案初學記、記纂淵海引苟並作敬，入下並有也字。

五行第四十一

昔者黃帝得蚩尤而明於天道，

案北堂書鈔四九、初學記九、御覽七九引於皆作乎，下五於字亦皆作乎。

作五聲以政五鍾。

案御覽五七五引政作正。

然后作立五行以正天時。

案記纂淵海一引『天時』作『天命。』

順山林，

案朱本順作慎，古字通用。

蠹蟄蟲卵菱。

案朱本卵作卯。

亡傷綴葆。

案葆字朱本同。趙本作褓。

九變第四十四

不然，則上之敎訓習俗慈愛之於民也厚，無所往而得之。

戴望云：御覽（二百七十）引此文也字在『得之』下。

案御覽引民下有也字，『得之』下亦有也字，非引也字在『得之』下也。通典一

四八引『得之』下亦有也字。

任法第四十五

不思不慮，不憂不圖。

案朱本無此八字。

百官伏事者，

案伏字朱本同，趙本作服。古字通用。

羣臣修通輻湊，以事其主。

張文虎云：『修通』疑『循道』之誤。

案『修通』非誤字，韓非子難一篇：『百官脩通，羣臣輻湊。』（又見淮南子主

術篇、文子上仁篇。王念孫有說。）正同此例，張說非也。

皆虛其匈以聽其上。

案朱本下其字同。趙本作於。

明法第四十六

不一至於庭。

案記纂淵海五四引不上有而字。

治國第四十八

而亂國必貧。

案必字朱本同。趙本作常。

民無所游食則必農。

戴望云：農上當脫事字，下文可證。

案商君書墾令篇：『民無所於食則必農。』與此句法同。戴說非也。

捨本事而事末作，

案朱本捨上有民字。

故逃徙者刑，注：謂有刑罰。

案朱本刑上有有字。據注，疑正文本有有字。

人主之大務。

案朱本主作生。

內業第四十九

彼道之情，

張佩綸云：彼當作彼，字之誤也。

案趙本、朱本、諸子彙函本皆作彼。

凡道無根無莖，

案朱本凡上有故字。

神明之極，照乎知萬物。

洪頤煊云：照與昭通，乎字衍。

案朱本照正作昭。

搏氣如神，萬物備存。能搏乎！

戴望云：搏皆摶字之誤，說見立政篇。

案朱本、諸子彙函本搏並作摶。下文『一意搏心，』亦並作摶。

大充傷而形不臧。

案朱本臧作藏，古字通用。

封 禪 第 五 十

七十二家。

劉師培云：一切經音義二十一引『七十二』作『七十有二。』

案一切經音義引此作『有七十二家。』劉氏失檢。記纂淵海七七引家作塚，未知
何據。

帝佸封泰山，

案趙本、朱本佸並作瞽，記纂淵海引同。

小 問 第 五 十 一

以共其財。

戴望云：宋本財作材。

案朱本亦作材。

傳馬棧最難。

案意林引傳上有惟字。

直木毋所施矣。

案意林引直上有則字，下文『曲木亦無所施矣。』曲上亦有則字。

祝鼀已疕獻胙。

戴望云：『尹注云：「祝，祝史。鼀疕，其名也。」則正文當作「祝鼀、祝疕，』
故以「祝，祝史。」總釋兩祝字也。今作已者，祝之壞字耳。』

案朱本注作『祝，祝史。鼀已疕，其名也。』是也。此本及趙本注並脫已字，戴
氏不知，遂妄謂正文已爲祝之壞字矣。

瞑目而視祝鼀已疕。

趙本『瞑目』作『瞑目。』王念孫云：『瞑目』當爲『瞑目。』

戴望云：宋本作『瞑目。』

案朱本亦作『瞑目。』

祝鬼已疕授酒而祭之。

案朱本授作受。

眴眴乎何其孺子也！

戴望云：宋本無何字。

案朱本亦無何字。據下文，當有何字。

宵娥應之曰：浩浩乎！

戴望云：『元刻此句下有「育育乎」三字。丁云：「當據元刻補。」』

案朱本此下亦有『育育乎』三字。

七臣七主第五十二

張文虎云：據篇中『七主』在前，『七臣』在後，則篇題臣、主二字當互易。

案諸子彙函本正作『七主七臣。』

呼鳴美哉，成事疾！

戴望云：元本『呼鳴』作『鳴呼。』

案朱本亦作『鳴呼。』

秋毋赦過，

戴望云：宋本毋作無，與上下文同。

案朱本亦作無。

吏民規矩繩墨也。

案朱本吏作使，吏與使同。金文吏、使同字。

上多喜善賞，不隨其功。

戴望云：元刻賞下有而字，是。

案朱本亦作『而不隨其功。』

故有百姓無怨於上。

案有疑其之誤。古書中有、其二字往往相亂。

禁藏第五十三

夫冬日之不濫，非愛冰也。

　　孫星衍云：意林、太平御覽二十二、又三百九十五引濫作盥，冰作水。

　　案記纂淵海五七引濫亦作盥，冰亦作水。

爲不適於身、便於體也。

　　戴望云：御覽引便上有不字。

　　案記纂淵海引便上亦有不字。

於以養老長弱，

　　案朱本弱作幼。

行法不道，

　　戴望云：宋本行作刑。

　　案朱本亦作刑。

遠之不能勿忘。

　　案朱本忘作惡。

就彼逆流，

　　孫星衍云：意林引作『衝波逆流。』

　　案朱本彼亦作波。

蒩笠以當盾櫓。

　　洪頤煊云：『蒩當作菹，注云：「收菹澤草以爲笠。」字亦作蒩。』

　　案洪說是也，朱本蒩正作菹，注同。

振孤獨。

　　戴望云：宋本振作賑。

　　案朱本亦作賑。

夫叙鈞者，所以多寡也。注：叙鈞，謂叙比其鈞平。

　　戴望云：元本、劉本叙作綴。

　　案朱本亦作綴，注同。

權衡者，所以視重輕也。

　　案記纂淵海三引『重輕』作『輕重。』

一曰：視其所愛，以分其威。注：令敵國之所愛者各權，則其威分也。

　　戴望云：元本威下有權字。

　　案朱本亦有權字，疑涉注文而衍。

一人兩心，其內必衰也。

　　案也字涉注『故內衰也』而衍。

臣不用，其國可危。注：臣旣不爲君用力，故其國可危。

　　案用下疑本有力字，注文可證。

入國第五十四

入國四旬，五行九惠之教。

　　案北堂書鈔三九引教作政。

桓公問第五十六

齊桓公問管子曰，

　　戴望云：宋本作管仲。

　　案朱本亦作管仲。

以觀人誹也。

　　戴望云：類聚（十一）人作民。

　　案治要亦引作民。

度地第五十七

人君天地矣。

　　案朱本矣作也。

閱具備水之器。

　　戴望云：元刻具作其，是也。

案朱本亦作其。

籠函板築各什六。

戴望云：函，舀字之譌。宋本正作舀。

案朱本亦作舀。舀、函正、俗字。

暑雨止。

案朱本雨作氣。

實廇倉。

案朱本廇作廩。

終歲以毋敗爲故。

趙本故作固，戴望云：宋本作故，元本作效。

案朱本亦作效。

地員第五十八

七八五十六尺而至於泉。

俞樾云：宋本作『八七五十六尺。』（戴望說同。）

案朱本亦作『八七五十六尺。』

徙山十九施，

趙本、諸子彙函本並作徙山，戴望云：宋本作徙山。

案朱本亦作徙山。

其草如茅與走。

洪頤煊云：走疑蓬字之譌。

王紹蘭注云：走蓋走之壞字，走卽蓬之省文。

丁士涵云：走疑莞字誤。

案走疑芻之聲誤。

各有草土。

戴望云：元本土作木。

案朱本亦作木。

乾而不捂。注：捂謂堅禦也。

案朱本捂作格，注同。

莖葉如枎櫔。注：枎櫔，亦草名。

戴望云：宋本枎作扶。

案朱本亦作扶，注同。

猗士之夾曰五弘。

戴望云：宋本作『五弘。』

案朱本亦作『五弘，』下同。

弟子職第五十九

衣帶必飭。

案飭字朱本同，趙本作飾。

所求雖不在，

戴望云：朱本在作得。

案注：『求雖不得，』是正文在本作得。

形勢解第六十四

故家事辦焉。

戴望云：宋本辦作辨。

案朱本亦作辨。

乘於水則神立，失於水則神廢。

案御覽九二九、記纂淵海九九引此並無兩於字。『乘水則神立，失水則神廢。』

與下文『得民則威立，失民則威廢。』句法一律。

莫不欲利而惡害。

案治要引害下有也字。

則禁止。

案治要引止下有矣字。

則民循正。

　　戴望云：元本循作脩。

　　案朱本亦作脩，脩乃循之誤。

天下畔之。

　　案畔字朱本同，趙本作叛，古字通用。下文『則民離畔而不聽從。』朱本畔字亦

　　同，趙本亦作叛。

舉事而有禍。

　　戴望云：元本無而字。

　　案朱本亦無而字，蓋誤脫也。『舉事而有禍，』與上文『舉事而有福。』句法一

　　律。

故曰：犧牲珪璧，不足以享鬼。

　　戴望云：鬼下脫神字，元本有。

　　案朱本亦有神字。

方圓曲直，

　　案藝文類聚七一、記纂淵海三引圓並作圜。下文『以規矩爲方圜則成。』朱本亦

　　作圜。

非斲削也。

　　孫星衍云：藝文類聚（七一）引作『非斤刀也。』

　　案藝文類聚引此仍作『非斲削也。』（與形勢篇同。）孫氏失檢。（戴望說與孫

　　同，亦失檢。）

雖召之而民不來也。

　　案治要引不下有可字。

故曰：唯夜行者獨有之乎！

　　戴望云：元本乎作也，與本篇合。

　　案朱本亦作也。

故曰：舉長者可遠見也。

　　戴望云：元本見下有者字。

案朱本亦有者字。

海不辭水，故能成其大。山不辭土石，故能成其高。

戴望云：『元本無石字，丁云：「山不辭土，」與「海不辭水」對文，文選三引亦皆無石字，意林同。』

案記纂淵海七引大作深，六、六十引高並作大。史記李斯列傳亦云：『太山不讓土壤，故能成其大。河海不擇細流，故能就其深。』索隱引此文山上有泰字，亦與李斯列傳合，泰與太同。朱本無石字，與元本合。

則臣不知於爲臣之理以事其主矣。

戴望云：元本無於字。

案朱本亦無於字。

故曰：父不父，子不子。

戴望云：元本子上有則字。

案朱本亦作『則子不子。』

故能長守貴富，

案治要引『貴富』作『富貴。』

則國非其國而民無其民也。

戴望云：元本無作非。

案朱本亦作非，治要引同。

莫知其舍之也。

戴望云：元本舍作釋。

案朱本亦作釋，古字通用。

故明王之動作雖異，

案王當作主，上下文皆作『明主。』（上文『明主之動靜得理義，』下文『明主與聖人謀，』朱本主亦並誤王。）

故曰：萬事之任也，異起而同歸。

王念孫云：形勢篇作『萬事之生也，異趣而同歸。』是也。生、任，趣、起，皆字形相近而誤。

戴望云：元本起作趣。

案朱本亦作趣。

爲天下僇者，

案治要引僇作戮，同。

則小可爲大，賤可爲貴。

案治要引可下並有以字。

雖大必削。

戴望云：元本作『雖成必敗。』

案朱本亦作『雖成必敗。』

後必相咄。

孫星衍云：意林引咄作吐。

戴望云：宋本咄作吐。

案作吐是。一切經音義五二引蒼頡篇：『吐，棄也。』『相吐』猶『相棄』也。咄
乃吐之誤，隸書出或省作士，與土形近，故士、出往往相亂。漢書外戚傳：『必
畏惡吐棄我，』漢紀吐誤咄，正同此例。

明主不用其智，而任聖人之智。

戴望云：中立本聖作衆。

案下文『故以聖人之智思慮者，無不知也。』即承此『任聖人之智』而言，中立
本聖作衆，涉下『任衆人之力』而誤，不足據。

能自去而因天下之智力起，

戴望云：元本無起字，此誤衍。

案朱本亦無起字，蓋涉上文『以衆人之力起事者』而衍。

則醜恥而人不信也。

戴望云：元本則下有身字。

案朱本亦有身字，是也。『則身醜恥而人不信也，』與上文『則天下乖亂而民不
親也』對言。

而有親心焉者，

案治要引而下有皆字。

使人有理，遇人有禮。

案朱本作『使人有禮，遇人有信。』下文『遇人不信，』正對此『遇人有信』而言。

此不可復之行。

案治要引行下有也字。

立政九敗解第六十五

甲弊兵彫。

案朱本作『甲兵弊彫。』

必不勝也。

戴望云：宋本作『必不能勝也。』

案朱本不下亦有能字。

人君唯無好全生，

戴望云：宋本無作毋，下皆同。

案朱本亦作毋，下皆同。

然則賢者不為下，

戴望云：元本下作力。

案朱本亦作力。

版法解第六十六

成事以質。

案朱本質誤箕，下同。

則必有崩阤堵壞之心。

案朱本阤作弛，壞誤壞。

愛施所設。

戴望云：元本作『愛施所施設。』

案朱本設上亦有施字，蓋涉上施字而衍。

故曰：備長存乎任賢。

戴望云：元本存作在。

案朱本備誤偹，存亦作在。

惡不公議而名當稱。

趙本上方校語云：『當，一作常。』案朱本亦作常。

明法解第六十七

貴臣不得蔽賤。

案朱本蔽下有其字。

私術者，

戴望云：元本作『利術。』

案利乃私之形誤，下文『法廢而私行，』卽承此私字而言。

疏遠鬲閉而不得聞。

案朱本鬲作隔，下文『能鬲君臣之間，』亦作隔。隔、鬲正、假字。

夫賞功誅罪，

案治要引罪下有者字。

則害禾穀。

案記纂淵海五十引穀作稼。

以法量功，

戴望云：元本作『以法賞功，』與『以法誅罪』對文。

案朱本量亦作賞。

所以得短長之情也。

趙本『短長』作『長短。』戴望云：朱本作『短長，』御覽資產部十引亦作『短長。』

案朱本及御覽所引與此本合。治要亦引作『短長。』

是故忘主死佞以進其譽。

戴望云：宋本死作私。

　　案朱本亦作私。

而除主之所惡者，

　　案治要引者下有也字。

家與家務相益，

　　丁士涵云：元本無『與家』二字。

　　案朱本亦作『家務相益。』

小臣持祿養佼，

　　孫星衍云：明法篇佼作交。

　　案韓非子有度篇亦作交。

故以戰功之事定勇怯。

　　孫星衍云：治要引功作攻。

　　案朱本亦作攻。

專任法不自舉焉。

　　案朱本不上有而字。

明理義以道其主。主無邪辟之行，

　　趙本辟作僻。戴望云：元本理作禮，僻作辟。

　　案朱本與元本同。治要引道作導，辟作僻。

巨乘馬第六十八

君過春而不止，

　　案君，當從朱本作若。若、君形近，又涉上『今君』字而誤。

穀失於時，

　　戴望云：元本於作其。

　　案朱本亦作其，於猶其也。

而織歸於府者，

　　戴望云：元本織作功。

案朱本亦作功。

海王第七十二

此其大曆也。注：曆數。

案通典十引曆作歷，注同。作歷是故書。

人數開口千萬也。

趙本開作問，孫星衍云：問，當依宋本作開。揆度篇俱作『開口。』通典十引亦
作『開口。』

案朱本亦作『開口。』

行服連軺輂者，

趙本輂作輦，王念孫云：輦，當依朱本作輂，通典引此亦作輂。

案朱本及通典所引與此本合。

儺鹽於吾國。

案朱本儺作售，通典引同，俗。

國蓄第七十三

皆以其技能望君之祿也。

案通典十二引望作冀。

夫民者信親而死利。

趙本『信親』作『親信，』戴望云：宋本夫作故，『親信』作『信親。』

案宋本與戴氏所稱宋本同。

則臣不盡其忠。

戴望云：元本臣作民。

案盡忠當指臣言，趙本、朱本及通典引此臣字皆同。元本作民，民卽臣之形誤。

韓非子揚權篇：『毋使臣比周，同欺其上。』亡徵篇：『公壻公孫，與臣同門。』
今本臣並誤民，（詳韓非子斠證揚權第八。）與此同例。

貧則不可以罰威也。

案通典引『罰威』作『威罰，』鹽鐵論錯幣篇同。

利有所幷藏也。

王念孫云：藏字涉上文『穀有所藏』而衍。幷與屏同，屏卽藏也。漢書食貨志引此正作『利有所幷也。』

案朱本亦作『利有所幷也。』

然則人君非能散積聚，

案通典引非作不，輕重甲篇同。非猶不也。

夏以奉芸。

戴望云：宋本芸作耘。

案朱本亦作耘。

鍾饟糧食，

洪頤煊云：『鍾饟』當作『種饟，』漢書食貨志引此作『種饟。』山國軌篇尹注亦作『種饟糧食。』

戴望云：宋本作『種饟。』

案朱本亦作『種饟。』鍾、種古通，淮南子天文篇：『人氣鍾首，』玉燭寶典十一引鍾作種，卽其比。

是故民無廢事，

案通典引民作『人君。』

彼人君守其本委謹，

戴望云：宋本守作收。

案通典彼作使。朱本守亦作收。（注：『但嚴守利途，』守亦作收。）

列陳係纍獲虜。

案係字朱本同。趙本作繫。

玉起於禺氏。

案通典八引玉上有夫字。地數篇亦有夫字。

山國軌第七十四

不陰據其軌，皆下制其上。

戴望云：元本皆作者。

案朱本亦作者，屬上讀。

此若言何謂也？

案若字疑涉下文『若干』字而衍。

未淫失也。

戴望云：元本失作決。

案朱本亦作決。決疑泆之誤，泆、失古通。

上且脩游人出若干幣。

趙本上方校語云：一本作『上且隣循。』

案朱本亦作『上且隣循，』下文『鄰縣』字朱本並作隣，隣字蓋涉下文而衍，循乃脩之誤。

爲之有道乎？

趙本乎作予，王念孫云：予，當依宋本作于，于卽乎字也。平字古通作于，通典食貨十二徑改爲乎，義則是而文則非矣。

案通典引此作乎，與此本合。朱本亦作乎。

捍籠篸箕，勝藏屑糫。

戴望云：宋本籠作籠，糫作糗。

案朱本籠亦作籠，糫亦作糗。

夏十日不害芸事。

戴望云：宋本芸作耘。

案朱本亦作耘。

以幣貲金。

戴望云：元本貲作貨。

案朱本亦作貨。

山權數第七十五

請閉心禁。

戴望云：宋本閉作問，是。

案朱本亦作問，聞、問古通。（例詳大匡篇。）

山至數第七十六

肥籍斂則械器不奉。

案御覽六二七引『械器』作『器械。』

則諸侯穀歸吾國矣。

戴望云：宋本歸下有於字。

案朱本亦有於字。

故諸侯服而無止。

案止字朱本同。趙本作正。

故守大夫以縣之筴。

戴望云：宋本以下有一字。

案朱本亦有一字。

狠牡以至於馮會之日。

案朱本牡作壯，壯乃牡之俗，與牡形近，故相亂耳。淮南子地形篇：『壯士之氣，御于赤天。』宋本壯作牡，亦同例。

山處之國，常藏穀三分之一。

案朱本藏下有國字，與下文句例同。

地數第七十七

夫水激而流渠，

王壽同云：渠讀當爲遽。遽，急也。

案渠猶巨也，史記蔡澤傳：『先生曷鼻巨肩。』集解引徐廣曰：『巨，一作渠。』卽渠、巨通用之證。荀子彊國篇：『是渠衝入穴而求利也。』楊倞注：『渠，大也。』是『流渠』卽『流巨，』亦卽『流大』矣。

揆度第七十八

此乃財餘以滿不足之數也。

> 趙本無也字。戴望云：宋本有也字。

> 案朱本亦有也字。

使不得不用也。

> 趙本使作用。宋翔鳳云：宋本作使。

> 案朱本亦作使。

利下上之用。

> 戴望云：元本利作制。

> 案朱本亦作制，制卽利之形誤。鶡冠子泰鴻篇：『泰一者，執大同之制。』陸佃注：『制，或作利。』亦利、制相亂之例。

匹夫爲鰥。

> 戴望云：宋本鰥下有魚字。

> 案鰥下有魚字，不詞。卽涉鰥字偏旁而衍。

國准第七十九

出金山立幣，成菹丘，

> 張佩綸云：『出金山，』當依明十行無注本、趙本、梅本作『出山金。』成，亦當依趙本作存。

> 案朱本亦作『出山金立幣，存菹丘。』

輕重甲第八十

故遷封食邑，

> 趙本食作倉，戴望云：宋本作食。倉字誤。

> 案朱本亦作食。

釜鍾之數，

趙本釜作金，戴望云：宋本作釜，是。

案朱本亦作釜。

煮沸火爲鹽。

戴望云：火字誤，當依朱本作水。

張佩綸云：通典食貨十引『煮沸水，』無沸字，而有『煮海水』三字注。

案朱本作『煮水爲鹽，』有注云：『煮海水也。』與通典所引合。

彼盡饋食之也。國無鹽則腫。

王念孫云：『朱本國字在也字上，是也。尹注云：「本國自無，遠饋而食。」是其
證。「無鹽則腫」自爲句。地數篇作「惡食無鹽則腫。」』

案通典引此無也字，饋作餽(注同)，『彼盡餽食之國』爲句。『無鹽則腫』自爲句。
亦可證成王說。

輕重乙第八十一

天下之可得而霸。

戴望云：宋本霸作伯，下同。

案朱本亦作伯，下同。

日至日穫，

戴望云：元本下日字作而。

案朱本下日字亦作而。

千人之衆，臣能陷之。

案此上當有曰字，此軍士對管子之言也。治要引此正有曰字。下文『千人之長，
臣能得之』上，亦當有曰字。

桓公愀然太息曰，

案治要引太作大。

乃誡大將曰，

案治要引誡作戒，古字通用。

子皆案圉節而不得抱損焉。

戴望云：宋本子作予，是。

案朱本亦作予。

則請重粟之價金三百。

丁士涵云：元本作『釜三百，』是也。

案朱本亦作『釜三百。』

輕重丁第八十三

寡人欲西朝天子，

案通典食貨十二引『寡人』作吾。

天下諸侯載黃金珠玉五穀文采布泉輸齊以收石璧。

王念孫云：泉當爲帛，通典食貨十二引此正作『布帛。』

案通典引載作戴，古字通用。

毋至其本。

趙本毋作母，俞樾云：母當作毋，古貫字。

戴望云：元本母作每。

案俞說與此本合。朱本作每，與元本合。

上斷輪軸，下采杼栗。

趙本斷作斮，戴望云：朱本斮作斷，栗作粟。

案朱本斷字同，栗亦作粟。粟乃栗之誤，莊子山木篇：『食杼栗。』『杼栗』卽
『橡栗，』杼亦作芧，（本字作柔。）莊子徐无鬼篇：『食芧栗，』說文繫傳十一引
作『橡栗。』卽其證。

少者三千鍾。

案朱本千字同，趙本誤十。

受息之萌九百餘家。

案朱本萌字同，趙本作氓。

龍鬬於馬謂之陽，

戴望云：朱本謂作謌。

49

案朱本亦作請。

表稱貸之家。注：旌，表也。

> 王念孫云：『表，當依宋本作旌，故尹注云：「旌，表也。」今作表者，涉注文而誤。』

> 案通典食貨十二引注作『表，旌也。』則正文作表不誤。其作旌者，蓋由注文誤倒作『旌，表也。』而改之耳。

以振貧病。

> 案振字朱本及通典所引並同。趙本作賑。

君以織籍籍於系。

> 戴望云：元本無下籍字。

> 案朱本亦無下籍字。

輕重戊第八十四

魯、梁郭中之民，

> 案通典食貨十二引郭作國。

明主之所以賞有功。

> 案主字朱本同，趙本作王。

輕重己第八十五

發號出令，

> 戴望云：此句下脫曰字，當依上下文例補。

> 案朱本正有曰字。

攜渠當脅軻。

> 戴望云：元本軻作軻。

> 案朱本亦作軻。

一九五七年三月十六日，脫稿於南港舊莊。

晏 子 春 秋 斠 證

晏子春秋文多淺近，且有重複，其爲後人補綴成書，自可無疑；然其中亦多古字古義，猶存先秦之舊，不可因後人有所竄亂，遂一概淺減也。晏子之行己無私，直言無諱，敏達公忠，名顯諸侯，於是書猶可槪見。前賢治理是書者，孫星衍音義發其端；盧文弨拾補、王念孫雜志、洪頤煊叢錄繼之，審正漸多；厥後黃以周校勘記、兪樾平議、孫詒讓札迻、蘇輿校注，發正益廣；劉師培斠補、補釋、張純一校注、于省吾新證續出，尤臻完善矣。岷讀是書，時有謢記，足補前賢所略，因據吳勉景元刊本，輔以子彙本、涵芬樓景明活字本及日本翻刻黃之寀本，並檢驗古注、類書，寫成晏子春秋斠證一卷。鯤島棲遲，忽復歲暮，日月離人，羈情靡寄，閉戶斠書，聊以自遣耳。 一九五五年殘臘，叔岷記於南港舊莊。

內篇諫上第一

有推侈、大戲。

> 劉師培云：黃（之寀）本推作椎。御覽四三六、路史夏紀注引作推移，與淮南子主術訓合。

> 案景寫北宋本、道藏本、朱東光本、漢魏叢書本淮南子主術篇推皆作椎，與黃本合。御覽三二五引呂氏春秋簡選篇作推移（今本脫推字），與御覽、路史注引此文合。

手裂兕虎。

> 案史記秦本紀集解引『兕虎』作『虎兕。』

不顧義理。

> 案御覽四三六引『不顧』下有乎字。

51

國治怨乎外，

孫星衍云：一本怨作怒，非。

劉師培云：黃本怨誤怒。

案明活字本、子彙本怨亦並誤怒。

令章遇桀、紂，者章死久矣！

劉師培云：黃本令作今。

張純一云：者字衍。

案明活字本、子彙本令亦並作今。者當爲則，屬下讀。古籍中者、則二字亦往往通用，老子：『知者不言，言者不知。』湛然輔行記十一引者作則；莊子天道篇：『動則得矣。』文選江文通雜體詩注引則作者；盜跖篇：『臥則居居，起則于于。』論衡自然篇、齊世篇則並作者；呂氏春秋精諭篇：『淺智者之所知則未矣。』淮南子道應篇、文子微明篇、列子說符篇則並作者；淮南子主術篇：『水濁則魚噞，政苛則民亂。』繆稱篇及文子精誠篇則並作者；列子湯問篇：『此不爲遠者小而近者大乎？』意林引者作則。皆其證。

而令更必從。

劉師培云：治要無而字。

案治要引此有而字，劉氏失檢。

以義失則憂。

案黃之寀本、子彙本以下並有爲字，治要引同。黃以周云：『元刻脫爲字。』是也。明活字本亦脫爲字。

請齋而後登之。

劉師培云：黃本齋作齊，下同。

案御覽四五六引齋亦作齊，下同。

試嘗見而觀焉。

劉師培云：嘗卽試也，嘗、試義同。試蓋後人旁注之字，屬併入正文。今當刪。

案同義字古多連用，試、嘗同義，連言之則曰試嘗；或曰嘗試。習見於古書。劉說非也。

寡人欲少賦歛以祠靈山，可乎？

> 盧文弨云：祠，御覽八七九作招。

> 王念孫云：作招者，誤字也。

> 案王說是也，招卽祠之形誤，景宋本御覽正作祠。

天久不雨，髮將焦，身將熱，彼獨不欲雨乎？

> 案御覽三五引天作今，下將字作且，『彼獨』作『豈山。』

君誠避宮殿暴露，

> 案御覽三五引誠作宜。

其幸而雨乎？

> 劉師培云：御覽三五引作『其索雨也？』

> 案御覽十一引作『其索雨乎？』

公喟然歎曰，

> 案治要引然下有而字。

景公遊于牛山。

> 孫星衍云：文選注作牛首山。

> 劉師培云：『音義云：「文選注作牛首山。」此指齊謳行注所言，祭顏光祿文注亦
> 引作牛山。』

> 案文選潘安仁秋興賦注亦引作牛山。

北臨其國城而流涕曰，

> 案文選秋興賦注引作『北臨齊國，乃流涕而歎曰，』齊謳行注、祭顏光祿文注引
> 此亦並無城字。

若何滂滂去此而死乎！

> 黃以周云：『文選劇秦美新注引作「將去此堂堂國者而死乎！」韓詩外傳十作
> 「奈何去此堂堂之國而死乎！」』

> 案韓詩外傳十無『奈何去此堂堂之國而死乎』句，惟文選秋興賦注引此作『奈何
> 去此堂堂之國而死乎！』黃氏蓋誤文選注爲外傳也。又案文選秋興賦注所引此句
> 及下文云：『「使古而無死，不亦樂乎！」左右皆泣。晏子獨笑，曰：「夫盛之有

53

衰，生之有死，天之數也。物有必至，事有常然，曷可悲老而哀死？古無死，古
之樂也。君何有焉！」』又分見於外篇第七之第二、第四兩章，（劉師培於後有
說。）而與此章之文不合。未知何據。

是不仁也。

　　案文選祭顏光祿文注引是下有曰字。

不仁之君見一，諂諛之臣見二。此臣之所以獨竊笑也。

　　劉師培云：「不仁之君見一，」文選注兩引並作「見不仁之君一。」

　　張純一云：齊謳行注作「見不仁之君一，諂諛之臣二，所以獨笑也。」

　　案文選祭顏光祿文注引此與齊謳行注引同。

昔者上帝以人之沒爲善。

　　黃之寀本沒作死。孫星衍云：死，一本作沒，非。

　　王念孫云：孫本改沒爲死，非。沒亦死也。元刻本及治要皆作沒，自是舊本如此。

　　案王說是也，明活字本、子彙本亦並作沒。

今誰責寡人哉？

　　孫星衍云：誰，一本作孰。

　　劉師培云：治要誰作孰，初學記十八、白帖三九引同。

　　案明活字本誰亦作孰。

睹死齒，

　　孫星衍云：齒，御覽作瘠，下同。

　　案御覽（四八六）引瘠下更有者字。

公被狐白之裘。

　　案記纂淵海二兩引此文，一引被作衣。

公曰，

　　案北堂書鈔一五二、文選曹子建贈丁儀詩注引此並作「謂晏子曰，」記纂淵海二
　　兩引此文，一引亦作「謂晏子曰。」

雨雪三日而天不寒。

　　案記纂淵海引「而天不寒，」作「而天下不寒，何也？」

溫而知人之寒。

　　案記纂淵海兩引，一引溫作暖。

乃令出裘發粟，與饑寒。

　　案記纂淵海兩引，一引作『乃脫衣發粟，與饑寒者。』一引作『遂出衣發粟，以
　　與饑貧者。』

公曰：『善。』行之三月，而熒惑遷。

　　案御覽七引作『公乃去寃聚之獄，振孤敬老。行之三日，而熒惑遷。』

公瞢見二丈夫。

　　孫星衍云：『說文：「瞢，目不明也。」古借為夢字。』

　　案黃之寀本瞢作夢，下同。論衡死偽篇亦作夢。

兌上豐下。

　　案御覽三九九引『兌上』下有而字。

晏子曰：公伐無罪之國，

　　張純一云：元刻如此，浙局本脫公字。

　　案黃之寀本、子彙本並脫公字。明活字本公字錯在曰字上。

十有八日而不返。

　　案白帖三九引八作二。

則泰士子牛存矣。

　　案御覽三七六引矣作焉，下文『則申田存焉。』引焉作矣，『則吾子存矣。』引
　　矣作焉。焉猶矣也。

與君言異。

　　孫星衍云：御覽作『言與君異。』

　　張純一云：鮑刻御覽四五六同此。

　　案景宋本御覽亦同此，孫氏恐失檢。

令四支無心，十有八日。

　　案御覽四五六引作『今四支無心也，十有八日矣。』鮑刻本今作令。

公怒，令人操刀解養馬者。

55

孫星衍云：操，御覽作持。

劉師培云：類聚九三引作『令人殺養馬者。』事類賦注（廿一）引作『令殺之。』

案藝文類聚二四引公上有景字，御覽四五六引此作『景公怒，令人持刀欲煞養馬者。』八九六引解亦作殺。

晏子數之曰，○或作『景公有馬，其圉人殺之。公怒，援戈將自擊之。晏子曰：「此不知其罪而死，臣請爲君數之，令知其罪而殺之。」公曰：「諾。」晏子舉戈而臨之曰，』云云。

案明活字本『晏子數之曰』下所標異文，與元本合。惟援下脫戈字，『此不』下脫知字。

爾罪有三。

劉師培云：治要及類聚九三引作『爾有三罪。』

張純一云：類聚二四引作『爾有罪三。』

案御覽四五六引作『爾有罪三，』與類聚二四引合。八九六引作『爾有三罪。』與治要及類聚九三引合。

當死罪一也。

孫星衍云：藝文類聚作『一當死也。』下作『二當死也。』『三當死也。』

劉師培云：類聚二四引無也字，下同。事類賦注引作『一當死也。』下作『二當死也。』『三當死也。』

案御覽四五六引無也字，下同。與類聚二四引合。八九六引作『一當死也。』下作『二當死也。』『三當死也。』與類聚九三及事類賦注引合。

百姓聞之，必怨吾君。諸侯聞之，必輕吾國。

孫星衍云：藝文類聚怨下有叛字，輕下有伐字。

劉師培云：事類賦注引怨作『怨叛，』輕作『輕伐。』

案御覽八九六引怨下亦有叛字，輕作『來伐。』

內篇諫下第二

景公藉重而獄多。

劉師培云：書鈔四五引藉作籍。

案御覽四八三、六四三引藉亦並作籍。籍、藉古通，問上第三：『為君厚藉斂而託之為民，』御覽六二七引藉作籍，外篇第七：『藉斂過量，』黃之寀本、明活字本、子彙本藉皆作籍，並其比。

君將使嬰勑其事乎？

孫星衍云：經典多用勑為敕。

盧文弨云：勑通敕。

案黃之寀本勑正作敕，下同。

多者十有餘。

劉師培云：黃本餘誤余。

案明活字本、子彙本餘亦並作余。餘、余正、假字。

其折骨決皮可立得也。

王念孫云：得當是待字之誤。

案黃之寀本得作待，與王說合。

令吏謹守之。

劉師培云：類聚六八引作『令人守之。』白帖三九作『令使守之。』

案藝文類聚八八引作『使人守之。』六八未引此文，劉氏失檢。（下文劉氏所稱類聚六八亦當作八八。）御覽九五四引『吏謹守』亦作『使守。』

傷之者死。

案記纂淵海九五引之作槐。

醉而犯之者。

案記纂淵海引『犯之』作『傷槐。』

使吏拘之。

孫星衍云：藝文類聚作『君令收而拘之。』

案藝文類聚（二四）引作『君令吏收而拘之。』

且加罪焉。

案記纂淵海引罪作刑。

其子往辭晏子之家，託曰，

　　　　案事類賦注二五、御覽九五四、記纂淵海引此並作『其女懼而告晏子曰。』

不爲禽獸傷人民。

　　　　劉師培云：御覽五一九傷上有以字。

　　　　案御覽五一九引『傷人民』作『以殺人，』非引傷上有以字也。劉氏失檢。

吾君欲以樹木之故殺妾父，

　　　　案御覽四一五、五一九引『吾君』並作『今君。』

勇士不以衆彊凌孤獨，

　　　　案黃之寀本獨作弱。

皆謂吾君愛樹而賤人，

　　　　案事類賦注引樹作槐。記纂淵海引同，又引賤作殘。殘、賤古通。

明日蚤朝，

　　　　案黃之寀本蚤作早，藝文類聚二四、御覽四一五、五一九引此並同。早、蚤正、

　　　　假字。

而復于公曰，

　　　　案御覽五一九引『而復于公，』作『而復其言於君，』四一五引公亦作君。

公曰自茇之。

　　　　案曰字黃之寀本同。明活字本、子彙本並誤日。

令拾之。

　　　　案黃之寀本令作命。

是殺師之半也。

　　　　孫星衍所據本『殺師』作『師殺，』盧文弨云：元刻作『殺師，』是。

　　　　黃以周云：元刻本作『殺師，』凌本同。

　　　　案明活字本、子彙本亦並作『殺師。』

今日夫子爲賜，

　　　　案御覽四五六引爲作有，爲猶有也。

昔者楚靈王作傾宮，

案黃之寀本傾作頃，同。

今君不遵明君之義，

　　蘇輿云：治要遵作道，形近相亂。

　　案遵，當從治要作道。道者，由也。『不道明君之義，』言『不由明君之義』也。

　　作遵者，淺人所改耳。蘇說非。

吾聞相賢者國治，

　　孫星衍云：治，御覽作成。

　　案景宋本、鮑刻本御覽十九治字並同，孫氏恐失檢。

臣聞介胄坐陣不席。

　　黃之寀本、子彙本臣並誤吾，孫星衍云：御覽作臣。

　　案明活字本作臣，與元本同。書鈔一三三、藝文類聚六九引此亦並作臣。

故不敢以憂侍坐。

　　劉師培云：類聚六九、書鈔一三三、御覽七百九引故上並有臣字。

　　案御覽三九三、一千引此亦並有臣字，惟略故字耳。

又欲爲鐘。

　　劉師培云：意林作『欲復作鐘。』

　　案意林引作『復欲作鐘。』非作『欲復。』

飾以銀。

　　孫星衍云：銀，藝文類聚、文選注作組。

　　案類聚八三、八四兩引皆無『飾以銀』句，孫氏失檢。

僅能舉足。

　　劉師培云：黃本足作之。

　　案御覽八百十引足亦作之。

衣不務于隅肶之削，

　　孫星衍云：『肶，玉篇同膍，淮南本經訓：「衣無隅差之削，」高誘注：「隅，角
　　也。差，邪也。古者質，皆全幅爲衣裳，無有邪角。削，殺也。」此作肶，蓋言
　　連。』

王念孫云：「孫訓肶爲連，則下與削字不相屬，上與隅字不相比附矣。予謂肶當爲妣，字之誤也。妣或作背，淮南齊俗篇：「衣不務於奇麗之容，隅背之制。」是也。「隅妣」者，「隅差」也。隅，角也。差，邪也。幅之削者，必有隅差之形，故曰「衣不務于隅妣之削，」卽淮南所云「衣無隅差之削」也。原道篇又云：「隅睦智故，曲巧僞詐。」「隅睦」卽「隅差，」亦卽「隅妣」也。」

案王說是也，「隅妣」與「隅差、」「隅睦」並同，本字作「齵齹，」說文：「齵，齒不正也。齹，齒參差也。」參差亦不正也。「齵齹」爲齒不正之名，引申之，爲衣之不正、人之不正、事之不正。荀子君道篇：「天下之變、境內之事，有弛易齵差者矣。」齵用本字，差亦借爲齹。

冠無觚嬴之理。

孫星衍云：贏‧淮南本經訓作贏，贏當爲觚。

案張純一校注本改贏爲贏，贏與贏通，贏古亦讀若贏，無煩改字。

且古者嘗有紩衣攣領而王天下者。

劉師培云：初學記九引者下有矣字。

案荀子哀公篇、淮南子氾論篇者下亦並有矣字。

其義好生而惡殺，節上而羨下。天下不朝其服，而共歸其義。

蘇輿云：「「其義好生而惡殺，」「其義」疑當爲「其政，」今作義者，蓋緣下「其義」譌也。荀子哀公篇：「其政好生而惡殺焉。」惝正同此，亦義爲政誤之證矣。」

案義非誤字，兩「其義」字文正相應，淮南子作「其德生而不殺，予而不奪。天下不非其服，同懷其德。」（今本殺誤辱，又見文子上禮篇。）兩「其德」字相應，與此同例。蘇說非也。下文「其仁愛而不惡，予而不取，天下不朝其室，而共歸其仁。」（今本「而不惡」上脫「其仁愛」三字，據路史注引補。劉師培有說。）兩「其仁」字相應，亦同此例。

古者嘗有處橧巢窟穴，

孫星衍云：初學記、御覽「窟穴」下有「王天下者」四字，疑今本脫之。

案初學記引此「窟穴」下有「而王天下者也」六字，當據補。「古者嘗有處橧巢

窟穴而王天下者也，」與上文『古者嘗有袂衣攣領而王天下者矣，』句法一律。

下之潤濕，

　　案記纂淵海七六引潤作溫。

木事不鏤。

　　案記纂淵海引『木事』作『木工。』

足乎以便生，

　　蘇輿云：乎字衍文。

　　案乎字涉上文『可乎』而衍，明活字本同。黃之寀本、子彙本並無乎字。

而公不得享也。

　　案黃之寀本、明活字本、子彙本享並作亨。孫星衍云：『亨卽享字。』是也。

景公與晏子登寢而望國，

　　案記纂淵海七四引寢上有路字，與標題合。

使後嗣世世有此，

　　案記纂淵海引『世世』作『代代。』

今公之牛馬老於欄牢，

　　孫星衍云：欄當爲闌。

　　張純一云：御覽八九九引作『牛老于闌牢。』無馬字，是。

　　案事類賦注二二引此亦作『今公之牛老於闌牢。』

車蠹於巨戶，不勝乘也。

　　劉師培云：事類賦注二二引『巨戶』作『瓦石，』御覽八九九引作『車尾而不服
　　乘也。』並誤。

　　案景宋本御覽引『巨戶』亦作『瓦石，』與事類賦注合。

又厚藉歛於百姓，而不以分餒民，

　　盧文弨云：餒，御覽（四九二）作餧，乃本字。民，御覽作『人也。』下有『欲
　　代之延，不亦難乎！』

　　案記纂淵海引此亦有『欲代之延，不亦難乎』八字，惟略『而不分餒民』句。

兆在路寢之臺牖下。

61

御覽五五五引牖作牗，黃以周云：牗字誤，元刻作牖，音義亦作牖，下同。

劉師培云：書鈔（九二）、治要並作『牖下。』

張純一云：明活字本作牖。

案黃之寀本、子彙本亦並作牖。

夫君子則有以，如我者儕小人。

盧文弨云：文有脫誤。

案『如我者儕小人，』本作『如我儕者小人。』者、則互文，者猶則也。『儕者』
二字誤倒，則不可通矣。

遂入見公曰，

孫星衍云：見，御覽作白。

案書鈔引見亦作白。

生者不得安，

蘇輿云：『治要無得字，下同。』張純一云：書鈔同。

案御覽引此亦無得字，下同。

命之曰蓄憂。

案書鈔引作『命之曰畜憂也。』下文『命之曰蓄哀，』作『命之曰畜哀也。』蓄、
畜古通，御覽亦引作畜，下同。

逢於何遂葬其母路寢之牖下。

盧文弨云：書鈔母下有于字，之下有臺字。

蘇輿云：治要亦有臺字。

劉師培云：書鈔寢作臺，治要寢下有臺字。

張純一校注本從盧說作『逢于何遂葬其母于路寢之臺牖下。』云：御覽亦有臺
字。

案書鈔引此作『逢于何遂葬路臺牖下。』盧說不足據。此文本作『逢于何遂葬其
母路寢之臺牖下。』御覽引之下有臺字，是也。治要引雖有臺字，而『之臺』二
字誤倒。上文亦作『路寢之臺牖下。』

有術客與醫，

案意林引有上有外字。

行蕩則溺己。

　　案黃之寀本、子彙本蕩並作傷，黃以周云：『傷，元刻作蕩，誤。』是也。明活字本亦誤蕩。

失則害性。

　　案黃之寀本、子彙本失上並有哀字，黃以周云：『元刻脫哀字。』是也。明活字本亦脫哀字。

不留生事。

　　張純一校注本不下補以字，云：以字舊脫，據下二句補。留字義不可通，疑本作害，下文『不以害生養，』『不以害生道，』可證。今作留者，蓋涉下『朽屍以留生』而誤。

　　案留謂阻留也，與害義近，無煩改字，下文『今朽屍以留生，』卽承此言之，則留非誤字明矣。新序節士篇：『無留吾事。』與此留字同義。

晏子復，

　　案黃之寀本、子彙本復下並有曰字，黃以周云：『元刻脫曰字。』是也。明活字本亦脫曰字。

不若月之瞳瞳。

　　孫星衍云：『若月』意林作『若日月。』

　　案意林作『如日月。』文選陸士衡擬古詩注、崔子玉座右銘注引若亦並作如。

有司未能我共也。

　　案黃之寀本、子彙本共並作具。明活字本作共，與元本合。

謂之不媒。

　　案黃之寀本、子彙本並無不字，黃以周云：『元刻誤衍不字。』是也。明活字本亦衍不字。

事父之道。

　　案黃之寀本、子彙本父並作君，黃以周云：『元刻君誤父。』是也。明活字本亦誤父。

63

景公走狗死，

　　案事類賦注二三引景公下有之字。

公令外共之棺。

　　張純一云：御覽九百五令作命。

　　案事類賦注引令亦作命。

田開疆、

　　案事類賦注二六、記纂淵海九二引疆並作强，下同。

因請公使人少饋之二桃。

　　孫星衍云：饋卽饢叚音字。

　　盧文弨云：饋當作饢。

　　案事類賦注、記纂淵海引饋並作饢。

衝衝左驂，

　　孫星衍云：衝，今本作御，非。據藝文類聚（八六）、後漢書（馬融傳）注改。

　　張純一云：衝，元刻不誤。

　　案黃之寀本衝字亦不誤。

冶專桃而宜。

　　案黃之寀本專下有其字，黃以周云：「元刻無其字，其字衍文。」是也。明活字
　　本、子彙本亦並無其字。

挈領而死。

　　案事類賦注、記纂淵海引挈並作契。

吾欲得天下勇士與之圖國。

　　劉師培云：黃本「天下」作夫。

　　案子彙本亦作夫。

內篇問上第三

君上享其民。

　　案黃之寀本、子彙本民並作名，張純一云：「元刻誤民。」是也。明活字本亦誤

民。

不劫人以兵甲。

> 案黃之寀本、子彙本『兵甲』並作『甲兵，』黃以周云：『元刻作「兵甲，」是。』
> 明活字本亦作『兵甲。』

敊曰，

> 洪頤煊云：敊，假借作對字。

> 劉師培云：元龜（二四二）作『對曰，』黃本同。

> 張純一校注本作『對曰，』云：對，從元刻。明本作敊，孫本同。

> 案子彙本亦作『對曰。』元本作『敊曰，』張氏失檢。

以干霸王之諸侯。

> 孫星衍云：此句疑脫誤。意林作『吾欲霸諸侯，若何？』孔叢（詰墨篇）作『可
> 以霸諸侯乎？』

> 案此句有脫無誤，之猶於也，（詳釋詞。）『以干霸王之諸侯，』即『以干霸王於
> 諸侯。』『諸侯』下當據意林所引補『若何』二字。

不善政之所失于下、實墜于民者衆矣。

> 案黃之寀本、子彙本『于民』並作『下民，』張純一校注本從元本作『于民，』
> 是也。明活字本亦作『于民。』

則可謂官不具？

> 劉師培云：黃本同，他本作『何謂。』

> 案明活字本、子彙本並作『可謂，』與元本合。

左右多過。

> 劉師培云：黃本『左右』誤倒。

> 案明活字本、子彙本『左右』亦並誤倒。

景公問晏子曰，

> 案黃之寀本、明活字本、子彙本問下並有於字。藝文類聚九五引無於字，韓詩外
> 傳七同，與元本合。

不誅之則為亂。

案黃之寀本脫爲字。明活字本、子彙本並作『則爲亂。』與元本合。

用事者爲猛狗，主安得無壅，國安得無患乎！○或作『用事者爲猛狗，則道術之士不得用矣。此治國之所患也。』

案明活字本『國安得無患乎』下所標異文，與元本同。

景公問晏子曰，

案黃之寀本問下有于字。明活字本、子彙本並無于字，與元本合。

無偪山林。

案子彙本無上有以字。治要引同。是也。黃之寀本、明活字本亦並脫以字。

以無偪川澤。

蘇輿云：治要澤作浦，下同。

案治要無作毋。

其行如何？

劉師培云：治契及冊府元龜二四二作『何如，』與他本同。

案明活字本、子彙本並作『如何，』與元本合。

盡智導民而不伐焉。

案治要引導作道。

上下無所斁。

案黃之寀本斁作斁。明活字本、子彙本並作斁，與元本合。

以此讄者必得矣。

案讄字明活字本同。黃之寀本、子彙本並作謀。

夫逃人而讄，

黃以周云：讄，凌本作謀。

案黃之寀本、子彙本亦並作謀。明活字本與元本同。

未聞存者也。

王念孫云：今本作『未聞不存者也。』不字乃後人所加。

蘇輿云：元刻是，治要正無不字。

案明活字本亦無不字。

時問之君雖日危，

　　案黃之寀本、子彙本並脫『之君』二字。明活字本與元本同。

莅國治民，

　　案黃之寀本、明活字本、子彙本莅並作涖。後同。

爲臣比周以求寸。

　　案黃之寀本、子彙本寸並作進，黃以周云：『元刻作寸，誤。』是也。明活字本

　　亦誤寸。

故朝無奇辟之服。

　　案黃之寀本辟作僻。明活字本、子彙本並與元本同。

君裂地而封之。

　　盧文弨云：論衡（定賢篇）、說苑（臣術篇）俱無君字。裂，論衡作列。

　　案新序雜事五亦無君字，裂亦作列。

君有難不死，

　　蘇輿云：治要無君字。

　　案御覽六二一引此亦無君字。

若言不用，

　　盧文弨云：不下論衡、說苑俱有見字。下同。

　　案新序不下亦有見字。下同。

出亡而送之，

　　劉師培云：說苑無之字。

　　案新序無之字。說苑有之字，劉氏失檢。

不能與君陷於難。

　　劉師培云：治要引作『而不與君陷於難者也。』說苑作『而不能與君陷難者也。』

　　案新序『不能』上亦有而字。

求君逼爾，

　　案黃之寀本、子彙本爾並作邇。明活字本與元本同。

風雨不降虐。

蘇輿云：虐，各本作雪，形近而譌。治要正作虐。

案黃之寀本亦作虐，與元本合。

以邪莅國，以暴和民者危。

案『和民』疑『治民』之誤，前十三章：『莅國治民，善爲國家者何如？』後二十四章：『古之莅國治民者，其任人何如？』並以『莅國、』『治民』對言，與此同例。治誤爲和，則不可通矣。

好辯以爲忠。

王念孫云：治要作『好辯以爲智，刻民以爲忠。』是也。

案治要引辯作辨。

無信讒人傷其心。

孫本信作親，黃以周云：親，元刻作信。

劉師培云：黃本亦作信。

案明活字本、子彙本亦並作信。

內篇問下第四

尊海而南，

案尊字明活字本、子彙本並同。黃之寀本作遵，孟子梁惠王篇同。遵、尊正、假字。

師行而量食，

洪頤煊云：『量食』者，量限其食也。今本作糧，後人據孟子改。

案黃之寀本行作往，量作糧，子彙本量亦作糧。明活字本與元本同。

景公問晏子，

案文選李蕭遠運命論注引晏子下有曰字。張純一校注本補曰字，是也。

其清無不灑除。

案黃之寀本『無不』字誤倒。

循之則堅。

案循借爲揗，說文：『揗，摩也。』

貨竭於晉。

　　劉師培云：黃本竭作謁。

　　案明活字本、子彙本亦並作謁。

夫儼然辱臨弊邑，

　　案黃之寀本弊作敝。

晏子使於晉。

　　張純一云：使，明本、孫本俱作聘。

　　案黃之寀本使亦作聘。明本作使，張氏失檢。子彙本亦作使。

晏子對曰，

　　案黃之寀本脫晏子二字。

豆、區、釜、鍾。

　　案明活字本、子彙本鍾並作鐘，下同。黃之寀本與元本同。

而老小凍餒。

　　案黃之寀本小作少。明活字本、子彙本並與元本同。

文王慈惠殷衆，

　　案黃之寀本殷作服。

其伯、

　　案黃之寀本、子彙本其並作箕，明活字本作其。

夸體貌以華世。

　　案體字明活字本、子彙本並同。黃之寀本作禮。

從上不敢隋，

　　張純一校注本改隋爲惰，云：從元刻。

　　案元刻亦作隋，張氏失檢。

世可正以則，

　　案黃之寀本、子彙本並作「世可以正則正。」黃以周云：「元刻作「世可正以則，」誤。」是也。明活字本與元本同誤。

以枯槁爲名則世，塞政敎之途矣。

劉師培云：此文『以枯槁爲名則世』句。言以枯槁之行爲名而爲法于世也。『塞政敎之途矣』句。與上『反天地之衰矣，』『倍先聖之道矣，』對文。

案『則世』二字疑衍，『以枯槁爲名，』承上文『以枯槁爲名』言之，則不當有『則世』二字明矣。張純一以『則世塞政敎之途矣』爲句。與上『反天地之衰矣，』『倍先聖之道矣，』文不相對，亦非。

不諂過，

張純一云：諂，元刻作詔。

案元刻亦作諂，張氏失檢。

先其難乎而後幸。得之，時其所也。失之，非其罪也。

張純一校注本作『先其難乎，而後幸得之。得之，時其所也。失之，非其罪也。』云：『「先其難乎，而後幸得之。」論語雍也篇：「仁者先難而後獲。」義同。「得之」二字舊不重，語意不完，今校補。「得之」對「失之」言。』

案幸當作得，涉上文『不要幸』而誤也。『得之，時其所也。』緊承『而後得』而言。論語：『先難而後獲，』與此『先其難乎而後得』同恉。正可證幸字之誤。張氏以『而後幸得之』爲句，而臆補『得之』二字，不知旣言『先其難，』則非『幸得之』矣。蓋未深思耳。

暴强不忠，

案黃之寀本作『强暴。』明活字本、子彙本並與元本同。

三心不可以事一君。

案黃之寀本『三心』作『二心。』淮南子繆稱篇亦云：『兩心不可以得一人。』記纂淵海四九引此作『百心。』

晏子曰，

案黃之寀本曰上有對字。明活字本、子彙本並與元本同。

內篇雜上第五

崔杼旣弒莊公而立景公，

孫星衍云：弒，後漢書（馮衍傳）注、御覽作殺。

案書鈔一二四引弒亦作煞。

而弒其君。

孫星衍云：弒，後漢書注、新序（義勇篇）作殺。

案韓詩外傳二亦作殺。

嬰不革矣。

孫星衍云：新序作『嬰不之囘也。』

案外傳作『嬰不之革也。』此文不下蓋脫之字。

鹿生於野，

孫星衍云：野，御覽作山；一作『山野。』

案野，御覽四百八十作山；三七六作『山野。』張純一謂『御覽兩引俱作山。』
失檢。

命縣于廚。

孫星衍云：御覽作『庖廚。』

案御覽三七六作『庖廚。』四百八十無庖字。呂氏春秋知分篇亦無庖字。

嬰命有繫矣。

盧文弨云：『有繫，』御覽兩引皆作『有所縣。』

蘇輿云：韓詩外傳同御覽。

案御覽兩引皆作『有所縣，』呂氏春秋、外傳亦並作『有所縣。』

景公使晏子爲東阿宰。三年，毀聞於國。

案記纂淵海四三引阿上無東字，毀上有而字。

嬰知嬰之過矣。

案記纂淵海引作『嬰知過矣。』

景公說，召而賞之。

案治要、藝文類聚五十、記纂淵海引公上並無景字，下文『景公問其故，』亦並
無景字。御覽二六六、四二四引下文同。又記纂淵海引『賞之』下有『辭而不受』
四字。

而惰民惡之，

　　案意林引惰作墮，古字通用。

是以三邪毀乎外，二讒毀乎內。

　　案意林引乎並作于。明活字本、子彙本下乎字亦並作于，治要引同。

昔者嬰之所以當誅者宜賞，今所以當賞者宜誅。

　　案記纂淵海引兩宜字並作當，今上有而字，今下有之字。

晏子歸，負載。

　　張純一云：『負載』猶『負戴。』

　　案黃之寀本正作『負戴。』

景公探雀鷇，

　　張純一云：雀，說苑（貴德篇）作爵，古字通。

　　案御覽五四三引雀亦作爵。

鷇弱，反之。

　　劉師培云：說苑貴德篇反上有故字。

　　張純一云：北堂書鈔八五引反上有故字。藝文類聚九二引同。

　　案御覽五四三引反上亦有故字。

不待時而入見，景公公汗出惕然。

　　王念孫云：景公二字，乃涉上文而衍。

　　案景公二字非衍文，惟公字不當疊耳。說苑作『不待請而入見，景公汗出惕然。』可證。

晏子逡巡，北面再拜而賀曰，

　　張純一云：治要無而字，書鈔八五、類聚九二同。

　　案事類賦注十九、御覽五四三、九二二引此亦並無而字。

君探雀鷇，鷇弱，反之。

　　劉師培云：治要反上有故字，說苑同。

　　案御覽九二二引作『君探鷇而弱，故反之。』五四三及事類賦注引反上亦並有故字。

是長幼也。

孫星衍云：是，藝文類聚作道。

　　案藝文類聚引是作道，乃涉上文『聖王之道』而誤，不足據。

是無歸夫！

　　案黃之寀本夫作矣。明活字本、子彙本並與元本同。

使吏養，

　　劉師培云：黃本及各本下有之字。

　　案明活字本與元本同。

刖跪擊其馬而反之。

　　蘇輿云：治要無其字，與下文一掌。

　　案御覽四二八引此亦無其字。

昔者君正晝，

　　蘇輿云：『晝，各本誤畫。拾補作晝，注云：「晝，誤。」』

　　案黃之寀本、明活字本、子彙本晝字並不誤，與元本同。

公歎而出反不果。

　　孫本作『公歎而反，不果出。』云：今本作『公歎而出反不果。』據御覽訂正。

　　黃以周云：元刻作『而出反，』誤。

　　劉師培云：說苑（正諫篇）作『公歎而反，不果出。』是也。

　　案御覽未引此文，孫氏所稱御覽，蓋說苑之誤也。黃之寀本、明活字本、子彙本
　　出字皆誤錯在反字上，與元本同。

得百姓以守宗廟。

　　案黃之寀本、子彙本得下並有率字，治要引同。黃以周云：『元刻脫率字。』是
　　也。明活字本亦脫率字。

臣聞，

　　蘇輿云：治要聞下有之字。

　　案說苑亦有之字。

君有驕行。

　　劉師培云：御覽四八八引驕作撟。

案御覽四二八引驪作矯，古字通用。四八八未引此文，劉氏失檢。

刖跪直辭禁之。

　　劉師培云：治要作『而刖跪禁之。』說苑作『而刖跪有直辭。』而字當補。

　　案御覽引作『而刖跪直禁。』亦有而字。

國家得微有事乎？

　　劉師培云：御覽八四四引作『國得無有故乎？』說苑事亦作故。

　　案御覽四六八引事亦作故。

臣不敢與焉。

　　案御覽四六八引與作預，下同。

公曰：移于司馬穰苴之家。

　　案御覽三五三、四六八、七百九引『公曰』並作又；八四四引作『公乃。』

公曰：移於梁丘據之家。

　　案書鈔一百十、御覽四六八引『公曰』並作又；御覽八四四引作『公復。』

行歌而去。

　　劉師培云：治要引作『而出，』說苑同。

　　案黃之寀本、子彙本亦並作『而出。』明活字本與元本同。說苑作『而至，』劉
　　氏失檢。

微彼二子者，

　　案黃之寀本彼誤此。明活字本、子彙本並與元本同。

嬰非君奉饋之臣也。

　　劉師培云：書抄三七、一四三並引饋作餽。

　　案書抄三七引此饋字同，劉氏失檢。

嬰，社稷之臣也。

　　蘇輿云：治要無嬰字、也字。

　　案說苑臣術篇亦無嬰字。

可分布于四方。

　　蘇輿云：治要無分字。

案治要『四方』下有也字。

大夫以下，

　　孫星衍云：『大夫，』一本作『匹夫，』非。

　　案明活字本作『匹夫。』

晉平公欲伐齊，

　　孫星衍云：伐，後漢書（馬融傳）注作攻。

　　劉師培云：御覽五七四、事類賦注十一引作『晉欲攻齊。』孫子謀攻篇杜牧注引

　　同。

　　案御覽七六一亦引作『晉欲攻齊。』

公曰：酌寡人之罇，進之於客。

　　劉師培云：此十一字元本挩，今據沈、黃各本。御覽五七四引作『公曰：「諾。」

　　告侍者酌之。』事類賦注作『公曰：「諾。」告侍者酌罇進之。』

　　案明活字本亦脫此十一字。御覽五七四引作『公曰：「諾。」告侍者酌罇進之。』

　　與事類賦注引同，劉氏失檢。

晏子曰：徹罇，

　　劉師培云：此五字元本挩，今據沈、黃各本。後漢書馬融傳注、文選雜詩注、連

　　珠注並引曰作命。

　　案明活字本亦脫此五字。御覽五七四引曰亦作命。

冥臣不習。

　　孫星衍云：冥，韓詩外傳、文選注作盲。

　　案文選張景陽雜詩注、陸士衡演連珠注並引作『盲臣不習也。』

景公謂晏子曰，

　　案御覽五七四引謂作問，下文『景公謂太師曰，』謂亦作問。

欲舞天子之樂，

　　案新序雜事一欲上有而字，御覽五七四約引此文作『而舞之，』亦有而字。

齊未可伐也。

　　案御覽七六一引未作不。

臣欲試其君，

> 案文選注兩引臣並作吾，下文『臣欲犯其樂，』臣亦作吾，外傳八同。御覽五七
> 四、七六一引此臣亦作吾。

而晏子識之。

> 案御覽七六一引識作知。

仲尼聞，

> 孫星衍云：仲尼，文選注作孔子。
> 案明活字本與元本同。文選孫子荊爲石仲容與孫皓書注、陳孔璋爲袁紹檄豫州文
> 注、潘元茂冊魏公九錫文注、潘安仁楊荆州誄注皆引作『孔子曰，』陸士衡演連
> 珠注引作『孔子聞曰，』子彙本作『仲尼聞曰。』文選張景陽雜詩注、御覽七六
> 一並引作『孔子聞之曰，』外傳同。黃之寀本作『仲尼聞之曰，』新序同。

夫不出於尊俎之間，

> 案御覽七六一引出作越。

公問焉，

> 案事類賦注八引焉作曰。

對：陰水厥，

> 孫本對下有曰字，云：今本脫曰字，據御覽增。
> 案書鈔一五六、白帖八一、事類賦注八引此皆作『對曰』。

寒溫節。

> 案事類賦注、御覽六八引節下並有也字。

節則刑政平；平則上下和；和則年穀熟。

> 孫星衍云：御覽作『寒溫節則政平；政平則上下和；上下和則年穀熟。』
> 案白帖八一引作『寒溫節則政平；政平則上下和平；上下和平則年穀熟。』今本有
> 脫文，當據補。事類賦注、御覽六八並約引作『寒溫節則政平；政平則年穀熟。』
> 亦可證今本有脫文。

請禮魯以息吾怨。

> 孫星衍云：怨，御覽作愁。

張純一云：鮑刻御覽三五作『君盍禮魯以息吾怨？』

案御覽兩引怨字並同，孫氏恐失檢。景宋本御覽三五亦作『君盍禮魯以息吾怨？』

盍下並有注云：『盍，何不也。』鮑刻本亦有此注。

此諸侯之公患也。

案黃之寀本公作通。明活字本、子彙本並與元本同。

公遊於紀，

孫本公上有景字，云：今本脫景字，據御覽增。

案事類賦注二一引此亦有景字。

得金壺。

案黃之寀本、明活字本、子彙本皆脫壺字，孫本據御覽壺部（七六一）增壺字，

與元本合。御覽八九六（獸部八）、事類賦注引此亦並有壺字。

發其視之，

王念孫云：『發其視之，』本作『發而視之。』御覽器物部六、獸部八、玉海十

四引此並作『發而視之。』

案黃之寀本、子彙本並無其字，御覽七六一（器物部六）引同。王氏謂器物部六

引作『發而視之，』失檢。明活字本與元本同。

中有丹書。

劉師培云：黃本丹誤月。

案子彙本丹亦誤月。孫本據御覽作丹，與元本合。明活字本亦作丹，事類賦注引

同。

知若言，

案黃之寀本、子彙本若並誤苦。明活字本與元本同。

食魚無反，毋盡民力乎！

張純一云：御覽作『食魚不反，無盡民力也。』

案事類賦注引此與御覽同。

勿乘駑馬，則無置不肖於側乎！

劉師培云：則字衍。則蓋側字之訛文，後人又移置語首。

張純一云：御覽作『不乘駑馬，無致不肖於側也。』劉說是。御覽無則字，當據刪。

案事類賦注引作『不乘駑馬，無取不肖於側也。』亦無則字。

紀有書，

劉師培云：御覽、事類賦注並引作『紀得此書。』

案事類賦注引作『紀有此書，』劉氏失檢。

紀有此言，注之壺，不亡何待乎！

孫星衍云：壺，一本作緘，一本作其，皆非。

劉師培云：御覽、事類賦注引作『紀有此書，藏之於壺，不亡曷待！』

案黃之寀本壺作其。明活字本、子彙本並脫壺字。事類賦注引『注之壺，』作『藏之金壺，』劉氏失檢。

魯昭公棄國走齊。

張純一云：御覽九九七作哀公，說苑敬慎篇作哀侯，並非。

案藝文類聚八二引此亦作哀公。

雖速，亦無及已！

劉師培云：治要引作『亦不及。』

案治要引作『亦無及，』說苑雜言篇無乃作不，劉氏失檢。

晏子既已有事于魯君，

劉師培云：已卽既也。蓋一本作既，一本作已，後人併而一之。

案古書多複詞，既、已同義，自可連用，墨子尚同下篇：『國既已治矣』明鬼下篇：『讀玉里國之辭既已終矣。』孟子告子篇：『予既已知之矣。』莊子逍遙遊篇：『天下既已治也。』寓言篇：『既已縣矣。』列子天瑞篇：『吾既已行年九十矣。』周穆王篇：『既已變物之形。』並同此例。劉說非也。

嬰聞兩楹之間，

孫本楹作檻，云：檻，疑當作楹，字之誤也。

盧文弨云：檻，譌。元刻作楹。

案黃之寀本、明活字本、子彙本皆作楹，與元本合。

君子贈人以軒，

黃以周云：文選王仲宣贈蔡子篤詩注作『以財。』

劉師培云：御覽九八三引作『贈人以財。』

案文選王仲宣贈蔡子篤詩注引作『嬰聞贈人以財，』『嬰聞』下蓋略『君子』二字。御覽九八三引作『嬰聞君子贈人以財，』是也。荀子大略篇『君子』上有『嬰聞之』三字，說苑雜言篇有『吾聞』二字，家語六本篇有『吾聞之』三字，咸可證此文『君子』上有脫文。

井里之困也。

劉師培云：御覽八百六、希麟續音義六並引困作朴。

案續音義十引困作朴，續音義六未引此文，劉氏失檢。御覽八百二引困作璞，引荀子（大略篇）亦作璞。

則爲存國之寶。

孫星衍云：意林作『則成寶。』

案意林引作『則成國寶。』孫氏失檢。御覽八百二引存作薦，於義爲長。存疑荐之誤，荐、薦古通。

湛之苦酒，

案御覽九八三引酒作漿。

所湛然也。

孫星衍云：湛，一本作蕩，非。

劉師培云：黃本湛作蕩。

案子彙本亦作蕩。

君子居必擇居，

孫本『擇居』作『擇鄰，』云：據藝文類聚（二三）、御覽（四五九）訂正。說苑作處。

案家語亦作『擇處。』

所以辟患也。

黃以周云：說苑『辟患』作『修道。』

劉師培云：御覽四五七作『可以避禍也。』

案家語『辟患』亦作『修道。』御覽四五九引所作可，四五七未引此文，劉氏失

檢。

不可不愼也。

> 劉師培云：說苑雜言篇愼作惟。

> 案說苑愼字同，劉氏失檢。

晏子之晉，

> 案御覽六九四引之作適。

使人問焉，曰，

> 案史記晏子列傳正義、御覽四七五並引作『晏子問曰，』文選王子淵四子講德論注、御覽六九四並引作『晏子曰，』蓋所據本『使人』皆作『晏子。』今本則與呂氏春秋觀世篇、新序節士篇同。

我，越石父者也。

> 黃以周云：御覽四七五引無者字。

> 案史記正義、御覽六九四引此亦並無者字。

是以爲僕也。

> 案記纂淵海四八引『爲僕』作『爲人臣僕。』

可得贖乎？

> 案文選注引得下有而字。

遂解左驂以贈之。

> 案文選注引以作而，史記及正義、記纂淵海引贈並作贖。

因載而與之俱歸。

> 案御覽四七五引與作以，以猶與也。

吾未嘗得交夫子也，子爲僕三年。

> 劉師培云：呂氏春秋作『嬰未嘗得交也，』新序同。是也。晏子方輕視石父，安得遽稱爲夫子；且下文或稱爲子，或稱爲客，亦無稱爲夫子者，疑此文當作『吾未嘗得交子也，夫子爲僕三年。』夫者，語詞也。嗣『子也夫』三字互易，遂作『得交夫子』矣！

> 案夫猶乎也，『得交夫子，』猶言『得交乎子，』與下文稱子正合。劉氏未達，

乃欲倒文以就己說，疏甚！

越石父對之曰，

> 黄以周云：盧校本去之字。

> 案文選注引此正無之字。

士者詘乎不知己，而申乎知己。

> 劉師培云：文選羊祜讓開府表注引詘作屈，曹植贈徐幹詩注引申作伸。

> 案呂氏春秋詘亦作屈，申亦作伸。

嚮者見客之容，

> 案文選注引者作也，呂氏春秋、新序並同。

從門閒而闚其夫，爲相御。

> 案史記晏子列傳疊「其夫」二字，是也。

然，吾失此，何之有也！

> 案此，指懷善之人。之，語助。也與邪同。言吾既失懷善之人，尚何有邪！

顧乞所以養母者。

> 孫星衍云：藝文類聚（八五）作『託以養母。』

> 案御覽八百四十引乞亦作託。

晏子使人分倉粟府金而遺之。

> 張純一云：類聚八五而作以。

> 案御覽四七九、八百四十引而亦並作以。

辭金受粟。

> 張純一云：類聚八五辭上有騷子。

> 案藝文類聚三三引辭上亦有騷子。呂氏春秋士節篇、苑說復恩篇「辭金」下並有
> 而字。

出犇。

> 孫星衍云：犇，藝文類聚作奔。

> 案御覽四七九引此作『乃出奔。』八百四十犇亦作奔，呂氏春秋同。

北子召其友而告之，

案黃之寀本、子彙本北下並有郭字，呂氏春秋、說苑並同。黃以周云：『元刻脫郭字。』是也。明活字本亦脫郭字。

養其親者，身伉其難。

　　孫星衍云：伉，說苑、藝文類聚作更。

　　案御覽四七九引伉亦作更。

造于君庭。

　　孫星衍云：藝文類聚作『遂造君廷。』

　　案藝文類聚（三三）引作『遂造公廷。』御覽八百四十引同。四七九引作『遂告公廷。』藝文類聚一本造亦作告。

晏子，天下之賢者也。

　　案御覽八百四十引『賢者』作『賢人。』

今去齊國，齊必侵矣。

　　劉師培云：類聚、御覽引作『今去齊，國必侵。』

　　案藝文類聚、御覽四七九引此並作『去齊，齊國必侵。』劉氏失檢。呂氏春秋、說苑『必侵』上亦並有國字。御覽八百四十引此作『去齊，敵必來侵。』

方見國之必侵，

　　案御覽八百四十引方作臣。

奉以託，退而自刎。

　　案黃之寀本、明活字本、子彙本『託退』二字並誤倒。孫星衍據呂氏春秋定作『奉以託，退而自刎。』與元本合。御覽四七九、八百四十引刎並作殺。

其友因奉託，

　　張純一本奉下有以字，云：以字舊脫，據上文補。

　　案呂氏春秋正作『奉以託。』

此北郭子爲國故死。

　　劉師培云：此字無義，乃北字之誤文而複衍者。呂氏春秋士節篇、說苑復恩篇均無此字。

　　案劉氏謂此字爲衍文，誠是。惟說苑復恩篇無此文。

嬰之亡，豈不宜哉！亦愈不知士甚矣！

　　孫星衍云：說苑作『嬰不肖，罪過，固其所也。而士以身明之，哀哉！』

　　劉師培云：御覽引作『晏子曰：士以身明人者也！』據說苑報德篇亦有『而士以
　　身明之』句。疑御覽所引七字，或『甚矣』下挩文。

　　案劉氏疑御覽（四七九）所引七字爲『甚矣』下脱文，是也。惟御覽引作『士以
　　身明人者哉！』劉氏誤哉爲也。又所稱說苑報德篇，乃復恩篇之誤。

吾聞高糾與夫子游，

　　孫本糾作紏，黃以周云：元刻作糾，下章同。

　　案黃之寀本、明活字本、子彙本皆作糾，與元本合。

特祿仕之臣也。

　　孫本無仕字，云：祿，說苑（君道篇）作進。

　　黃以周云：元刻祿下有仕字，當據補。

　　劉師培云：『特當作持，內篇問下云：「士者持祿，游者養交。身之所以危也。」
　　而「持祿、」「養交」又見于荀子諸書，于諸子之書爲恒言。「持祿」者，保持
　　祿養也。故晏子以高糾爲持祿之臣。及持誤作特，後人遂于祿下補仕字矣。』

　　案明本說苑進作祿，與此同。黃之寀本、明活字本、子彙本祿下皆有仕字，與元
　　本合。說苑亦有仕字，孫本蓋誤脱也。『特祿仕之臣，』與上文『爲祿仕者，不
　　能正其君。』相應；與標題『晏子辭以祿仕之臣，』亦符，（黃以周有說。）劉
　　氏不察，乃據誤脱之孫本爲說，徒費辭耳！

高糾事晏子而見逐，高糾曰：臣事夫子三年，無得，而卒見逐，其說何也？

　　蘇輿云：『無得，』言無祿位也。外篇僞者諫詞可證。

　　案『無得』當作『無故，』故、得草書形近，故致誤耳。文子上德篇：『得之與
　　失，』淮南子說林篇得作故，亦二字相亂之例。書鈔三二引此作『高僚仕於晏子
　　三年，無故，晏子逐之。』辭雖微異，而『無故』二字尙可證『無得』之誤。蘇
　　氏據誤字爲說，非也。書鈔引下文作『左右陳曰：「高僚事子三年，曾無以僞位
　　而逐之，其義可乎？」晏子曰：「嬰，仄陋之人也。」』與此章不類，而與外篇七
　　第二十三章較合。（說苑臣術篇載此文，與書鈔所引尤合，惟彼文首句『高繚仕

83

於晏子』下，無『三年，無故』四字，與下文不相應，當據畢鈔補之。）

曾子以聞孔子，

孫星衍云：聞，家語（子貢問篇）作問。

案聞、問古通，禮記檀弓：『問喪於夫子乎？』釋文：『問，或作聞。』莊子逍
遙遊篇：『而彭祖乃今以久特聞。』釋文引崔譔本聞作問。荀子堯問篇：『不聞
卽物少至。』楊倞注：『聞，或爲問。』皆其比。張純一本據家語改聞爲問，非
也。

內篇雜下第六

女子而男子飾者，

劉師培云：男下黃本無子字。

案御覽八二八引作『女子以男飾者，』男下亦無子字。

踰月，

盧文弨云：踰，御覽作『不逾。』

王念孫云：『踰月，』本作『不踰月。』言其速也。御覽引此正作『不踰月。』
說苑作『不旋月。』

案景宋本御覽引此作『不環月，』鮑刻本作『不還月，』盧、王二氏恐失檢。環、
還、旋古並通用。

齊人甚好轂擊，

張純一云：御覽七七三引作『齊人好擊轂。』

案藝文類聚七一、事類賦注十六引此亦並作『齊人好擊轂。』引下文『轂擊，』
亦並作『擊轂。』

而曹有五丈夫，

案黃之宋本、明活字本、子彙本曹皆作夢，下同。曹、夢正、假字。文選江文通
詣建平王上書注、御覽三六四、三九三、三九九引此亦皆作夢，說苑辨物篇同。

五丈夫罷而釣獸，

張純一云：文選注作『有五丈夫來驚獸。』

案文選注引『五丈夫』上有有字,是也。御覽三六四引此亦有有字。

命曰五丈夫之丘。

案御覽三九三引命下有之字。

此其地邪?

案『此其』乃『其此』之誤倒。說苑正作『其此邪?』御覽三九九引此作『豈此邪?』其猶豈也。

則五頭同穴而存焉。

張純一云:御覽三九九作『得五頭同穴而存焉。』

案御覽引此則字同,張氏失檢。

拜馬前,辭鴆曰:爲禳君鴞而殺之。

盧文弨云:說苑作『辭曰:鴆爲君禳梟而殺之。』此文誤。

黃以周云:元刻作『辭鴆曰,』『拜馬前辭』句。晏子辭其拜也。今作『鴆辭,』誤。

案明活字本與元本同。此當從說苑作『拜馬前,辭曰:鴆爲君禳梟而殺之。』盧說是也。『鴆曰』乃『曰鴆』之誤倒,『禳君』乃『君禳』之誤倒。黃之寀本、子彙本『辭鴆』並作『鴆辭,』蓋後人不知『鴆曰』二字之誤倒,乃臆乙鴆字於辭字上耳。禮記檀弓:『使人辭於狐突,』注:『辭猶告也。』『辭曰』猶『告曰,』莊子秋水篇:『將甲者進,辭曰:以爲陽虎也,故圍之。』與此『辭曰』同旨。黃氏以『拜馬前辭』爲句,並云:『晏子辭其拜也。』失之遠矣!張純一本以『拜馬前』爲句,『禳君』二字從盧說乙正,並是。惟『辭鴆曰』三字仍從元本,辭字之義取黃說,『辭』字句,『鴆曰』二字句,亦未深思耳!

仰而對曰,

孫星衍云:仰,一本作抑,非。

案明活字本、子彙本仰並誤抑。

汝薄賦,

案黃之寀本賦作歛。明活字本賦字,與下章標題『景公成栢寢』之栢字互誤。

景公新成柏寢之室,

案室字明活字本，子彙本並同。黃之寀本作臺。

一陰不勝二陽，

案御覽七四三引二作兩。

占夢以臣之言對。

案黃之寀本『占夢』下有者字，臣誤占。子彙本臣亦誤占。明活字本與元本同。

如緩辨。

劉師培云：黃本辨作辯。

案明活字本、子彙本亦並作辨。

吾聞晏嬰，蓋北方辯于辭、習于禮者也。

案『北方』下當有之字，下第十章：『晏嬰，齊之習辭者也。』與此句法同。說
苑奉使篇『北方』下正有之字。黃之寀本辯作辨。

晏子蹵然，

劉師培云：黃本蹵作蹙。

案黃本蹵字同，劉氏失檢。

見之以諸侯之禮。

案御覽七七九引見下無之字，說苑同。

晏子使楚。以晏子短，

劉師培云：類聚九四、御覽九百五、事類賦注二二並引作『晏子短，使楚。』據
說苑奉使篇無以字，似此文以字當刪。

案藝文類聚五三、記纂淵海九八引此亦並作『晏子短，使楚。』劉氏所稱事類賦
注二二，乃二三之誤。御覽一八三引此無以字，與說苑合。太平廣記二四五引啓
顏錄作『齊晏嬰短小，使楚。』

今臣使楚，

劉師培云：御覽九四引作『使楚王。』

案劉氏所稱御覽九四，乃藝文類聚九四之誤。藝文類聚五三引今作而。御覽四六
六引今下有日字。

不當從此門入。

劉師培云：白帖（二四）引作『狗門。』與初學記十九、類聚二五、五三、御覽
七七九所引（見音義）合。

案白帖二四引『此門入，』作『狗門而入。』御覽七七九作『狗門入也。』三七
八、四六六並作『狗門入。』太平廣記引啓顏錄同。

臨淄三百閭。

黃以周云：御覽三七八又四六八並引作『齊之臨淄。』

案黃氏所稱御覽四六八乃四六六之誤。

何爲無人？

孫星衍云：爲，意林作容。御覽作謂。

黃以周云：御覽作『何謂齊無人？』

案意林引作『何容無人也？』景宋本、鮑刻本御覽四六六並引作『何爲齊無人？』

其賢者使使賢王。不肖者使使不肖王。

案御覽四六六、七七九引兩句使字並不疊。說苑及太平廣記引啓顏錄均同。

嬰最不肖，

案御覽三七八引作『以嬰爲不肖。』

故直使楚矣。

劉師培云：類聚二五引作『故使王耳。』御覽七七九作『是故使王也。』

案御覽三七八、太平廣記引啓顏錄亦並引作『故使王耳。』惟藝文類聚二五引作
『故使王爾。』張純一所據是。景宋本御覽七七九引作『是故使王耳。』四六六
引矣亦作耳。說苑同。

晏子將楚，

王念孫云：將下脫使字。本或作『晏子將至楚，』此因下文有『晏子至楚，』而
以意加至字耳。意林及北堂書鈔政術部十四、藝文類聚人部九、果部上、太平御
覽果部三，並引作『晏子使楚，』但省去將字耳。說苑奉使篇作『晏子將使荊，』
今據以訂正。

案黃之寀本、子彙本將下並有至字。白帖九九、御覽九九二（藥部九）引此並作
『晏子使楚，』王氏謂將下脫使字，是也。韓詩外傳十作『齊景公遣晏子南使

楚，』亦有使字。御覽七七九引此作『晏子聘楚，』所據本異。

楚聞之，謂左右曰，

　　　王念孫云：楚下脫王字。

　　　劉師培云：書抄四十、類聚二五並引作『楚王謂左右曰。』

　　　案王說是也，外傳正作『楚王聞之，謂左右曰，』說苑作『荊王聞之，謂左右曰，』亦其證。御覽九六六引此作『楚王謂其左右曰。』

晏嬰，齊之習辭者也。

　　　劉師培云：書抄引無『齊之』二字。

　　　張純一云：類聚二五省『齊之』二字。

　　　案御覽九六六引此亦無『齊之』二字。

吾欲辱之，

　　　劉師培云：類聚二五、御覽九六六並引辱作傷。

　　　案太平廣記引啓顏錄辱亦作傷。

縛者曷爲者也？

　　　張純一云：爲，類聚二五作謂，古通用。

　　　案類聚引『曷爲』作『何謂，』太平廣記引啓顏錄同。

齊人固善盜乎？

　　　劉師培云：御覽九九二引與此同。說苑無固字。

　　　案御覽九九二引固作故（古字通用），說苑有固字，脫善字，劉氏並失檢。

橘生淮南，則爲橘。生於淮北，則爲枳。

　　　案太平廣記引啓顏錄作『橘生於江南，至江北爲枳。』與此作淮南、淮北異。

葉徒相似，

　　　案御覽九六六引作『枝葉徒似，』太平廣記引啓顏錄作『枝葉相似。』

其實味不同。

　　　案白帖二四引作『而味不同。』

水土異也。

　　　劉師培云：御覽七七九作『水土使然也。』

案景宋本御覽七七九引作『土地使其然也。』鮑刻本無其字，劉氏失檢。

今民生長於齊不盜，入楚則盜。

　　劉師培云：書抄及御覽九九二引無長字。

　　張純一云：類聚八六無長字。

　　案御覽九六六引此亦無長字。七七九引此作『臣察此人在齊不爲盜，今來楚而
　　盜。』太平廣記引啓顏錄作『今此人生於齊不解爲盜，入楚則爲盜。』

得無楚之水土使民善盜邪？

　　劉師培云：白帖九九作『豈非楚之水土使然乎？』御覽九百六十引作『得無傚楚
　　民善盜邪？』

　　案白帖九九引作『豈非水土之使然乎？』劉氏失檢。又所稱御覽九百六十，乃九
　　百六十六之誤。七七九引作『亦土地使然也？』藝文類聚二五引『使民善盜』作
　　『使爲盜。』太平廣記引啓顏錄作『其實不同，水土使之然也。』

聖人非所與熙也。

　　案子彙本熙作嬉。

景公使晏子於楚，

　　案御覽七七九、九六六、事類賦注二七、記纂淵海九二引此皆作『晏子使楚。』

楚王曰：橘當去剖。

　　劉師培云：御覽七七九引作『橘未剖。』

　　案景宋本御覽七七九引作『橘去剖。』蓋略當字。事類賦注引作『橘當剖。』蓋
　　脫去字。記纂淵海引作『橘當去割。』割乃剖之誤。明活字本橘字錯在楚字下。

　　黃之寀本、子彙本並脫橘字。

今者萬乘無敎令，

　　案御覽九六六、事類賦注引此並無令字，說苑奉使篇同。

酌者奉觴進之，

　　案禮記投壺注引進上有而字，（詳音義。）是也。說苑臣術篇亦有而字，

若美山然。

　　案御覽三九、記纂淵海六五引美並作華。

89

望之相相然，盡目力不知厭。

王念孫云：『相當爲梠，說文：「梠，高兒。」故山高兒亦謂之梠。梠與相字相
似，世人多見相，少見梠，故梠誤爲相。此言「望之相相然，」下言「登彼相相
之上，」則相爲梠之誤明矣。』

案相當爲㧖，字之誤也。列子說符篇：「俄而㧖其谷而得其鈇，」呂氏春秋去尤
篇㧖誤相，正同此例。㧖與搰同，莊子天地篇：「搰搰然用力甚多，」釋文：『搰
搰，用力貌。』（成玄英疏同。）是其義也。『㧖㧖』爲用力貌，故下言『盡目力
不知厭。』下文『仡仡然不知厭，』與此相應，『仡仡』亦用力貌，（仡與劼同，
廣韻：『劼，用力也。』詳蘇輿說。）則相爲㧖之誤明矣。王氏謂下『登彼相相
之上，』相爲梠之誤，誠是。謂此文相爲梠之誤，則未審矣。又案御覽、記纂淵
海引『不知厭』上並有自字。

偄就則傷要。

案要字明活字本同。黃之寀本、子彙本並誤嬰。

君不能飭法，

案黃之寀本飭作飾，古字通用。

禁者，政之本也。

孫本禁作廉，云：今本作禁，非。

案黃之寀本，明活字本，子彙本禁字並同。下文『廉之謂公正。』承此而言，孫
本禁作廉，蓋據下文改。

分其邑與晏子邶殿。

案黃之寀本作邲殿，下同。

所謂幅也。○或作『晏子對曰：「先人有言曰：『無功之賞，不義之富，禍之媒也。』
夫離治闕求富，禍也。慶氏知而不行，是以失之。我非惡富也，諺曰：『前車覆，後
車戒。』吾恐失富，不敢受之也。」』

案『或作』云云，明活字本同。

又好盤游翫好以飭女子。

孫星衍云：飭與飾通。

案黄之寀本斻正作餙。

未嘗聞者。

案黄之寀本、子彙本者並作之。黄以周云：「之，元刻誤者。」是也。明活字本
亦誤者。

以若爲師也。

案若字明活字本同。黄之寀本、子彙本並作善。

晏子亦不飽。

案御覽四二四引作「嬰亦不飽。」

晏子之家，若是其貧也？

案說苑臣術篇晏子作「夫子。」後第二十六章亦云：「夫子之家，如此其貧乎？」

晏子辭，

案御覽引作「晏子不受。」

脫粟之食。

王念孫云：「「脫粟」上當有食字，後第二十六章云：「食脫粟之食，」卽其證。
後漢書章帝紀注、北堂書鈔酒食部三、初學記器物部、太平御覽飯食部八，引此
並云：「食脫粟之飯。」」

張純一云：御覽八四九、八六七引此「脫粟」上並有食字。

案王說是也。白帖十六引此作「食兔粟飯。」二八引作「食脫粟飯。」亦並其
證。御覽八四九、八六七所引乃後第二十六章之文，張氏失檢。

五卵、苔菜而已。

孫本卵作卵，蘇輿云：卵，疑當從元刻作卵。

案黄之寀本、明活字本、子彙本皆作卵，後第二十六章同。與元本合。

君歡然與子邑，

劉師培云：黄本子下有之字。

案黄之寀本子作之，非子下有之字也。劉氏失檢。

景公欲更晏子之宅。

孫星衍云：「欲更，」藝文類聚作「欲使更。」

劉師培云：玉海一七五引欲作使。

　　案藝文類聚引欲作使，與玉海引同。非引欲下有使字也，孫氏失檢。

公繁于刑。

　　案文選何平叔景福殿賦注引公上有景字，左昭三年傳、韓非子難二篇並同。

故對曰：踊貴而屨賤。

　　案文選注引『故對曰，』作『晏子對曰。』韓非子同。續一切經音義十引屨作履。

公爲是省于刑。

　　案文選注引作『公以是省刑。』

因陳桓子以請，迺許之。○或作『晏子使魯，比其反，景公爲毀其隣，以益其宅。晏子反，聞之，待於郊，使人復于公曰：「臣之貧頑而好大室也，乃通於君。故君大其居。臣之罪大矣！」公曰：「夫子之鄉惡而居小，故爲夫子爲之。欲夫子居之，以懀寡人也。」晏子對曰：「先人有言曰：『毋卜其居，而卜其隣舍。』今得意於君者，懀其居則毋卜。已沒氏之先人卜與臣隣，吉。臣可以廢沒氏之卜乎！夫大居而逆隣歸之心，臣不願也。請辭。」』

　　案『或作』云云，明活字本同。

寡人欲朝昔見。

　　案昔字明活字本同。黃之寀本、子彙本並作夕。

維至賢耳。

　　案藝文類聚六四、御覽一七四引維並作唯，同。

趣召晏子，

　　案治要引趣作趨，趨乃俗趣字。趣、趨古通，說文：『趣，疾也。』廣雅釋詁：『趨，疾也。』

炙三弋、五卵、苔菜耳矣。

　　案御覽八六七引『耳矣』作『而已，』

寡人之罪也。

　　案御覽八四九引『寡人』上有乃字。

免粟之食飽，

92

俞樾云：『免卽脫也，廣雅釋詁：免，脫也。』

　　案御覽引免作脫。

而有參士之食，

　　案御覽引參作三。

子曰，

　　張純一本子上補晏字，云：元刻如此。

　　案子上當有晏字，惟元本無晏字，（黃之寀本、明活字本、子彙本並同。）張氏
　　失檢。

謂其妻曰，

　　劉師培云：白帖十引作『謂妻子曰。』

　　案御覽一八七亦引作『謂妻子曰。』

楹語也。

　　孫星衍云：御覽作『書記曰也。』

　　案御覽一八七引作『楹記曰也。』孫氏失檢。

外篇重而異者第七

景公飲酒數日而樂。

　　案治要、書鈔一二九、御覽四六八、六九六引此並無『而樂』二字，疑後人依新
　　序刺奢篇所加。

人之所以貴於禽獸者，

　　案黃之寀本脫以字。明活字本、子彙本『以貴』二字並誤倒。

吾以彰晏子之敎也。○此章與景公酒酣，願爲無禮，晏子諫。大旨同；但辭有詳略
爾。故箸于此篇。

　　黃以周云：元刻每章之末，有箸定之語。

　　案『此章』云云，明活字本同。以後每章之末，此類箸定之語，明活字本皆同。

景公置酒于泰山之上。

　　孫星衍云：沈啓南本有此章，俗本皆刪去。

案明活字本亦有此章，與元本合。

今日見怪君一，

案藝文類聚一九、御覽三九一引此並作『臣見怪君一，』疑見上本有臣字。

景公使祝禳之。

案白帖一引作『景公欲禳之。』

天道不諂，

案論衡變虛篇諂作闇。

且天之有彗，

案黃之寀本無之字。

以除穢也。

案白帖引以上有所字。

禳之何損？

劉師培云：論衡變虛篇損作益，新序雜事四何允中本亦作益。

案白帖引此損亦作益。

民卒流亡。

孫本流作沠，云：一本作流，沠卽流隸字。

案流字黃之寀本同。明活字本、子彙本並作沠，下同。

若德之囘亂，

張純一本無之字，云：據左（昭二十六年）傳刪。

案論衡亦無之字。

陳信不愧。

案黃之寀本信作言。明活字本、子彙本並與元本同。

其家事無情。

案黃之寀本、子彙本情並作猜，張純一云：『元刻作情，誤。』是也。明活字本亦誤情。

則虛以求媚。

案黃之寀本求作戍，蓋草書形近之誤。明活字本，子彙本並與元本同。

94

澤之萑蒲，

案萑字明活字本同。黃之寀本、子彙本並作萑。

豈能勝億兆人之詛？

案白帖九三引詛下有邪字。

寡人之無德也甚矣！

案說苑至公篇甚上有何字，是也，『寡人之無德也何甚矣！』猶言『寡人之無德
也何甚乎！』此文無何字，蓋淺人不知矣、乎同義，而妄刪之耳！

由徧之也。

案徧字明活字本同。黃之寀本作遍。子彙本作偏。

泰帶重半鈞。

案泰字明活字本同。黃之寀本、子彙本並作大。

景公宿于路寢之宮。

案黃之寀本路作露，古字通用。

因問其偏袝何所在。

孫本『偏袝』作『偏柎，』黃以周云：元刻作『偏袝。』

案黃之寀本、明活字本、子彙本皆作『偏袝，』與元本合。袝，當從孫本作柎；
或古通用。

請數之以其罪而殺之。

孫星衍云：御覽而作乃。

案御覽（九一四）引此無『以其罪而殺之』六字，（藝文類聚九十引此同。）孫
氏所稱御覽，蓋說苑（正諫篇）之誤也。下文『公曰：勿殺。』孫云：『御覽作
「公曰：勿殺而謝之。」』所稱御覽，亦說苑之誤，御覽與今本同。

以成其大不誠。于中者，必謹小誠于外，以成其大不誠。

黃以周云：元刻『以成其大不誠』下，重衍『于中者』等十五字。

案明活字本亦重衍『于中者』等十五字。

然則夫子抈寡人止之。

案明活字本扐作助。

望見齊國，

案御覽七一引望上有公字。

則虞、夏當存矣。

案黃之寀本、明活字本、子彙本常並作常，古字通用。

臣聞：見不足以知之者，智也。

孫星衍云：言見所不足而能知之。

王念孫云：不字衍，下文『臣奚足以知之？』即其證。孫說非是。

案孫說固非；王說亦未審。『見不』乃『不見』之誤倒。『不見足以知之者，智

也。』與下『先言而後常者，惠也。』相對成義。下文『臣奚足以知之乎？』亦

正與此相應。

而無衰乎！

案而字明活字本同。黃之寀本、子彙本並作能。

無字之後無幾。

劉師培云：黃本『無幾，』無作何。

案黃本『無幾』作『無何。』劉氏失檢。

君令而不違厲。

案黃之寀本、子彙本並無厲字。明活字本與元本同。

蓋賊以優，

案說苑奉使篇優作慢。

臣聞之，

劉師培云：黃本臣作吾。

案子彙本臣亦作吾。

故退而野處。

案黃之寀本、明活字本、子彙本野並作埜。

不辟君所愛。

案治要引辟作避。

廢置不周於君前謂之專。

> 俞樾云：『不周』當爲『不由。』廢置不由於君前，故爲專也。

> 案『不周』義自可通，無煩改字。周猶信也，穀梁成十七年傳：『公不周乎伐鄭
> 也。』注：『周，信也。』卽其證。『廢置不周於君前，』猶言『廢置不信於君
> 前』也。

出言不諱於君前謂易。

> 案黃之寀本、子彙本謂下並有之字，黃以周云：『元刻脱之字。』是也。明活字
> 本亦脱之字。

不舉曰維，將不正。

> 孫本曰作四，云：說苑作『有四維之，然後能直。』今本四作曰，非。

> 案黃之寀本、明活字本、子彙本皆作曰，與元本同誤。孫本作四，蓋據說苑（臣
> 術篇）改。

晏子相景公，

> 案子彙本此章缺。

外篇不合經術者第八

欲封之以爾稽。

> 孫星衍云：爾稽，墨子（非儒下篇）作尼谿。

> 案史記孔子世家亦作尼谿。

今孔丘盛聲樂以侈世，飾弦歌鼓舞以聚徒。

> 孫星衍云：『盛聲樂以侈世，』墨子作『盛容修飾以蠱世。』

> 案『盛聲樂以侈世，』與下文『盛爲聲樂以淫愚其民』義複。當從墨子作『盛容
> 修飾以侈世，』與下句『弦歌鼓舞以聚徒』相稱，今本飾字誤錯在下句『弦歌鼓
> 舞』上；『容修』之作『聲樂，』又涉上文『聲樂繁充』而誤也。史記作『盛容
> 飾，』亦不言『聲樂。』

趨翔之節，

> 案史記翔作詳，古字通用。

兼壽不能殫其教。

案史記作『累世不能殫其學。』

也不可以示。

孫本作『其道也不可以示世。』云：今本脫『其道』字、世字。據墨子增。

黃以周云：元刻脫『其道』字、世字。

案黃之寀本、明活字本、子彙本皆脫『其道』字及世字。孔叢子詰墨篇引墨子作『其道不可以治國。』

魯孔丘之徒鞠語者也。

案黃之寀本、明活字本、子彙本鞠皆作鞫。

單事之教也。

孫本單作道，黃以周云：元刻作『單事，』凌本同。

案明活字本、子彙本並作『單事，』與元本合。

不然，嬰為三心，三君為一心故。

王念孫云：『嬰上當有非字，言嬰所以事三君而得順者，非嬰為三心，乃三君為一心故也。上篇曰：『嬰之心非三心也。』是其證。』

案『不然，嬰為三心，』疑本作『不嬰為三心，』即『非嬰為三心』也。淺人不知不、非同義，乃於不下妄加然字耳。

誹譽為類。

案譽字明活字本、子彙本並同，黃之寀本作謗。

孔子拔樹削迹，

案孔叢子詰墨篇作『今孔子伐樹削迹，』有今字較勝。

則固聖人之林也。

孫星衍云：林，一本作材。

案明活字本林作材。黃之寀本上方校語云：『林，疑材字。』與明活字本合。

景公問晏子曰：有臣而强，足恃乎？

案此下七章子彙本並缺。

景公為大鍾，

案白帖六二引爲作鑄。

晏子、仲尼、柏常騫三人朝，俱曰，

案御覽五七五、記纂淵海七八引晏子並在柏常騫下，柏並作伯，下同。記纂淵海引『朝俱』二字倒。^{御覽同。劉師培已引。}

衝之，果毀。

案記纂淵海引衝作撞。

公召三子者而問之。

案記纂淵海引作『公見三子問之。』

是以曰：鍾將毀。

案初學記十六、御覽、記纂淵海引此並無鍾字，下同。又記纂淵海引下文兩『是以曰，』並作『故曰。』

今庚申，雷日也。

案御覽、記纂淵海引今下並有日字。

音莫勝於雷，

案記纂淵海引音作陰。

有工女，

劉師培云：史記李斯傳索隱引作『有二女。』

案文選李斯上書秦始皇一首注亦引作『有二女。』

合色寡人也？

案合猶當也。淮南子原道篇：『心虛而應當。』注：『當，合也。』

華而不實，

案記纂淵海九二引華作花，下同。

昔者，秦繆公乘龍而理天下，

案文選陸佐公新刻漏銘注引繆作穆。記纂淵海引同；又引理作治。

至東海而捐其布。

案記纂淵海引捐作投。

吾詳問子，

案記纂淵海引詳作佯，下同。

景公問晏子曰，

案藝文類聚九七、記纂淵海九七引問並作謂。文選張景陽七命注引問下有於字。

天下有極大乎？

案記纂淵海引作『天有極大物乎？』

足游浮雲，

王念孫云：御覽羽族部十四鵬下，引此作『鵬，足游浮雲。』

案記纂淵海引此亦有鵬字，惟脫足字。

頭尾咳於天地乎。然而滂滂不知六翮之所在。

王念孫云：御覽引乎字在『滂滂』下。

案記纂淵海引『咳於天地，』作『該於天池，』乎字亦在『滂滂』下，六作其，

在下有也字。

集於蚊睫。

案藝文類聚引蟁作蚊。一切經音義八六引莊子同。

再乳再飛，而蟁不為驚。

孫星衍云：藝文類聚作『飛乳去來，而蚊不覺。』

案孫氏所稱藝文類聚，乃文選張景陽七命注之誤。

命曰焦冥。

劉師培云：鷦鷯賦注引作『鷦螟。』御覽九五一又作『蠛螟。』

案文選七命注、藝文類聚、御覽九四五引命皆作名。一切經音義八六引莊子『焦

冥』作『鷦螟，』與文選鷦鷯賦注引此文合。御覽九五一引列子（湯問篇）作『蠛

螟，』（今本列子作『焦螟，』孫氏音義已引。）與御覽九五一引此文合。

皆摽長兵而立於闔。

案黃之寀本、明活字本、子彙本摽皆作操。黃本下文亦作操。

此一日之所為也。

案黃之寀本、子彙本此下並有非字。黃以周云：『元刻脫非字。』是也。明活字

本亦脫非字。

公乘侈輿、服繁駔驅之。

　　案御覽四八七引驅上有而字。

而因爲遲。

　　孫星衍云：說苑、文選注、御覽俱作『自以爲遲。』蘇輿云：『治要同。』

　　案張純一本據孫、蘇說改『而因爲遲，』爲『自以爲遲。』是也。而字本在上文
　　『驅之』上，誤錯在此句。因乃自之誤（因，俗作𠙹，與自形近，往往相亂），下
　　又脫以字也。

寡人猶且淫泆而不收。

　　案治要引泆作逸，古字通用。

晏子沒十有七年，

　　案子彙本此章缺。

坿　　　記

　　劉師培晏子春秋逸文輯補，凡十四條。大抵皆由諸書誤引，劉氏已言之。其中藝
文類聚二三、御覽四五九所引『人之將疾，必先不甘粱肉之味。國之將亡，必先惡忠
臣之語』一條，記纂淵海六六亦引爲晏子文，惟『忠臣』作『忠直。』又記纂淵海六
一引晏子春秋云：『師曠識爨薪，易牙別澠、淄。』亦不見於今本，姑記之以存疑。

墨　子　斠　證

晉書魯勝傳稱勝注墨辯，惜僅存其敍；通志藝文略有樂臺墨子注三卷，惜其書亦不傳。清儒自乾、嘉以來，校注墨子者漸多，而以高郵王氏雜志最爲精審；至瑞安孫詒讓，覃思十載而成閒詁，尤所謂後來居上者矣。近人討治墨子者益眾，當推吳毓江氏校注，致力極勤，程功特鉅。暇時一一展讀，覺其中尚有疑義可發，餘證可補，因據道藏本斠酌羣言，條舉所見。匆遽成篇，聊備遺亡，非敢云創獲也。

親　士　第　一

是以甘井近竭，招木近伐，靈龜近灼，神蛇近暴。

> 俞樾云：『四近字皆先字之誤，上文曰：「今有五錐，此其銛。銛者必先挫。有五刀，此其錯。錯者必先靡。」然則「甘井」四喻，正承上文而言。亦必是先字明矣。先，篆書作兂，近字古文作斦，篆書作斦，兩形相似而誤。』

> 孫詒讓云：『俞說是也，意林引此（靈龜近灼，神蛇近暴）二句，近正作先。莊子山木篇亦云：直木先伐，甘井先竭。』

> 案藝文類聚八八引淮南子：『直木先伐，甘井先竭。』（事文類聚後集二三亦引首句。今本無此文。）御覽五九引文子（符言篇）：『甘泉先竭。』（今本先作必。）亦並可爲俞說之證。（御覽一八九引范子亦云：『直木先伐，甘井先竭。』）

良弓難張，然可以及高入深。良馬難乘，然可以任重致遠。良才難令，然可以致君見尊。

> 案說郛本三然字下並有後字。

是故江河之水，非一源也。

> 吳毓江本『非一源也，』作『非一原之流也。』云：『據初學記第六校增「之流」二

字，並據正德本改源爲原。鶡冠子道端篇曰：海水廣大，非獨仰一川之流也。』案記纂淵海五五引此作『非一源之流，』與初學記引合；六六引此作『非一源而流。』

夫惡有同方取、不取同而已者乎！

畢沅云：惡讀如烏，言聖人之與士同方相合，猶江河同源相得，烏有不取諸此而自止者！

俞樾云：『此文本云：「夫惡有同方不取、而取同己者乎！」「同方，」謂同道也。「同己，」謂與己意同也。聖人但取其與道同，而不必其與己意同。故曰：「夫惡有同方不取、而取同己者乎！」傳寫錯誤，遂不可讀。』

劉師培拾補云：上取字、下同字均疑衍文，『而已』猶云『而止。』謂不知廣取同道而自止也。

于省吾新證云：『依周、秦金石刻辭及近世發現之宋以前古籍鈔本例之，此文本應作「夫惡有同方不〓取〓同而已者乎！」上不字卽涉重文而脫。此言「夫烏有同方不取、不取同而止者乎！」上文「是故江河之水，非一源之水也。千鎰之裘，非一狐之白也。」義正相承。』

案諸說皆未審。此本作『夫惡有同方取、不同而已者乎！』今本下取字涉上取字而衍。『同方取』與『不同而已，』相對成義。方猶乃也，『而已』猶『則止。』此言『夫烏有同乃取、不同則止者乎！』如此，與上文義乃相承。

是故谿陝者速涸。

孫詒讓云：『說文：「陝，隘也。」俗作陿、狹，非。』

案說郛本、諸子彙函本陝並作狹。

脩 身 第 二

君子察邇而邇脩者也。見不脩行，見毀，而反之身者也。

案諸子彙函本作『君子察邇而修行者也。見毀而反之身者也。』

所 染 第 三

案舊鈔本文選袁彥伯三國名臣序贊一首注：『墨子有染性篇，言素絲入黃則黃，入蒼則蒼。』則舊本所染有作染性者。

子墨子言見染絲者而歎曰，

秋山儀云：言，恐衍。（據吳氏校注引。）

孫詒讓云：言字疑衍。

劉師培云：今考羣書治要、後漢書馮衍傳注、黨錮傳注、太平御覽八百十四所引並無言字，呂氏春秋當染篇亦無言字，則言字碻爲羨文。

吳毓江云：明萬曆甲午刻百子咀華本墨子、及呂氏春秋、羣書治要、意林、宋本蜀本太平御覽八百十四引並無言字。

案舊鈔本文選江文通雜擬詩（今本作雜體。）注、事類賦十注引此亦並無言字。又據舊鈔本文選袁彥伯三國名臣序贊注（詳上），此文絲上疑有素字，呂氏春秋當染篇亦有素字。

五入必，而已則爲五色矣。

畢沅云：後漢書注引作『五入之，則爲五色。』太平御覽引作『五入則爲五色。』

孫詒讓云：必讀爲畢，左隱元年傳：『同軌畢至。』白虎通義崩薨篇引畢作必，是其證。言五入畢而爲五色也。

于省吾云：縣眇閣本、子彙本，均無必則二字。

吳毓江云：必，正德本作畢，四庫本剜改作色。潛本（岷案卽子彙本）、縣眇閣本並無必、則二字。呂氏春秋作『五入而以爲五色矣。』高誘注云『一入一色。』案事類賦注引此作『五入則爲五色。』與御覽同，蓋有刪略。說郛本作『五色畢入，則爲五色矣。』亦非此文之舊。必、畢古通，（藝文類聚八八引尸子云：『木之精氣爲必方。』御覽九五二引必作畢，韓非子大體篇：『則物不必載。』治要引必作畢，淮南子天文篇：『草木必死。』玉燭寶典五引必作畢。亦皆其比。）作必是故書。後漢書注引必作之，蓋不知必與畢同而妄改。竊疑此文本作『五入必，而已爲五色矣。』而，一本作則，傳寫因誤竄則字於已字下耳。（呂氏春秋已作以，同。）縣眇閣本、子彙本均無則字，是也；惟均無必字，則又淺人不知必與畢同而妄刪者矣。

知伯搖染於智國、張武。

　　畢沅云：搖，一本作瑤。

　　孫詒讓云：呂氏春秋當染亦作瑤。

　　吳毓江云：知伯搖，緜眇閣本及卷子本治要作智伯瑤。搖，潛本、寶曆本、四庫
　　本作瑤。

　　案搖、瑤古通，淮南子本經篇：『是謂瑤光。瑤光者，資糧萬物者也。』文子下
　　德篇瑤作搖，『〔桀〕爲璇室瑤臺，』高誘注：『瑤，或作搖。』楚辭九懷通路：
　　覽察兮瑤光。』王逸注：『瑤，一作搖。』並同此例。

法 儀 第 四

天下諸侯皆賓事之。

　　孫詒讓云：『廣雅釋詁云：賓，敬也。』

　　案『賓事』猶『服事。』爾雅釋詁：賓，服也。

七 患 第 五

仕者待祿，游者愛反。

　　王念孫云：『待當爲持，「愛反」當爲「愛交，」呂氏春秋慎大篇注：「持猶守
　　也。」言仕者守其祿，游者愛其交。皆爲己而不爲國家也。管子明法篇曰：「小
　　臣持祿養交，不以官爲事。」晏子春秋問篇曰：「士者持祿，游者養交。」「養交」
　　與「愛交」同意。今本持作待，「愛交」作「愛反，」則義不可通。』

　　孫詒讓云：畢書治要引待作持，反作佼。王校是也。佼卽交，字通。

　　案待借爲持，『待祿』猶『持祿，』儀禮公食大夫禮：『左人待載。』注：『古文
　　待爲持。』荀子禮論篇：『兩者相持而長，』史記禮書持作待。並待、持古通之
　　證。治要引此待作持，蓋一本待作持，正可以證待、持古通，不必改待爲持也。

　　淮南子兵略篇：『靜以合躁，治以持亂。』文選陸士衡五等論注引持作待，王氏
　　雜志以持爲待之誤，岷以爲亦當以通假字視之。

兵者，國之爪也。

案說郛本爪下有牙字。

辭　過　第　六

就陵阜而居，穴而處，下潤濕傷民。

　　孫詒讓云：穴上疑挩一字。

　　于省吾云：下句『下潤濕傷民。』下字屬上句，讀爲『穴而處下，』於義亦通。堂策檻本正以『穴而處下』四字爲句。

　　案治要引此已以『穴而處下』四字爲句。惟『穴而處下，』與『陵阜而居，』句法不一律。長短經適變篇引此仍從處字絕句。（無『下潤濕傷民』五字。）竊疑此文下字本在穴字上，『下穴』二字平列，『陵阜而居，下穴而處。』文正相儷。惟無塙證，亦未敢遽斷也。

賑孤寡。

　　孫本賑作振。云：舊本作賑，俗字。今據治要改。

　　案長短經引此亦作振。

故聖王作爲舟車，

　　案意林引王作人。

尙　賢　上　第　八

九州成。

　　蘇時學云：成與平爲韻。

　　案說郛本成作治，恐誤。

夫尙賢者，政之本也。

　　案治要引夫作故。

尙　賢　中　第　九

有一衣裳不能制也，

　　案說郛本衣作服，制作製。

國家之亂既可得而知已。

案既疑即之誤。

其爲政乎天下也，兼而憎之；從而賤之。

王念孫云：『賤當爲賊，字之誤也。尙同篇：「則是上下相賊也。」天志篇：「上
詬天；中詬鬼；下賊人。」非儒篇：「是賊天下之人者也。」今本賊字並誤作賤。
此言桀、紂、幽、厲之爲政乎天下，兼萬民而憎惡之，又從而賊害之，非謂賤其
民也。又下文「率天下之民以詬天侮鬼，賤傲萬民。」賤亦當爲賊。』

案此文及王氏所引尙同篇、天志篇、非儒篇與本篇下文諸賤字並不誤，賤借爲
殘，管子樞言篇：『明其刑而賤其士者殆。』宋蔡潛道本賤作殘，晏子春秋內篇
諫下第二：『皆謂吾君愛樹而賤人。』記纂淵海九五引賤作殘，莊子漁父篇：『擅
相攘伐以殘民人。』道藏王元澤新傳本、趙諫議本、元纂圖互注本、世德堂本殘
並作賤。皆賤、殘古通之證。殘、賊同義，說文：『殘，賊也。』則賤固不必改
作賊矣。孫詒讓、吳毓江並從王說，非也。

尙賢下第十

有一罷馬不治，必索良醫。有一危弓不能張，必索良工。

案說郛本治下、張下並有也字，『良工』作『巧匠。』

尙同上第十一

故交相非是也。以內者父子兄弟作怨惡。

吳毓江本從畢本移是字於以字上（孫本同），並云：正德本『內者』作『內之。』
案中篇亦作『內之。』

尙同中第十二

萬民之所便利而能彊從事焉，

案此本作『萬民之所便利能彊從事焉，』與『天鬼之所深厚而彊從事焉』對言，
能、而互文。今本能上有而字，蓋淺人不知能、而同義而妄加耳。天志下篇：

『少而示之黑謂黑，多示之黑謂白。少能嘗之甘謂甘，多嘗之甘謂苦。』（據經傳釋詞引。）而、能亦互文，與此同例。

尚同下第十三

是故天下之欲同一天下之義也，

　　畢沅云：文選注引作『古者同天之義。』

　　孫詒讓云：上『天下』二字，疑當作天。

　　案畢氏所稱文選注，乃袁彥伯三國名臣序贊注。惟有脫文。舊鈔本三國名臣序贊
　　注引此作『古者天子之欲同壹天下之義也。』今本此文『古者』作『是故，』蓋
　　涉下文『是故』字而誤；惟『天子』似仍當從今本作『天下，』於義乃通，蓋涉
　　下文諸『天子』字而誤。孫氏疑上『天下』二字當作天，肌說不足據。

則是上下相賤也。

　　蘇時學云：賤當作殘。或殘、賊二字各脫其偏傍。

　　孫本從王校（詳尚賢中篇）賤作賊。于省吾云：寶曆本正作賊。

　　吳本亦作賊，云：寶曆本作賊，今從之。王校同。縣眇閣本作殘，與蘇校同。

　　案此當從舊本作賤，賤、殘古通，殘、賊同義，詳尚賢中篇。作賊、作殘之本，
　　皆後人所改也。

國既已治矣。

　　　　案矣字涉上文『則國必治矣』而衍。『國既已治，』與上文『家既已治，』下
　　　　文『天下既已治，』句法並一律。

一目視也，

　　畢本視上有之字，云：舊脫之字，一本有。

　　吳毓江云：沈本、潛本、寶曆本、縣眇閣本並有之字。

　　案說郛本亦有之字。

不若二手彊也。

　　畢本彊上有之字，云：舊脫之字，一本有。

　　吳毓江云：潛本、寶曆本、縣眇閣本並有之字。

109

案說郛本亦有之字。

兼愛上第十四

天下之亂物具此而已矣。

　　吳毓江云：縣眇閣本具作其。

　　案諸子彙函本亦作其。具、其形近，又涉上文諸其字而誤也。

不孝亡。

　　吳本作『故不慈不孝亡。』云：諸本挩『不慈』二字，潛本、縣眇閣本、陳本並

　　有。句首故字各本錯於下文『猶有盜賊乎』之下，今依王樹枏校移。

　　案諸子彙函本『不孝』上亦有『不慈』二字。

兼愛中第十五

天下之士君子特不識其利、辯其故也。

　　俞樾云：『辯其』上脫害字，下文『愛人者，人必從而愛之。利人者，人必從而

　　利之。』是其利也；『惡人者，人必從而惡之。害人者，人必從而害之。』是其

　　害也。

　　孫詒讓云：害字似不必增。

　　王景羲墨商云：『利字可疑，而害字必不當增。利，當爲類之聲譌；又涉上下文

　　諸利字而改。此云：「不識其類、辯其故。」即下文非攻篇『子未察吾言之類、未

　　明其故者也。』語意正同一例。此二語本答上文「難物迂故」之詞，並非專爲下

　　文辯明利害而設。又此下文引晉文公、楚靈王之事，即此所云「識其類」也；下

　　文「君說之，故臣能爲之。」即此所云「辯其故」也。此下一大段文字，皆申明

　　此二句之意。』（據李笠定本墨子閒詁校補引。）

　　案利當爲物，『特不識其物、辯其故也，』承上文『天下之難物于故也』而言。

　　（『物于故』猶『物與故，』于省吾有說。孫詒讓以于爲迂之借字，王景羲、吳毓

　　江並從之，非也。惟于氏據此文，謂『物乃利之譌字，』則未深思耳！）利，古

　　文作秢，與物形近，故物誤爲利耳。莊子德充符篇：『審乎无假，而不與物遷。』

110

天道篇物誤利，正同此例。非攻下篇：『子未察吾言之類、未明其故者也。』彼
以類、故對言，此以物、故對言，其義一也。左昭九年傳：『事有其物，』注：
『物，類也。』易繫辭下：『爻有等，故曰物。』疏：『物，類也。』並物、類同
義之證。俞氏謂此文『辯其』下脫害字，固非；王氏謂利爲類之聲誤，亦未得也。
可謂畢劫有力矣。

　　孫詒讓云：『劫，於義無取。疑當爲劼之誤，廣韻十八黠云：「劼，用力也。」或
　　當爲勁，下篇及非樂上篇並有「股肱畢強」之文，勁與強義亦同。』
　　案說文：『劫，人欲去以力脅止曰劫；或曰：以力去曰劫。』是劫本有用力義，
　　無煩改字。

兼愛下第十六

又與今人之賤人，

　　王念孫云：今下衍人字。

　　于省吾云：『賤當作賊，尙賢中：「從而賤之。」「賤傲萬民。」王念孫並以賤爲
　　賊之誤。此「賤人」實歷本正作「賊人，」是也。下云：「執其兵刃毒藥水火以
　　交相虧賊，」是承「賊人」爲言，若云「賤人，」「賤人」非盡爲賊者，知其不可
　　通也。』
　　案『又與今之賤人，』卽『又與今之賊人。』凡本書賤字一本作賊者，皆後人所
　　改也。賤、殘古通，殘、賊同義，（詳尙賢中篇。）故賤可通賊。荀子王制篇：
　　『豈有肯爲其所惡、賊其所好者哉！』記纂淵海五三引賊作賤，正賤、賊通用之
　　證。于說承王說而誤。

是以聰耳明目，相爲視聽乎？

　　孫本爲作與，于省吾云：與字誤，聚珍本亦作與，各本均作爲，畢本亦作爲。
　　案與猶爲也，例詳王氏釋詞。于說疏矣！

是以老而無妻子者，有所侍養，以終其壽。

　　俞樾云：『侍當爲持，古書多言「持養，」淺人不達，而改爲侍，非是。非命下
　　篇：「下以侍養百姓。」待亦當作持。』（此據孫氏閒詁引。俞氏平議此說本在下

111

文『疾病不侍養』下。）

案下文『侍養』字屢見，侍借爲持，無煩改字。『侍養』猶『持養，』非命下篇
之『待養，』亦猶『持養，』（王念孫已以『待養』爲『持養』之誤，非。）待、
持古通，已詳七患篇；待、侍古亦通，禮記雜記上：『待猶君也。』注：『待，
或爲侍。』莊子漁父篇：『竊待於下風。』釋文：『待，或作侍。』並其證。待
可通持，亦可通侍。則侍亦可通持矣。

饑卽食之，寒卽衣之。

案子彙本卽並作則。

常使若二君者，

秋山儀云：常疑當。

蘇時學云：據上文，常宜作當。

案常、當古通，無煩改字。管子版法解：『惡不公議而名當稱。』朱東光本當作
常，晏子春秋外篇重而異者第七：『則虞、夏當存矣。』明活字本當作常，荀子
榮辱篇：『是又人之所常生而有也。』記纂淵海六一引常作當，文子道德篇：
『故聖人常聞禍福所生而擇其道。』唐寫本常作當，（說互詳管子斠證白心第三十
八。）皆其證。

以其所書於竹帛，鏤於金石，琢於槃盂，傳遺後世子孫者知之。

劉師培云：文選楊德祖答臨淄侯牋注引作『以其所獲，書於竹帛，傳遺後世子
孫。』

案舊鈔本文選荅臨淄侯牋注引作『以其所書於竹帛，傳遺後子孫。』後下蓋避太
宗諱省世字。

故君子莫若欲爲惠君、忠臣、慈父、孝子、友兄、悌弟，

王念孫云：『若欲爲惠君、忠臣』云云，若上不當有莫字，蓋涉上文『莫若』而
衍。

案若當作不，涉上、下文若字而誤也。『莫不欲』與上文六必字相應，於義較長。
莊子外物篇：『人主莫不欲其臣之忠，』『人親莫不欲其子之孝，』與此句例同。
王氏謂莫字涉上文『莫若』而衍，恐非。淮南子主術篇：『夫人主之情，莫不欲
總海內之智，盡衆人之力。』亦可證此若字之誤。

112

非攻上第十七

此何也？

案何下當有故字，與下文一律。

此何謂知義與不義之別乎！

孫本何作可，云：『可，舊本作何。畢云：「一本作可，是。」今據正。』

尹桐陽新釋云：何，可。

吳本何作可，云：潭本、縣抄閣本、陳本並作可，今從之。

案何非誤字，尹氏釋何爲可，是也。墨子春秋外篇重而異者第七：『夫何密近，不爲大利變。』治要引何作可；文子九守篇：『禍福之間，可足見也！』景宋本可作何。並何、可古通之證。此文作可之本，蓋後人不識古義所改者耳。孫、吳二氏並從之，疏矣！下文『此可謂知義與不義之辯乎！』可，原亦當作何。

非攻中第十八

今嘗計軍上

孫詒讓云：上字誤，疑當作出。

案上疑之之誤，屬下讀。之，篆作业，與上略近。（王闓運注本、尹桐陽新釋本上並作士，蓋肊改。）

非攻下第十九

今天下之所譽善者，

王景羲云：『譽善』當依下文作『譽義，』古文羛、善篆形本相似易混。併上下文皆是義字，則作善者誤。

案下文『則是有譽義之名，』寶曆本義作善（吳毓江引），與此作善合。則善不必改作義；且善與義同義，亦不得以爲形似之誤。詩大雅文王：『宣昭義問，』傳：『義，善。』禮記緇衣：『章善癉惡，』釋文本善作義，韓非子姦劫弑臣篇：『廢正適而立不義，』（又見楚第四。）韓詩外傳四義作善，淮南子齊俗篇：『子

　　贛讓而止善，』呂氏春秋察傳篇注引善作義，並其證。

士不分。

　　畢沅云：分，同忿。

　　案畢說是也，淮南子本經篇：『則兵革興而分爭生。』文子上禮篇分作忿，卽分
　　忿古通之證。

婦妖宵（舊誤宵）出。

　　吳毓江云：宵，寶曆本作霄。

　　案宵、霄古通，淮南子精神篇：『甘瞑太宵之宅，』文選陶淵明辛丑歲七月赴假
　　江陵夜行塗口詩注引宵作霄，列子湯問篇：『三日宵練。』書鈔一二二引宵作霄，
　　並其比。

節用上第二十

凡爲衣裳之道：冬加溫、夏加凊者，芊組不加者去之。

　　畢沅云：芊組二字凡四見，疑一鮮字之誤。鮮，少也。言少有不加于溫凊者去之。

　　蘇時學云：芊組二字畢注作鮮，是也；或作鮮有二字亦可。

　　俞樾云：『芊組』疑當作『鮮且，』蓋鮮字左旁之魚誤移在且字左旁耳。且讀爲
　　齟，『鮮且』者，『鮮齟』也。

　　俞正燮云：羊乃善捉，組乃但誤。（據閒詁引。）

　　孫詒讓云：俞（樾）說近是；又疑當作『華組。』

　　王闓運本改『芊組』爲『鮮止，』從止字絕句。云：『中篇作「則止。」』

　　吳本從組字絕句，云：『芊卽羊字，羊借爲尙，組借爲諸，「禮記內則：『桃諸梅
　　諸，』王肅注云：『諸，菹也。謂桃菹梅菹。』」組之與諸，猶菹之與諸也。「冬
　　加溫、夏加凊者尙諸；」與「不加者去之。」一正一反，相對爲文。又或訓羊爲
　　善，上屬爲句。組借爲諸，屬下讀。亦可備一義。惟不若「芊組」與「去之」對
　　文爲愜適。』

　　案芊組二字當分讀，芊字屬上絕句。組字屬下讀。下並同。芊蓋止之誤，止與芊
　　上半相似。『者止』猶『則止，』中篇作『則止，』可證。（者、則同義，管子

治國篇：『國富者兵彊，兵彊者戰勝。』御覽八二二引者作則，老子：『知者不言，言者不知。』湛然輔行記十一引者作則，莊子天道篇：『動則得矣。』文選江文通雜體詩注引則作者，列子湯問篇：『此不爲遠者小而近者大乎？』意林引者作則。皆其證。）䟽借爲諸，吳說是也。（惟以䟽字上屬爲句，則非。）中篇作諸，可證。『冬加溫、夏加凊則止；諸不加者去之。』相對成義，文意燦然。

節用中第二十一

芬香之和。

　　吳毓江云：宋本、蜀本御覽引無香字。

　　案鮑刻本御覽八四九引香作芳。

節葬下第二十五

君死，喪之三年。父母死，喪之三年。妻與後子死者，五皆喪之三年。

　　王念孫云：『者五』當爲『五者，』謂君、父、母、妻與後子也。

　　俞樾云：五疑二字之誤。

　　陶鴻慶札記云：五蓋又字之誤。五字古文作乂，篆文及隸書皆作乄，與又相似，故又誤爲五耳。（吳毓江說同。）

　　于省吾云：五應讀作伍，伍謂比等也。伍字應屬上句，言妻與後子死者等，皆喪之三年也。

　　案五字疑涉下文『族人五月』而衍。

昔者，越之東有輆沐之國者。

　　畢本輆作較，云：較，舊作輆，不成字。據太平廣記引作較，音『善愛反。』今改。

　　案太平廣記四百八十引博物志亦作較沐。翠碧樓元刻本列子湯問篇作輒沐。

其大父死，負其大母而棄之。

　　孫詒讓云：博物志引作『父死，則負其母而棄之。』新論作『其人父死，卽負其

115

母而棄之。』

案負上當從博物志補則字，與上文句法一律。劉子新論則作卽，卽猶則也。意林引列子亦有則字（今本脫）。

朽其肉而棄之。

畢沅云：朽，太平廣記引作刳。

孫詒讓云：御覽七百九十引博物志亦作刳。

案太平廣記引博物志亦作刳。

秦之西有儀渠之國者。

畢本渠作渠，云：渠，舊作渠，據列子及太平廣記改。

孫詒讓云：博物志引作義渠，新論同。

案御覽八七一引列子亦作義渠，儀、義古通。

聚柴薪而焚之。

案景北宋本列子作『聚柴積而焚之。』釋文：『柴，說文：「燒柴焚燎以祭天神。」或通作柴。』容齋續筆十三引列子亦作柴。盧重元本、元本、世德堂本、道藏各本皆作柴，（說互詳列子補正三湯問第五。）與此合。

天志上第二十六

夫天不可爲林谷幽門無人，明必見之。

王念孫云：『門當爲閒，閒讀若閑，言天監甚明，雖林谷幽閒無人之處，天必見之也。賈子耳痺篇曰：「故天之誅伐，不可爲廣虛幽閒、攸遠無人，雖重襲石中而居，其必知之乎！」淮南覽冥篇曰：「上天之誅也，雖在壙虛幽閒、遼遠隱匿、重襲石室、界障險阻，其無所逃之亦明矣！」義皆本於墨子，則「幽門」爲「幽閒」之誤明矣。』

孫詒讓云：『王校是也。但讀閒爲閑，尚未得其義，閒當讀爲閒隙之閒，荀子王制篇云：「無幽閒隱僻之國，莫不趨使而安樂之。」楊注云：「幽，深也。閒，隔也。」』

吳毓江云：『門，王校改閒，是也。荀子王霸篇曰：「則雖幽閒隱辟，」楊注云：

116

「閒讀爲閑。」則又與王說同。莊子庚桑楚篇：「爲不善乎幽閒之中者，鬼得而誅
之。」文意亦與此同。』

案『幽閒』連文，古籍習見，本書明鬼下篇：『故鬼神之明，不可爲幽閒廣澤，』
呂氏春秋謹聽篇：『僻遠幽閒之所。』（又見觀世篇。）淮南子脩務篇：『絕國殊
俗、僻遠幽閒之處，』咸可爲王說之證。

愛人者此爲博焉。利人者此爲厚焉。

劉師培云：以下文勘之，兩焉上並當有之字。

案下文：『惡人者此爲之博也。賊人者此爲之厚也。』是此文兩爲字下並當有之
字，劉氏失檢。

天志中第二十七

曰：『義者善政也。』『何以知義之善政也？』曰：『天下有義則治，無義則亂。是以
知義之善政也。』

王氏雜志兩之字下並補爲字。云：『舊本脫兩爲字，下篇曰：「何以知義之爲正
也？」「天下有義則治，無義則亂，我以此知義之爲正也。」今據補。』

俞樾云：『三善字皆言字之誤，隸書善字或作𦬕，與言字相似，故言誤爲善。
「『義者言政也。』『何以知義之言政也？』曰：『天下有義則治，無義則亂，是以
知義之言政也。』」語意甚明。若作「善政，」則「義之善政，」不可通矣。下篇
曰：「『義者正也。』『何以知義之爲正也？』『天下有義則治，無義則亂，我以此
知義之爲正也。』」並無善字，可知此文善字之誤。「義之言政，」猶「義之爲
政」也。』

案兩之字下不必補爲字；三善字亦非言之誤。此作『善政，』下篇作『爲正，』
其義一也。善、繕古通，莊子繕性篇：『繕性於俗學，以求復其初。』釋文：『繕，
或云：善也。』即其證。廣雅釋詁：『繕，治也。』小爾雅廣詁：『爲，治也。』
繕、爲並得訓治，是繕可通爲，善亦可通爲矣。莊子繕性篇：『離道以善，』淮南
子俶眞篇善作僞，僞即古爲字，尤善、爲同義之明證也。

書於竹帛，

畢沅云：後漢書注引『書於』作『書其事。』據下文亦然。

案事文類聚別集八引『書於』亦作『書其事。』

琢之槃盂，

畢沅云：後漢書注引槃作盤。

孫詒讓云：吳鈔本槃作盤，下同。

吳毓江云：槃，縣眇閣本作盤，下同。

案事文類聚引槃亦作盤。

天志下第二十八

而有處人之國者乎？

孫詒讓云：有，疑當為可。

案而讀為能，有非誤字。

不格者，則係操而歸。

王引之云：民可係而歸，不可操而歸。古亦無以『係操』二字連文者。操當為

橐，卽孟子所謂『係累其子弟』也。

案操疑緤之誤，漢書賈誼傳：『若夫束縛之、係緤之，』（注：緤，謂以長繩係之

也。）卽以『係緤』連文。緤與紲同。

故子墨子置天之以為儀法。

案上文置下並有立字。

明鬼下第三十一

今若使天下之人，偕若信鬼神之能賞賢而罰暴也，則夫天下豈亂哉？

王念孫云：上言『若使，』則下不得又言『偕若。』余謂若字涉上文而衍，借乃

偕字之誤，偕與皆通，言使天下之人，皆信鬼神之能賞賢而罰暴，則天下必不亂

也。

吳汝綸云：『偕若，』王以為偕字之誤，非也，古人自有複語耳。上文『並作由

此始，』亦複語也。（據吳毓江校注引。）

118

吳毓江云：『史記張釋之傳：「有如萬分之一，假令愚民取長陵一抔土，」亦「有

如」與「假令」複用。』

案下文『使天下之眾，皆疑惑乎鬼神有無之別，是以天下亂。』與此對言，可證

『借若』本作皆，王說是也。

昔者鄭穆公，

畢沅云：郭璞注山海經引此作秦穆公。

案玉燭寶典一引此亦作秦穆公。

帝享女明德。

劉師培云：楚辭遠遊補注引享作厚，御覽八百八十二引作饗，義並通。

案享與饗通；厚則享之誤也。隸書厚，亦作厚，與享往往相亂。劉說未諦。

昔者齊莊君之，

畢本之下有臣字，云；君，事類賦引作公。舊挩臣字，據太平御覽、事類賦增。

吳毓江云：蜀本、補宋鈔本御覽九百二引君作公。

案記纂淵海九八引此亦作『齊莊公之臣。』

有所謂王里國、中里徼者。

畢沅云：王里國，太平御覽、事類賦引作王國卑，下同。疑此非。徼，太平御

覽、事類賦引作檄，下同。

劉師培云：事類賦注二十二引此句中上有與字，當據補。餘詳畢校。

案記纂淵海引此亦作『王國卑與中里檄者。』下二人名同。

而獄不斷。

案記纂淵海引斷作決。

乃使之人共一羊，

畢沅云：太平御覽、事類賦引之作二。

吳本改之為二，云：二，諸本作之，縣眇閣本、陳本作二，今從之。

案記纂淵海引『之人』作『二子，』與上下文作『二子』一律。

盟齊之神社。

畢沅云：事類賦無神字。

119

吳毓江云：蜀本、補宋鈔本御覽引亦無神字。

案記纂淵海引此亦無神字。

讀王里國之辭旣已終矣。

畢沅云：『旣已終矣』四字，事類賦作『已盡』二字。

吳毓江云：蜀本、補宋鈔本御覽亦作『已盡』二字。

案記纂淵海引此亦作『已盡』二字。

羊起而觸之。

畢沅云：『觸之，』事類賦引作『觸中里檄。』

吳毓江云：太平御覽、事類賦引羊上有祭字。

案御覽、記纂淵海引此並作『祭羊起而觸中里檄。』

齊人從者莫不見，遠者莫不聞。

畢沅云：『太平御覽引云：「齊人以爲有神驗。」事類賦引云：「齊人以爲有神。」疑以意改。』

案記纂淵海亦引作『齊人以爲有神驗。』

令問不已。

孫詒讓云：問，吳鈔本作聞，毛詩作聞。

吳毓江云：問，寶曆本作聞。

案聞、問古通，厥例恆見。作問是故書。吳鈔本、寶曆本並作聞，蓋據毛詩改合耳。

非樂上第三十二

是以食必粱肉，

案御覽八四九引粱作梁，古字通用。

非命中第三十六

有於三代、不國有之，

孫詒讓云：『不，疑當作百。三代、百國或皆古史記之名。隋書李德林傳引墨子

云：吾見百國春秋。』

案事文類聚新集二二亦引墨子云：吾見百國春秋。

非儒下第三十九

奚仲作車。

　　孫詒讓云：呂氏春秋君守篇同。

　　案荀子解蔽篇亦同。淮南子脩務篇亦云：奚仲爲車。

巧垂作舟。

　　吳毓江云：藝文類聚七十一引作『棄作舟。』與此異。

　　案棄蓋垂之形誤，不足據。

務興天下之利，曲直周旋，利則止。

　　俞樾云：『「利則止，」當作「不利則止。」傳寫脫不字也。非樂上篇曰：「必務
　　求興天下之利，除天下之害，將以爲法乎天下。利人乎卽爲；不利人乎卽止。」
　　與此文有詳略，而義正同。』

　　吳毓江云：『止當爲上，形近而譌。上卽尚賢之尚，言曲直周旋，唯利則尚也。
　　墨家務興天下之利，故尚利。國語楚語：「左史倚相曰：君子之行，欲其道也。
　　故進退周旋，唯道是從。」句法與此略同。』

　　案止蓋从之誤。从，古從字。吳氏引楚語『唯道是從。』可證成余說。

非賢人之行也。

　　案孔叢子詰墨篇引『賢人』作『聖賢。』

景公說。

　　案孔叢子引作『公悅之。』說下當補之字。晏子春秋外篇不合經術者第八亦作
　　『景公說之。』

其道不可以期世。

　　案孔叢子引『期世』作『治國。』

孔丘乃志怒於景公與晏子，

　　案乃字疑涉下文『乃樹鴟夷子皮』而衍。孔叢子引此作『孔子怒景公之不封己。』

121

乃樹鴟夷子及於田常之門。

畢本及作皮，云：『鴟夷子皮，卽范蠡也。韓非子云：「鴟夷子皮事田成子，成子
去齊，走而之燕，鴟夷子皮負傳而從。」按史記貨殖傳云：「范蠡變名易姓，適
齊爲鴟夷子皮。」』

蘇時學云：鴟夷子皮，卽范蠡也。據史記，范蠡亡吳後，乃變易姓名，適齊爲鴟
夷子皮。然，吳亡之歲，在孔子卒後六年，在景公卒後十七年。又安知蠡之適
齊，而樹之田氏之門乎？此與莊周所言孔子見盜跖無異，眞齊東野人之語也！

孫詒讓云：『淮南子氾論訓云：「昔者，齊簡公釋其國家之柄而專任大臣，故使陳
成田常、鴟夷子皮得成其難。」說苑指武篇又云：「田成子常與宰我爭，宰我夜
伏卒，將以攻田成子。鴟夷子皮聞之，告田成子。」卽此。田常卽陳恆，見春秋
哀十四年經。公羊恆作常。莊子盜跖篇云：「田成子常殺君竊國，而孔子受幣。」
蓋戰國時有此誣妄之語。』

臭本及作皮，云：皮，諸本作及，寶曆本作皮，與畢本合。據史記，田常殺簡公
在周敬王三十九年，魯哀公十四年。其時越未滅吳，范蠡尚在越。此鴟夷子皮助
田常作亂，當別爲一人，非范蠡也。

案孔叢子引此及亦作皮。孔子樹鴟夷子皮於田常之門，其事雖誣，然據韓非子（說
林上篇）、淮南子氾論篇、說苑指武篇所述，田常之門實有鴟夷子皮其人，則可
信也。又據說苑臣術篇：『陳成子謂鴟夷子皮曰：「何與常也？」對曰：「君死
吾不死，君亡吾不亡。」陳成子曰：「然則何以爲常？」對曰：「未死去死，未亡
去亡，其有何死亡矣？從命利君謂之順，從命病君謂之諛。逆命利君謂之忠，逆
命病君謂之亂。君有過不諫諍，將危國殤社稷也。有能盡言於君，用則留之，不
用則去之，謂之諫。用則可生，不用則死，謂之諍。有能比和同力，率羣下相與
彊矯君，君雖不安，不能不聽，遂解國之大患，除國之大害，成於尊君安國，謂
之輔。有能亢君之命，反君之事，竊君之重，以安國之危，除主之辱，攻伐足以
成國之大利，謂之弼。故諫、諍、輔、弼之人，社稷之臣也。明君之所尊禮，而
闇君以爲己賊。故明君之所賞，闇君之所殺也。明君好問，闇君好獨，明君上賢
使能而享其功，闇君畏賢妬能而滅其業。罰其忠而賞其賊，夫是之謂至闇，桀、

紂之所以亡也！詩云：『曾是莫聽，大命以傾。』此之謂也。」』此載鴟夷子皮與
田常論『君死不死，君亡不亡』之事甚詳，亦可證田常之門實有鴟夷子皮其人。
吳毓江謂此鴟夷子皮非范蠡，是也。余前亦有此說，詳淮南子斠證氾論篇。

孔丘窮於蔡、陳之間，

　　吳毓江云：蔡、陳，類聚九十四引、書鈔百四十四又百四十五引、御覽凡四引、
　　孔叢子引，並作陳、蔡。

　　案記纂淵海九八引此亦作陳、蔡，與下文一律。

十日，

　　吳毓江云：『莊子天運篇、讓王篇、荀子宥坐篇並曰：「七日不火食。」呂氏春
　　秋、韓詩外傳、說苑、風俗通義、孔叢，文皆小異，而作「七日」則同。此「十
　　日」疑「七日」之形誤。』

　　案十，蓋本作十，十卽古七字。莊子山木篇、孔子家語在厄篇亦並作『七日。』

子路為享豚。

　　王念孫云：為字後人所加，享，卽今之烹字也。後人誤讀為燕享之享，故又加為
　　字耳。孔叢子詰墨篇、藝文類聚獸部中、太平御覽人事部百二十七、飲食部十
　　一、獸部十五，引此皆作『子路烹豚。』無為字。

　　案記纂淵海引此作『子路享豕。』亦可為王說之證。

孔丘不問肉之所由來而食。

　　畢沅云：藝文類聚引作『不問肉所從來卽食之。』

　　劉師培云：御覽八百六十三引此句末有之字。九百三引由作从。

　　案記纂淵海引作『不問肉所從來而食之。』孔叢子引此句末亦有之字。

號人衣以酤酒。

　　畢本號作裞，云：號，裞字之誤。孔叢作剝。

　　案孔叢子作『剝人之衣。』

孔丘不問酒之所由來而飲。

　　案孔叢子引句末有之字。

佛肸以中牟叛。

123

案孔叢子引叛作畔，古字通用。

經 上 第 四 十

義，利也。

> 孫詒讓云：『左昭十年傳云：義，利之本也。』

> 案左僖二十七年傳亦云：『義，利之本也。』

禮，敬也。

> 孫詒讓云：『樂記云：禮者，殊事合敬者也。』

> 尹桐陽云：『管子五輔：夫人必知禮，然後恭敬。』

> 案孟子離婁篇：『有禮者敬人。』告子篇：『恭敬之心，禮也。』

夢，臥而以爲然也。

> 案莊子齊物論篇：『方其夢也，不知其夢也。』不知其夢，故以爲然。

經 下 第 四 十 一

所知而弗能指，說在春也。

> 劉師培云：此文春字，疑當作春。謂所知弗能指，類於春愚也；或春乃傗段，謂知弗能指，情若相舛也。

> 案春猶推也，謂推移也。說文：『春，推也。』所知而不能指，則是推移矣。

經 說 上 第 四 十 二

義，志以天下爲芬，而能能利之。不必用。

> 兪樾云：志當作者，草書相似而誤。

> 王闓運云：芬卽分字，讀爲職分之分。

> 案志疑必之誤，必與不必對言。下文『孝，以親爲芬，而能能利親。不必得。』以上疑脫必字，亦當以必與不必對言。

蕅買，化也。

> 張惠言云：『蕅買，』未詳。或卽『蕅鶉。』

案買當爲鴽，字之誤也。上文『化，若鱧爲鶉。』鴽卽鶉也。淮南子時則篇：『田
鼠化爲鴽。』高注：『鴽，鶉也。』御覽九二四引莊子佚文：『田鼠化爲鶉。』
儀禮公食大夫禮疏引鶉作鴽，並其證。

經說下第四十三

鑒者之臭，

　　張惠言云：臭字未詳，義當作道字解。

　　案如張說，則臭蓋臬字之誤，下同。小爾雅廣詁：『臬，法也。』鑒者之法，猶
　　鑒者之道也。

大取第四十四

斷指以存晵。

　　墨本晵作擘，云：此挽字正文，舊作晵，誤。

　　孫詒讓云：擘，意林引作腟。

　　吳毓江云：晵，四庫本作擘。

　　案御覽三六四引莊子佚文云：斷指而得頭。

死生利若，一無擇也。

　　孫詒讓云：『一無擇也，』當作『非無擇也。』謂必舍死取生。

　　案若當爲害，上文累以利害對言，可證。隸書害，亦作害，與若形近，又涉上文
　　『相若』字而誤耳。一猶皆也。此謂死生利害，皆無擇也。孫說非。

聖人惡疾病，不惡危難，正體不動。

　　孫詒讓云：『正體不動，』疑當作『四體不勤。』

　　案『不動』疑本作『而動，』涉上文不字而誤也。『正體而動，』正見其『惡疾
　　病，不惡危難。』若作『四體不勤，』則與墨家『摩頂放踵』之行相背矣。孫說
　　非。

其親也相若，

　　案此承上文『二子事親』而言，親上當補事字，文意乃明。王闓運本於親上補愛

125

字，於義雖通，與上文不符。

小取第四十五

馬或自者，

> 畢本自作白，云：白，舊作自，以意改。

> 孫詒讓云：顧校季本正作白。

> 吳毓江云：寶曆本、堂策檻本、四庫本作白。

> 案諸子彙函本亦作白。

耕柱第四十六

是所謂經者口也，殺常之身者也。

> 孫詒讓云：常，疑當作子。此下亦有挩誤。

> 于省吾云：『孫詒讓謂「常，疑當作子。」按子與常形殊，無由致誤。常應讀作當，金文常與當均作尚。上云：「說子亦欲殺子；不說子亦欲殺子。是所謂經者口也。」故此云：「殺當之身者也。」』

> 吳毓江云：『吳鈔本經作涇，李本常作當，義並難通。經、涇疑借為輕率之輕，「輕者口也，」與國語周語：「羸者陽也。」句法相似。之，至也。猶言輕率之口，殺常至身者也。』

> 案此文但衍上也字，餘無誤。經之作涇，常之作當，並古字通用，莊子秋水篇：『涇流之大，』水經河水注引涇作經，老子：『若使民常畏死而為奇者，』卷子本玉篇可部引常作當。即其證。『是所謂經者口，殺常之身者也。』猶言『是所謂經諸口，殺當諸身者也。』者、之並與諸同義，厥例恆見。上文巫馬子將以其義告人，所謂『經諸口』也，墨子以人欲殺之之道告之，所謂『殺當諸身』也。

貴義第四十七

夕見漆十士。

> 畢云：漆，七字假音，今俗作柒。藝文類聚引作七。

> 楊槱云：孔本書鈔九十八藝文部四引『漆十士』作『士七十。』（據李笠定本墨子

閒詁校補引。）

吳毓江云：漆，濟本、緜眇閣本、陳本作七。明鈔本書鈔九十八引『漆十士』作『七十士，』與孔本異。宋本、蜀本御覽六百十一引作『七十士，』六百十六引作『七十五士，』六百十九引作『七十二士。』

案諸子彙函本漆亦作七。

然而民聽不鈞，

畢沅云：鈞，均字假音。

孫詒讓云：鈞，吳鈔本作均。

吳毓江云：鈞，緜眇閣本、陳本作均。

案諸子彙函本鈞亦作均。

以壬癸殺黑龍於北方。

畢本此下有『以戊己殺黃龍於中方』句。云：此句舊脫，據太平御覽增。

王念孫云：畢增非也。原文本無此句，今刻本御覽有之者，後人不知古義而妄加之也。古人謂東西南北爲四方者，以其在四旁也。若中央爲四方之中，則不得言中方，一謬也；行者之所向，有東有西，有南有北，而中不與焉。二謬也。鈔本御覽及容齊續筆所引皆無此句。

吳毓江云：王說是也，宋本、蜀本御覽引，並無畢增之句，明萬歷活字本御覽已有之，蓋明人意增者也。

案記纂淵海九九引此，無『以戊己殺黃龍於中方』句，亦可證畢增之非。

則是禁下行者也。

畢本作『則是禁天下之行者也。』云：舊脫天字、之字，據太平御覽增。

案記纂淵海引此，亦有天字、之字。

公孟第四十八

譬若鍾然，

吳毓江云：鍾，吳鈔本、寶曆本、四庫本作鐘，下同。

案意林引『若鍾』作『如鐘。』

人爭求之。

案意林引人作則。

姑學乎？吾將仕子。

吳毓江云：意林引作『汝速學，君當仕汝。』

案意林所引，君乃吾之誤。

有游於子墨子之門者。子墨子曰：『盍學乎？』對曰：『吾族人無學者。』子墨子曰：『不然，夫好美者，豈曰吾族人莫之好，故不好哉？夫欲富貴者，豈曰吾族人莫之欲，以上八字舊脫，從吳毓江本據道藏本、縣鈔閣本、陳（仁錫）本補。故不欲哉？』

畢沅云：『太平御覽引云：「墨子謂門人曰：『汝何不學？』對曰：『吾族無學者。』墨子曰：『不然，豈有好美者，而曰吾族無此，不欲邪？富貴者，而曰吾族無此，不用邪？』」與此微異。』

案意林引此，作『墨子謂門人曰：「汝何不學？」對曰：「吾族無學者。」墨子曰：「不然，豈謂欲好美，而曰吾族無此，辭不欲邪？欲富貴，而曰吾族無此，辭不用邪？」』與御覽所引較合。

必強爲之。

案意林引作『強自力矣。』

魯問第四十九

則鮮而食之。

畢沅云：鮮，一本作解。

顧千里云：作鮮者誤，古鮮、解字或相亂。殷敬順釋列子用鮮字訓，非也。

孫詒讓云：節葬下篇亦作解。

于省吾云：嘉靖本、堂策檻本、子彙本解均作鮮，與鮮形近。

吳本鮮作解，云：顧說是也。今從陸本、唐本、茅本等作解，與節葬下篇合。

案顧、吳說並是，解，俗作觧，與鮮形近，故誤爲鮮。博物志、劉子新論風俗篇亦並作解。

焉在矣來！

128

盧文弨云：似謂『焉在不知來！』文誤。

蘇時學云：知與矣相近而誤，而知上更脫不字也。

吳汝綸云：矣者，俟之借字。

案『矣來』疑『來矣』之誤倒，矣猶乎也。彭輕生子本謂『來者不可知。』而其
對墨子之言，則是來者可知，故墨子曰：焉在來乎！

公 輸 第 五 十

鄰有糠糟，

　　吳毓江云：吳鈔本、潛本作『糟糠。』

　　案御覽四六二引尸子、宋策亦並作『糟糠。』下同。

公輸盤爲我爲雲梯，必取宋。

　　案御覽三三六引宋下有矣字。

子墨子九距之。

　　案御覽引距何拒，下同。作距是故書。

備城門第五十二

樓出於堞四尺。

　　吳毓江云：初學記二十四引無樓、於二字。

　　案記纂淵海八引此亦無樓、於二字。

樓廣前面九尺。

　　吳毓江云：初學記二十四及宋本、蜀本御覽一百七十六引，並無廣字。

　　案記纂淵海引此亦無廣字。

二百步一立樓。

　　畢本立作大，云：大，舊作立。據太平御覽改。

　　王念孫云：畢改非也，初學記居處部、鈔本御覽居處部四、玉海宮室部所引並作
『立樓。』刻本御覽譌作『大樓，』不足爲據。

　　吳毓江云：宋本、蜀本御覽一百七十六引作『立樓。』

案記纂淵海引此亦作『立樓。』

城中廣二丈五尺二。

畢沅云：『太平御覽引云：去城中二丈五尺。』

孫詒讓云：『下二字疑衍，此立樓在堞內者之度。其出堞外者則五尺，下文云：「出柤五尺，」是也。內外合計之，則廣三丈也。』

劉師培云：初學記廿四引作『去城中二丈五尺。』與御覽同，無下二字。

案記纂淵海引此亦作『去城中二丈五尺。』

備梯第五十六

城上繁下矢石沙炭以雨之。

王引之云：炭當爲灰，俗書灰字作灰，與炭相似而誤。灰見備城門篇。沙灰皆細碎之物，炭則非其類矣。襍守篇亦誤作炭。太平御覽兵部五十五引此正作灰。

劉師培云：『王引之改炭爲灰，說固近是；然考周書成開解云：「四：大有沙炭之政。」「大有」二字，卽「矢石」之訛。孔注云：「大當作矢，下挍壙。沙燒炭。」是作炭弗訛。又旗幟篇云：「炭有積，沙有積。」通典兵五守距法，亦以「灰沙炭鐵」並言，不必改炭爲灰也。』

吳本依王挍改炭爲灰，云：宋本、蜀本御覽三百二十引作灰，又三百三十六引作炭。

案鮑刻本御覽三三六引炭亦作灰。惟據本書襍守、旗幟二篇及周書、通典之文互證，則作炭亦非誤字，劉說似未可廢也。

若此，則雲梯之攻敗矣！

案御覽引若作如，攻作功。功、攻古通。

必逐而立。

孫詒讓云：疑當作『必當隊而立。』

案『必逐而立，』意卽『必當隊而立。』無煩增改。逐，隊古通，呂氏春秋知分篇：『荊有次非者，得寶劒于干逐。』淮南子道應篇作干隊，卽其證。

皆立而持鼓而燃火。

畢沅云：『備蛾傳云：「待鼓音而燃。」待、持，燃、然字相似。然此義較長，不必改從彼。說文云：撚，執也。』

王念孫云：此當依備蛾傳篇作『皆立而待鼓而然火。』謂燒門之人，皆待鼓音而然火也。畢謂持、撚二字不必改，又訓撚爲執，皆非也。旣執火，則不能又持鼓矣。

于省吾云：舊本待譌持，王念孫謂當作『待鼓，』按寶曆本正作待。

吳毓江云：撚，茅本、寶曆本、縣眇閣本、陳本作燃。

案撚爲燃之誤，誠是；持、待古通，（詳七患篇。）則無煩改字，寶曆本持作待，蓋昧於假借者所改也。

備穴第六十二

約枲繩以牛亓下，可提而與投。亓，舊誤亦。

蘇時學云：枲繩，麻繩也。牛義未詳，疑絆字之誤。與當作擧。

王闓運本與作擧，李笠云：與、擧古字通用，似無庸改。

案牛乃半之誤，半借爲絆。絆，亦作𦙦。釋名釋車：『𦙦，半也。拘使半行不得自縱也。』是半、絆古通之證。

迎敵祠第六十八

蓬矢射之，茅參發。

蘇時學從茅字絕句，云：似言束茅而射之。

孫詒讓云：茅當爲矛。蘇屬上讀，誤。

劉師培云：茅疑方訛，方卽四方，謂方各三發也。方訛爲矛，因易爲茅矣。

案茅疑弟之誤，莊子應帝王篇：『因以爲弟靡，』列子黃帝篇弟作茅，卽弟、茅相亂之例。弟猶但也，『弟參發，』猶言『但三發』也。

旗幟第六十九

亭尉各爲幟，竿長二丈五，帛長丈五，廣半幅者大。

畢沅云：『太平御覽引云：凡幟，帛長五丈，廣半幅。』

131

孫詒讓云：『史記高祖紀索隱引墨翟曰：「幟，帛長丈五，廣半幅。」一切經音義
五云：「墨子以爲長丈五尺，廣半幅曰幟也。」並卽據此文，是唐本已如此，御
覽不足據。後文城將幟五十尺，以次遞減，至十五尺止。亭尉卑，自當丈五尺，
不宜與城將等也。』

劉師培云：『畢校云：「御覽引：『凡幟，帛長五丈，』不足據。」其說是也。慧琳
音義五十引作「長丈五廣半幅曰幟。」七十三引作「幟，長丈五，廣半幅也。」
又三十三云：「墨子以爲長丈五尺，廣半幅曰幟。」並作「丈五。」』

案御覽所引，『五丈』乃『丈五』之誤倒，謂御覽引作『五丈』不足據者，乃孫
說，非畢說。一切經音義五八引云：『墨子以爲長丈五，廣半幅曰幟也。』亦作
『丈五。』

當應鼓而不應。不當應而應鼓。

王念孫云：此當作『當應鼓而不應鼓。不當應鼓而應鼓。』今本上下二句皆脫一
鼓字。

畢本下句而下衍不字。蘇時學云：『下句當云：「不當應而應。」不字衍。』

孫詒讓云：蘇校是也。王校增字太多，未塙。末鼓字，或當屬下讀。

案下句鼓字疑本在而字上，『不當應鼓而應。』與上句『當應鼓而不應』對言。

號 令 第 七 十

必出於功。王數使人行勞賜，

畢本功作公，云：舊作功，一本如此。

孫本功作公，王字在公字上，云：『茅本亦作公。道藏本、吳鈔本並作功。此對
上「將長」爲文，疑當作「王公。」下文云：「出粟米有期日，過期不出者，王
公有之。」是其證。傳寫誤倒耳。畢讀以王字屬下句，亦通。』

吳毓江云：公，唐本作功。

案功、公古通，詩小雅六月：『以奏膚公。』傳：『公，功也。』呂氏春秋務本
篇：『無公故也。』治要引公作功，並其證。

以富人重室之親舍之官符。

王引之云：『符當爲府，言舍富人重室之親於官府也。下文云：「其有符傳者，善
舍官府。」是其證。篇內言「官府」者多矣，若云「舍之官符，」則義不可通。
此涉上下文諸符字而誤。』

蘇時學云：符當作府。

孫本改符爲府，云：府，舊本譌作符，王校是也。蘇說同，今據正。

吳本改符爲府，云：府，諸本作符，寶曆本作府，今從之。王、蘇校同。

案符、府古通，無煩改字。文子九守篇守平：『通內外之符者，不可誘以勢。』
雲笈七籤九一引符作府，守清：『智者，心之府也。』治要引府作符，（長短經昏
智篇同。）下德篇：『謂之天府。』文選班孟堅荅賓戲注引府作符。皆其證。墨子
書多假借字，此文寶曆本作府，及下文『官府』字，蓋皆後人所改也。

若貧人食不能自給食者，

孫詒讓云：『若貧人食，』食字衍；或當爲『貧之食，』亦通。

案上食字疑本作之，涉下食字而誤也。

次主凶言。

蘇時學云：次字有誤。

孫詒讓云：次，疑當爲刺。

吳毓江云：次讀爲恣，『恣主』猶言『傲主。』

案次疑呰省，呰、訾古通，（僞古文尚書君牙篇：『小民惟曰怨呰，』逸周書王子
晉解：『四荒至，莫有怨訾。』『怨呰』與『怨訾』同。）禮記喪服四制鄭注：『口
毀曰訾。』此文『次主，』猶言『訾主，』與『凶言』義正相應。惟訾毀字正作
呰，一切經音義二七引喪服四制訾作呰，是也。玉篇亦云：『呰，口毀也。』

雜守第七十一

遠攻則遠害，近城則近害。

孫詒讓云：『城當作攻，害並當爲圉，與圉、禦字同。此涉上文而誤。言遠攻則
遠禦之，近攻則近禦之也。公孟篇云：「厚攻則厚吾，薄攻則薄吾。」彼吾亦圉
之省。語意與此異而義同。』

案孫氏引公孟篇爲證，則此文兩害字並當作吾，吾、害形近，又涉上文害字而誤

也。莊子庚桑楚篇：『不仁則害人。』影宋刊本害作吾，卽吾、害相亂之例。

諸詎皀，

畢本詎作距，云：舊作詎，以意改。

案畢氏蓋據下文『距皀』字改。惟詎、距古通，無煩改字。

佚　　　文

孔子相魯，齊景公患之。謂晏子曰：『鄰有聖人，國之憂也。今孔子相魯，爲之若何？』

晏子對曰：『君其勿憂。彼魯君，弱主也。孔子，聖相也。不如陰重孔子，欲以相齊，

則必强諫魯君。魯君不聽，將適齊，君勿受，則孔子困矣。』孔叢子詰墨篇，疑非儒上第三

十八篇文。又見晏子春秋外篇不合經術者第八。

雖金城湯池。漢書地理志注。

畫衣冠，異章服，謂之戮。上世用戮，而民不犯。文選王元長永明九年策秀才文注。

修己山行，見流星貫昴，意感悽然，胥坼而生禹。事文類聚前集十九。又見御覽八二引尙書帝命

驗、孝經鉤命決、三國志蜀志秦宓傳注、史記夏本紀正義、藝文類聚十、初學記九、御覽八二引帝王世紀。

吾見百國春秋。事文類聚新集二二。

良劒期乎利，不期乎莫邪。記纂淵海四四。

蝦蟆蛙蠅，日夜而鳴，舌乾擗，然而人不聽之。今鶴雞時夜而鳴，天下振動。多言何

益，唯其言之時也。記纂淵海六三（兩引，一引蠅作蠅，並當作蠅）。

秦穆公之時，戎强大，公遺之女樂二八及良宰，戎王大喜。以其故數飲食，日夜不休。

左右有言秦寇之至者，因扞弓而射之。秦寇果至，戎王醉而臥於尊下，卒王縛之。

記纂淵海七八。末句『卒王縛之，』王乃生之誤。御覽五六八亦引此文，疑並誤引呂氏春秋壅塞篇之文也。畢沅

所輯御覽甚略。

楚之明月，出於蚌蜃。記纂淵海九九。

畢沅、孫詒讓二氏，於墨子佚文各有蒐輯。以上九條，一、四兩條外，亦並見於

畢本十五卷末，及孫本附錄。惟所稱引之書不同；或文有詳略，故備錄之。

一九五八年五月二十日，脫稿於南港舊莊。

商 君 書 斠 補

商君爲人雖刻薄少恩，然其書實有裨於法治。惜前賢討治者少，鈔刊舛誤，研習匪易。自淸儒嚴可均校本出，乃稍可讀；俞樾、孫詒讓、陶鴻慶諸儒相繼校理，發正漸多；時賢朱師轍商君書解詁定本，疏釋讎校，益臻完善。朱氏治商君書垂四十年，解詁之作，初印於滬，再印於蜀，最後寫成定本，刊入中山大學叢書，其工苦如此！然岷細讀一過，尙覺多可商榷補正者，因於講習之暇，作商君書斠補云。一九五二年七月一日叔岷記。

更 法 第 一

不循其禮。

朱師轍云：循，長短經引作脩。

案脩乃循之誤，循、脩隸書形近，古籍中二字互誤之例甚多，本篇下文『不循古而興。』嚴可均校本據史記商君傳索隱改爲脩古，不知脩乃循之誤也；又『循禮者未足多是也。』朱云：『長短經引循作脩。』脩亦循之誤；開塞篇：『不脩今。』脩亦當作循（治要引六法篇作『不循今』），朱云：『循、脩古通用。』非也。

子之所言，世俗之言也。

朱云：長短經引子作龍。

案子作龍較長，此公孫鞅對孝公駁甘龍之言也。史記亦作龍。

然則反古者未必可非，循禮者未足多是也。

嚴可均云：史記作『反古者不可非，循禮者不足多。』

135

朱云：長短經引與史記同。

案新序善謀篇作『然則反古者未可非也，循禮者未足多也。』與史記及長短經引
此文合。此文當從長短經所引爲是，今本必、是二字，後人妄加也。淮南氾論篇：
『故變古未可非，而循俗未足多也。』亦可爲旁證。

墾 令 第 二

無宿治，則邪官不及爲私利於民；而百官之情不相稽。則農有餘日；邪官不及爲私利
於民，則農不敵。

案『而百官之情不相稽』下當疊『百官之情不相稽』句，古書中疊句往往誤脫。
『百官之情不相稽，則農有餘日。』承『而百官之情不相稽』而言；『邪官不及
爲私利於民，則農不敵。』承『則邪官不及爲私利於民』而言，文理甚明。今本
脫一句，則文意不完矣。（俞樾定此文作『無宿治，則邪官不及爲私利於民；而
百官之情不相稽。邪官不及爲私利於民，則農不敵；百官之情不相稽，則農有餘
日。』雖知今本脫『百官之情不相稽』句，但移『百官之情不相稽，則農有餘日』
於『則農不敵』之後，則未審矣。）

農不能喜酣奭。

案農當作民，下文『民不能喜酣奭，則農不慢。』既承此言，可證。上文多農字，
故民誤爲農。

農 戰 第 三

上作壹，故民不偷營。則國力搏。

朱云：『偷營』疑『偸營』之誤，上文有『民不偸營，』可證。

案朱說是也。惟『民不偸營』下當疊『民不偸營』四字，文意乃完。上文『作壹，
則民不偸營。民不偸營，則多力。』與此句法同。

算 地 第 六

山林居什一。

136

案『山林』當依來民篇作『山陵，』下同。古書『山陵』字往往誤『林，』莊子
齊物論篇：『山林之畏佳，』六韜絕道篇：『依山林險阻水泉林木而爲之固，』呂
氏春秋禁塞篇高誘注：『若山林高大也。』皆『山陵』之誤，與此同例。

故曰：名利之所奏，則民道之。

嚴本改奏爲湊。朱云：奏，進也。奏與湊皆通，不必改作湊。湊，聚也；道借爲
導，行也。

案奏卽湊之借字，義亦爲湊，固不必改作湊，但亦不當訓爲進。漢書王莽傳：『
四海輻湊，』亦以奏爲湊（官本、南監本並作湊），與此同例；道常借爲蹈，於
義較長，謂『名利之所聚，則民蹈之』也。列子黃帝篇：『向吾見子道之，』亦以
道爲蹈（莊子達生篇正作蹈），與此同例。

故五民加於國用，則田荒而兵弱。

嚴云：加字疑衍。

陶云：於乃務之壞字，用乃中之譌。

朱云：加，增也。謂國重用五民，則田荒兵弱。加字不衍，嚴校非；縣眇閣等本
『五民』下有者字。

案『五民』下有者字，是。加非衍文，但亦不當訓增，孟子公孫丑篇：『夫子加
齊之卿相，』趙注：『加猶居也』此文加字，義亦同居，陶校『用乃中之譌，』是。
『於乃務之壞字，』則非。『加於國中，』猶『居於國中』耳。墾令篇：『五民者
不生於境內，則草必墾矣。』『生於境內，』與此『加於國中，』文意略同，可證
於非誤字。

民之農勉則資重，戰戢則鄰危。

朱云：彙函本、品節本民下無之字。

案此承上文『故其農勉而戰戢也』而言，農上有『民之』二字，不詞。彙函本、
品節本無之字，是也。民字亦涉上文『民入則樸』而衍。

開 塞 第 七

上不及虞、夏之時，而下不脩湯、武。湯、武塞，

朱云：塞上疑奪道字，品節本作『湯、武之道塞，』文義較明。

案品節本是也。上『湯、武』下亦當有『之道』二字，『湯、武之道塞，』緊承『而下不脩湯、武之道』而言，今本兩『之道』字並脫，文意不完。

思則出度。

俞云：出字疑誤。

孫詒讓云：『「出度」疑當作「生度，」下云：「淫則生佚，」可證。』

朱云：孫說是。又案出疑由之譌。

案此云：『思則出度，』下云：『淫則生佚。』出、生互文，出猶生也。呂氏春秋本味篇：『此伊尹生空桑之故也。』御覽四百二引生作出，易說卦傳：『萬物出乎震，』虞注：『出，生也。』廣雅釋詁：『生，出也。』皆其證。是出非誤字；亦不必改作生；尤非由之誤矣。

壹 言 第 八

下修令而不時移。

俞云：『令乃今字之誤，下文曰：「不修今。」是其證。』

案俞說是也。惟修當作循，下『不修今』同。（開塞篇作『不脩今。』脩亦當作循。說附見更法篇。）修、脩古通，循誤爲脩，因易爲修矣。定分篇：『遇民不修法，則問法官。』孫詒讓云：『修當爲循。』與此同例。

錯 法 第 九

賞行而兵彊。

案『賞行』當作『行賞，』與上文言『錯法、』『舉事』一律。下文『行賞而兵彊者，爵祿之謂也。』可證此文之誤倒。

人君能使其民信於此如明日月，

案『如明日月』當作『明如日月。』御覽二七一引作『明於日月，』於猶如也。今本『明如』二字誤倒，不詞，當乙正。

戰 法 第 十

若兵敵彊弱，將賢則勝。

嚴云：弱字誤，或下有缺文。

陶云：敵字疑在『彊弱』下，言兵彊弱彼此相敵，則視將之賢否以決勝敗也。

朱云：當作『若兵弱敵彊。』

案『兵敵彊弱，』卽謂兵之彊弱彼此相敵也。文本無誤，嚴、朱說並非；陶說亦拘泥。

立 本 第 十 一

彊者必剛鬭其意。

朱云：評校本以『彊者必剛』句，『鬭其意』句；或有以『其意』屬下讀者。

案此當以『彊者必剛鬭其意』爲句，且當作『彊者必剛其鬭意。』『其鬭』二字誤倒，義遂難通，句亦難斷矣。

修 權 第 十 四

民信其賞則事功。

嚴本功下有成字，朱本從之。

案功，成也。『事功』猶『事成』也。爾雅釋詁：『功，成也。』周官稾人：『乃入功於司弓矢及繕人。』鄭注：『功，成也。』並其證。嚴氏不明古訓，乃於功下妄加成字，朱本從之，失之疏矣。

來 民 第 十 五

人之復陰陽澤水者過半。

朱云：『陰陽』乃『險阻』之譌；復借爲復，地室也。

案朱氏謂『復借爲復，』是也；惟以『陰陽』爲『險阻』之譌，恐非。『陰陽』疑本作『陰隰，』爾雅釋地：『下濕曰隰。』隰、陽形近，故致誤耳。

弱 民 第 二 十

利出一孔，則國多物；出十孔，則國少物。

> 陶云：『一孔、十孔當互易，蓋主任術，故貴多變；國任法，故貴少變。曰「一孔，」曰「少物，」皆與少變義同。故又云：「守一者治，守十者亂。」則一、十兩字互誤明矣。』

> 朱云：陶說是也。

> 案多、少二字當互易，此本作『利出一孔，則國少物；出十孔，則國多物。』先言『一孔，』後言『十孔，』猶下文『守一者治，守十者亂。』先言『守一，』後言『守十』也。是今本多、少兩字互誤，非一、十兩字互誤矣。

君 臣 第 二 十 三

言中法則辯之。

> 案辯本作聽，此後人妄改之也。『言中法則聽之，』承上『言不中法者不聽也』而言。猶下『行中法則高之，』承上『行不中法者不高也』而言，『事中法則為之，』承上『事不中法者不為也』而言也。聽改作辯，則與上文不符矣。

禁 使 第 二 十 四

今恃多官衆吏，官立丞監。

> 案『官立丞監，』本作『置立丞監，』故下文承之以『置丞立監。』今本置作官，涉上官字而誤。

言至則論。

> 案『言至』當作『言薄，』上文可照。今本薄作至，涉上『物至』而誤。

慎 法 第 二 十 五

世之所謂賢者，言正也。

> 案『言正』當依下文作『善正。』善、言形近而誤。

定 分 第 二 十 六

非以兔也。

朱本作『非以兔可分以爲百，由名分之未定也。』云：此二句嚴校本及各本俱作
『非以兔也』一句，今據長短經適變篇引改正，增十一字。御覽引作『兔一可以
分百也。由名之未定也。』可證今本奪誤。

案朱氏據長短經引增十一字，是也。惟『以兔』當作『一兔，』承上文『一兔』
而言，御覽引作『兔一，』卽『一兔』之誤倒。呂氏春秋愼勢篇作『非一兔足爲
百人分也，』可爲旁證。

故聖人立天下，而無刑死者。

案治要引而下有天下二字。

南宋蜀本南華眞經校記

　　蜀本南華眞經十卷，南宋初刊本也。半葉九行，行十五字。注雙行，行三十字。卷末有牌子二行云：「安仁趙諫議宅一樣□子。」子上挖去一字，乃江安傅沅叔先生舊藏。三十六年夏，歸中研院歷史語言研究所。宋諱玄，弘，殷，匡，貞，樹，愼，皆爲字不成。沅叔先生跋語，斷爲孝宗時所梓，是也。惟謂讓，敬，竟三字，亦並爲字不成，則失檢。全書三字無一缺筆者。字體古勁，閱之驪然。所惜者，卷九讓王篇缺十四至十七四葉。不知何人抄世德堂本以補之，最爲無識。沅叔先生謂「是書卷帙完善」，蓋未詳加翻檢耳。孫毓修所校趙諫議本，此四葉未脫。觀其校記可知。惟所見是否卽此本，未敢輕斷。因其字句間，亦稍有出入。如此本德充符篇：「氾若而辭」，孫氏謂趙本無而字。在宥篇：「偊偊乎歸矣」，孫氏謂趙本偊作仙。天地篇：「而南望還歸」，孫氏謂趙本還作旋。天運篇：「又奚傑然若負建鼓，而求亡子者邪」？孫氏謂趙本傑下重一傑字。山木篇：「是以免於患」，孫氏謂趙本患作意。庚桑楚篇：「簡髮而櫛」，孫氏謂趙本櫛作梳，讓王篇：「顏回釋榮」，孫氏謂趙本釋作懌，列御寇篇：「萬物爲齎送」，孫氏謂趙本齎作齍。皆與此本異。孫氏所校，恐有脫略。茲據續古逸叢書影宋刊本 卷一至六南宋本。卷七至十北宋本。 詳加比勘，撰爲校記。卷七以下，卽達生篇以下。 大都與北宋本合。沅叔先生謂：「是書雖刊於南渡，而其源仍出北宋善本」，是也。昔年岷撰莊子校釋，惜未見此本。今此校記，可以補校釋之未備，誠快事也。 至於郭注，別有詳校專稿，茲暫從略。

　　莊子內篇逍遙遊第一。

摶扶搖而上者九萬里。

　　蜀本摶作搏。是也。

蜩與學鳩笑之曰：

　　蜀本學作鷽。

搶榆枋。

    蜀本搶作槍。是也。

背若泰山。

    蜀本泰作大。

予無所用天下爲。

    蜀本無作无。下多此例。作无是故書。

而年穀熟。

    蜀本穀作穀。下多此例。俗。

是其塵垢粃穅，

    蜀本穅作穅。俗。

今一朝而鬻技百金。

    蜀本枝今字。

    莊子內篇齊物論第二。

夫吹萬不同，而使其自已也。

    蜀本巳作己。是也。

汝皆說之乎？

    蜀本說作悅。下多此例。作說是故書。

曰：朝三而莫四。

    蜀本莫作暮，下同。作莫是故書。

而大山爲小。

    蜀本大作太。下多此例。作大是故書。

巧歷不能得，而況其凡乎？

    蜀本歷作歷，況作况。下多此例，並俗。

且吾嘗試問乎女。

    蜀本女作汝。下多此例。作女是故書。

民溼寢，則腰疾偏死。

    蜀本寢作寢，俗。

為其脗合。

　　蜀本脗作脗。段玉裁謂『脗、脗，皆脗之俗。』（脗卽吻之重文。）

與王同筐牀。

　　蜀本筐作匡，同。

　　莊子內篇養生主第三。

所見无非牛者。

　　蜀本牛上有全字。

　　莊子內篇人間世第四。

名實者，聖人之所不能勝也。

　　蜀本梲之字。

外曲者，與人之為徒也。

　　蜀本無之字。

有而為之，其易邪？

　　蜀本梲之字。

絜之百圍。

　　蜀本絜作潔。潔當作潔。潔亦借為絜。

奈何哉，其相物也？

　　蜀本奈作奈。下多此例。俗。

　　莊子內篇德充符第五。

吾與夫子遊十九年矣。

　　蜀本梲矣字。

氾而若辭。

　　蜀本而若作若而，是也。

　　莊子內篇大宗師第六。

受而喜之。

　　蜀本受誤愛。

相濡以沫。

蜀本灑作濡。下文「而色若孺子」，亦作孺。當從之。孺，俗字。

南伯子葵曰：道可得而學邪？

　　蜀本挩道字。

浸假而化予之左臂以爲雞。

　　蜀本雞作鷄。鷄卽籀文雞。

我則悍矣。

　　蜀本悍作捍。捍，悍，古通。

臂者无以與乎青黃黼黻之觀。

　　蜀本黼黻誤黻黼。駢拇篇：「青黃黼黻之煌煌，非乎」？亦同誤。

皆在鑪捶之間耳。

　　蜀本捶作錘。錘，捶，古通。

鼕萬物而不爲義。

　　蜀本鼕作韲。知北遊篇：「故以是非相韲也」，列御寇篇：「而韲其所患，子爲韲粉夫」，蜀本亦並作韲。天道篇：「韲萬物而不爲戾」，蜀本作韲。韲。韲，韲，韲，韲，並韲之誤。韲又韲之隸省。

而霖雨十日。

　　蜀本霖作淋。淋，霖，古通。

莊子內篇應帝王第九。

有虞氏其猶藏仁以要人。

　　蜀本藏作臧。臧，藏，古通。

接輿曰：是欺德也。

　　蜀本接輿上有狂字。

以避重鑿之患。

　　蜀本重作熏，是也。熏壞爲重，因誤爲重耳。

鄉吾示之以地文。

　　蜀本鄉作嚮，下同。嚮，鄉，古通。

雕琢復朴。

146

蜀本雕作彫。彫，雕，古通。

莊子外篇駢拇第八。

臧與穀二人相與牧羊。

蜀本穀作縠。當從之。

莊子外篇馬蹄第九。

烏鵲之巢，可攀援而闚。

蜀本鳥作烏。

莊子外篇胠篋第十。

然則鄉之所謂知者，不乃爲大盜積者也？

蜀本鄉作向，同。

闔四竟之内。

蜀本竟作境。下多此例。作竟是故書。

昔者龍逢斬。

蜀本逢作逄。

萇弘胣。

蜀本胣作肔。

則内弃其親。

蜀本弃作棄。下多此例。作弃是故書。

鉤餌網罟罾笱之知多，

蜀本網作罔。罔，網並或网字。

惴耎之蟲。

蜀本惴作喘。惴卽喘之借。

莊子外篇在宥第十一。

而萬乘之君，憂慄乎廟堂之上。

蜀本無乎字。

鴻蒙方將拊脾雀躍而遊。

蜀本脾作髀，雀作爵。下同。脾卽髀之借。爵卽雀之借。

147

而民隨予所往。

蜀本予誤子。

禍及止蟲。

蜀本止蟲作昆蟲。釋文引崔本作正蟲。止卽正之壞字。正蟲猶昆蟲也。淮南
墜形篇：「萬物貞蟲，各有以生。」大戴禮易本命作昆蟲。貞與正同。老子：
「侯王得一，以爲天下貞，」玉篇一部，唐釋慧琳然輔行記二二，引並作正。卽其證。

意，治人之過也！

蜀本意作噫。下文「意毒哉！」「意，心養！」亦並作噫。作意是故書。

夫以出乎衆爲心者，

蜀本挩夫字。

聲之於響。

蜀本響作嚮。下文「處乎无嚮」，亦作響。響，嚮，古通。

莊子外篇天地第十二。

若愚若昏。

蜀本昏作惛。惛之从氏，唐人諱民所改也。

夫子問于老聃曰：

蜀本于作於。同。

執留之狗成思。

蜀本留作狸。留，狸，一聲之轉。

將閭葂見季徹曰：

蜀本將作蔣，下同。

季徹屑屑然笑曰：

蜀本屑屑作局局，是也。屑，俗字。

且若是，則其自爲遠，危其觀臺。

蜀本遠作處，是也。

爲圃者卬而視之。

蜀本卬作仰。卬仰古今字。作卬是故書。

四海之內，共利之之謂悅。

　　　蜀本謂作爲，爲猶謂也。作爲是故書。

上如標校。

　　　蜀本校作枝，是也。

則不謂之道諛之人也。

　　　蜀本道作導。下多此例。作道是故書。

是故高言不上於衆人之心。

　　　蜀本上作止，是也。

困懷中顙。

　　　蜀本懷作㩒，是也。

五味濁口。

　　　蜀本濁作嚼。

　　　莊子外篇天道第十三。

平中准。

　　　蜀本准作準，是也。准，俗字。

鐘鼓之音。

　　　蜀本鐘作鍾。作鍾是故書。

世雖貴之哉？猶不足貴也。

　　　蜀本無哉，也，二字。

敢問公之所讀爲何言邪？

　　　蜀本爲作者。

　　　莊子外篇天運第十四。

徵之以天。

　　　蜀本徵作徽。

建之以太清。

　　　蜀本太作大。

夫至樂者，先應之以人事，順之以天理，行之以五德，應之以自然。然後調理四

時，太和萬物。

　　　蜀本無此三十五字，是也。此乃成疏竄入正文者。

苞裹六極。

　　　蜀本苞作包。苞，包，古通。

尸祝齊戒以將之。

　　　蜀本齊作齋。作齊是故書。

相吻以濕。

　　　蜀本吻作呴，是也。吻，誤字。

余語女三王五帝之治天下。

　　　蜀本王作皇。皇，王，古通。

丘治詩，書，禮，樂，易，春秋，六經。

　　　蜀本梲六經二字。

雌應於下風而化。

　　　蜀本化上有風字。

有弟而而兄啼。

　　　蜀本不疊而字，是也。此誤衍。

　　莊子外篇刻意第十五。

聲主彊國之人。

　　　蜀本彊作強。作彊是故書。

　　莊子外篇繕性第十六。

古之存身者。

　　　蜀本存誤行。

危然處其所，而反其性己。

　　　蜀本己作巳，是也。

　　莊子外篇秋水第十七。

兩涘渚崖之間。

　　　蜀本崖作涯，下同。崖，涯，古通。

150

以天下之美，爲盡在己。

　　　蜀本己誤巳。

至於北海。

　　　蜀本於作于。

井䵷不可以語於海者，拘於虛也。

　　　蜀本䵷作蛙。下同。虛作墟。並俗。

吾在於天地之間。

　　　蜀本無於字。

泛泛乎，其若四方之无窮。

　　　蜀本泛泛作汎汎。汎，泛，古通。

雜而下者，不可勝數也。

　　　蜀本挩也字。

而弦歌不惙。

　　　蜀本惙作輟。輟，惙，古通。

謂東海之鼈曰：

　　　蜀本鼈作鼈。下同。是也。鼈，俗字。

仰而視曰：嚇？

　　　蜀本視下有之字，是也。此誤挩。

　　莊子外篇至樂第十八。

亦未之不樂也。

　　　蜀本之作知。

是之謂條達而福持。

　　　蜀本條達二字誤到。

若果養乎？

　　　蜀本若作汝。

予果歡乎？

　　　蜀本予誤子。

莊子外篇達生第十九。

養形必先之物。

　　蜀本物上有以字，是也。

物何以相遠？

　　蜀本物上有物與二字，是也。

以黃金注者殙。

　　蜀本殙作惛，是也。

丘有卒。

　　蜀本卒作卒，是也。卒，誤字。

白：未也，猶應嚮景。

　　蜀本白作曰，是也。白，誤字。

黿鼉魚鱉之所不能游也。

　　蜀本游作遊，俗。

器之所以疑神者，其是與？

　　蜀本疑作疑，俗。

彼固惑而來矣。

　　蜀本矣上有者字。

　　莊子外篇山木第二十。

市南子曰：君之除患之術淺矣。

　　蜀本君之作君子，涉上子字而誤。

雖有惼心之人不怒。

　　蜀本惼作褊，褊，惼，古通。

子惡死乎？曰：然。

　　蜀本梲此六字。

王獨不見夫騰猿乎？

　　蜀本騰作螣。螣，騰，古通。

　　莊子外篇田子方二十一。

至人之於德也。

　　蜀本梲於字。

履句屨者，知地形。

　　蜀本句作方。

於是且而屬之夫夫曰：

　　蜀本且作旦。夫夫作大夫。旦卽旦之誤。

履偑石。

　　蜀本偑作危，是也。

故萬物一也。

　　蜀本萬作万。俗。

　　莊子雜篇庚桑楚第二十三。

子胡不南見老子？

　　蜀本胡上梲子字。

不仁則吾人。

　　蜀本吾作害，是也。吾，誤字。

偏不在外也。

　　蜀本偏作徧。徧，偏，古通。

甲氏也。

　　蜀本也誤者。

　　莊子雜篇徐无鬼第二十四。

有況乎昆弟親戚之謦欬其側者乎？

　　蜀本有作又。作有是故書。

其欲干酒肉之味邪？

　　蜀本干誤于。

察士无淩誶之事則不樂。

　　蜀本淩作凌。凌，淩，古通。

而哀不巳若者。

蜀本巳作己，是也。

市南宜僚受酒而祭。

蜀本僚壞作傲，下同。則陽篇：「是其市南宜僚邪」？亦壞作傲。

大與國君同食。

蜀本大作夫，是也。大，壞字。

而巳與豕俱焦也。

蜀本巳作己，是也。

闔不亦問是巳。

蜀本不亦二字到。

莊子雜篇則陽第二十五。

犀首聞而恥之。

蜀本犀首下有公孫衍三字。據釋文引司馬注：「犀首，若今虎牙將軍。公孫衍為此官。」成疏：「犀首，官號也。如今虎賁之類。公家之孫名衍，為此官也。」似所見本並有公孫衍三字。

然後抶其背。

蜀本抶作拔。涉上「然後拔其國」而誤。

是陸沈者也。

蜀本沈作沉。俗。

莊子雜篇外物第二十六。

蒼梧巳北。

蜀本巳作以。

未解裙襦。

蜀本裙襦壞作裙襦。

夫地非不廣且大也。

蜀本夫誤天。

然則廁足而墊之。

蜀本廁作廁。俗。

故曰：至人不留行焉。

　　　蜀本梲故字。

皆摵可以休老。

　　　蜀本皆誤皆。

荃者所以在魚，得魚而忘荃。

　　　蜀本荃作筌。作荃是故書。

　　　莊子雜篇寓言第二十七。

如觀雀蚊虻相過乎前也。

　　　蜀本觀作鸛。

　　　莊子雜篇讓王第二十八。

顏回擇榮。

　　　蜀本擇作釋。御覽四八六引同。

如此者，可許窮矣。

　　　蜀本許作謂，是也。許，誤字。

霜雺旣降。

　　　蜀本雺作露。

強力忍垢。

　　　蜀本垢作垢，是也。垢，誤字。

乃自投椆水而死。

　　　蜀本椆作稠。

知者謀之。

　　　蜀本知作智。作知是故書。

二人相謂曰：

　　　蜀本梲曰字。

至於岐陽。

　　　蜀本岐誤歧。

　　　莊子雜篇盜跖第二十九。

155

我將以子肝，益盡餔之膳。

　　　蜀本餔誤脯。

丘得幸於季。

　　　蜀本幸下有然字。疑涉上文「不然」而衍。

據軾低頭。

　　　蜀本軾作軓，是也。

慘怛之疾。

　　　蜀本怛作恒，是也。

計其患。

　　　蜀本計誤許。

　　莊子雜篇說劍第三十。

莊子曰：請治劍服。治劍服三日，乃見太子。

　　　蜀本「請治劍服」下，挩「治劍服」三字。乃作而。而猶乃也。

四封之內。

　　　蜀本封作方。疑涉上文「下法方地」而誤。

元異於鬬雞。

　　　蜀本元作无，是也。

　　莊子雜篇漁父第三十一。

被髮揄袂。

　　　蜀本揄誤榆。

　　莊子雜篇列御寇第三十二。

列御寇之齊。

　　　蜀本御作禦。禦，御古通。

祇三年而緩爲儒。

　　　蜀本儒下有也字。疑涉注「祇，適也，」而衍。

宵人之離外刑者，

　　　蜀本之誤支。

156

莊子雜篇天下第三十三。

黃帝有咸池。

　　蜀本黃作皇。皇，黃，古通。

以觭偶不仵之辭相應。

　　蜀本仵作忤。同。

時恣縱而不儻。

　　蜀本儻作黨。黨，儻，古通。

此其柢也。

　　蜀本柢作抵。抵，柢，古通。

南方有倚人焉，曰：黃繚。

　　蜀本繚壞作綟。

　　　　　　　　　　　　三十六年仲夏，時客金陵。

倫敦博物館敦煌莊子殘卷斠補

倫敦博物館藏敦煌唐寫莊子殘卷，凡四卷，乃斯坦因氏所獲。虎、淵、民等字皆缺筆，蓋太宗時寫本也。甲卷胠篋篇，始『毀絕鉤繩而棄規矩，』訖篇末。乙卷天道篇，始『吾服也恆服也，』訖篇末。丙卷南華眞經達生品第十九，僅缺篇末兩三行。丁卷外物篇，始『蜫蟟不得成，』訖『與其譽堯而非桀。』巴黎圖書館亦藏外物篇殘卷，始『□□兩忘而閉其所譽，』訖『雖然若是者。』其始與此訖適相含接，原當是一篇。昔年撰莊子校釋時，僅間接收採胠篋一卷，去秋陳槃庵兄以王重民四卷校勘記（見王著巴黎敦煌殘卷敍錄卷三）見示，深以爲快。王氏所稱今本，蓋世德堂本，惜其校語太簡略，四卷之優劣發之未盡，因本其說，重作斠補。其中校釋所未涉及者雖僅數事；而可以佐證校釋之說者則甚多；厥有舊所弋獲，存疑未收，茲得敦煌本印證，亦補識於此。一九五一年六月九日叔岷記。

胠 篋 第 十

而天下始人有巧工矣。　　王重民云：今本脫工字。

　　案今本作『而天下始人有其巧矣。』敦煌本巧下有工字，不詞，蓋涉上文『攦工倕之指』而衍，有下又脫其字也。王氏謂今本脫工字，非。

若此時，則至治已。　　王云：今本時上有之字。

　　案文選張平子東京賦注、何平叔景福殿賦注、藝文類聚十一、御覽七六，引

時上並無之字，與敦煌本合。

而莫知其所以知者。　　王云：今本以作已，下同。

案成玄英疏：『所以知者，分內也。』是成本已作以（下同），與敦煌本合。
以猶已也。

舍夫種種之民。　　王云：今本民作機。

案今本惟世德堂本作機，他本皆作民，與敦煌本合。作民義長，且與下文佚
為韻。

天 道 第 十 三

而頼顯然。　　王云：今本顯作穎，釋文所據一本作顯。

案疏：『穎穎高亢，顯露華飾。』疑成本亦作顯，與敦煌本合。

夫子曰：夫道，於大不終。　　王云：今本夫子作老子。

案道藏成玄英疏本、林希逸口義本、羅勉道循本本、古逸叢書覆宋本，皆作
夫子，與敦煌本合。

世之所貴道者書。　　王云：今本句末有也字。

案『世之所貴道者書也，』與下文『語之所貴者意也，』句法一律，敦煌本
脫也字，非。

猶不貴足，為非其貴者也。　　王云：今本作『猶不足貴也，為其貴非其貴也。』

案敦煌本『不貴足，』當從今本作『不足貴也。』為下當據今本補『其貴』二
字。『足貴』倒書為『貴足，』則義不可通；為下脫『其貴』二字，則文意
不完。今本但脫一者字耳。

桓公讀書堂上，輪扁斲輪堂下。　　王云：今本兩堂上並有於字。

案北堂書鈔九八、一百、一四一、御覽四五七、六一六、七六三、北山錄六
讖異說第十注引，皆無兩於字，與敦煌本合。

敢問公之所讀者何言邪？　　王云：今本者作為。

案趙諫議本、覆宋本、道藏各本皆作者，北山錄注引同。淮南子道應篇亦作
者，咸與敦煌本合。

得於手而應於心，口不能言也。　　王云：今本得下有之字，言下脫也字。

案御覽六一六引得下無之字，言下有也字，與敦煌本合。書鈔一四一、後漢

160

書張衡傳注，引言下亦並有也字。

達 生 第 十 九

養形必先以物。王云：今本以作之。

　　案以作之，不詞。趙諫議本、覆宋本、道藏成玄英疏本、褚伯秀義海纂微
　　本，皆作『養形必先之以物，』是也。敦煌本脫之字。

非智巧果敢之所居。　　王云：今本所作列，斷句。居字自爲句。

　　案今本較長，所疑列之形誤，列子黃帝篇亦作列，斷句。居作姬（釋文音
　　居），自爲句。

凡有貌象聲色者皆物，與何以相遠？　　王云：今本作『凡有貌象聲色者皆物
也，物何以相遠？』

　　案『與何以相遠？』文不成義；『物何以相遠？』文意不完，道藏各本、覆宋
　　本、皆作『凡有貌象聲色者皆物也，物與物何以相遠？』列子黃帝篇同，是
　　也。敦煌本『皆物』下脫也字，與字上下並脫物字。

物焉得爲正焉？　　王云：今本爲正作而止。

　　案今本是也，爲正卽而止之誤（列子黃帝篇亦誤作爲正，詳俞樾說。），陳碧
　　虛闕誤引張君房本此亦誤正。『物焉得而止焉？』猶言『物焉得而制焉？』
　　郭注：『夫至極者，非物所制。』詁止爲制，是也。止、制聲近義通，呂氏
　　春秋情欲篇：『聖人修節以止欲，』舊校云：『止，一作制。』卽其比。

死生驚懼，不入乎其匈。　　王云：今本『其匈』作『其胷中。』

　　案胷卽匈之俗，列子黃帝篇胷下無中字（意林引有中字），與敦煌本合。但有
　　中字，文意較完，田子方篇：『喜怒哀樂，不入於胷次（敦煌本作匈中）。』
　　與此句法同。

仲尼曰：巧乎？有道也？　　王云：今本巧上有子字，又也作邪。

　　案御覽九四四引巧上無子字，與敦煌本合。但有子字較長，知北遊篇：『子
　　巧與？有道與？』與此句法同。

吾處也，若橛株拘。　　王云：今本處下有身字，又橛作厥。

　　案列子黃帝篇處下亦無身字（釋文本及天中記五七引，並有身字。），與敦煌
　　本合。有身字是，『處身』與下文『執臂』對言。橛乃橛之譌，厥、橛古通，

161

釋文：『厥，本或作橜。』北宋本、趙諫議本、覆宋本、道藏成玄英疏本、林希逸口義本、褚伯秀義海纂微本，皆作橜。集韻平聲二、六書故二一引，亦並作橜。天中記五七引作橛，同。列子亦作橛（釋文本作厥）。本字作氒，說文：『氒，木本也。讀若厥。』

天地之大，萬物之多。　王云：今本天上有雖字。

案列子盧重元本、北宋本、道藏江遹本、宋徽宗本、高守元本，亦皆無雖字，與敦煌本合。但有雖字，文意較完。

乃若夫沒人。　王云：今本乃若作若乃，下同。

案列子黃帝篇亦作乃若（惟道藏江遹本作若乃），下同，與敦煌本合。

凡重外者內拙。　王云：今本脫外字。

案今本『重外』作『外重，』未脫外字，王氏失檢。『外重』與『內拙』對言，敦煌本誤倒。若作『重外，』則『內拙』當作『拙內，』文乃相對，列子黃帝篇正作『凡重外者拙內。』敦煌本此篇多與列子合，或敦煌本本亦作『凡重外者拙內，』寫者倒書『拙內』爲『內拙』也。

若牧羊者然。王云：今本脫者字。

案者字疑涉上下文而衍，恐非今本誤脫也。

柴立其央。　王云：今本央上有中字。

案有中字是，敦煌本誤脫。

人之所畏者。　王云：今本畏上有取字。

案意林引無取字，與敦煌本合。

吾將三月犧汝。　王云：今本犧作豢，釋文所據一本作犧，卽犧字。

案御覽五百三十、記纂淵海九八引，亦並作犧。但作犧，義不可通，蓋豢之形誤。陳碧虛闕誤引張君房本豢作豢，豢卽豢之俗。

爲彘謀，不如食以糟糠。　王云：今本謀下有曰字，又糟糠作糠糟。

案疏：『爲彘謀者，不如置之圈內，食之糟糠。』疑成本謀下亦無曰字，糠糟亦作糟糠。記纂淵海引，亦作糟糠，與敦煌本合。

對曰：『臣無見也。』去反。　王云：今本『見也』作『所見，』『去反』作『公反。』

案敦煌本見上脫所字，今本見下脫也字，非今本『見也』作『所見』也。御覽八八三引，正作『臣無所見也，』可證。釋文本及卷子本玉篇言部引『公反』

亦並作『去反，』與敦煌本合。作『公反』義較長，去疑公之形誤。

有。沈有履，有竈有彗。　　王云：今本竈上脫有字。

案玉燭寶典十二引竈上亦有有字，與敦煌本合。但有有字，不詞，蓋涉上下文而衍。王氏謂今本脫有字，誤。

其長若轅。　　王云：今本若作如。

案文選張平子東京賦注引如作若，與敦煌本合。

紀渻子。　　王云：今本渻作消。

案釋文：『渻，一本作消。』成疏亦云：『亦作消字。』列子黃帝篇釋文本、盧重元本、道藏高守元本，皆作消（藝文類聚九一、記纂淵海九七引，並同），咸與敦煌本合。

猶應景嚮。　　王云：今本景嚮作嚮景。

案列子盧重元本、北宋本、道藏江遹本、宋徽宗本、高守元本、元本，皆作影嚮（影卽俗景字），與敦煌本合。

反走耳矣。　　王云：今本脫耳字。

案列子有耳字，脫矣字（記纂淵海九七引有矣字，脫耳字。），敦煌本是也。人間世篇：『止是耳矣。』大宗師篇：『相與吾之耳矣。』山木篇（敦煌本）：『聖人晏然體逝而終耳矣。』皆與此句法同。

流沫三十里。　　王云：今本『三十』作『四十。』

案白帖二、御覽五八、三九五、九三二引，皆作『三十，』列子黃帝篇同，咸與敦煌本合。

以爲有苦而欲死者也。　　王云：今本脫者字。

案御覽三九五引有者字，列子同，並與敦煌本合。

與齊俱入，與汩偕出。　　王云：今本上偕字作俱，下偕字作皆。

案敦煌本俱作偕，疑涉下偕字而誤。今本下句亦作偕，王氏失檢。

其巧專而外滑消。　　王云：今本滑作骨。

案釋文：『骨消，本亦作滑消。』北宋本、趙諫議本、覆宋本、道藏成玄英疏本、林希逸口義本、褚伯秀義海纂微本、羅勉道循本本、皆作滑消，咸與敦煌本合。

工倕旋而蓋矩。　　王云：今本矩上有規字。

案釋文本無規字，引司馬彪本矩作矱，亦無規字，並與敦煌本合。

故其靈臺而不桎。　王云：『今本臺下有一字。』又於序中云：『今本臺下羨一字。
按臺或誤爲壹，又誤爲一，校者誤增也。庚桑楚篇：「不可納於靈臺，靈臺者有
持。」有持卽申靈臺義；釋文亦云：「謂心有靈智，能住持也。」淮南說林篇：
「而又況一不信者乎？」一，原亦當作臺，是其義。此謂其心持而不桎也。說見吳
先生淮南舊注校理卷三。』

　　案臺與持同義，淮南俶眞篇：『臺簡以游太淸，』注：『臺猶持也。』釋名：
『臺，持也。』並其證。『靈臺者有持，』有持正以見其專一，今本一字，似非
羨文。成疏：『故其靈臺疑一而不桎梏也。』是所據郭本原作『一而不桎。』
則此文之有一字，由來久矣，豈校者誤增哉？敦煌本無一字，疑寫者誤脫
也。

賓放於鄉里。　王云：今本脫放字。

　　案文選劉孝標辯命論注引有放字，與敦煌本合。

彼固或能來矣。　王云：今本能作而。

　　案能猶而也，能字古讀若而，故與而通。又今本或作惑，或、惑古通，徐无
鬼篇：『奚惑然爲？以不惑解惑，復於不惑，是尙大不惑。』敦煌本並作或，
與此同例。

外物第二十六

於是乎有僓然而道盡。　王云：今本僓作債。

　　案日本古鈔卷子本作僓，與敦煌本合。

有鮒魚焉。　王云：今本有上有中字。

　　案藝文類聚三五、御覽六十、四八五引，並無中字，與敦煌本合。

君豈有升斗之水，　王云：今本『升斗』作『斗升，』下同。

　　案古鈔卷子本作升斗，下同。白帖二九、御覽七七六、九三七、事類賦二
九鱗介部二、記纂淵海七十、九九、事文類聚後集三四、別集二八、合璧事
類續集五一引，皆同；藝文類聚三五、御覽三九七引下文亦同；下文疏：
『升斗之水，可以全生。』是成本亦作升斗，咸與敦煌本合。

周曰：諾，我且南遊吳、越之王。　王云：今本我作哉。

　　案哉卽我之誤，元纂圖互注本、世德堂本並誤哉，他本皆作我。

蹲會稽。　　王云：今本蹲下有乎字。

　　案古鈔卷子本無乎字，文選左太冲吳都賦注、謝靈運七里瀨詩注、曹子建七啓注、御覽八三四、九三五、事類賦二九鱗介部二引，皆同。咸與敦煌本合。

制河以東，倉梧以北。　　王云：今本制上有自字。又倉作蒼，以北作已北。

　　案御覽八三四引無自字，與敦煌本合。古鈔卷子本蒼亦作倉，已北亦作以北，與敦煌本合。倉、蒼古通，以、已古通，事類賦二九引已亦作以。

莫不壓若魚者已。　　王云：今本壓作厭。

　　案古鈔卷子本作壓，文選謝靈運七里瀨詩注引同，與敦煌本合，文選吳都賦注引作猒，猒、厭，古、今字。壓，俗字。又案此當從者字斷句，已字屬下讀。王氏從已字斷句，誤。

而後世輪才諷說之徒，　　王云：今本輪作輇。

　　案釋文引一本作輪，與敦煌本合。

濡以金椎控其頤。　　王云：『今本濡作儒。』又於序中云：『「接其鬢，壓其顪，濡以金椎控其頤，徐別其頰，無傷口中珠。」今本濡作儒，則是主名詞，然此五句並列，不應獨於第三句著主名詞，濡義較長。』

　　案作濡義固較長，惟亻、氵草書相亂，从亻之字古多寫同从氵之字，敦煌本之濡字，或卽是儒字，亦未可知；御覽七六三引儒作徐，義亦較長，惟是否涉下文『徐別其頰』而誤，抑約舉下文之詞（因未引『徐別其頰』句），亦未可知；藝文類聚八四引儒作而，殊足據信，王念孫云：『藝文類聚引儒作而，是也。而，汝也。自「未解裙襦」以下，皆小儒苔大儒之詞，言汝以金椎控其頤，徐別其頰，無傷其口中之珠也。而、儒聲相近，上文又多儒字，故而誤爲儒。』其說而誤爲儒之故，是也。以而爲汝，則非。而乃承上之詞，意甚明白，以而爲汝，則而字當在上文『接其鬢』上，不當在此句矣。

莊子校釋補錄

莊子校釋爲岷少年之作，用力雖勤，發之未盡。而時賢著述中頗有稱引拙說者；一九五四年春，講習莊子，間有新知，足補舊說之未備。曾寫莊子斠補一篇，刊入徐亮之先生主編之金匱論古綜合栞第一期，惜流傳未廣；一九五六年秋，舊業重溫，復有創獲，擇要補入斠補中，重加寫定，名曰莊子校釋補錄。藏之篋笥，已逾一載，得便刊之，以供同好之繙檢焉。一九五七年歲暮，記於臺北慕廬。

內篇齊物論第二

是唯無作，作則萬竅怒呺。

注：言風唯無作，作則萬竅皆怒動而爲聲也。

案此文疑本作『是唯無作，萬竅怒呺。』今本『萬竅怒呺』上『作則』二字，蓋淺人據郭注所加也。注：『言風唯無作，作則萬竅皆怒動而爲聲也。』正以釋『是唯無作，萬竅怒呺』之義。古書中此類句法甚多，本書人間世篇：『若唯无詔，王公必將乘人而鬪其捷。』與此文句法同。而郭注：『汝唯有寂然不言耳，言則王公必乘人以君人之勢，

167

而角其捷辯以距諫飾非也。』以言詁詔，於『王公必將乘人而鬭其捷』上增『言則』二字以釋之，與此文於『萬竅怒呺』上增『作則』二字以釋之亦同例。知北遊篇：『汝唯莫必，無乎逃物。』亦與此文句法同。莫，無也。『唯莫』猶『唯無。』謂『汝唯無必，必則無乎逃物』也。彼正文『無乎逃物』上無『必則』二字；人間世篇『王公必將乘人而鬭其捷』上無『詔則』二字，並可證此文『萬竅怒呺』上本無『作則』二字也。（同窗周法高君上古語法札記一文中，疑此文『作則萬竅怒呺』之作字爲後人誤增，立說稍異。）

自彼則不見，自知則知之。

案既『自知』矣，又何必言『則知之』邪？『自知』疑本作『自喩，』涉下知字而誤也。下文『以指喩指之非指，不若以非指喩指之非指也。以馬喩馬之非馬，不若以非馬喩馬之非馬也。』即申此文之義，則『自知』本作『自喩』明矣。

夫大道大稱，大辯不言。大仁不仁。大廉不嗛。大勇不忮。

案『大仁不仁，』義雖可通，而與上下句法不一律。『不仁』疑本作『不親，』蓋涉上仁字而誤也。淮南子詮言篇作『大仁無親。』（不猶無也。）可證。本書天運篇亦云：『至仁無親。』又大宗師篇：『有親，非仁也。』可爲反證。

內篇養生主第三

砉然嚮然。

釋文：『嚮然，』本或無然字。

案疏：『砉然嚮應。』疑成本嚮下無然字。

內篇德充符第五

莊子曰：是非吾所謂情也。

注：以是非爲情，則無是無非、無好無惡者，雖有形貌，直是人耳。情將安寄？

疏：吾所言情者，是非、彼我、好惡、憎嫌等也。若無是無非，雖有形貌，直是人耳。情將安寄？

案是猶此也，情上當有無字。上文『惠子曰：既謂之人，惡得無情？』莊子因惠子所謂無情之義與已不同，故駁之曰：『是非吾所謂無情也。』下文『吾所謂無情者，言人之不以好惡內傷其身，常因自然而不益生也。』莊子緊申其所謂無情之義，文理粲然明白。郭氏不知情上脫一無字，乃以是、非二字平列爲說，成疏本之，迂曲甚矣！

內篇大宗師第六

不忘其所始，不求其所終。

案忘當作志，字之誤也。志、求對言，文義一律。淮南子本經篇作『不謀所始，不議所終。』謀、議對言，義亦一律。可證此文忘字之誤。呂氏春秋貴公篇：『上志而下求。』亦以志、求對言，與此同例。錢穆先生纂箋云：『忘疑志字之誤。』是也。

天時，非賢也。

注：時天者，未若忘時而自合之賢也。

案『天時』本作『時天，』郭注可證。（校釋舊說。）惟郭氏未得時字之義，時讀爲待，易蹇：『象曰：往蹇來譽，宜待也。』釋文引張璠本待作時：歸妹：『象曰：愆期之志，有待而行也。』釋文引一本待作時。並時、待古通之證。『時天』猶『待天，』莊子所貴者『無

待，』則待天固非寶矣。今本『時天』作『天時，』蓋淺人不解時字之義而妄乙之耳。

俄而子輿有病，子祀往問之，曰：偉哉！夫造物者，將以予爲此拘拘也？

　　疏：子輿達理，自歎此辭也。

　　案子輿有病，子祀旣往問之，則常有問之之辭。『曰：偉哉！夫造物者，將以予爲此拘拘也？』蓋卽子祀問子輿之辭也。韓國靑年學者車柱環君告余云：『予當作子。』其說至塙！子誤爲予，成疏乃以爲子輿自歎之辭耳。下文『曰：嗟乎！夫造物者，又將以予爲此拘拘也！』乃子輿因子祀之問而自歎之辭也。又下文子來有病，子犂往問之，亦有問之之辭，與此同例。

不知就先，不知就後。

　　案就疑孰之誤，上文『又惡知死生先後之所在？』猶此所謂『不知孰先，不知孰後』也。知北遊篇：『光曜不得問，而孰視其狀貌。』淮南子精神篇孰誤就，與此同例。

外篇駢拇第八

而敝跬譽无用之言，非乎！

　　釋文：敝，本亦作蹩。跬，郭音屑。

　　孫詒讓云：『郭本跬當作薜，「蹩薜」卽「蹩躠，」馬蹄篇云：蹩躠爲仁。』

　　案疏：『蹩躠，由自持也。』是成本『敝跬』正作『蹩躠。』

外篇在宥第十一

吾又欲官陰陽，以遂羣生。

　　疏：遂，順也。

案『以遂羣生，』與上文『以養民人』對言。養猶育也；遂亦猶育也，本篇下文卽有『以育羣生』之文。禮記樂記：『氣衰則生物不遂，』史記樂書遂作育；淮南子兵略篇：『天化育而無形象，』文子自然篇育作遂，並遂、育同義之證。成疏以遂爲順，非也。

外篇天地第十二

方且尊知而火馳。

孫詒讓云：『火當爲公，公與火形近而誤。說文：「公，分也。」「公馳」猶言「僢馳。」外物篇云：「火馳而不顧。」火亦公之誤。』案孫說於義則是，於文似未得也。火蓋北之形誤，「北馳」卽「背馳，」猶「僢馳」也。外物篇：『火馳而不顧。』火亦當作北。史記太史公自序：『北正黎以司地。』索隱以作『火正』爲是，亦火、北相溷之例。

且然无閒謂之命。

案且讀爲徂，往也。詩鄭風溱洧：『士曰旣且。』釋文：『且，音徂。往也。』與此同例。『且然無閒，』猶『往而無閒』耳。

外篇天運第十四

目知窮乎所欲見。力屈乎所欲逐。

案文有脫誤，目可言窮乎所欲見，知不得言窮乎所欲見。疑此本作『知困乎所欲慮。目窮乎所欲見。力屈乎所欲逐。』三句分承上文『子欲慮之而不能知也。望之而不能見也。逐之而不能及也』而言。今本脫『困乎所欲慮』五字，知字又錯在目字下，意旣不完，義亦難通矣！

吾子亦放風而行，

> 釋文引司馬云：放，依也。依無爲之風而動也。

> 注：風自動而依之。

> 疏：仲尼亦宜放無爲之風敎。

> 案諸說似未得風字之義。風猶俗也，呂氏春秋音初篇：『是故聞其聲
> 而知其風。』注『風，俗。』與此同例。『放風而動，』猶『依俗而
> 動』也。老聃恐孔子以仁義亂俗，故敎之如此。

外篇繕性第十六

離道以善。

> 郭慶藩云：『善字疑是爲字之誤。淮南俶眞篇：「離道以僞。」（離當
> 爲離字之誤。僞，古爲字。）卽本於此。

> 奚侗云：善，當從淮南作僞。僞、爲古通。謂作爲也。』

> 案淮南子善作僞，僞卽古爲字，郭、奚說並是：惟善猶爲也，無煩改
> 字。善與繕通，上文『繕性於俗學，』釋文：『繕，或云：善也。』廣
> 雅釋詁：『繕，治也。』小爾雅廣詁：『爲，治也。』繕、爲並得訓
> 治，是繕可通爲，善亦可通爲矣。淮南子蓋卽以僞（爲）詁善也。墨子
> 天志中篇：『何以知義之善政也？曰：天下有義則治，無義則亂。是
> 以知義之善政也。』（王念孫雜志於兩善字上並補爲字：俞樾平議謂
> 善字皆言字之誤。並非。）下篇兩善字並作爲，是善、爲同義，與此
> 可互證。

外篇秋水第十七

不賤貪汙。

案此上疑脫一句，上下文皆各以二句相對成義。據疏：『非關苟貴清
廉，賤於貪汙。』疑此文本作『守貴清廉，不賤貪汙。』然『守貴清
廉，』殊不類莊子文，姑識之以存疑。

泛泛乎其若四方之无窮，其无所畛域。

案上其字衍文，『泛泛乎若四方之无窮，其无所畛域。』與上文『嚴
乎若國之有君，其无私德。』（奚侗云：『嚴乎』當作『嚴嚴乎，』是
也。）『絲絲乎若祭之有社，其无私福。』句法並一律。

彼且方趾黃泉，而登大皇。

奚侗云：『大當爲九，風俗通：「皇者天。」「九皇」猶「九天」也，
與「黃泉」相對。』

案大非誤字，奚說非也。淮南子精神篇：『登太皇，』即本此文，大
與太同。高誘注：『太皇，天也。』是也。此文成疏亦云：『大皇，天
也。』

外篇知北遊第二十二

邀於此者，四枝彊，思慮恂達，耳目聰明。

奚侗云：『墨子公孟篇：「身體強良，思慮恂通。」此文彊下疑挩良
字，彊良、恂達、聰明，皆以連語相耦。』

案彊下疑脫梁子，梁、良古通，應帝王篇：『嚮疾彊梁。』『彊梁』連
語，旣見本書，則不必從墨子補良字也。

汝唯莫必，無乎逃物。

注：若必謂無之逃物，則道不周矣。

奚侗云：『闕誤：「張君房本、成玄英本必下均有謂字。」今本挩去，
則語意不明。郭注：「若必謂無之逃物，則道不周矣。」是郭本正有
謂字。』

173

案郭注未得此文之義，莫猶無也，古音無如莫，『唯莫』與『唯無』
同。此謂『汝唯無必，必則無乎逃物』也。(說已見齊物論篇。)闕誤
引成、張本必下並有謂字，蓋不得其解而據郭注臆加耳。奚侗不知郭
注之失，反據成、張本以證郭本原有謂字，愈失之矣！

无往焉，而不知其所至。

　　注：无往焉，故往而不知其所至。

　　案无往焉，自无所至矣。何待言『不知其所至』邪？无蓋既之壞字，
　　應帝王篇：『吾與汝既其文，』(又見列子黃帝篇。)闕誤引江南古藏
　　本作『无其文，』(釋文本及世德堂本列子亦並作『无其文。』)亦既、
　　无二字相亂之例。『既往焉，而不知其所至。』與下句『去而來，而
　　不知其所止。』相對成義。而下文『吾已往來焉，而不知其所終。』
　　又緊承此二句言之，文意粲然明白。郭氏不知无是誤字，乃於『无往
　　焉』下增『故往』二字以强通之，非也。

曝然放杖而笑，

　　注：起而悟夫死之不足驚，故還放杖而笑也。

　　案神農聞老農死，不當『放杖而笑。』且下文神農所言，明是嘆辭，
　　實非笑語。竊疑笑乃嘆之誤，郭注云云，(成疏本之。)蓋不知笑是誤
　　字，而强為之說耳。嘆，俗書作嘆。笑，俗書作咲。二形相近，嘆誤
　　為咲，因易為笑耳。呂氏春秋愛士篇：『繆公笑曰，』淮南子泰族篇：
　　『則快然而笑之。』今本笑並誤嘆，(王念孫有說。)史記陸賈列傳：
　　『尉池大笑曰，』日本高崎古寫本笑作嘆，亦嘆、笑二字相溷之例。

雜篇徐无鬼第二十四

閣不亦問是已？

　　疏：閣，何不也。

案闔義爲何：亦爲何不。此本作『闔亦問是已？』不字蓋後人所加；或涉上文諸不字而衍也。若本有不字，則成疏不得訓闔爲何不矣。孟子梁惠王篇：『蓋亦反其本矣？』與此句法同。蓋猶闔也。

雜篇則陽第二十五

萬物殊理，道不私，故无名。无名故无爲。

　疏：物各得理，故無功也。功歸於物，故爲無爲。

　案成所據本名蓋作功。

雜篇讓王第二十八

桑以爲樞。

　釋文引司馬云：屈桑條爲戶樞也。

　案新序節士篇桑上有揉字。據此文司馬彪注，疑所見本原亦有揉字。蓋以屈詰揉也。淮南子原道篇亦云：『揉桑以爲樞。』

雜篇盜跖第二十九

幾不免虎口哉！

　注：此篇寄明因衆之所欲亡而亡之，雖王紂可去也；不因衆而獨用己，雖盜跖不可御也。

　案此篇以盜跖名篇，而述盜跖事於此已終，則此篇常止於此。郭氏於一篇之中言某章之義，決無言『此篇』者。獨於此云：『此篇寄明因衆之所欲亡而亡之，雖王紂可去也：不因衆而獨用己，雖盜跖不可御也。』則盜跖篇本止於此，甚明。下文『子張問於滿苟得曰，』至篇末，所記非盜跖之事，郭氏分爲二章，當是他篇之文，郭氏逐合於此

篇者耳。

雜篇漁父第三十一

甚矣，子之難悟也！

案釋文本、古鈔卷子本悟並作語，（校釋舊說。）悟、語正、假字。列
子周穆王篇：『信覺不語。』亦借語爲悟。

荀　子　斠　理

荀子之學，博於孟子，亦雜於孟子。前賢近人於荀子書，或發明義蘊；或定正字句，立說繁多，咸有裨於研討。岷亦時有斠理，足補諸家漏略。因據古逸叢書影宋台州本，條次成篇。女弟柳鍾城昔年從岷治荀子，閒有創獲，亦附著之，同好之士，或有取焉。

勸　學　篇　第　一

青，取之於藍。

謝墉輯校本引盧文弨云：『元刻作「青出之藍，」無於字。』

王念孫雜志云：『荀子本文自作「出於藍。」藝文類聚草部上、太平御覽百卉部三及意林、埤雅，引此竝作「出於藍。」新論崇學篇同。史記褚少孫續三王世家引傳曰：「青采出於藍，而質青於藍者，敎使然也。」卽是此篇之文。則本作「出於藍，」明矣。』

王先謙集解云：『羣書治要作「靑取之藍。」』

柳鍾城云：『景宋本御覽百卉部三引此作「青生於藍，」生、出同義。』

案明沈津百家類纂本、百子全書本亦竝作『青出之藍。』與元刻本合；宋龔頤正芥隱堂筆記『作詩祖述有自』一則，云：『祖述有自，「青出於藍」也。』『青出於藍，』卽本此文，與王念孫所稱諸書合；梁劉勰文心雕龍通變篇：『夫青生於藍，』亦本此文，與景宋本御覽所引合；明徐元太喩林九四引此作『青，出之於藍。』獨異。竊以此文作『青取之藍；』『青出之藍，』或『青出於藍：』『青生於藍。』皆是，之與於同義。（王引之經傳釋詞九有說。）其以『之於』連文，而作『青，取之於藍；』或『青，出之於藍。』則並非。蓋由一本作之，一

本作於，後人遂誤合之耳。（大戴禮勸學篇亦誤以『之於』連文。）

君子博學而日參省乎己。楊倞注：『參，三也。』

案唐太宗帝範崇文篇注引參作三。

不聞先王之之遺言，不知學問之大也。

劉師培斠補云：『大戴禮言作道，御覽三八引孫卿子云：「不聞先王之道，不知學問之為大。」與大戴同。』

柳鍾城云：『記纂淵海五五引「不知學問之大，」作「不知學問之為大。」與御覽所引同。』

干、越、夷、貉之子，注：『干、越，猶言吳、越。』

盧文弨改『干、越』為『于越，』又改注文之『吳、越』為『於越。』云：『「于越」宋本作「干、越，」今從元刻，與大戴禮同。』

劉端臨補注云：『淮南原道篇：「干、越生葛絺。」高注：「干，吳也。」楊氏此注以「干、越」為「吳、越，」蓋用高義，盧改非也。』

劉師培云：『治要亦誤干為于。吳仁傑兩漢刊誤補遺正引作干。』

柳鍾城云：『記纂淵海五五引此文干字不誤。』

案類纂本、百子本干亦並誤于，喻林九四引同。

巢非不完也，所繫者然也。

劉師培云：『御覽一千引繫作憑。文選陳孔璋檄吳將校部曲注引作「巢非不牢，所繫之弱也。」』

案憑字義勝，繫字疑涉上文『繫之葦苕』而誤。（大戴禮勸學篇同。）說苑善說篇、劉子託附篇並作託，憑、託同義；韓詩外傳八作托，俗託字。又外傳然亦作弱。

蓬生麻中，不扶而直。

劉師培云：『大戴勸學篇、說苑談叢篇、論衡率性篇、御覽四百八引譙周法訓並有此文，惟而均作自。』

柳鍾城云：『御覽四百八未引譙周法訓，劉氏失檢。記纂淵海六六引而亦作自。』

案藝文類聚八二引曾子、八五及御覽九九五引風俗通，亦並作『不扶自直。』

蘭槐之根是爲芷，其漸之滫，君子不近，庶人不服。

　　劉師培云：『「其漸之滫，」大戴此下有中字。史記補三王世家引傳作「漸之滫
　　中。」』

　　案卷子本玉篇水部引史記補三王世家漸作浸，義同。淮南子人間篇：『申菜杜
　　茝，美人之所懷服也，及漸之於滫，則不能保其芳矣。（許愼注：「滫，臭汁
　　也。」盧文弨誤爲高誘注。）』『漸之於滫，』蕭本荀子，卷子本玉篇水部引作
　　『浸之滫中，』與引補三王世家同。

樹成蔭而眾鳥息焉；醯酸而蜹聚焉。注：『喩有德則慕之者眾。』

　　柳鍾城云：『記纂淵海五五引蜹作蚋，同。大戴禮亦作蚋。』

　　案眾字疑涉注『慕之者眾』而衍，『而鳥息焉，』『而蜹聚焉，』相對爲文。大
　　戴禮正無眾字。元本、類纂本、百子本蜹亦並作蚋。喩林五引同。

君子愼其所立乎！

　　盧文弨云：『「愼其」元刻作「其愼。」』

　　案類纂本、百子本亦並作『其愼。』

聖心備焉。

　　案類纂本、百子本備並誤循，喩林八一引同。

故不積頃步，無以至千里（注：半步曰頃，頃與跬同。）；不積小流，無以成江海。

　　盧文弨云：『「江海，」宋本與大戴同；元刻作「江河。」』

　　王先謙云：『羣書治要作「河海。」』

　　劉師培云：『頃，治要及初學記六、白帖六、事類賦注六並引作跬。至，大戴作
　　致。海，元本作河，非也。初學記六、事類賦注六（海賦）引此文並作「江海。」
　　文選海賦注、白帖六並引作「河海，」（與治要所引合。）海與里叶韻，若作「江
　　河，」失其韻矣。』

　　柳鍾城云：『記纂淵海六六引至亦作致；海亦作河。』

　　案大戴禮頃亦作跬。淮南子說林篇：『故跬步不休，跛鼈千里。』高誘注：『跬
　　猶咫尺。』類纂本、百子本『江海』亦並誤『江河。』史記李斯列傳：『河海不
　　擇細流，故能就其深。』以『河海』連文，與治要、文選海賦注、白帖六引此文

台。

蚯蟺無爪牙之利，筋骨之强，上食埃土，下飲黃泉。用心一也。注：『蟺與蚓同。』
案蚯字疑衍，元本、類纂本、百子本並無蚯字，記纂淵海五六引同。淮南子說山
篇亦無蚯字。藝文類聚六引蔡邕勸學云：『蚓無爪牙，軟弱不便，穿穴洞地，食
塵飲泉。』卽本此文。

蟹六跪而二螯，非蛇蟺之穴無可寄託者，

劉師培云：『事文類聚後集三十五引此文蟹下有有字，可字作所。「蟹有」與上
「蟺無」對文，所據之本，義似較長。』

柳鍾城云：『記纂淵海四二引可亦作所，義同。』

案元本、類纂本、百子本可亦並作所。

是故無冥冥之志者，無昭昭之明；無惛惛之事者，無赫赫之功。

柳鍾城云：『記纂淵海六一引明作名。』

案明猶名也，釋名釋言語：『名，明也。』古書多以名、功對言，管子白心篇：
『功成者隳，名成者虧。』（又見莊子山木篇。）商君書更法篇：『疑行無名（據
御覽四九六引，今本名作成。），疑事無功。』（又見史記商君列傳、趙世家。）
國策燕策二：『臣聞賢明之君，功立而不廢，故著於春秋；蚤知之士，名成而不
毀，故稱於後世。』（又見史記樂毅列傳、新序雜事三。）淮南子脩務篇：『名可
務立，功可彊成。』皆其比。

目不能兩視而明，耳不能兩聽而聰。

盧文弨云：『兩不字下宋本俱有能字，與大戴同。元刻無。』

柳鍾城云：『記纂淵海五五引此亦無兩能字。』

案類纂本、百子本亦並無兩能字，喩林七六引同。

梧鼠五技而窮。注：『「梧鼠」當爲「鼫鼠，」蓋本誤爲鼯字，傳寫又誤爲梧耳。』

劉師培云：『顏氏家訓省事篇云：「鼫鼠五能，不成伎術。」是所據之本正作鼫。』

柳鍾城云：『記纂淵海六一引梧亦作鼫。』

昔者瓠巴鼓瑟，而流魚出聽。

盧文弨云：『「流魚，」大戴禮作「沈魚；」論衡作「鱏魚；」韓詩外傳作「潛

魚。」或說「流魚」卽「游魚，」古流、游通用。」

王先謙云：『「流魚，」大戴禮作「沈魚，」是也。外傳作「潛魚，」潛亦沈也。作流者借字耳。淮南子說山訓作「淫魚。」』

劉師培云：『文選七命注引孫卿子作「鱏魚出聽。」與論衡合。』

柳鍾城云：『杜工部草堂詩箋補遺四引「流魚」作「遊魚，」遊當作游，與盧氏所稱或說合。』

案事文類聚續集二三、焦氏易林十六注引『流魚』亦並作『游魚。』文選馬季長長笛賦注引外傳作『淫魚，』（胡克家考異稱袁本、茶陵本並作『游魚。』）與淮南子說山篇合；（竊疑淫亦借爲沈。）左太沖蜀都賦、吳都賦劉淵林注引淮南子並作『鱏魚，』（說文魚部鱏下引傳同。）與七命注引此文合；文選江文通別賦注引外傳作『淵魚，』論衡感虛篇亦作『淵魚。』涵芬樓明通津草堂本、程榮漢魏叢書本論衡率性篇並作『潭魚。』

伯牙鼓琴，而六馬仰秣。

案論衡感虛篇伯牙作師曠，彼文上下文皆言師曠事，或以此致誤。淮南子說山篇、文選成公綏琴賦『六馬』並作『駟馬。』

玉在山而草木潤。

王念孫云：『元刻無草字，文選吳部賦注引此作「玉在山而木潤，」江賦、文賦注竝同。藝文類聚木部、太平御覽木部一所引亦同。大戴記作「玉居山而木潤，」續史記龜策傳作「玉處於山而木潤。」文雖小異，而亦無草字。』

柳鍾城云：『治要引此作「玉在山而木草潤。」記纂淵海七二引此無草字。』

案類纂本亦無草字。喻林八五引『草木』作『木草，』與治要所引合。

禮者，法之大分，羣類之綱紀也。

王念孫云：『元刻無羣字，（宋龔本同。）是也。楊注云：「類謂禮法所無，觸類而長者。猶律條之比附。」則本無羣字，明矣。』

案類纂本亦無羣字，記纂淵海七七引同。

故不問而告謂之傲。

俞樾云：『論語季氏篇：「言未及之而言謂之躁。」釋文曰：「魯讀躁爲傲。」

荀子此文，蓋本魯論。傲卽噪之叚字。』

案鹽鐵論孝養篇：『言不及而言者，傲也。』亦本魯論，（阮元論語校勘記有說。）傲亦借爲噪。

以戈舂黍也；以錐飡壺也。

盧文弨從元刻飡作飧。柳鍾城云：『記纂淵海五四引飡亦作飧。』

案元本、類纂本兩以字上並有猶字，疑涉上文『嘗之猶』而衍。類纂本、百子本飡亦並作飧。（喻林一百引飡字同。）

色從而後可以言道之致。注：『致，極也。』

案外傳四致正作極。

詩曰：『匪交匪舒，天子所予。』注：『「匪交」當爲「彼交。」』

盧文弨云：『匪亦有彼義，左傳襄廿七年引詩「匪交匪敖，」成十四年引仍作「彼交匪敖。」』

王引之云：『作匪者正字，作彼者借字。』

案百子本作『彼交，』蓋據注改。外傳亦作『彼交。』

百發失一，

案元本、類纂本、百子本『失一』二字並倒，喻林九五引同。

涂巷之人也。

梁啓雄東釋云：『涂、塗古、今字。』

案元本、類纂本、百子本涂並作塗，喻林引同。

君子知夫不全不粹之不足以爲美也，

案元本、類纂本並無之字。

脩 身 篇 第 二

不善在身，

元本身下有也字。王念孫云：『元刻也字乃涉上下文而衍。』

案類纂本、百子本身下亦並衍也字。

居處動靜，

　　　案元本、百子本並作『動靜居處。』

不由禮則夷固僻違庸眾而野。

　　　案元本、百子本僻並作𨠏，古通。

保利弃義謂之至賊。

　　　謝墉本從盧校『弃義』作『非義。』盧文弨云：『「非義」元刻作「弃義。」』王念
　　　孫云：『盧本作非者，爲影鈔宋本所誤也。刻本正作弃。呂、錢本、元刻及世德
　　　堂本皆作弃。』

　　　案類纂本、百子本弃並作棄。弃、棄古、今字。影鈔宋本作非，涉上文諸非字而
　　　誤。元本、類纂本賊並作賤，疑是。賊字蓋涉上文『害良曰賊』而誤。

則炤之以禍災。注：『炤之以禍災，謂以禍災照爛之。』

　　　案元本『禍災』作『災禍，』注同。百子本亦作『災禍。』類纂本作『灾禍，』
　　　災、灾古通。

莫徑由禮，莫要得師。

　　　案類纂本徑下、要下並有於字。據此，下文『莫神一好，』神下亦當有於字，文
　　　乃一律。

志意脩則驕富貴，道義重則輕王公。內省而外物輕矣。

　　　謝本從盧校，首、次句末竝有矣字，省下而作則。盧文弨云：『正文前兩矣字，
　　　宋本無；又下一則字作而，今皆從元刻。』

　　　王念孫云：『元刻非也。「內省而外物輕，」乃申明上文之詞，非與上文作對句
　　　也。今皆改爲對句，則失其旨矣。』

　　　案類纂本、百子本首、次句末亦並有矣字，省下而亦作則。

傳曰：『君子役物，小人役於物。』

　　　案管子內業篇：『君子使物，不爲物使。』莊子山木篇：『物物而不物於物。』

故良農不爲水旱不耕，

　　　柳鍾城云：『事文類聚前集三六引不作輟。』

故蹞步而不休，跛鼈千里；累土而不輟，丘山崇成。

　　　盧文弨云：『兩而字元刻無。』

劉師培云：『意林引無兩而字，文子上德篇述此文無而字。』

柳鍾城云：『記纂淵海六十、六六、九九引此並無兩而字。』

案類纂本、百子本亦並無兩而字，喻林九四引同。

或不爲爾。

盧從元刻作『或不爲之耳。』柳鍾城云：『記纂淵海六十引此正作「或不爲之
耳。」』

案類纂本、百子本亦並作『或不爲之耳。』喻林引同。（治要引爾亦作耳。）

共遠害也早。

元本害作思，謝本從盧校作思。王念孫云：『宋呂、錢本作「遠害。」』

案類纂本、百子本害亦並作思，非。

不 苟 篇 第 三

故懷負石而赴河，

盧從元刻無『故懷』二字，云：『宋本有「故懷」二字，文不當有。或負字本有
作「故懷」二字者，校者注異同於旁，因誤入正文耳。』

劉師培云：『元本、世德堂本無「故懷」二字。懷，疑後人旁注之字，以懷釋負。
御覽五十一、事類賦注七引此並無懷字。韓詩外傳三故作夫，亦無懷字。』

案類纂本、百子本亦並無『故懷』二字，說苑說叢篇同。故字不當無，外傳故作
夫，夫猶故也。

而惠施、鄧析能之。

盧文弨云：『「能之，」俗本作「能精之。」』

劉師培云：『世德堂本能下有精字。』

案元本、類纂本、百子本能下並有精字。

與禹、舜俱傳而不息。

案元本、類纂本、百子本『禹、舜』並作『舜、禹，』外傳、說苑並同。

故曰：君子行不貴苟難，說不貴苟察，名不貴苟得。

盧校改『苟得』爲『苟傳，』云：『「苟傳，」與上文同。俗閒本作「苟得，」

非。外傳亦作「苟傳。」』

案元本、類纂本並無曰字；又脫『說不貴苟察，名不貴苟得。』二句。外傳亦無曰字。盧校『苟得』作『苟傳，』是也。百子本亦作『苟傳。』

君子能則寬容易直以開道人。注：『道與導同。』

案治要引道正作導。

君子崇人之德，揚人之美，非謟諛也；正義直指，舉人之過惡，非毀疵也。

盧文弨云：『美字元刻作善；又「舉人之過」下，宋本有惡字，元刻無。』

案類纂本、百子本美亦並作善；過下亦並無惡字。美與善同義，惡蓋後人旁注字誤入正文者。外傳六亦無惡字。

擬於禹、舜，

盧校改『禹、舜』為『舜、禹。』云：『宋本、各舊本俱作「禹、舜，」今從元刻。』

案類纂本、百子本並作『舜、禹。』

此言君子能以義屈信變應故也。

盧文弨云：『「此言君子」下，一本有之字。』

案元本、類纂本、百子本『君子』下並有之字。

憂則靜而理。

盧從外傳四改理為違。案百子本亦改理為違。

非禮義之謂亂也。

案元本、百子本並無也字。

其誰能以己之瀇瀇，

劉師培云：『洪興祖楚詞卜居補注 及 困學紀聞十 ，並引瀇作儳。（紀聞元刻作瀇。）』

案元本、類纂本瀇亦並作儳，喻林七九引同。

聖人為知矣，

案類纂本知作至。

夫誠者君子之所守也，

案元本、類纂本、百子本並無也字，治要引同。

五寸之矩，盡天下之方也。故君子不下室堂，而海內之情舉積此者，則操術然也。

元本堂上無室字。王念孫云：『室非衍字，書傳中言「室堂」者多矣。元本無室字者，後人以意刪之也。』

柳鍾城云：『記纂淵海六十、七四引此亦並無室字。記纂淵海六十引積下有諸字。』

案元本、類纂本、百子本方下並無也字。類纂本、百子本堂上亦並無室字。

是姦人將以盜名於晻世者也。

案元本、百子本並無是字。

榮　辱　篇　第　四

憍泄者，人之殃也。

謝本從盧校憍作橋，盧文弨云：『橋，元刻作憍。』

王念孫云：『呂、錢本亦作憍。「憍泄」卽「驕泰」之異文。』

案類纂本、百子本憍字並同。

恭儉者，偋五兵也。

盧文弨云：『「五兵，」元刻與俗閩本俱作「五六。」』

案百子本『五兵』同。類纂本亦作『五六。』六乃兵之壞字。

清之而愈濁者口也。注：『愈讀爲愈。』

案喻林四引愈正作愈，下同。

君上之所惡也。

案元本、百子本並無也字。

是刑法之所不舍也。

盧文弨云：『俗本舍作赦。』

案元本、百子本舍並作赦。

乳彘不觸虎，

謝本從盧校無不字，王先謙集解本同。云：『觸虎者，蓋衞其子。當時有此語

耳。』

梁啓雄柬釋本有不字。云：『今本觸上奪不字，據久保愛據宋本、韓本、楗注本補。』

案百子本亦有不字。元本無不字。審文義，無不字是也。（不字涉上下文而衍。）

王說得之。淮南子說林篇：『乳狗之噬虎也。』（又見文子上德篇，狗作犬。）

列女傳節義篇魏節乳母傳：『乳狗搏虎。』並可爲旁證。

憂以忘其身，內以忘其親，上以忘其君，

案元本、類纂本、百子本並無三其字。

不傾於權，

案元本於作其，義同。

豈不迂乎哉！

案元本、類纂本並作『豈不亦迂哉！』

上則能順上，下則能保其職。

案元本、百子本並無其字，二句相耦。

故君子者信矣，

案元本無者字。

常安之術也。

柳鍾城云：『記纂淵海五九引此無之字；下文「常危之術也。」亦無之字。』

案元本、百子本此文及下文亦並無之字。

故君子道其常，而小人道其怪也。

盧文弨云：『元刻故下有曰字。』

案百子本故下亦有曰字，怪下無也字。元本亦無也字。

寒而欲煖。

案類纂本煖作衣。

口辨酸醎甘苦。

柳鍾城云：『記纂淵海六一引「酸醎」作「醎酸。」』

案元本、類纂本、百子本並作『醎酸。』

可以爲堯、禹，

187

案元本、類纂本禹並誤舜。

是其爲相縣也，幾直夫芻豢稻粱之縣糟糠爾哉？注：『言以先王之道， 與桀、跖相縣，豈止糟糠比芻豢哉？』

案『稻粱』二字衍。元本作『是相縣也，幾直乎芻豢之縣糟糠耳哉？』（是下蓋脫『其爲』二字。）百子本作『是其爲相縣也，幾直乎芻豢之縣糟糠耳哉？』（縣、懸正、俗字，爾、耳古通。）並無『稻粱』二字，喻林四七引同。據注：『豈止糟糠比芻豢哉？』是此文本以『芻豢』與『糟糠』對言；上文則以『芻豢稻粱』與『菽藿糟糠』對言。宋本此文之有『稻粱』二字，卽涉上文而衍也。

則湯、武在上曷益？

案元本、百子本曷並作何，義同。

方知畜雞狗豬彘，

盧文弨云：『「方知」元刻作「方多。」』

案百子本亦作『方多。』多字義勝，知字疑涉上文『不知』而誤。

收歛畜藏以繼之也。

案元本、百子本並無也字。

故曰：『短綆不可以汲深井之泉，知不幾者不可與及聖人之言。』

案記纂淵海五一引深下無『井之泉』三字。莊子至樂篇載孔子引管子之言云：『綆短者不可以汲深。』（淮南子說林篇亦云：『短綆不可以汲深。』）說苑政理篇載管仲對齊桓公云：『夫短綆不可以汲深井，知鮮不可以與聖人之言。』

故曰：一之而可再也。

案元本、類纂本再並作載，再、載古通，莊子讓王篇：『夫子再逐於魯，』御覽四八六引再作載，卽其比；列子黃帝篇：『脩汝所以，而後可載言其上。』載亦與再同。

非 相 篇 第 五

相人，古之人無有也。

王念孫云：『元刻相下無人字，宋龔本同。無人字者是。』

案類纂本相下亦無人字。

亦將志乎心爾。

　　謝本從盧校無心字。盧文弨云：『宋本作「亦將志乎心爾。」心字衍。』

　　案元本、類纂本、百子本並無心字。

目可瞻馬。

　　高亨眉箋云：『馬，元刻作焉，是。焉借爲顏，顏，額也。』（據梁啓雄柬釋引。）

　　案類纂本、百子本馬亦並作焉。

而戮乎大市。

　　案元本、類纂本、百子本並無而字。

聞見之不眾，而論議之卑爾。

　　王氏集解本無而字，云：『謝本眾下有而字，文不當有，今從宋台州本刪。』

　　案宋台州本有而字，王氏失檢。元本、類纂本、百子本並無而字，與上文一律。

鄉則不若，偝則謾之。

　　案類纂本若下有注云：『順也。』又偝作背。偝與背同，元本、百子本亦並作背。

曲直有以相縣矣。

　　王念孫云：『元刻脫相字。』

　　案類纂本、百子本亦並脫相字。

然而仁人不能推，知士不能明。

　　案元本、類纂本、百子本並無人、士二字。

詩曰：『雨雪瀌瀌，宴然聿消。莫肯下隧，式居屢驕。』注：『詩小雅角弓之篇，今詩作「見睍曰消。」屢讀爲婁。』

　　案元本『宴然』作『見睍，』隧作遺，屢作婁（百子本亦作婁）。與毛詩同，非荀書之舊也。

然則人之所以爲人者，非特以二足而無毛也。

　　案元本、百子本特下並無以字，足下並無而字。喻林九九引足下亦無而字。

故人之所以爲人者，非特以其二足而無毛也。

案元本、百子本並作『人之所以爲人者，非特以二足無毛也。』

欲觀千歲，則數今日。

盧文弨云：『數字從宋本，俗本亦作審。』

柳鍾城云：『記纂淵海六十引數亦作審。』

案元本、類纂本、百子本數亦並作審。

其以治亂者異道，

案元本、百子本『其以』二字並倒。

門庭之間，猶可誣欺也，

柳鍾城云：『記纂淵海四二引猶下有有字，也作焉。』

案元本也亦作焉，義同。

故鄉乎邪曲而不迷。

案元本乎作于，義同。

聽人以言，樂於鍾鼓琴瑟。

王念孫云：『元刻以作之。』

案類纂本、百子本以亦並作之，喻林八六引同。之、以本同義，惟此作之，疑涉下文『君子之於言』而誤。

接人則用枻。

案元本、百子本枻並作抴，下同。喻林四四引亦作抴。

矜莊以莅之。

案元本、百子本莅並作涖，同。

非 十 二 子 篇 第 六

以�亂天下。

謝本從盧校�作梟。案元本、百子本並作梟。

禽獸行。

謝本從盧校行上有之字。案元本、百子本並有之字。

然而猶材劇志大，

　　謝本從盧校猶字在然字上，郝懿行云：『「猶然而」當依宋本作「然而猶，」此誤本也。』

　　案盧氏所從者爲元本，百子本亦作『猶然而。』

而告之以大古。注：『大讀曰太。』

　　案元本、百子本大並作太，喩林九八引同。

長養人民。

　　案元本、百子本人並作生。

今夫仁人也，將何務哉？

　　案也字疑涉上文『舜、禹是也』而衍，元本、類纂本、百子本並無也字。

言而當，知也。

　　案唐趙蕤長短經釣情篇引言作語。

而流湎然。

　　案元本、類纂本、百子本『流湎』二字並倒。

聰明聖知，

　　盧文弨云：『元刻知作智。』

　　案類纂本、百子本知亦並作智，治要引同。

無不愛也。

　　案元本、類纂本、百子本無上並有故字。

厚敦者也。

　　案元本、類纂本『厚敦』二字並倒。

離縱而跂訾者也。

　　郝懿行云：『縱與蹤同。』

　　案元本、類纂本縱並作蹤。

士君子之所能不能爲。

　　盧校從元刻所下刪能字。案類纂本、百子本所下亦並無能字。

吾語汝學者之嵬容。

　　盧文弨云：『元刻正文無容字。』

　案百子本亦無容字。下文『是學者之崇也。』與此相應。

無廉恥而忍謑詢。

　　盧文弨云：『「謑詢，」元刻作「謑詢。」說文謑，胡禮切，重文䜣，實一字

　　也。』

　　案百子本亦作『謑詢。』

嗛然而終日不言。

　　柳鍾城云：『記纂淵海六五引嗛作嘿。嘿同默，「嘿然」與「終日不言，」義正

　　相因。』

勞而不慢。注：『雖勞而不弛慢。』

　　案元本、百子本慢並作嫚，與注合。

仲 尼 篇 第 七

其行事也若是，其險汙淫汰也如彼。固曷足稱乎大君子之門哉！

　　謝本從盧校作『其行事也若是其險汙淫汰也。固曷足稱乎大君子之門哉！』王念

　　孫云：『宋呂、錢本「險汙淫汰也」下有「如彼」二字。元刻無如字，以彼字屬

　　下讀，是也。呂、錢彼上衍如字，則以「如彼」與「若是」對文，與楊注不合

　　矣。錢本及元刻「事行」作「行事，」亦與楊注不合。』

　　案元本、類纂本並作『行事若是，是其險汙淫汰也。彼固曷足稱乎大君子之門哉

　　！』百子本作『其事行也若是其險汙淫汰也。彼固曷足稱乎大君子之門哉！』與

　　王校合。

與之高、國之位，

　　案元本、類纂本與下並無之字。

貴賤長少，秩秩焉莫不從桓公而貴敬之。

　　柳鍾城云：『記纂淵海六五引「莫不」二字在「秩秩焉」之上。』

　　案元本、類纂本『莫不』二字，亦並在『秩秩焉』之上。

審勞佚。

案治要引佚作逸，古通。

彼王者則不然。

案元本無則字，治要引同。

信而不忘處謙。

盧文弨云：『各本無忘字，惟宋本有。』

王念孫云：『宋呂本如是，錢及各本俱無忘字。』

案百子本亦有忘字。

求善處大重，理任大事。注：『大重，謂大位也。』

俞樾云：『理字衍文，「處大重，任大事。」相對。楊注：「大重，謂大位也。」不釋理字之義，知楊氏作注時尙無理字也。』

案元本作『求善處大理，任大事。』無重字。注『大重』作『大事。』

能耐任之，則愼行此道也；能而不耐任，且恐失寵，則莫若早同之，推賢讓能，而安隨其後。

楊注『能耐任之』云：『耐，忍也。言人有賢能者，雖不欲用，必忍而用之。』又注『能而不耐任』云：『有能者不忍急用之。』王念孫云：『「能耐任之，」「能而不耐任。」兩能字皆衍文。耐卽能字也。「耐任之，則愼行此道」者，言能任國家之大事，則　行此道也。今作「能耐任之」者，後人記能字於耐字之旁，而傳寫者因誤合之也。「而不耐任」云云者，而讀爲如，言如不能任其事，則莫若推賢讓能也。今作「能而不耐任」者，傳寫者旣能耐並錄，而能字又誤在「而不」二字之上也。楊氏不得其解，故曲爲之說。』

案『則愼行此道也。能而不耐任，』元本、百子本並無也、而二字。而字蓋涉上文『而無妨害人；』或涉下文『而安隨其後』而衍。『能不耐任，』與上『能耐任之』對言。王氏謂『耐卽能字，』是也。謂『兩能字皆衍文，』則非。楊注雖未得此文之義，而所見本有兩能字，則無可疑。竊以爲兩能字義並同若，『能耐任之，』卽『若能任之。』『能不耐任，』卽『若不能任。』左昭十二年傳：『諸侯之賓能來會吾喪，豈憚日中！』『能來會吾喪，』卽『若來會吾喪，』（吳昌瑩經詞衍釋卷六引此文，云：『「能來，」謂「而來」也。而，若也。』能義同若，不

193

必轉爲而。）與此兩能字同義。（能與若同義，故或以『若能』連文。左昭元年
傳：『若能少此，吾何以得見？』能亦若也。吳氏經詞衍釋六引此文，以能爲語
助，非也。）

曲重其豫，猶恐及其祗。注：『委曲重多而備豫之，猶恐其及祗。祗與禍同。』
案『猶恐及其祗，』蓋本作『猶恐其及祗。』楊注可證。（元本注『其及』作『及
其，』蓋改從誤倒之正文也。）百子本祗作禍，與注合。

頓窮則從之疾力以申重之。

梁氏柬釋本則下刪『從之』二字，云：『今本疾上衍「從之」二字，據久保愛據
元本、孫鑛本刪。注云：「困厄之時，則尤加勤力而不敢怠惰。」是楊所見本似
亦無「從之」二字。崇文局本亦無。』

案類纂本亦作『頓窮則疾力以申重之。』惟宋台州本已有『從之』二字，則不得
云今本衍『從之』二字；楊注云云，亦不足以證所見本無『從之』二字。有『從
之』二字，義自可通。之猶而也，『則從之疾力以申重之，』猶言『則從而疾力
以申重之。』史記秦本紀：『西巡狩，樂而忘歸。』文選顏延年赭白馬賦注引而
作之，劉子燔樂篇：『齊澄願未寒之服。』羅振玉校敦煌本（永豐鄉人襍著續編）
之作而。並之、而同義之證。（又史記司馬相如列傳：『故有剖符之封，折圭而
爵。』之、而互用，亦明其義相同。）

而羞爲人下。

案元本、類纂本人下並有之字。疑涉上下文之字而衍。

故君子時詘則詘。

梁啓雄云：『詘卽屈字。』

案元本、類纂本、百子本詘並作屈。王制篇：『則兵勁城固，敵國案自詘矣。』
元本、百子本詘亦並作屈。

儒 效 篇 第 八

不可以假攝爲也。

案元本、類纂本並無攝字。

周公無天下矣。

案此緊承上文『周公歸周反籍焉』而言。元本、類纂本、百子本無並作有，蓋涉
下文『鄉有天下』而誤。

抑亦變化矣，

案元本、類纂本、百子本並作『抑易變化。』無矣字。亦、易古通，論語述而
篇：『加我數年，五十以學，易可以無大過矣。』釋文：『魯讀易爲亦。』黃帝
內經素問氣厥論篇：『謂之食亦。』唐王冰注：『亦，易也。』列子黃帝篇：『二
者亦知。』殷敬順釋文引一本亦作易。並其比。

秦昭王問孫卿子曰，

案元本、百子本並無子字，下同。治要引亦無子字，新序雜事五同。

然而通乎財萬物、養百姓之經紀。注：『財與裁同。』

案新序財正作裁。

必蚤正以待之也。

盧文弨云：『「以待之」下，俗本有者字。』

案元本、類纂本、百子本之下並有者字。

罔不分，

謝本從盧校作『罔不必分。』盧文弨云：『宋本無必字，元刻有。』

王紹蘭讀書雜記云：『不卽罘之省文。「罔不必分，」謂罔罘所得必分也。』（梁
啟雄柬釋引。）

案類纂本、百子本亦並作『罔不必分。』

在下位則美俗。

盧文弨云：『「下位」元刻作「其位。」』

案類纂本、百子本亦並作『其位。』

何謂其無益於人之國也？

劉師培云：『治要謂作爲，也作乎。新序亦作爲。』

案新序也亦作乎。

先王之道，仁之隆也。注：『先王之道謂儒學，仁人之所崇高也。』

謝本從盧校『仁之隆也，』作『仁人隆也。』王念孫云：『呂本作「仁之隆也。」是也。此言先王之道，乃仁道之至隆者也。錢本以下作「仁人隆也。」卽涉注文而誤。』

案元本、百子本並作『仁人隆也。』

人之所以道也；君子之所道也。

盧校從元刻作『人之所道也。』無『君子之所道也』句。王念孫云：『「人之所以道」者，道，行也。謂人之所以行也。「君子之所道」者，道爲人之所以行，而人皆莫能行之；唯君子爲能行之也。二句本不同義，後人以爲重複而刪之，謬矣！』

案百子本與元本同。

視境肥。

案元本、類纂本、百子本並作『視肥境。』

通財貨，

案元本、類纂本、百子本並脫此三字。

不卹是非然不然之情，

案元本、類纂本、百子本卹並作恤，噉林四二引亦作恤，同。王霸篇：『安不卹親疏，不卹貴賤。』『無卹親疏，無偏貴賤。』元本、百子本卹亦並作恤。臣道等：『不卹公道通義，』元本、類纂本、百子本卹亦並作恤。

君子不若惠施、鄧析也。

盧校從元刻刪也字。案類纂本、百子本亦並無也字。

若夫謫德而定次，

劉師培云：『治要作「論德，」與君道、正論兩篇同。』

案文選曹子建求自試表注引此亦作『論德。』

姦事、姦道，

案元本、百子本道下並有者字。

曾不如好相雞狗之可以爲名也。注：『有惠施、鄧析之名，尙不如相雞狗之名也。』

謝本從盧校無好字。盧文弨云：『正文「曾不如」下宋本有好字，元刻無。』

案百子本亦無好字。喻林六十引此有好字，與宋本同。據注：『尚不如相鷄狗之

名也。』疑正文本無好字。好卽如字之誤而衍者。

屑然藏千溢之寶，雖行貣而食，人謂之富矣。注：『行貣，行乞也。』

郝懿行云：『屑，瑣細之貌。屑今作屑，溢作鎰。』

案元本、百子本屑並作屑。類纂本屑亦作屑，溢作鎰。又元本、類纂本貣並作

貸，（元本注亦作貸。）貸亦借爲貣。

則貴名起如日月，天下應之如雷霆。

謝本從盧校起下有之字。盧文弨云：『「起之，」宋本無之字。』

王念孫云：『起下不當有之字，元刻及世德堂本有之字，乃涉下句「天下應之」

而衍。』

柳鍾城云：『杜工部草堂詩箋補遺四引起下有之字。』

案類纂本、百子本起下亦並有之字，喻林八五引同。

是猶傴身而好升高也，指其頂者愈衆。注：『傴，傴僂也。傴身之人而强昇高，則頭

頂尤低屈。』

案喻林五七引身字同。元本、百子本身並作伸。元本注『傴，傴僂也。』作『傴，

僂也。』下更有『伸讀爲身，字之誤也。』八字。

以從俗爲善，

盧文弨云：『「從俗」元刻作「容俗。」』

案百子本亦作『容俗。』

行法至堅，注：『行法，謂行有法度。』

劉台拱補注云：『韓詩外傳引此作「行法而志堅（下同）。」據楊注「行有法度，」

明「行法」與「志堅」對舉，不當作至。』

王先謙云：『荀書至、志通借，正論篇：「其至意至闇也。」楊注：「至〔意〕

當爲志〔意〕。」是其證。』

案至、志古音不相通，然二字之通用，則習見於古書，非僅荀書而已。老子：

『終日號而不嗄，和之至也。』敦煌河上公注本（伯目二六三九）至作志，孟子

告子篇：『羿之敎人射，必志於彀。』閩本、監本、毛晉本志並作至，（據阮元

校勘記引。）莊子漁父篇：『眞者，精誠之至也。』文選嵇叔夜幽憤詩注引至作志，文子九守篇九弱：『故有自樂也，卽有自志豈乎天下。』（卽下『有自』二字衍，志乃涉之壞字。）宋張君房雲笈七籤九一引志作至，文心雕龍樂府篇：『是以師曠覘風於盛衰，季札鑒微於興廢，精之至也。』敦煌本至作志。皆其證。

如是，則可謂聖人矣。

　　謝本從盧校『聖人』作『賢人。』案百子本亦改『聖人』爲『賢人。』

井井兮其行理也。注：『理，有條理也。』

　　盧文弨云：『正文「有理」各本作「有條理。」案注及正文、條字衍，刪。』

　　案元本、類纂本、百子本並作『有條理。』盧校刪條字，與宋台州本合。

盡善挾洽之謂神。注：『挾讀爲浹。浹，周洽也。』

　　王念孫云：『呂、錢本洽並作治，是也。挾與浹同。全體皆善，故曰盡善。全體皆治，故曰浹治。正文「挾洽」二字，元刻及世德堂本並作「挾洽，」洽字乃涉注文「周洽」而誤。』

　　案類纂本、百子本亦並作『挾洽，』與宋台州本合。

小雅之所以爲小者，取是而文之也。大雅之所以爲大者，取是而光之也。頌之所以爲至者，取是而通之也。

　　案元本、百子本『爲小、』『爲大』下並有雅字；又三而字並作以，義同。

至氾而汎。

　　王念孫引汪中云：『氾當作汜，音汜。字从巳，不从已。』

　　案百子本改氾爲汜，是也。

遂乘殷人而誅紂。

　　盧文弨云：『「誅紂」上元刻有進字。』

　　案百子本『誅紂』上亦有進字。

無弧矢則無所見其巧。

　　案元本、類纂本、百子本弧並作弓，韓詩外傳五同。

然而明不能分別。

　　盧校從元刻刪分字。案百子本亦無分字。外傳作『而不知分，』此以『分別』連

　　文，疑寫者據外傳旁記分字而竄入也。

而不敢有他志，

　　案元本敢作能。

法後王，一制度，隆禮義而殺詩、書。

　　案元本、百子本一下並有『天下』二字，殺上並無而字。

以一持萬。

　　盧文弨云：『元刻作「以一行萬，」外傳同。本書王制篇亦同。』

　　案百子本持亦作行。

天下爲一。

　　案元本、百子本爲並作如，義同。

明之爲聖人。

　　案元本爲作謂，義同。

人無師法，則隆情矣；有師法，則隆性矣。

　　盧校從元刻『隆情』作『隆性，』『隆性』作『隆積。』案百子本與元本同。

並一而不二，

　　案元本、類纂本、百子本二並作貳，下同。

故積土而爲山，積水而爲海。

　　盧文弨云：『元刻作「積土謂之山，積水謂之海。」』

　　柳鍾城云：『記纂淵海七、六六引此並與元刻同。』

　　案類纂本、百子本亦並與元本同。喻林八一引此，則與宋台州本同。

積反貨而爲商賈。注：『反讀曰販。』

　　案類纂本、百子本反並作販，喻林引同。

百家之說，不及先王，則不聽也。注：『百家雜說，不及先王之道，妄起異端，則君子不聽之也。』

　　案元本正文、注文『先王』字並同。百子本正文亦作『先王。』謝本從盧校正文注文並改爲『後王。』王氏集解、梁氏柬釋並從之。

王 制 篇 第 九

罷不能不待頃而廢。注：『頃，須臾也。』

　　謝本從盧校頃作須，盧文弨云：『須，俗本誤作頃。宋本、元刻並作須。』

　　梁啓雄云：『俗本須作頃，義較勝，正論：「蹎跌碎折，不待頃矣。」』

　　案『待頃』既又見於正論篇，則作頃不誤。盧氏不從之本，往往斥為俗本，宋台
　　州本此文作頃，豈俗本邪！元本正文、注文並作須，百子本正文亦作須。韓詩外
　　傳五作『不肯不待須臾而廢。』竊以荀子此文本作『罷不能不待頃而廢。』外傳
　　易頃為『須臾，』其義一也。頃之作須，蓋又後人據外傳所改者耳。

雖王公士大夫之子孫也，

　　謝本脫也字，王先謙云：『宋台州本句末有也字，與下文一律，此也字似當有。』

　　案元本、百子本亦並有也字。

則王者之事畢矣。

　　案元本、百子本並無則字，治要引同。

物不能澹則必爭。注：『澹讀為贍。』

　　案類纂本、百子本澹並作贍。

爭則必亂，

　　案元本、類纂本、百子本並無必字。

則君不安位。

　　案元本、類纂本並作『故君子不安政。』故、則同義，位之作政，涉上『駭政』
　　而誤。下文『然後君子安位，』與此相應。

水則載舟，水則覆舟。

　　柳鍾城云：『記纂淵海一、六一、七四、事文類聚前集十七引此，並作「水能載
　　舟，亦能覆舟。」』

猶將無益也。

　　盧文弨云：『猶，元刻作由，與猶同。』

　　王先謙云：『羣書治要作由。』

案類纂本、百子本亦並作由。

鄭子產取民者也，未及爲政者也。管仲爲政者也，未及脩禮者也。

　　王念孫云：『元刻「未及爲政，」「未及脩禮」下，皆無者字，宋龔本同，是也。
　　此兩者字，皆涉上下文而衍。韓詩外傳、羣書治要及文選永明十一年策秀才文注
　　引此皆無兩者字。上文「未及取民也，」亦無者字。』

　　案元本、類纂本、百子本子產上並無鄭字。類纂本、百子本『爲政』下、『脩禮』
　　下，亦並無者字。

然後漸慶賞以先之，嚴刑罰以糾之。

　　王先謙云：『下文「賞慶、」「刑罰」對文，則此亦當作「刑罰，」各本罰誤賞，
　　據宋台州本改正。』

　　案元本、百子本『刑罰』字並同。謝本誤作『刑賞，』王氏所據者蓋謝本耳。

幷之見，則諸侯疏之矣。

　　王念孫云：『元刻疏下無之字，是也。宋本作「諸侯疏之，」涉上文「諸侯親
　　之，」「諸侯說之」而誤。』

　　案百子本疏下亦無之字。

非其道而慮之以王也。注：『不行其道，而以計慮爲王，所以危亡也。』

　　案元本、類纂本並無之字，據注，疑是。『慮以王，』卽『慮爲王，』以猶爲也。

析愿禁悍，注：『悍，凶暴也。』

　　案類纂本悍正作暴。

舍是而天下以衰矣。

　　案元本、百子本並無而字。

草木有生而無知。注：『知謂性識。』

　　案崔豹古今注問答釋義篇：『生而無識者，草木也。』劉子愛民篇：『草木有生
　　而無識。』

人有氣，有生，有知，亦且有義，故最爲天下貴也。

　　案『亦且有義，』『亦且』猶『又且，』亦與又同義，呂氏春秋忠廉篇：『夫不

仁，不義，又且已辱，不可以生。』此文之『亦且，』與彼文之『又且』同。亦作『有且，』呂氏春秋愛類篇：『必不得宋，有且不義、（今本「有且」作「且有」，乃淺人所妄乙。）則曷爲攻之？』淮南子脩務篇『有且』作『又且。』

人何以能羣？曰分。分何以能行？曰以義。

　　盧文弨云：『「曰以義，」元刻無以字。』

　　王念孫云：『元刻無以字，（宋龔本同。）是也。宋本有以字者，涉上兩以字而衍。』

　　案喻林三四引此及百子本亦並作『曰以義。』

謂之聖人也。

　　案元本、百子本並無也字。

使彫琢文采不敢專造於家，

　　案元本、百子本家上並有一字。

主攘擇五卜。注：『攘擇，攘除不祥、擇取吉事也。』

　　案元本攘作禳，注同。禳、攘正、假字。百子本正文亦作禳。

以其國爲危殆滅亡之所亦危殆滅亡。

　　案元本、百子本並無『以其國』三字。

其民之親我也歡若父母，

　　梁氏東釋據世德堂本刪也字。案元本、百子本亦並無也字。此涉上文『必其民也』而衍。

何獨後我也！

　　案元本、百子本並無也字。

彼將日日暴露毀折之中原，

　　盧文弨云：『「日日」元刻作「日月，」下竝同。』

　　案下文『彼將日日棲遲薛越之中野，』元本作『日月；』『彼將日日挫頓竭之於仇敵，』『彼將厲厲焉日日相離疾也，我今將頓頓焉日日相親愛也。』『日日』並不作『日月，』盧氏失檢。百子本此文及下文『彼將日日棲遲薛越之中野，』『彼將日日挫頓竭之於仇敵，』『日日』並作『日月。』

彼將日日挫頓竭之於仇敵，

案『竭之』疑本作『竭乏，』(潘岳馬汧督誄：『樵蘇乏竭。』卽二字連用之例。)

乏、之形近，又涉上下文諸之字而誤耳。

進退貴賤則舉佚倪。

郝懿行云：『倪與脫同，亦與悅同。』

案元本、百子本倪並作悅。

進退貴賤則舉幽險詐故人。

盧校從元刻刪人字。案百子本亦無人字。

富 國 篇 第 十

而善臧其餘。

盧文弨云：『臧，古藏字。』

案元本、類纂本、百子本臧並作藏，下同。治要引此亦作藏。

上雖好取侵奪，猶將寡獲也。而或以無禮節用之。

謝本從盧校節作而，盧文弨云：『元刻作「無禮節用之。」』

王念孫云：『元刻是也。上文云：「上以法取焉，而下以禮節用之。」與此三句正相反。是其證。治要正作「以無禮節用之。」(呂、錢本，世德堂本同。)』

案類纂本亦作『以無禮節用之。』百子本節作而，與盧校同誤。

使足以辨貴賤而已。

劉師培云：『治要足作之，下「辨吉凶」句同。』

案治要引足作之，疑草書形近之誤。韓詩外傳二：『於是盟者皆視之。』漢魏叢書本之作足，亦二字相亂之例。

使足以避燥溼養德辨輕重而已。

案文選左太沖魏都賦劉淵林注引辨作別。

重財物而制之，

案元本、類纂本、百子本並無物字。

以養其厚也。

案元本、類纂本、百子本並無也字；下文『以養其德也，』亦並無也字。

倍其節，

案治要引倍作背，古通。

天下敖然，若燒若焦。注：『敖讀爲熬。』

案史記淮南衡山列傳：『天下熬然若焦。』字正作熬。淮南子兵略篇：『天下敖然若焦熱。』日本古鈔卷子本敖亦作熬。

吹竽笙，

案元本、類纂本、百子本並作『吹笙竽。』

必將錭琢刻鏤，注：『錭與雕同。』

案元本注雕作彫，當以作彫爲正。類纂本、百子本正文錭並作彫。

使天下生民之屬，

案元本、類纂本、百子本屬並作類。

夫天下何患乎不足也。

案元本、類纂本、百子本並無乎字。

是又不可偷偏者也。

案元本、百子本並無者字。

書曰：『乃大明服，維民其力懋，和而有疾。』

盧文弨云：『元刻作「惟民其勅懋，和若有疾。」與今書同。』

案百子本亦與今書同。

譬之若屮木枝葉必類本。注：『屮，古草字。』

案喻林九六引屮作艸。

都邑露，

盧文弨云：『露，元刻作路，古通用。』

案百子本亦作路。

凡主相臣下百吏之屬，

案元本、百子本屬並作俗，與上文同。

觀國之强弱貧富有徵。注：『徵，驗。言其驗先見也。』

梁氏柬釋於徵下補驗字，云：『今本徵下奪驗字，據崇文局本及增注本補。楊注：「徵驗，言其驗先見也。」是楊所見本有驗字。』

案元本、類纂本徵下亦並有驗字。惟注似以驗釋徵，非『徵驗』二字連讀。則正文徵下有驗字，蓋涉注文而衍；或亦誤讀注文者所加也。

而遇中山之盜也，

案元本、類纂本、百子本並無也字。喻林四九引同。

君庶屋妾，由將不足以免也。注：『盧當爲廬。』

案類纂本、百子本盧並作廬，也並作之，喻林引同。元本也亦作之。

則不足以爲持國安身。故明君不道也。

王念孫云：『錢本無爲字，是也。道，由也。言此事人之術不足以持國安身。故明君不由也。』

案元本、類纂本、百子本亦並無爲字。

王 霸 篇 第 十 一

及其綦也，

盧文弨云：『「及其綦也」上，元刻有「有也」二字。』

案類纂本、百子本此上亦並有『有也』二字。

挈國以呼禮義而無以害之。

盧文弨云：『「挈國」上元刻有故字。』

案類纂本、百子本『挈國』上亦並有故字。

櫟然扶持心國且若是其固也。

盧文弨云：『櫟，元刻從木。』

案百子本櫟亦從木。

武王以鄗，皆百里之地也。注：『鄗與鎬同。』

案元本、百子本並無王、也二字。治要引鄗正作鎬。

三者明主之所以謹擇也，而仁人之所以務白也。

盧文弨云：『各本無兩以字及而字，惟宋本有之，下文亦同。』

劉師培云：『治要務上無以字。』

案元本、百子本此文並無兩以字及而字；下文亦並無兩以字，惟並有而字。類纂本下文同。治要引此文謹上亦無以字。

錯之險則危。注：『錯讀爲措。』

王念孫云：『錢本作「錯險則危，」無之字，元刻、世德堂本同。「錯險則危，」與「塗薉則塞。」對文，無之字者是也。』

案治要引作『措險則危。』亦無之字。類纂本、百子本並無之字，喻林一百六引同。

涂薉則塞。注：『薉與穢同。』

案元本、類纂本、百子本涂並作塗，喻林引同，俗。治要引作『塗穢則塞。』

改王改行也。注：『或曰：「國語：襄王謂晉文公曰：「先民有言曰：改玉改行。」玉，佩玉。行，步也。」』

盧文弨云：『或說是。古玉字本作王，與王字形近而訛。』

王念孫云：『羣書治要正作「改玉改行。」』

郝懿行云：『王，古玉字也。』

案元本、百子本王亦並作玉。御覽三六六引蔣子萬機論：『昔吳有二人共評玉者，一人曰好，一人曰醜，久之不決。二人各曰：「爾可來入吾目中，則好醜分矣！」玉有定形，二人察之有得失，非苟相反，眼睛異耳。』喻林八引兩玉字並作玉。王亦古玉字，與此同例。

三者，明主之所以謹擇也，而仁人之所以務白也。

案治要引此無上以字（未引下句）。元本、百子本並無兩以字；又並無而字。類纂本亦並無兩以字。

亦一若彼，一若此也。

王先謙云：『虞、王本作「亦一若彼也，亦一若此也。」』

案元本、百子本亦並作『亦一若彼也，亦一若此也。』

既錯之而人莫之能誣也。

案元本、類纂本、百子本並作『故錯之而人莫能誣也。』

不爲則亡。

案元本、類纂本、百子本爲下並有之字。

譬之是由好聲色而恬無耳目也。

盧文弨云：『由字從宋本，與猶同。』

梁啓雄云：『元本由作猶。』

柳鍾城云：『記纂淵海六一引由亦作猶。』

案治要引由字同。類纂本、百子本並作猶，喻林四七引同。

無其具，則五綦者不可得而致也。

案元本、類纂本、百子本並無其字。

闇君者必將急逐樂而緩治國。

王念孫云：『「闇君者必將急逐樂而緩治國。」宋呂本如是。錢本及元刻、世德堂本急竝作荒。逸周書諡法篇：「好樂怠政曰荒。」管子戒篇：「從樂而不反謂之荒。」故曰「荒逐樂。」宋監本作「急逐樂」者，據上文改之也。呂本多從監本；錢本及元刻則兼從建本，其作「荒逐樂，」蓋亦從建本也。羣書治要引正作「荒逐樂。」』

謝本者字脫，王先謙云：『「闇君」下羣書治要有者字。以上文「明君者」例之，此亦當有。』

梁氏柬釋本補者字，云：『今本君下奪者字，據台州本及治要補。』

案元本、類纂本、百子本並有者字。類纂本急亦作荒。

於乎！君人者亦可以察若言矣。注：『於乎，讀爲嗚呼。』

案治要引『於乎』正作『嗚呼。』

使臣下百吏莫不宿道鄉方而務。注：『向方，不迷亂也。』

案治要引『鄉方』作『向方，』與注合。鄉、向古通，元本注向作鄉。

而海內之人莫不願得以爲帝王。

案元本、百子本人並作民。

則勞苦耗頓莫甚焉。注：『悴，顇頓也。』

案元本、類纂本、百子本頓並作悴，與注合（謝本注改悴作頓，王氏集解、梁氏

東釋並從之），驗林六七引亦作悴；治要引作萃。頓、悴、萃，古並通用。

則天子共己而矣。

　　謝本『而矣』作『而已。』王先謙云：『虞、王本作「而已矣。」』

　　案元本、類纂本、百子本亦並作『而已矣。』

足以順服好利之人矣。注：『而好利之人順服也。』

　　案元本、類纂本人並作民，下同。百子本此文亦作民。元本注人亦作民。

則莫若羿、蠭門矣。

　　案治要引蠭門作逢門，同。

欲得調一天下，

　　謝本從盧校無得字。王念孫云：『呂、錢本欲下皆有得字，是也。上文兩言厂欲

　　得，則此亦當然。元刻以下脱得字。』

　　案類纂本、百子本亦並無得字，治要引同。

重財物而制之。

　　盧文弨云：『物字元刻無。』

　　案百子本亦無物字。

物由有可樂如是其美焉者乎！

　　盧文弨云：『元刻無焉字。』

　　案百子本亦無焉字，治要引同。

莫不從服。

　　案元本、百子本並作『莫不服從。』

則雖幽閒隱辟，注：『辟讀爲僻。』

　　案治要引辟正作僻。

猶不及也。

　　王念孫云：『元刻作「過猶不及也。」語意較足。治要與元刻同。』

　　案百子本亦與元刻同。

用國者，得百姓之力者富。

　　盧文弨云：『用，各本作周，宋本、元刻並作用。』

案類纂本、百子本用字並同。

湯、武者循其道,

王先謙云:『虞、王本循作修。』

案元本循亦作修,百子本作脩,修、脩古通。

與天下同利,除天下同害。

柳鍾城云:『記纂淵海六四引作「與天下之大利,除天下之大害。」』

不好循正其所以有,

盧文弨云:『「循正」本卷前作「脩正,」似脩字是。』

梁氏柬釋據元本改循爲脩。案百子本循亦作脩。

若是則士大夫莫不敬節死制者矣。

盧文弨云:『「敬節」元刻作「貴節。」』

案百子本亦作『貴節。』

君 道 篇 第 十 二

衡石稱縣者,

案喻林一百五引縣作權。

斗斛敦槩者,所以爲嘖也。

盧文弨云:『斗,元刻作勝,勝與升通。』

郝懿行云:『「斗斛」或作「勝斛,」勝與升雖同音假借,然作「斗斛」爲長。』

劉師培云:『陳祥道禮書一百三引作「勝斛,」是北宋亦有作勝之本。』

柳鍾城云:『記纂淵海五八引斗亦作勝,嘖作均。』

案類纂本亦作『勝斛。』此文蓋本作『斗斛,』斗,隸書作升,與升形近,因誤爲升,(史記、漢書淮南厲王列傳:『一斗粟,尚可舂。』高誘淮南鴻烈解敍、天文篇注斗並誤升,卽其例。)復易爲勝耳。

則臣下百吏乘是而後豐取刻與,以無度取於民。

謝本從盧校『而後』下有鄙字。盧文弨云:『宋本、世德堂本皆無鄙字,今從元刻。』

王念孫云：『元刻有鄙字者，後人以意加之也。』

柳鍾城云：『記纂淵海引此「而後」下亦有鄙字，刻作咎。』

案類纂本、百子本『而後』下亦並有鄙字，喻林引同。

不待合符節、別契券而信。

案元本、類纂本、百子本並無合、券二字，蓋妄刪以與下文相儷。上文『合符
節、別契券者，所以爲信也。』此承上文言之，則不當無合、券二字矣。

百姓莫敢不順上之法，象上之志，而勸上之事，而安樂之矣。

盧文弨云：『「而勸上之事，」元刻作「勤上之事。」』

案『而勸上之事，』而字疑涉下文而衍。類纂本、百子本亦並作『勤上之事。』
勤疑勸之誤。

詩曰：王猶允塞。

謝本從盧校猶作猷。案元本、百子本猶並作猷。

以禮待君，

案元本、百子本並作『以勤侍君。』

敬詘而不苟。

盧文弨云：『元刻作「不悖。」』

案百子本亦作『不悖。』韓詩外傳四作『不慢。』

並遇變應而不窮。

盧文弨云：『「變應，」宋本作「變態。」』

王念孫云：『「竝遇變態而不窮，」宋本如是。元刻以下文有「應變故，」改「變
態」爲「變應。」「竝遇變態而不窮」者，竝猶普也，偏也。言偏遇萬事之變態
而應之不窮也。下文云：「其應變故也，齊給便捷而不惑。」「變故，」卽此所
謂「變態」也。改「變態」爲「變應，」則反與下文不合矣。』

案宋台州本已作『變應，』則作『變應，』非元刻所改矣。百子本亦作『變應。』

其所爲身也，謹脩飾而不危。

盧文弨云：『「脩飾，」元刻作「脩勑。」』

久保愛云：『元本爲上無所字。』（梁氏束釋引。）

案百子本爲上亦無所字，『脩飾』亦作『脩勑。』

其應變故也，

案元本、百子本並無故字。外傳四同。

而致善用其材。

案元本材作成。外傳作『而謹裁其盛。』成、盛古通。

共待上也，

盧文弨云：『待，俗閒本作侍。』

案元本待作侍。

緣義而有類。

盧文弨云：『元刻作「緣類而有義。」』

郝懿行云：『韓詩外傳四作「緣類而有義，」較長。』

案百子本亦作『緣類而有義。』

明達用天地、理萬變而不疑。

盧文弨云：『元刻作「理萬物變而不凝。」』

梁啓雄云：『疑同凝。荀書凝皆作疑。』

案百子本亦作『理萬物變而不凝。』物字疑衍，（外傳無物字。）或變，一本作

物，後人因並淆入耳。

未嘗聞爲國也。

案元本、類纂本、百子本並作『未聞脩國也。』下同。

君者儀也、儀正而景正。君者槃也，民者水也，槃圓而水圓。君者盂也，盂方而水

方。

盧文弨云：『帝範注引「君者儀也」下，有「民者景也」句；又「君者槃也」下，

有「民者水也」句。無「君者盂也」二句。』

王念孫云：『廣韻君字注所引與帝範注同，於義爲長。呂、錢本並有「民者水

也」句。』

案『儀正而景正，』『槃圓而水圓，』帝範君體篇注引兩而字並作則，義同。元

本、類纂本、百子本並脫『民者水也』句。

楚莊王好細腰，故朝有餓人。

　　案井文子大道上篇：『楚莊愛細腰，一國皆有餓色。』與此稱楚莊王合。晏子春
　　秋外篇、墨子兼愛中篇、尸子處道篇、韓非子二柄篇、國策楚策、淮南子主術
　　篇、劉子從化篇皆作楚靈王。

民之不親不愛，

　　王念孫云：『元刻無之字，是也。韓詩外傳〔五〕無之字。』

　　案類纂本、百子本亦並無之字。治要引同。

敵至而求無危削、不滅亡，不可得也。

　　王念孫云：『元刻滅上無不字，是也。無亦不也，「無危削滅亡，」即「不危削
　　滅亡」也。外傳作「不危削滅亡，」是其證。』

　　案類纂本、百子本滅上亦並無不字。

危削滅亡之情，舉積此矣，而求安樂，是狂生者也。

　　盧文弨云：『元刻作「是聞難狂生者也。」』

　　王念孫云：『此文本作「危削滅亡之情，舉積此矣，而求安樂是聞，不亦難乎！
　　是狂生者也。」今本脫「聞不亦難乎是」六字；元刻亦僅存「聞難」二字。外傳
　　作「夫危削滅亡之情，皆積於此，而求安樂是聞，不亦難乎！是枉生者也。」枉
　　蓋狂之誤。』

　　案百子本是下亦存『聞難』二字。類纂本是下存『問難』二字，聞、問古本通
　　用，惟此作問，乃聞之誤。

狂生者不胥時而樂。

　　王先謙云：『謝本從盧校樂作落，朱台州本作樂，是也。世德堂本改落。』

　　案元本、百子本樂並作落，喻林五一引同。

能羣也者何也？

　　案元本、類纂本、百子本並作『羣者何也？』

是所衍也。

　　盧文弨云：『衍，俗閩本作衒。』

　　案元本衍誤衒。

如一體、如四支之從心。

　　謝本從盧校支作肢。王懋竑讀書記疑云：『肢同肢。』（梁氏柬釋引。）

　　案治要引支字同；元本作肢，喻林七三引同；百子本作肢。

道莫徑是矣。

　　案元本、類纂本徑並作經，古通。鶡冠子世兵篇：『欲驗九天之高者，行不徑
　　請。』陸佃注：『徑或作經。』淮南子人間篇：『知天之所為，知人之所為，則
　　有以徑於世矣（今本徑誤任，王念孫雜志有說）。』文子微明篇徑作經。史記高祖
　　本紀：『高祖被酒，夜徑澤中。』藝文類聚十、十二引徑並作經。皆其比。

今人主有六患，

　　俞樾云：『六疑大字之誤。』

　　案類纂本六正作大。

循乎道之人，汙邪之賊也。

　　盧文弨云：『元刻循作脩。』

　　王念孫云：『循下不當有乎字，羣書治要無。』

　　俞樾云：『循乃脩字之誤，元刻是也。「脩道」與「汙邪」相反。』

　　案類纂本、百子本循亦並作脩。

故校之以禮，

　　案元本、類纂本校並作效，古通。

而觀其能無流慆也。

　　盧文弨云：『「流慆，」元刻作陷，無流字。』

　　案類纂本、百子本並與元刻同。

此明王之道也。

　　案元本、類纂本、百子本王並作主。

欲得善馭速致遠者，

　　盧文弨云：『「善馭」下俗閒本有及字。』

　　王念孫云：『元刻、世德堂本速上有及字，是也。「及速」與「致遠」對文，羣
　　書治要有及字。』

案百子本速上亦有及字，嗌林六八引同。

外以拒難。

　　案元本、百子本拒並作距，古通。下文『其齊斷足以拒難。』元本、類纂本、百
　　子本拒亦並作距。

案唯便嬖親比己者之用也，

　　案治要引嬖作辟，外傳四同。下文『非無便嬖也，』治要引嬖作僻，外傳作辟。
　　嬖、辟、僻，古並通用。

夫文王欲立貴道，

　　案元本、百子本並無夫字，外傳同。

非于是莫足以舉之，故舉于是而用之。

　　謝本從盧校作『非于是子莫足以舉之，故舉是子而用之。』王氏集解、梁氏柬釋
　　並從之。案元本、百子本兩『于是』並作『是子，』是也。外傳無上句，下句作
　　『故舉是人而用之。』『是人』猶『是子，』亦可證作『于是』之誤。謝本兩『是
　　子』並不誤，惟非下衍于字，當刪。

其知慧足使規物，

　　謝本從盧校慧作惠。盧文弨云：『惠，宋本作慧，古通用。』
　　案元本、百子本慧並作惠。

其德音足以塡撫百姓，

　　盧文弨云：『塡卽鎭字，元刻作鎭。』
　　案類纂本、百子本塡亦並作鎭。

故人主無便嬖左右足信者之謂闇，無卿相輔佐足任者之謂獨，所使於四鄰諸侯者非人
之謂孤。

　　案元本、百子本三『之謂』並作『謂之。』又『非人』並作『非其人。』

脩飭端正，

　　盧文弨云：『元刻「脩飭」作「脩飾。」』
　　案百子本亦作『脩飾，』飭、飾古通。

守職循業，

214

　　盧文弨云：『元刻循作脩。』

　案百子本循亦作脩，循、脩隸書形近，又涉上文『脩飭』字而誤也。

知隆禮義之爲尊君也，

　　案元本、百子本並無義字。

是卿相輔佐之材也，

　　案元本、百子本並無也字。

是謂人主之道也，

　　案元本謂作『然後。』

人主不能論此三材者，不知道此道，安值將卑埶出勞，併耳目之樂，而親自貫日而治
詳，一內而曲辨之，慮與臣下爭小察而塗偏能。

　　盧文弨云：『「不知道」此下三十二字，元刻無。』

　　案百子本與元刻同。

臣　道　篇　第　十　三

內足使以一民，外足使以拒難。

　　盧文弨云：『兩以字元刻無，宋本有。』

　　案類纂本、百子本亦並無兩以字。

刑下如景。

　　盧文弨云：『刑，元刻作形。』

　　案類纂本、百子本刑亦並作形，古通。

將危國家殞社稷之懼也。

　　案治要引殞作隕，懼作具。隕、殞正、俗字。元本懼亦作具，具蓋懼之壞字，
　　懼、惧正、俗字。

大臣父子兄弟，

　　盧校從元刻作『大臣父兄。』案百子本亦作『大臣父兄。』治要引同。

明君之所尊所厚也。

　　案元本、類纂本、百子本厚上並無所字。謝本從盧校作『明君所尊厚也。』（王

氏集解本亦從盧校。）『明君』下蓋脱之字。

而闇主惑之，以爲己賊也。

　　謝本從盧校之作君。案元本、類纂本、百子本之並作君，治要引同。之字義勝，

　　下文但言『闇君、』『闇主，』不言『惑君。』

故明君之所賞，闇君之所罰也；闇君之所賞，明君之所殺也。

　　案元本、類纂本、百子本並無兩也字。

平原君之於趙也，可謂輔矣；信陵君之於魏也，可謂拂矣。

　　謝本從盧校無兩也字。盧文弨云：『「於趙、」「於魏」下，俗本竝有也字，宋本、

　　元刻皆無。』

　　案類纂本、百子本亦並無兩也字。惟宋台州本已有兩也字，則不得並斥爲俗本

　　矣。

事聖君者，

　　案元本、類纂本、百子本並無者字；下文『事中君者；』『事暴君者，』亦並無

　　者字。

不敢有以私決擇也，

　　盧文弨云：『「不敢有」下，元刻無以字，下句同。』

　　案百子本亦無以字，下句同。

人賢而不敬，則是禽獸也。

　　盧文弨云：『「不敬」舊作「不能，」誤。今改正；或疑是「不能」下脱敬字。』

　　案『不敬，』元本、百子本並與宋台州本同，與盧氏所改合；喻林八引作『不能

　　敬，』與盧氏後說合。

災及其身矣。

　　案元本、百子本並無矣字。

喘而言，蠕而動。注：『蠕，與勸學篇蝡同。喘，微言也。蠕，微動也。蠕，人允

反。』

　　王氏集解從謝本注蝡作蠕，云：『蝡，集韻或作蠕。今正文及注作蠕，是蝡之誤

　　字。據注引勸學篇及音義，知楊所見本尚作蝡，不作蠕也。』

柳鍾城云：『記纂淵海六五引喘作端，臑正作蠕。』

案記纂淵海引喘作端，與勸學篇合（彼注云：『端讀爲喘。』）。注『蠕，微動也。』元本蠕作臑。王氏以臑爲誤字，是也。

過而通情，

案元本、百子本通並作同。

致 士 第 十 四

案元本、類纂本、百子本士並作仕、噏林六一、九一六引同。士、仕古通。

禮義備，而君子歸之。

案備字意林引同。元本、類纂本備並作脩。韓詩外傳五作『禮義脩明，』此文無明字，則當作『禮義備』爲是。備，俗書作俻，與脩形近，往往相亂。

川淵者，龍魚之居也。

案元本、類纂本、百子本『龍魚』二字並倒，下同。噏林一百九引『龍魚』作『魚鼈，』鼈蓋龍之誤，引下文亦作『魚龍。』

故有良法而亂者，有之矣。

案元本、類纂本、百子本亂下並有之字，疑涉下之字而衍。

夫燿蟬者，

元本燿作耀（類纂本、百子本並同），郝懿行云：『耀，俗燿字。』

案淮南子說山篇作燿，與台州本合。

今人主有能明其德，則天下歸之，若蟬之歸明火也。

劉師培云：『中論引此文德下有者字，歸上有其字。者字似當據補。呂氏春秋〔期賢篇〕歸作走（文選晉紀總論注引走作赴）。』

案呂氏春秋作『人主有能明其德者，天下之士其歸之也，若蟬之走明火也。』德下有者字，歸上有其字，與中論引此文合。其猶之也。

而上下怨疾，

案元本、百子本並無而字。

二而亂。

柳鍾城云：『記纂淵海六一引而作則，而猶則也。』

水深而囘，樹落則糞本，

　　謝本從盧校作『水深則囘，樹落糞本。』盧文弨云：『宋本作「水深而囘，樹落
　　則糞本。」今從元刻。』

　　劉師培云：『「水深而囘，」文選魏都賦李注引作「則囘，」與元本合。』

　　案類纂本、百子本亦並作『水深則囘，樹落糞本。』喻林九一引同。

議　兵　篇　第　十　五

臨武君與孫卿子議兵於趙孝成王前。

　　案元本、類纂本、百子本孫卿下並無子字，下同。治要引亦無子字。韓詩外傳
　　三、新序雜事三並同。

是乃善用兵者也。

　　案元本、類纂本、百子本並無者字。

故兵要在乎善附民而已。

　　王念孫云：『元刻無善字，（宋龔本同。）無善字者是也。宋本有善字者涉上文
　　「善附民者」而衍。羣書治要亦無善字。』

　　案類纂本、百子本亦並無善字。

善用兵者，感忽悠闇，莫知其所從出。注：『莫知所從出，謂若九天之上，九地之
下，使敵人不測。』

　　劉師培云：『治要兵作之。』

　　案外傳三兵亦作之。元本、類纂本、百子本『莫知』下並無其字。新序同。注言
　　『莫知所從出。』所據本蓋亦無其字。

豈必待附民哉？

　　案治要引哉作乎，義同。

所行，攻奪變詐者，諸侯之事也。

　　案治要引者作也，無『諸侯之事也』五字。新序同。謝本從盧校者亦作也，王氏
　　集解、梁氏柬釋並從之。百子本亦作也。

滑然有離德者也。

案元本、類纂本、百子本並無者字。

譬之若以卵投石，以指撓沸。注：『新序作「以指繞沸。」』

劉師培云：『「以指撓沸，」外傳作「以脂澆沸，」新序同。與楊注所引異。』

案元本、類纂本、百子本『譬之』下並無若字，蓋意刪。『譬之若』連文，本書習見。『以指撓沸』上，治要引有若字，新序同。又四部叢刊影印明嘉靖翻宋本、漢魏叢書本新序並作『若以指繞沸，』『指繞』二字與楊注所引合。四部叢刊影印明沈氏野竹齋刊本、漢魏叢書本外傳並作『以指撓沸，』與荀子此文合。劉氏所據外傳、新序並作『以脂澆沸，』指、脂古通，淮南子墜形篇：『有角者指而無後，』大戴禮易本命篇、孔子家語執轡篇指並作脂，卽其比。撓、繞、澆三字並諧堯聲，竊疑古亦通用。

入焉焦沒耳。

王念孫云：『焉猶則也。』

案外傳焉正作則。

闚居而方正，

謝本從盧校『方正』作『方止。』盧文弨云：『「方止，」各本作「方正，」今從新序。』

案百子本作『方止。』

而其民之親我，

案元本、類纂本、百子本並無而字。（新序無『而其』二字。）

武王載發，注：『發讀為旆。』

案類纂本發改作旆。

將率末事也。

案元本、百子本率下並有皆字，皆疑者之誤。新序作『將率者末事也。』可證。

上不足卬，則下不可用也。注：『卬，古仰字。不仰，不足仰也。』

謝本『上不足卬』同。盧文弨云：『以注觀之，正文當本是「上不卬，」衍足字。』

王氏集解從盧說刪足字；梁氏柬釋從謝本增足字。案元本、百子本並作『上不足
印，』與台州本合。惟據注，則正文本無足字，盧說是也。

負服矢五十个，

　　盧文弨云：『元刻作「負矢，」無服字，與漢書合。』

　　案百子本亦無服字。

奉人其生民也陜陋。

　　盧文弨云：『「陜陋，」俗本作「狹隘。」』

　　案元本、百子本並作『狹隘。』

相爲雌雄耳矣。

　　案元本、類纂本、百子本並無矣字。

是皆世俗之所謂善用兵者也。是其巧拙强弱，則未有以相君也。

　　盧文弨云：『「相君，」元刻作「相若。」』

　　案元本、類纂本、百子本者下並無也字，是下並無其字。類纂本、百子本『相
君』亦並作『相若。』

無急勝而忘敗，

　　劉師培云：『玉海四十、小學紺珠八並引急作怠，「怠勝」者，恃勝而懈也。義
較長。』

　　案元本、類纂本急亦並作怠。

猶令不退而退也，

　　案元本、類纂本、百子本並無也字。

此四帝兩王，

　　劉師培云：『此文本作「兩帝四王，」「兩帝，」冢上堯、舜，「四王」者，卽
上文之禹、湯、文、武也。書鈔一百十三、御覽三百五並引作「兩帝四王。」』

　　案元本、類纂本、百子本並作『二帝四王。』亦可證成劉說。

德盛於此，

　　案元本、類纂本盛並作成，古通。

所以得天下也。

盧文弨云：『元刻得作一，史記禮書、韓詩外傳四皆同。』

案類纂本、百子本得亦並作一。

宛鉅鐵釶，注：『宛，地名，屬南陽。』

案元本、類纂本宛下並有如字，蓋據外傳四妄加。

慘如蠆蠆。

案慘字外傳四同，史記禮書作鑽，鑽疑憯之誤，慘、憯古通，（淮南子主術篇：『古之君人者，其慘怛於民也，』文子上仁篇慘作憯，繆稱篇：『君子之慘怛，非正僞形也。』文子精誠篇慘作憯，並其證。）淮南子主術篇：『兵莫慘於志，而莫邪爲下。』高誘注：『憯猶利也。』商君書弱民篇此文作『利若蜂蠆，』於義亦符。

爲炮烙刑。注：『烙，古賣反。』

盧文弨云：『炮烙之刑，古書亦作炮格之刑。格，讀如皮格之格，古閣、格一也。史記索隱鄒誕生音閣，此注云：「烙，古賣反。」可證楊時本尙作格也。』

案淮南子兵略篇：『使夏桀、殷紂有害於民而立被其患，不至於爲炮烙。』日本古鈔卷子本烙作格，要略篇亦言紂『作爲炮烙之刑。』四部叢刊景寫北宋本烙作格，並與此文楊注所據本合。凡『炮格』字作烙，皆後人因炮字偏旁而妄改也。

溝池不拑。注：『拑，古掘字。或曰：拑當爲拑，篆文拑字與拑字相近遂誤耳。』

盧文弨云：『甘聲之拑，不當爲古掘字。注前一說非，後一說當作拑，是也。』

梁氏柬釋本據楊注後說改拑爲拑。案類纂本、百子本拑並改爲拑。

有不由令者，然後誅之以刑。

王念孫云：『「誅之以刑，」本作「俟之以刑，」此後人不解俟字之義而妄改之也。韓詩外傳、史記皆作「俟之以刑。」正義訓俟爲流。』

案王說是也，元本正作『俟之以刑。』

罪人不郵其上，知罪之在己也。是故刑罰省而威流。

王先謙云：『史記郵作尤，「威流」作「威行如流。」』

梁啓雄云：『郵、尤古通用。』

案元本、類纂本郵亦並作尤。外傳『威流』亦作『威行如流。』

刑錯而不用。

案元本、類纂本、百子本錯並作措，古通。

大寇則至，使之持危城則必畔，

盧文弨云：『「大寇則至，」元刻則字在至字下，屬下句。』

王念孫云：『「大寇則至，」則者若也。』

案王說是也，元本則字在至字下，乃淺人所妄乙。百子本則字亦妄乙在至字下。

下反制其上。

案元本、百子本並無其字。

故賞慶刑罰執詐之爲道者，

案元本、百子本者並作也，義同。

詩曰：『王猶允塞，徐方既來。』

謝本從盧校作『王猶允塞，徐方其來。』盧文弨云：『宋本作「王猶允塞，徐方既來。」與今詩同。今從元刻。』

案百子本亦作『王猷允塞，徐方其來。』

唯堅凝之難焉。

案元本、類纂本、百子本並無唯、焉二字。

完全富足而趨趙。注：『富具，言府庫也。』

案元本、類纂本『富足』並作『富具，』與注合。疑此文本作『富具。』盧校本、王氏集解本、楊氏柬釋本注並作『富足，』蓋據已誤之正文而改。

古者湯以薄，武王以滈。注：『薄與亳同，滈與鎬同。』

案類纂本薄正作亳，滈正作鎬。

皆百里之地也，

案元本、類纂本、百子本並無也字。

彊 國 篇 第 十 六

不砥厲，

案元本、類纂本、百子本厲並作礪，下同。喻林一百六引亦作礪。厲、礪正、俗

222

字。

則劚盤盂、刻牛馬忽然耳。

　　謝本從盧校劚作劉。盧文弨云：『劉，宋本作劚，元刻作劉，皆訛。今改正。』

　　案類纂本劚作劉，亦誤。百子本作劉，與盧校合。

然而不教不誨，不調不一。

　　案元本、類纂本、百子本誨上、一上並無不字。（盧校本、王氏集解本、梁氏柬

　　釋本並同。）喻林引同。

敵國不敢嬰也。

　　案元本、類纂本、百子本嬰並作攖，喻林引同。嬰、攖古通。

禮義節奏是也。

　　案喻林引義作儀，義、儀古、今字。

權謀傾覆幽險而亡。注：『幽深傾險，使下難知則亡也。』

　　盧文弨云：『正文及注亡字上元刻竝有盡字，宋本無。』

　　案類纂本、百子本亡上亦並有盡字。

百姓劫則致畏。注：『見劫脅之時則畏也。』

　　元本無致字，盧文弨云：『致字據宋本補，韓詩外傳六亦同。』

　　案注言『則畏，』似正文本無致字。百子本亦無致字。

狂妄之威成乎滅亡也。

　　案元本、百子本並無也字，韓詩外傳六同。

子發將西伐蔡，克蔡，獲蔡侯。注：『子發，楚令尹。未知其姓。』

　　劉師培云：『子發，卽景舍也。通典職官二大司馬注云：「楚大司馬景舍帥軍伐

　　蔡，蔡侯奉社稷而歸之楚，楚發其賞。辭曰：『發誠（當从本書作誠。）布令而

　　敵退，是主威也；相攻而敵退，是將威也；戰而敵退，是眾威也。臣不宜以眾威

　　受賞。』」杜氏所述，均據本書，則舍卽景舍，楊氏偶未考及耳。』

　　案劉氏謂子發卽景舍，是也。惟考御覽二百九引史記云：『楚大司馬景舍帥軍伐

　　蔡，蔡侯奉社稷而歸之楚，發其賞。舍辭曰：「發誠布令而敵退，是王威也；相

　　攻而敵退，是將威也；戰而敵退，是眾威也。臣不宜以眾威受賞。」』與通典注全

同。(劉氏所引『辭曰』上脫舍字,『是王威也,』王改主,)是杜伯所述,乃本

史記,非直據荀子也。

荀卿子說齊相曰,

　　盧文弨云:『此七字元刻無。』

　　案百子本亦無此七字。

則三國必起而乘我。

　　案元本、百子本並無則字。

國若假城然耳。

　　案元本、百子本並無然字。

兩者孰足爲也!

　　案元本、百子本也並作之。

桀、紂者善爲人之所惡,而湯、武者善爲人之所好也。

　　案元本、百子本兩人字下並無之字,惡(元本誤好)下並有也字。(盧校本、王

　　氏集解本、梁氏柬釋本並同。)下文『人之所惡者,』『人之所好者』云云,卽承

　　此言之,則有兩之字是。

人之所惡者何也?

　　案元本、百子本並無者字,(盧校本、王氏集解本、梁氏柬釋本並同。)據下文

　　『人之所好者何也?』則有者字是。

然則是棄己之所以安彊,而爭己之所以危弱也。

　　案元本、百子本『安彊』上並無以字,(盧校本、王氏集解本、梁氏柬釋本並同。)

　　『所以安彊,』『所以危弱,』相對爲文,則有以字是。

辟之是猶欲壽而殀頸也。注:『殀當爲刎』

　　柳鍾城云:『記纂淵海五八引殀正作刎。』

　　案元本、類纂本、百子本並無也字。

价人維藩。

　　案元本、類纂本、百子本价並作介。

古者百王之一天下、臣諸侯也,

案元本、百子本並無也字。

應侯問孫卿子曰，

案元本、類纂本、百子本並無子字，下同。

則有其諰矣。

盧文弨云：『元刻作「則甚有其諰也。」』

案類纂本、百子本亦並作『則甚有其諰也。』

兼是數具者，

案元本、類纂本、百子本並無是字。

駮而霸。

案類纂本駮作駁，駁、駮正、俗字。

而有趨姦之心矣。此姦人之所以起也。

案元本、類纂本、百子本有上並無而字，『此姦』下並無人字。

夫下之和上，辟之猶響之應聲，影之像形也。

劉師培云：『文選七命注引像作隨。（七啓注、弔魏武帝文注仍引作像。）』

案管子明法解篇：『則下之從上也，如響之應聲；臣之法主也，如景之隨形。』

劉子從化篇：『下之事上，從其所行，猶影之隨形，響之應聲。』並與此作隨之本合。淮南子主術篇：『天下從之，如響之應聲，景之像形。』與此作像之本合。

故爲人上者，不可不順也。

案元本、類纂本、百子本並無人字，據下文『故爲人上者，必將愼禮義、務忠信然後可。』則有人字是。

內外上下節者，

案元本、類纂本、百子本並無者字。

拔戟加乎首，則十指不辭斷。

案淮南子說山篇：『斷指而免頭，則莫不利爲也。』卽此義也。

天　論　篇　第　十　七

故水旱不能使之飢渴。

　　劉台拱云：『渴字衍，飢當作饑。』

　　王念孫云：『羣書治要無渴字。下文「水旱未至而飢，」亦無渴字。』

　　案類纂本、百子本飢並作饑，下同。治要引飢亦作饑。

倍道而妄行，

　　梁啓雄云：『倍同背，違也。』

　　案治要引倍正作背。

好惡喜怒哀樂臧焉。

　　梁啓雄云：『臧、藏古字通。』

　　案元本、類纂本、百子本臧並作藏，下文『畜積收藏於秋冬，』亦並作藏。

天不爲人之惡寒也輟冬；地不爲人之惡遼遠也輟廣；君子不爲小人之匈匈也輟行。

　　盧文弨云：『三輟字上俗閩本皆有而字，宋本無。』

　　謝本從盧校『小人』下無之字。王先謙云：『「小人」下羣書治要有之字，文選
　　荅客難用此文，亦有之字。』

　　柳鍾城云：『記纂淵海二、五四引三輟字上並有而字；又引遠上無遼字。』

　　案元本、類纂本、百子本三輟字上並有而字，喻林八二引同。漢書東方朔傳引此
　　作『天不爲人之惡寒而輟其冬；地不爲人之惡險而輟其廣；君子不爲小人之匈匈
　　而易其行。』（文選東方朔荅客難同。）治要引此亦無三也字。元本、類纂本、
　　百子本『小人』下並無之字，非。

天有常道矣；地有常數矣；君子有常體矣。

　　案漢書東方朔傳引作『天有常度；地有常形；君子有常行。』（文選荅客難同。）
　　治要引此亦無三矣字。

而小人計其功。

　　案元本、類纂本、百子本並無而字。漢書東方朔傳、治要引並同。（文選荅客難
　　亦同。）

詩曰：『何恤人之言兮。』

　　案漢書東方朔傳引此作『詩云；「禮義之不愆，何恤人之言！」』（文選荅客難同。

今本此文脫『禮義之不愆』五字，俞樾有說。）

星隊木鳴。

　　梁啓雄云：『隊、墜古、今字。』

　　案元本、類纂本、百子本隊並作墜，下同。治要引此亦作墜。

而畏之非也。

　　案元本、類纂本、百子本並無而字，下同。韓詩外傳二亦無而字。（治要引下文

　　亦無而字。）

怪星之黨見，

　　王念孫云：『黨，古儻字。儻者，或然之詞。治要引此正作「怪星之儻見。」』

　　案類纂本黨亦作儻。

田薉稼惡，

　　案外傳二薉作穢。（楊注上文云：『薉與穢同。』）

寇難並至，

　　案治要引並作日。

其說甚爾，

　　案元本、百子本爾並作邇，治要引同。爾、邇古通。

卜筮然後決大事。

　　案元本、百子本然並作而，義同。喻林五十引亦作而。

以爲神則凶也。

　　案元本、百子本並無也字，喻林引同。

正　論　篇　第　十　八

以天下之合爲君，

　　案元本、百子本並無之字。

其至意至闇也。注：『「至意」當爲「志意。」』

　　案元本、百子本『至意』並作『志意。』

昔者，武王伐有商，誅紂，斷其首，縣之赤旆。注：『史記：「武王斬紂頭，懸之大

白旗。此云「赤斾，」所傳聞各異也。禮記明堂位說旗曰：「殷之大白，周之大赤。」
即史記之說非也。』

  王念孫云：『呂本作「赤斾，」錢本斾作斾，（注斾字同。）元刻、世德堂本同。
解蔽篇云：「紂縣於赤斾。」則作斾者是。』

  劉師培云：『「縣之赤斾，」玉海八十三引作「垂之赤斾。」是所據之本亦不作斾。
呂本誤。』

  梁啓雄云：『紂之死，傳聞甚多，而亦各異其說。獨本書解蔽「紂縣於赤斾，」
與此同。墨子明鬼：「折紂而繫之赤環。」史記殷本紀：「武王斬紂頭，縣之白
旗。」亦與此略近。餘如離騷、尸子、淮南子、新書等均異。』

  案注引史記云云，本殷本紀，今本殷本紀脫太字。又周本紀亦云：「〔武王〕以黃
鉞斬紂頭，縣大白之旗。」據逸周書克殷解：「〔武王〕斬之（紂）以黃鉞，折
懸諸太白。」國策趙第三：「武王羈於牖門，卒斷紂之頭，而縣於太白者，是武
王之功也。」論衡恢國篇：「或云：武王伐紂，紂赴火死，武王就斬以鉞，懸其
首於太白之旗。」紀妖篇：「武王誅紂，懸之白旗。」藝文類聚十二引帝王世
紀：「周公爲司徒，〔武王〕使以黃鉞斬紂頭，懸於大白之旗。」廣弘明集十一
釋法琳對傅奕廢佛僧事：「武王伐紂於牧野，親射紂躬，懸頭太白之旗。」皆與
史記言「太白旗」合。

是百王之所同也。

  案元本、百子本並無也字。

犯亂之罪固輕也。

  案元本、百子本並無也字。

日祭，月祀，時享，歲貢，注：『此下當有「終王」二字，誤脫耳。』

  梁氏柬釋本『歲貢』下補『終王』二字，云：『據楊說及周語注補。周語注：「日
祭，祭於祖考，謂上食也。月祀，月祀於曾高。時享，時享于二姚。歲貢，歲貢
于壇墠。終王，終謂世終也。朝嗣王及即位而來見。」』

  案元本、百子本『歲貢』下並有『終王』二字，蓋據楊注補。

愚不足與謀知。坎井之鼃不可與語東海之樂。注：『司馬彪曰：「坎井，壞井也。」

事出莊子。』

　　案元本、百子本與並作以，喻林二四引同。與猶以也。意林引坎作埳，埳與坎
　　同。今本莊子秋水篇亦作埳，釋文引司馬彪注同。

智惠甚明。

　　案元本、百子本惠並作慧，慧、惠正、假字。

而形不爲勞，

　　案元本、百子本並無而字，疑涉上文兩而字而衍。

而聖王之生民也，皆使當厚優猶不知足，注：『「不知足，」不字亦衍耳。言聖王之養
民，輕賦薄歛，皆使寬泰而知足也。』

　　案元本、百子本並無不字，蓋據楊注刪。

夫亂今然後反是，

　　案元本、百子本然並作而，義同。下文『義榮埶榮，唯君子然後兼有之；義辱埶
　　辱，唯小人然後兼有之。』元本、類纂本、百子本然亦並作而。

財物詘，

　　案元本、百子本詘並作屈，古通。喻林一百八引亦作屈。

於是焉桀、紂羣居而盜賊擊奪以危上矣。

　　案元本、百子本並無焉字，喻林引同。

將以爲有益於人，

　　案元本、百子本人下並有邪字，是也。

譬之是猶以塼塗塞江海也，以僬僥而戴太山也。

　　案元本、百子本塞上並有而字，與下文句法一律，喻林五七引亦有而字。

今子宋子以是之情爲欲寡而不欲多也，

　　案元本、百子本並無也字。

禮　論　篇　第　十　九

兩者相持而長，

　　梁啓雄云：『持借爲待，待，須也。史記禮書持正作待。』

案梁說是也。儀禮公食大夫禮：『左人待載，』鄭玄注：『古文待爲持，』墨子備梯篇：『皆立而持鼓而撚火。』備蛾傳篇持作待。淮南子兵略篇：『靜以合躁，治以持亂。』文選陸士衡五等論注引持作待。並持、待古通之證。

趨中韶、護，

案類纂本護作濩，史記禮書同。護、濩古通。

而祉止於諸侯。

王先謙云：『史記作「祉至諸侯。」』

案元本止作至，與史記合。

故有天下者事十世，注：『十當爲七，穀梁傳作「天子七廟。」』

案類纂本、百子本十並作七，蓋據注改。

所以別積厚，

案元本、類纂本、百子本別並作表。

俎之尚生魚也，豆之先大羹也，一也。

謝本豆作俎，王氏集解從之，云：『下俎字大戴禮、史記作豆。大羹盛於登，俎、豆蓋通言之。』

梁氏柬釋豆字同，云：『今本豆作俎。據台州本校改。』

案元本、類纂本豆字並同。作俎，蓋涉上俎字而誤，百子本亦誤俎。

凡禮始乎梲，成乎文，終乎悅校。注：『史記作「始乎脫，成乎文，終乎梲。」』

元本梲作梲（謝本、王氏集解本、梁氏柬釋本並同）。郝懿行云：『梲，史記作脫，疑此當作梲。』

案郝說與台州本合，梲、脫古通。類纂本、百子本梲並作脫，悅並作梲，蓋據注引史記改。

暴慢恣睢輕俗以爲高之屬，入焉而隊。注：『隊，古墜字。』

案元本、類纂本、百子本並無『以爲高』三字。類纂本隊作墜，史記同。

故繩墨誠陳矣，則不可欺以曲直；衡誠縣矣，則不可欺以輕重；規矩誠設矣，則不可欺以方圓。

劉師培云：『唐律疏議注一引「衡誠縣，」作「權衡，」是宋本或有權字。以大

略篇證之，亦當有權字。』（劉說見王霸篇。）

案『衡誠縣，』禮記經解、史記並同。惟作『權衡，』與上『繩墨、』下『規矩』對言，於文爲長。劉子正賞篇：『故權衡誠縣，不可欺以輕重；繩墨誠陳，不可誣以曲直；規矩誠設，不可罔以方圓。』正以『權衡』連文。意林引慎子：『有權衡者，不可欺以輕重；有尺寸者，不可差以長短；有法度者，不可巧以詐僞。』亦以『權衡』連文。又案『規矩誠設矣。』元本、類纂本設並作施，喻林九九引同。

是君子之壇宇宮廷也。

案元本、類纂本、百子本廷並作庭，史記同。廷、庭古通。

故雖備家必踰日然後能殯。

案元本、百子本並無能字。

然而禮兼而用之。

案元本、百子本然下並無而字。

非禮義之文也，

案元本、百子本並無也字。

足以爲萬世則，則是禮也。

案元本、百子本並無下則字。

如存如亡，

案元本同。謝本作『如亡如存。』王氏集解、梁氏柬釋並從之。百子本存、亡二字亦互易。

薦器則冠有鍪而毋縱，注：『縱，韜髮者也。』

案縱字元本同。謝本作緃，注同，王氏集解、梁氏柬釋並從之，是也。百子本亦作緃。

故葬埋，敬葬其形也。注：『葬也者，藏也。所以爲葬埋之禮，敬藏其形體也。』

案元本、類纂本、百子本下葬字並同。謝本作『敬藏其形。』王氏集解、梁氏柬釋並從之。注以藏釋葬，似正文本作葬。

然後能去之。

案元本、百子本之下並有也字，與上文一律。

故再期也。

案元本再作載，古通。

詩曰：『愷悌君子，民之父母。』彼君子者，固有爲民父母之說焉。

俞樾云：『「彼君子者，」子字衍文。此本說君之喪所以三年之故，故引詩而釋之

曰：「彼君者，固有爲民父母之說焉。」』

案元本、百子本『詩曰』並作『詩云。』又『彼君子者，』並無子字，與俞說合。

又善敎誨之者也。

案元本、百子本並無者字。

故社，祭社也；稷，祭稷也。

案元本、百子本並無兩也字。

郊者，並百王於上天而絫祀之也。注：『百王，百神也。或神字誤爲王。』

柳鍾城云：『記纂淵海七六引並作合。又引王作神，與注說合。』

皆使其須足以容事，事足以容成，成足以容文，文足以容備。

案元本、百子本並無四以字。

樂　論　篇　第　二　十

樂則必發於聲音，形於動靜，而人之道。

案『而人之道。』屬上爲句。而猶乃也。

節奏合以成文。

謝本後盧校作『合奏以成文者也。』（王氏集解、梁氏柬釋並從之。）盧文弨云：

『禮記作「節奏合以成文。」史記同。』

案元本、百子本並作『合奏以成文者也。』

是故喜而天下和之，

案元本、百子本並無是字。

猶欲之楚而北求之也。

案元本、類纂本、百子本並作『猶之楚而北求也。』喩林五十引亦無欲字。

232

樂者，聖王之所非也。

　　案元本、類纂本、百子本『聖王』並作『聖人。』

帶甲嬰軸，

　　梁啓雄云：『軸，同胄。』

　　案元本、類纂本、百子本軸並作胄。

目不視女色，

　　案類纂本女作邪，於義爲長。

飾以羽毛，從以磬管。

　　盧文弨云：『元刻作「簫管，」禮記同。』

　　謝本『羽毛』作『羽旄，』王氏集解、梁氏柬釋並從之。案元本、百子本並作『羽旄。』說苑脩文篇同。毛、旄古通。（書禹貢：『齒革羽毛，』史記夏本紀毛作旄，卽其比。）百子本『磬管』亦作『簫管，』說苑同。

其俯仰周旋有似於四時。

　　盧文弨云：『元刻「周旋」作「隨還。」』

　　案百子本亦作『隨還。』

故樂行而志清，

　　案禮記、史記、說苑志並作倫。

美善相樂。

　　謝本從盧校依元刻作『莫善於樂。』案百子本亦作『莫善於樂。』

金石絲竹，所以道德也。

　　案元本、百子本竹下並有者字，與上文句法一律。

樂行而民鄉方矣。

　　梁啓雄云：『鄉、嚮古、今字。』

　　案元本、百子本鄉並作嚮。

弟子勉學，

　　盧文弨云：『勉，元刻作俛，古通用。』

　　案百子本亦作俛。

竽笙簫和簫似星辰日月。

> 謝本從盧校作『竽笙簫和筦簫似星辰日月。』王氏集解從之，云：『「簫和」二字衍，說見上。』梁氏柬釋本作『竽笙簫筦簫似星辰日月。』云：『今本筦上衍和字，據增注刪。』案元本、百子本並作『竽簫筦簫似星辰日月。』此當從盧校作『竽笙簫和筦簫似星辰日月。』與上文『竽笙簫和，筦簫發猛。』相應。（和爲小笙，王引之改上文簫爲肅，又謂此文衍『簫和』二字，並非。劉師培有說。）台州本脫筦字；元本、百子本並脫笙、和二字；梁本妄從增注刪和字。

眾積意譁譁乎！

> 盧文弨云：『元刻無意字。』

> 案百子本亦無意字。

主人親速賓及介，而眾賓皆從之，至于門外；主人拜賓及介，而眾賓皆入。

> 盧文弨云：『兩皆字元刻作自，與禮記同。』

> 案百子本兩皆字亦作自。

不酢而隆殺之義辨矣。

> 盧文弨云：『元刻而字下有降字，與禮記同。』

> 王念孫云：『元刻是。』

> 王氏集解、梁氏柬釋而下並補降字。案百子本而下亦有降字。

終於沃者。

> 盧文弨云：『元刻沃下有洗字，與禮記同。』

> 王念孫云：『元刻是。』

> 王氏集解、梁氏柬釋沃下並補洗字。案百子本亦有洗字。

脫屨升坐，

> 謝本脫作說，王氏集解、梁氏柬釋並從之。梁啓雄云：『說、脫古、今字。』

> 案元本、百子本脫並作說。

是足以正身安國矣。

> 盧文弨云：『元刻無是字，與禮記同。』

> 劉師培云：『是字疑涉足字而衍。』

梁氏柬釋據元本刪是字。案百子本亦無是字。

解 蔽 篇 第 二 十 一

則必惑是惑非，惑治惑亂。

　　謝本從盧校作『則必或是或非，或治或亂。』（王氏集解、梁氏柬釋並從之。）

　　盧文弨云：『宋本或皆作惑。元刻治作理。』

　　案元本、類纂本、百子本並作『則必或是或非，或理或亂。』惑、或古通，治、
　　理同義。

故爲蔽，注：『數爲蔽之端也。』

　　謝本從盧校故作數。王念孫云：『元刻作數，卽涉注文而誤。』

　　案百子本故亦作數。

桀蔽於末喜、斯觀，

　　案類纂本末喜作妹喜，同。

人又莫之諫，

　　案元本、類纂本、百子本並無人字，蓋又字之誤而衍者。

成湯鑒於夏桀，

　　謝本鑒作監。梁啓雄云：『監與鑒同。』

　　案元本、類纂本、百子本鑒字並同。謝本作監，蓋據下文『文王監於殷紂』而
　　改。元本、類纂本、百子本下文亦並作鑒。

此其所以代夏王而受九有也。

　　案元本、類纂本、百子本並無也字；下文『此其所以代殷王而受九牧也。』亦並
　　無也字。

死則四海哭。

　　盧文弨云：『元刻作「天下哭。」』

　　案類纂本、百子本亦並作『天下哭。』

輔賢之謂能。

　　謝本從盧校能作彊。王念孫云：『元刻能作彊，乃涉下「勉之彊之」而誤。』

案類纂本、百子本能亦並作彊。

故由用謂之道盡利矣。由俗謂之道盡嗛矣。注：『俗當作欲。』

　　盧文弨云：『「盡利矣、」「盡嗛矣，」元刻兩矣字俱作也。』

　　案類纂本兩矣字亦作也。又類纂本、百子本俗並作欲，蓋據注改。

一隅不足以舉之。

　　案元本、類纂本、百子本並無以字。

孔子仁知且不蔽，故學亂術足以爲先王者也。

　　劉師培云：『亂字疑涉上「自亂」而衍。爲疑象訛，廣雅釋詁三云：「象，效
　　也。」』

　　案類纂本無亂字，與劉說合。

是故眾異不得相蔽以亂其倫也。

　　案元本、類纂本、百子本並無也字。

故心不可以不知道，

　　案元本、百子本並無以字。

以其不可道之心，與不可道之人論道人，亂之本也。注：『必有妬賢害善。』

　　謝本『與不可道之人論道人，』作『與不道人論道人。』（王氏集解、梁氏柬釋
　　並從之。）盧文弨云：『宋本作「與不可道之人論道人，」元刻作「與不道人，」
　　無「可、之、論道人」五字。今案當作「與不道人論道，」兩本有衍、有脫，下
　　一人字亦可去。』

　　王念孫云：『盧說非也，「與不道人論道人，」謂與小人論君子，非謂與之論道
　　也。上文云：「得道之人，亂國之君非之上，亂家之人非之下，豈不哀哉！正所
　　謂「與不道人論道人」也。「與不道人論道人，」則道人退而不道人進，國之所
　　以亂也。故曰「與不道人論道人，亂之本也。」故楊云：「必有妬賢害善。」』
　　案下文『以其可道之心，與道人論非道，治之要也。』與此文對言，則此文似當
　　從盧說作『以其不可道之心，與不道人論道，亂之本也。』上文『心不知道，則
　　不可道而可非道。』道與『非道』對言，此文之『論道，』與上文道字相應；下
　　文『論非道，』與上文『非道』相應。王氏謂下文『論非道』爲『論非道之人，』

（詳王氏雜志，王氏集解引之。）增人字以釋之，蓋泥於此文之原作『論道人』
也。此文台州本衍『可、之、人』三字；元本脫『論道』二字，百子本與元本
同。

故治之要在於知道。

　　案元本、類纂本在並作存。

不以已所臧害所將受謂之虛。

　　謝本從盧校『已所臧』同。盧文弨云：『元刻作「所已臧。」』

　　王念孫云：『「所已臧」與「所將受」對文，元刻是也。錢本、世德堂本並作「所
已臧。」』

　　王氏集解、梁氏柬釋並從元作『所已臧。』案百子本亦作『所己臧。』

作之則將須道者之虛則人將事道者之壹則盡盡將思道者靜則察。注：『此義未詳，或
恐脫誤耳。當爲「須道者虛則將，事道者壹則盡，思道者靜則察。」其餘字皆衍也。』

　　案此文義不可通，元本作『作之則將，須道者之虛則將，事道者之一則盡，將思
道者靜則察。』蓋據楊注刪人、盡二字。百子本作『作之則將，須道者虛則將，
事道者一則盡，思道者靜則察。』則全本楊注刪定。

虛壹而靜，謂之大清明。

　　盧文弨云：『元刻無大字。』

　　柳鍾城云：『記纂淵海六二引亦無大字。』

　　案類纂本、百子本並無大字。

處於今而論久遠，

　　盧文弨云：『元刻論作聞。』

　　案類纂本、百子本論亦並作聞。

其情之至也不貳。注：『其情之至極，在一而不貳。』

　　盧文弨云：『元刻情作精，注同。』

　　案類纂本、百子本情亦並作精。

處一之危，注：『「危之」當爲「之危。」』

　　謝本作『處一危之，』（王氏集解、梁氏柬釋並從之。）案元本作『處一危之，』

237

（卽謝本所本。）與楊氏所據本同。百子本作『處一之危，』與台州本同，蓋據
注乙正。

故導之以理，

　　案元本、類纂本、百子本並無故字，喻林一一二引同。

則不足以決蠡理矣。

　　謝本從盧校『蠡理』作『庶理。』盧文弨云：『「庶理」宋本作「蠡理，」今從元
　　刻。』

　　劉師培云：『作蠡是也。上云「定是非，決嫌疑。」此與對文。謂心靜足以判精
　　微，弗靜不能決蠡理也。』

　　案喻林引『蠡理』同。類纂本、百子本並作『庶理。』

自古及今，未嘗有兩而能精者也。

　　柳鍾城云：『記纂淵海六二引「自古及今」作「天下。」』

惡能與我歋矣！

　　盧文弨云：『矣字元刻作乎。』

　　案百子本矣亦作乎，義同。

夫微者至人也。

　　案元本、百子本並無也字。

見寢木以爲伏虎也。

　　謝本『寢木』作『寢石。』（王氏集解、梁氏柬釋並從之。）案元本、類纂本、
　　百子本並作『寢石。』淮南子氾論篇：『見寢石以爲虎也。』韓詩外傳六：『昔
　　者楚熊渠子夜行，見寢石以爲伏虎。』（又見新序雜事四。）並與此作『寢石』
　　合。

以爲蹞步之濟也。

　　案元本、類纂本、百子本並無也字。

聽漠漠而以爲哅哅。

　　案元本、類纂本、百子本並無而字，喻林四八引同。

卬視其髮，注：『卬與仰同。』

238

案喻林六十引印正作仰。

比至其家，者失氣而死。

> 謝本從盧校刪者字，（王氏集解、梁氏柬釋並從之。）盧文弨云：『「比至其家」
> 下，宋本有者字，今從元刻去之。』
>
> 案百子本亦無者字，此淺人妄刪之也。喻林引此有者字，與台州本同。者猶則
> 也，屬下讀。管子治國篇：『國富者兵彊，兵彊者戰勝。』御覽八二二引者作
> 則，莊子天道篇：『動則得矣。』文選江文通雜體詩注引則作者，列子湯問篇：
> 『此不爲遠者小而近者大乎？』意林引者作則，本書哀公篇：『計勝怒則强，怒
> 勝計則亡。』元本、百子本則並作者，並者、則古通之證。晏子春秋內篇諫上第
> 一：『令章遇桀、紂，者章死久矣！』者亦與則同，屬下讀，與此同例。

以可以知人之性，求可以知物之理，

> 案元本、百子本兩可字下並無以字。

法其法以求其統類，類以務象效其人。

> 盧文弨云：『「法其法，」元刻作「治其法。」』
>
> 王念孫云：『元刻無下類字，是也。「法其法以求其統類，以務象效其人。」三句
> 一氣貫注，若多一類字，則隔斷上下語脈矣。宋本下類字，卽涉上類字而衍。』
>
> 案類纂本、百子本『法其法』亦並作『治其法；』且並無下類字。

故君人者，周則讒言至矣，直言反矣。

> 案元本、類纂本、百子本直上並有而字，是也。下文『君人者，宣則直言至矣，
> 而讒言反矣。』與此句法同。

詩云：『墨以爲明，狐狸其蒼。』

> 謝本從盧校其作而。（王氏集解、梁氏柬釋並從之。）盧文弨云：『元刻明作朗，
> 宋本而作其。王伯厚詩考引作而，今從之。』
>
> 案類纂本、百子本明亦並作朗，其亦並作而。元本其亦作而，義同。（喻林四七
> 引作其，與台州本合。）

正名篇第二十二

與所緣有同異，

    王念孫云：『元刻有作以，（宋龔本同。）是也。宋本作有者，涉上句「有名」
    而誤。』

    案百子本有亦作以。

說、故、喜、怒、哀、樂、愛、惡、欲以心異。

    案元本、百子本並無欲字。

狀變而實無別而爲異者，謂之化。

    案元本、百子本並無下而字。

後王之成名，

    案元本、百子本名下並有也字。

用之大文也，而王業之始也。

    案元本、百子本並無上也字。

不動乎眾人之非譽，

    案元本、類纂本、百子本並無乎字，與下文句法一律。

所受乎天之一欲，制於所受乎心之多，固難類所受乎天也。注：『此一節未詳，或恐
脫誤耳，或曰：「當爲『所受乎天之一欲，制於所受乎心之計。』其餘皆衍字也。」』

    案元本、百子本多並作計，並無『固難類所受乎天也』八字。與注或說合，蓋據
    或說改刪。

以所欲以爲可得而求之，

    謝本從盧校『以所欲以爲可得，』作『以欲爲可得。』盧文弨云：『「以欲爲可
    得，」宋本作「以所欲以爲可得。」今從元刻。』

    案百子本與元本同。

所求不得，

    案元本、百子本求下並有必字。

離得欲之道而取所惡也哉！

    案元本、百子本取下並有其字。

故人無動而不可以不與權俱。注：『其所舉動，而不可不與道俱。』

王念孫云：『上不字衍，此言人之舉動，不可不與權俱。（權謂道也。）不與權俱，則必爲欲惡所惑，故曰「人無動而可以不與權俱。」今本可上有不字者，涉注文「不可不與道俱」而衍。』

梁啓雄云：『伯兄曰：「無字衍。楊注：『其所舉動而不可不與道俱，』是楊所見本無無字。」』

案元本、百子本並作『故人無動而不與權俱。』與王、梁說並不符。

其累百年之欲，

案元本、百子本並無其字。

假而得間而嘯之，

案元本、類纂本、百子本並無『而得』二字。

如此者，雖封侯稱君，其與夫盜無以異；乘軒戴絻，其與無足無以異。

盧文弨云：『「夫盜」元刻無夫字，「乘軒」上有雖字。』

案類纂本、百子本並與元本同。

性 惡 篇 第 二 十 三

使皆出於治，

梁啓雄云：『元本治作理。』

案類纂本治亦作理。

今之人化師法、積文學、道禮義者爲君子，縱性情、安恣睢、而違禮義者爲小人。

案元本、類纂本、百子本今下並無之子，縱並作從，（古通。）違並作慢，上無而字。下文亦云：『以秦人之從情性、安恣睢、慢於禮義故也。』

故陶人埏埴而爲器。

案老子十一章：『埏埴以爲器。』而、以同義。

然則器生於工人之僞，非故生於人之性也。注：『言陶器自是生於工人學而爲之，非本生於人性自能爲之也。或曰：「工人」當爲「陶人。」』

王念孫云：『楊後說以此「工人」爲「陶人」之誤，是也。』

案喻林一一二引『工人』正作『陶人。』

是皆生於人之情性者也。

　　案元本、百子本並無者字。

假之人有弟兄資財而分者，

　　梁啓雄云：『增注無人字。』

　　案元本、百子本並無人字，喩林三引同。

然則生而已，

　　盧文弨云：『「生而已，」元刻作「性而已，」下同。』

　　案百子本亦作『性而已，』下同。

倚而觀天下民人之相與也。

　　案元本、百子本並無人字。

辟亦陶埏而生之也。

　　案謝本亦作則，涉下『然則』字而誤，王氏集解本從之，非也。

然則禮義積僞者，

　　案元本、百子本並無者字。

本乎仁義之可知之理，

　　案元本、百子本並無上之字。

故聖人者，人之所積而致也。

　　案謝本也作矣，涉上『參於天地矣』而誤（矣、也本同義，然此乃誤字。），王
　　氏集解從之，非也。

故塗之人可以爲禹，則然（二字舊倒）；塗之人能爲禹，未必然也。

　　盧文弨云：『「故塗之人可以爲禹」下，元刻有「未必然也。塗之人可以爲禹」十
　　一字。宋本無。』

　　案喩林三五引與台州本同。元本誤衍十一字，義不可通，百子本誤與元本同。

妻子具而孝衰於親，

　　劉師培云：『意林孝作愛。』

　　柳鍾城云：『記纂淵海四一引孝亦作愛。』

則傀然獨立天地之間而不畏，注：『傀，傀偉，大貌也。或曰：「傀與塊同，獨居之

貌也。』

> 王念孫云：『後說是也。君道篇云：「塊然獨坐。」』

> 劉師培云：『御覽（四三七）引傀作塊。』

> 案淮南子原道篇、史記褚少孫補滑稽列傳並云：『塊然獨處。』亦可證成楊注後
> 說。

苟免不恤是非然不然之情，

> 案類纂本、百子本並無免字。

繁弱、鉅黍，

> 案文選潘安仁閑居賦注引鉅作巨，古通。賦篇：『此夫始生鉅其成功小者邪？』

> 宋章如愚山堂考索十九引鉅作巨，卽其比。

驊騮、騹驥、纖離、綠耳，注：『騹讀爲騏。』

> 柳鍾城云：『記纂淵海九八引騹正作騏。』

> 案類纂本、百子本騹並作騏。

然而前必有衝轡之制，後有鞭策之威，

> 王念孫云：『「前必有」本作「必前有，」「前有，」「後有，」皆承必字而言。若
> 作「前必有，」則與下句不貫矣。羣書治要及初學記人部中、太平御覽人事部四
> 十五，並引作「必前有。」』

> 案王說是也。莊子馬蹄篇：『前有橛飾之患，而後有鞭筴之威。』（一切經音義
> 八四引『橛飾』作『銜橛。』）亦以『前有、』『後有』對言。

不知其子，視其友。

> 案史記田叔列傳褚少孫附任安傳，引友上有所字。

君子篇第二十四

心至愈，注：『愈讀爲愉。』

> 案百子本愈正作愉。

治世曉然皆知夫爲姦則雖隱竄逃亡之由不足以免也。

> 盧文弨云：『「治世，」元刻無治字。』

王念孫云：『無治字者是也。「世曉然，」猶上文「天下曉然，」則世上不當有治字。宋錢佃校本亦云：「諸本無治字。」』

王氏集解本、梁氏柬釋本並刪治字。案類纂本、百子本亦並無治字。

亂世則不然，

案治要引無則字，百子本同。

後子孫必顯。

王念孫云：『元刻無後字，羣書治要同。』

案百字本亦無後字。

慢賢者亡。

案治要引慢作嫚。古通。史記留侯世家：『皆以爲上慢侮人。』漢書慢作嫚，本書宥坐篇：『嫚令謹誅，』注：『嫚與慢同。』並其證。

則主尊下安。

案百子本主作上。

成 相 篇 第 二 十 五

上能尊主愛下民。

王念孫云：『「愛下民，」當作「下愛民，」與「上能尊主」對文。不苟、臣道二篇並云：「上則能尊君，下則能愛民。」是其證。』

案王說是也。元本『愛下民』下有注云：『在下則愛養生民。』是正文本作『下愛民』矣。

大其園囿高其臺榭。

謝本從盧校無榭字。（王氏集解、梁氏柬釋並從之。）盧文弨云：『臺下宋本有榭字，元刻無。以韻讀之，元刻是也。今從之。』

案景宋本朱熹楚辭後語一（下同）載此文無榭字。云：『臺下本有榭字，以韻叶之，知是後人誤加，今刪去。』百子本亦無榭字。

穆公得之，

謝本得作任，（王氏集解、梁氏柬釋並從之。）案得字楚辭後語同。元本、百子

本並作任。

慎、墨、季、惠，百家之說誠不詳。注：『詳或爲祥。』

　　王念孫云：『祥、詳古字通。不祥，不善也。』

　　案楚詞後語詳作祥，云：『祥，一作詳。祥，善也。』

端不傾，

　　案元本端作滿，有注云：『滿不溢而无傾。』

尙得推賢不失序。注：『得當爲德。』

　　案百子本得正作德。

禹傅土，注：『傅讀爲敷。』

　　案楚辭後語傅作溥，云：『溥，一作傅。皆讀爲敷。』

患難哉，阪爲先聖。注：『阪與反同，反先聖之所爲。』

　　盧文弨云：『「患難哉，阪爲先。」二句，句三字。「聖知不用愚者謀。」七字

　　句。楊注不得其句。』

　　案楚辭後語已從先字絕句。

忠不上達，

　　謝本從盧校忠作中，（王氏集解、梁氏柬釋並從之。）盧文弨云：『中，元刻作

　　忠，古通用。』

　　案元刻作忠，與台州本合。楚辭後語、百子本亦並作忠。

正直惡，

　　案楚辭後語直作是，云：『是，一作直。』

已無郵人，我獨自美豈獨無故！注：『故，事也。不可尤責於人。自美其身，己豈無

事！己亦有事，而不知其過也。或曰：下無獨字。』

　　盧文弨云：『無獨字，則與全篇句法合。』

　　梁啓雄云：『郵同尤。』

　　案楚辭後語云：『郵，一作尤。』元本、百子本並作尤，與注合。楚辭後語豈下

　　無獨字，云：『一本豈下有獨字，非是。』百子本豈下亦無獨字，蓋涉上獨字而

　　衍。

欲衷對，言不從。

　　俞樾云：『對字當在衷字上。』

　　案楚辭後語云：『「衷對」當爲「對衷。」乃與韻叶。』俞說與之暗合。

到而獨鹿棄之江。

　　王念孫云：『而猶以也。謂到以獨鹿也。』

　　案王說是也，元本、百子本而並作以。楚辭後語亦云：『而，一作以。』

守其銀。注：『銀與垠同。』

　　案百子本銀正作垠。

五聽循領，注：『循領，謂修之使得綱領。』

　　謝本從盧校『循領』作『脩領。』（王氏集解、梁氏柬釋並從之。）盧文弨云：
　　『「脩領」宋本作「循領，」今從元刻，注同。』

　　案楚辭後語『循領』同。百子本作『脩領，』與元本合。注既言『謂修之使得
　　綱領，』正可證作『循領』之誤。

賦　篇　第　二　十　六

君子所敬而小人所不者與？

　　案山堂考索十九引不作違。

跖以穿室。注：『跖用智以穿室。』

　　案元本穿作空，注同。山堂考索引亦作空。空、穿同義，莊子山木篇：『衣弊履
　　穿，』唐寫本穿作空，漢書溝洫志：『宜却徒完平處更開空。』顏師古注：『空
　　猶穿。』並其證。

精微乎毫毛，而盈大乎寓宙。注：『寓與宇同。言細微之時則如毫毛；其廣大則盈大
於宇宙之內。宇，覆也。謂天所覆。三蒼云：「四方上下爲宇。」上「大參天地，」
此又云「盈大宇宙，」言說雲之變化，或大或小，故重言之也。』

　　謝本『盈大乎寓宙，』作『大盈乎大寓。』（王氏集解、梁氏柬釋並從之。）王
　　念孫云：『宋錢佃校本云：「諸本作『充盈乎大寓。』」非。』案作「充盈」者是
　　也。下文「充盈大宇而不窕。」即其證。「充盈」與「精微」對，監本作「大

盈，」則旣與下大字複，又與「精微」不對矣。藝文類聚天部上引作「充盈乎天
字。」」又云：『呂、錢本作「盈大乎寓宙，」蓋本作「充盈乎大寓，」後脫充
字，「乎大」又譌作「大乎，」後人又因注內兩言「宇宙」而增宙字，案「盈大」
文不成義，寓與上文下、鉅、矩、禹爲韻，寓下不得有宙字。楊注釋字字而不釋
宙字，則本無宙字甚明。』

案王校是也，元本、百子本並作『充盈乎大寓。』山堂考索引同。惟注雖不釋宙
字，而言『則盈大於宇宙之內；』又明引正文云：『盈大宇宙。』（謝本注文有
刪改，王氏集解從之。）似楊氏所據正文已作『盈大乎寓宙』矣。否則此注非楊
注之舊也。喻林十九引此亦誤作『盈大乎寓宙。』

印印兮天下之咸蹇也。

案山堂考索引之作以，義同。（以、之同義，清吳昌瑩經詞衍釋一有說。）

德厚而不捐，五采備而成文。注：『捐，棄也。萬物或美或惡，覆被之皆無捐棄矣。』

案元本捐作損，注同。山堂考索、喻林引此亦並作損。惟注訓棄，似當作捐爲
是。

待之而後存。

案元本引之下有爲字，山堂考索引同；又引存下有焉字。

請占之五帝。注：『占，驗也。五帝，少昊、顓頊、高辛、唐、虞。』

謝本從盧校『五帝』作『五泰，』注『占，驗也。』下，補『五泰，五帝也。』
五字。（王氏集解、梁氏柬釋並從之。）盧文弨云：『此與下文「五泰，」宋本
皆作「五帝。」無「五泰，五帝也。」五字注。今從元刻，與困學紀聞所引合。』
案百子本帝亦作泰，下同。（下文台州本帝上無五字，喻林引此文及下文，並與
台州本同。）

喜溼而惡雨。注：『溼謂浴其種，旣生之後，則惡雨也。』

王念孫云：『蠶性惡溼，不得言「喜溼，」太平御覽資產部五引作「疾溼而惡雨，」
是也。「惡雨」與「疾溼」同意。』

案元本溼作溫，注同。『喜溫』與『惡雨，』義正相同。山堂考索、喻林引此，
溼亦並作溫。

頭銛達而尾趙繚者邪？注：『重說「長其尾而銳其剽，」趙讀爲掉，掉繚，長貌。』

案元本尾作剽，山堂考索、喻林引並同。『頭銛達，』承上文『銳其剽』言之，『尾趙繚，』承上文『長其尾』言之。則尾不當作剽，蓋涉上文剽字而誤。

幽晦登昭，注：『言幽闇之人，登昭明之位。』

王念孫云：『「幽晦」元刻作「幽闇，」（宋龔本同。）是也。楊注「幽闇之人，」是其證。宋本闇作晦者，涉上文「且暮晦盲」而誤。』

案楚辭後語、山堂考索引晦亦並作闇。

與愚以疑，

案山堂考索引以作亦。

其小歌也。

謝本從盧校也作曰。（王氏集解、梁氏東釋並從之。）盧文弨云：『曰，各本多作也。有一本作曰，今從之。』

案楚辭後語、山堂考索也字並同。百子本作曰。

念彼遠方，何其塞矣；仁人絀約，暴人衍矣；忠臣危殆，讒人服矣。注：『服，用也。本或作「讒人般矣。」般，樂也。音盤。』

盧文弨云：『衍，不與塞、服爲韻。服字本有作般者，則塞或塞字之誤。』

案楚辭後語云：『塞字音義皆未詳，或恐是塞字也。』盧說與之暗合。又楚辭後語服作般，云：『一作服。』作般者是，般、篆文作𣪊；服，篆文作𦚲，形極相似，故誤爲服。（爾雅釋詁：『服、宜、貫、公，事也。』釋文：『服，又作般。』亦二字相亂之例。）竊疑塞乃塞之誤，（莊子駢拇篇：『擢德塞性，』今本塞誤塞，王念孫雜志餘編有說，與此同例。）塞與衍、般爲韻。管子四時篇：『毋塞華絕萼，』（尹知章注：『塞，拔也。』王念孫雜志云：『塞與塞同。』）彼以塞爲塞，此以塞爲塞，正可互證。

不知佩也。

案元本、百子本不並作弗，下同。弗猶不也。山堂考索引此亦作弗，下同。

嫫母、刁父，是之喜也。注：『刀父，未詳。』

謝本從盧校刁父作力父。（王氏集解、梁氏東釋並從之。）盧文弨云：『力父，

俗本作刁父，今從元刻，與韓詩外傳四同。』

劉師培斠補亦從盧校作力父，云：『力，世德堂本作刁。玉燭寶典十二引作「嫫母、力父，是之憘也。」文選四子講德論注亦引作「嫫姆、力父。」足證明本作刁之誤。』

案台州本已作刁父，非僅明本誤刁矣。喻林四八引亦作刁父。楚辭後語、山堂考索引並作刀父，與楊注合。百子本作力父，與元本合。

大略篇第二十七

我出我輿，

案元本、百子本輿並作車，與今詩小雅出車同。

反絕以環。

劉師培云：『後漢書袁紹傳注引作「反人以環。」』

柳鍾城云：『記纂淵海六十引絕亦作人。』

背禮者也。

謝本從盧校作『皆禮也。』（王氏集解、梁氏柬釋並從之。）盧文弨云：『「皆禮也，」各本作「背禮者也。」誤。』

案百子本作『皆禮者也。』

玉貝曰啥。

案元本、類纂本、百子本啥並作含，是也。啥，俗字。

必顚蹷陷溺。

案元本、百子本必並作則。必猶則也，（此義經傳釋詞、經詞衍釋並不載。）論語述而篇：『子與人歌而善，必使反之。』史記孔子世家必作則，陽貨篇：『君子三年不爲禮禮必壞；三年不爲樂樂必崩。』北堂書鈔八十引兩必字並作則，皆其比。又劉子適才篇：『伏臘合歡，必歌採菱；牽石拖舟，則歌噓噢。』誡盈篇：『勢積則損，財聚必散。』（明程榮本、淸王謨本、畿輔叢書本必並作則。）明謙篇：『高必以下爲甚，貴則以賤爲本。』（淮南子道應篇引老子則作必。）閱武篇：『司馬法曰：「國家雖大，好戰則亡；天下雖安，忘戰必危。」』（司馬

法仁本篇則作必，說苑指武篇引同。）皆以必、則互文，明其義相同。

士有妒友，

　　案元本、類纂本、百子本妒並作妬，下文亦作妬，妬與妒同。

勿用爲笑。

　　案元本、百子本用並作以，與今詩大雅板同。

不憂其係累也，注：『累讀爲縲。』

　　案百子本累作縲，蓋據注改。

重民任而誅不能。

　　案莊子則陽篇：『重爲任而罰不勝。』與此同義。

則人民之行如此，

　　案元本、百子本並無則字。

爭利如蚤甲而喪其掌。注：『蚤與爪同。』

　　柳鍾城云：『記纂淵海五七引蚤正作爪。』

匹夫不可以不愼取友。

　　謝本『匹夫』下有者字。王念孫云：『「匹夫」下不當有者字，此涉上「君人者」
　　而衍。呂、錢本「匹夫」下皆無者字。』

　　案元本、類纂本、百子本『匹夫』下並有者字，喻林九一引同。

均薪施火，火就燥；平地注水，水流溼。

　　案尸子仁意篇：『平地而注水，水流溼；均薪而施火，火從燥。』（呂氏春秋應同
　　篇無兩而字，從作就，與荀子尤合。）

取友善人，不可不愼。注：『取友求善人，不可不愼。』

　　盧文弨云：『俗本正文亦作「取友求善人。」宋本、元刻皆無求字。若有，注可
　　不費辭矣。』

　　案喻林引『取友』下有求字，類纂本、百子本並無求字。

偄弱易奪，

　　盧文弨云：『偄與懦同。』

　　柳鍾城云：『記纂淵海五八引偄作懦。』

案元本、類纂本、百子本傸並作儒。

是弃國捐身之道也。

　　謝本從盧校捐字同。（王氏集解、梁氏柬釋並從之。）盧文弨云：『捐，宋本作損，今從元刻。』

　　案類纂本、百子本捐字並與台州本同。

禍之所由生也，生自纖纖也。

　　盧文弨云：『元刻作「禍之所由生，自纖纖也。」與大戴曾子立事篇同。』

　　王念孫云：『宋龔本同元刻，汪從之。』

　　案百子本亦與元刻同。

察辨而操辟。

　　梁氏柬釋本辟作僻，云：『辨同辯。辯，慧也。僻，邪也。』

　　案元本、百子本並作『察辯而操僻。』辟、僻古通。

多少無法，而流喆然。注：『喆當爲湎。非十二子篇有此語。』

　　謝本少作言。（王氏集解、梁氏柬釋並從之。）案百子本少亦作言，是也。少字涉上文『少言』而誤。元本作『多少言無法。』少字涉上文而衍。又百子本喆作湎，蓋據注改。（梁氏柬釋本亦據注改爲湎。）

有夫分義，

　　梁氏柬釋據元本刪夫字。案百子本亦無夫字。

無三王之法，

　　謝本法作治。王念孫云：『呂、錢本治皆作法，是也。此承上「三王旣已定法度」而言。』

　　案元本、類纂本、百子本法並作治。

而不稱其所短也。

　　案元本、類纂本、百子本並無也字。

惟惟而亡者，誹也。注：『惟讀爲唯。』

　　案類纂本、百子本惟並作唯。

君子能爲可貴，不能使人必貴己。

案下貴字承上貴字而言，（猶下文『能爲可用，不能使人必用己。』下用字承上

用字而言也。）元本、類纂本下貴字並作好，恐非。

宥坐篇第二十八

此蓋爲宥坐之器。

案元本、百子本並無爲字。

孔子喟然而歎曰，

案元本、百子本並無而字。說苑敬愼篇、家語三恕篇並同。

聰明聖知，

劉師培云：『玉海九十引聖作睿，疑涉淮南道應訓及家語而誤。』

案韓詩外傳三聖亦作睿。

心達而險。

劉師培云：『家語始誅篇、劉子新論心隱篇達作逆，說苑指武篇作辨。』

案家語、劉子達作逆，逆乃達之誤。此文楊注：『「心達而險，」謂心通達於事而

凶險也。』是其義也。尹文子大道下篇亦作達。說苑作辨，辨與達義近。（說互

詳拙著劉子集證卷五。）

言談足以飾邪營眾，注：『營讀爲熒。熒眾，惑眾也。』

案營借爲眚，說文：『眚，惑也。』

是以湯誅尹諧，文王誅潘止。

案說苑指武篇作『湯誅蠋沐，太公誅潘阯。』太公蓋文王之誤。

其民迷惑而墮焉，

案元本墮作陷。

其赴百仞之谷不懼，

案元本、類纂本『百仞』並作『千仞。』

吾殆之也。

案元本、百子本並無也字。

孔子曰：『如垤而進，吾與之；如丘而止，吾已矣。』

案論語子罕篇：『子曰：「譬如爲山：未成一簣，止，吾止也；譬如平地：雖覆
一簣，進，吾往也。」』（彼文『吾止也。』止，當從此文作已。）

藜藿不糂，注：『糂與糝同。』

案莊子讓王篇、呂氏春秋愼人篇、韓詩外傳七、說苑雜言篇、風俗通窮通篇糂並
作糝。

君子博學深謀，不遇時者多矣。由是觀之，不遇世者衆矣，何獨<u>丘</u>也哉！

俞樾云：『「由是觀之」四字，當在「君子博學深謀」句上。』

劉師培云：『「不遇世者衆矣」句，疑涉上文而衍。說苑、家語上多字作衆，無
「由是」二句。「由是觀之」句，惟本書有之，非衍文。此或二本不同，一本作
時、作多，一本作世、作衆，校者兩存其文，遂不可通。』

案俞、劉說並是，此文本作『由是觀之，君子博學深謀，不遇時者多矣，何獨<u>丘</u>
也哉！』外傳作『故君子博學深謀，不遇時者衆矣，豈獨<u>丘</u>哉！』說苑作『故夫
君子博學深謀，不遇時者衆矣，豈獨<u>丘</u>哉！』彼文言故，猶此文言『由是觀之』
也。又案『何獨<u>丘</u>也哉！』元本、百子本並無也字，與外傳、說苑合。家語在厄
篇亦無也字。

且夫芷蘭生於深林，非以無人而不芳。

柳鍾城云：『記纂淵海八引芷作幽，非作不。』

案元本、百子本並無且字，外傳同。家語非亦作不，義同。淮南子說山篇亦云：
『蘭生幽谷，不以莫服而不芳。』

昔<u>晉</u>公子<u>重耳</u>霸心生於曹，越王句踐霸心生於會稽，齊桓公小白霸心生於莒。

案家語曹下有衞字，脫『齊桓公小白霸心生於莒』句。竊疑『齊桓公小白霸心生
於莒』句，當在『晉公子<u>重耳</u>』句上，於時代先後乃合。說苑雜言篇作『昔者<u>齊</u>
桓霸心生于莒，句踐霸心生于會稽，晉文霸心生於驪氏。』以『齊桓』句爲首，
是也。惟『句踐』句又誤倒在『晉文』句上。宋陳碧虛南華眞經闕誤引江南古藏
本讓王篇云：『桓公得之莒，文公得之曹，越王得之會稽。』（今本莊子讓王篇
無此文。又見呂氏春秋愼人篇，桓公上更有昔字；亦見風俗通窮通篇，桓公上更
有『昔者』二字。）正可證此文及說苑之誤。

女庸安知吾不得之桑落之下乎哉！

　　謝本從盧校省『乎哉』二字，（王氏集解、梁氏柬釋並從之。）盧文弨云：『「桑
　　落之下」下，宋本有「乎哉」二字，今案可省。』

　　案元本、百子本並無『乎哉』二字。

還復瞻被九蓋皆繼，被有說邪？注：『九當爲北，被皆當爲彼。』

　　案百子本九作北，被並作彼，元本下被字亦作彼，蓋據注改。

子道篇第二十九

入孝出弟，注：『弟與悌同。』

　　案治要引弟正作悌。

孝子不從命，乃衷。

　　案治要引『乃衷』下有也字；下文『乃義』下、『乃敬』下，亦並有也字。

鄉者，君問丘也，曰，

　　案元本、百子本並無也字。

昔者江出於嶓山，

　　柳鍾城云：『記纂淵海六六引嶓作岷，同。』

　　案元本、類纂本、百子本並作岷山，喻林三二引同。

及其至江之津也，不放舟。注：『放讀爲方，國語曰：「方舟投柎。」韋昭曰：「方，
並也。」』

　　梁啓雄云：『說文：「方，併船也。」』

　　柳鍾城云：『記纂淵海引至下有於字，放作舫。』

　　案家語三恕篇至下亦有於字，放亦作舫。外傳三至下有乎字，乎猶於也。舫亦借
　　爲方。

奮於言者華，奮於行者伐，注：『奮，振矜也。』

　　俞樾云：『韓詩外傳作「愼於言者不譁，愼於行者不伐。」當從之。華卽譁之省
　　文。兩奮字皆奞字之誤，乃古文愼字也。奞誤爲奮，則奮於言、行，不能謂之不
　　華、不伐矣。於是又刪去兩不字耳。楊氏據誤本作注，非也。』

劉師培云：『俞樾據外傳改爲「愼於言者不譁，愼於行者不伐。」謂奮係愼訛。
今考說苑雜言篇、家語三恕篇並與此同，說苑奮作賁，音義亦略相符。又家語王
注云：「矜於行者自伐其功。」則本書此文亦非訛挩，不必改從外傳也。』

案劉氏謂『不必改從外傳，』是也，特其說未盡。竊以說苑雜言篇奮作賁，奮乃
賁之借字，（禮記射義：『賁軍之將，』詩大雅行葦箋賁作奮，可證二字古通。）
易序卦傳：『賁者，飾也。』說文：『賁，飾也。』『奮於言者華，奮於行者伐，』
猶言『飾於言者華，飾於行者伐。』楊氏所據本弗誤，特未得奮字之義耳。外傳
作『愼於言者不華，愼於行者不伐，』與『奮於言者華，奮於行者伐，』義正相
因，無庸改此以就彼。（梁氏柬釋據俞說改此文作『愼於言者不華，愼於行者不
伐。』非也。）

法 行 篇 第 三 十

不離不塞。注：『離讀爲甕。』

　　柳鍾城云：『記纂淵海五二引離正作甕。』

　　案元本、類纂本、百子本離並作甕。

轂已破碎，乃大其輻；事已敗矣，乃重大息。

　　劉師培云：『王氏詩考引上已字作旣，下已字作以。』

　　柳鍾城云：『記纂淵海五二、五五，引上已字並作旣。又五二引下已字作以。』

　　案元本、類纂本、百子本上已字並作旣，下已字並作以。喻林五五引下已字亦作
以。

其云益乎！

　　柳鍾城云：『記纂淵海五二引云作忘，五五作亡。忘、亡古通。』

　　案元本、類纂本、百子本云並作亡，亡讀爲無。

鷹鳶猶以山爲卑，而增巢其上。

　　柳鍾城云：『記纂淵海五二、六一引並無增字，與上文「而堀其中」相儷。』

　　案元本、類纂本、百子本亦並無增字。惟上文堀下本有穴字，（俞樾、劉師培並
有說。）則此文巢上不能無增字矣。

栗而理，知也。

　　謝本從盧校栗上有纇字。案百子本栗上亦有纇字。

扣之，其聲清揚而遠聞，注：『禮記作「叩之，其聲清越以長。」』

　　案元本、百子本揚並作越，與禮記聘義合。

孔子曰：君子有三恕，

　　顧千里校云：『盧學士刻本無「孔子曰」三字，與世德堂刻本合，與宋本不合，

　　疑非也。』（附見王氏雜志補遺。）

　　案元本、百子本並無『孔子曰』三字。

有思窮，則施也。

　　案元本、類纂本、百子本並無也字。

哀公篇第三十一

必有牽也。注：『牽，循也。』

　　案外傳一、大戴禮哀公問五義篇牽並作由，義近。

雖不能徧美善，

　　郝懿行云：『韓詩外傳一作「雖不能盡乎美著。」』

　　案外傳善作著，著乃善之誤。著，隸書作者，與善形近，故易亂也。

敢問何如斯可謂之君子矣？

　　案元本、百子本並無之字，與上文『敢問何如斯可謂庸人矣？』『敢問何如斯可

　　謂士矣？』下文『敢問何如斯可謂賢人矣？』『敢問何如斯可謂大聖矣？』句法

　　並一律。大戴禮亦無之字。

若此，則可謂大聖矣。

　　案元本、百子本若並作如，與上文一律。

古之王者有務而拘領者矣。

　　梁啓超云：『務讀爲鍪，淮南子氾論：「古者有鍪而綣領以王天下者矣。」正作

　　鍪字。』

　　案晏子春秋內篇諫下：『且古者嘗有紩衣攣領而王天下者矣。』（今本脫矣字。）

拘、絭、攣，義並相近。

烏鵲之巢可俯而窺也。

　　案莊子馬蹄篇：『鳥鵲之巢可攀援而闚。』（御覽九二八引鳥作烏，與荀子合。）

　　鶡冠子備知篇：『是以鳥鵲之巢可俯而窺也。』（淮南子氾論篇、文子上禮篇窺並作探。）

寡人未嘗知哀也，

　　案元本、百子本並無『寡人』二字，御覽四五九引同。蓋涉上文『寡人生於深宮之中』而衍。（今本新序雜事四亦衍『寡人』二字。）

則哀將焉不至矣。（原脫『則哀』二字。）

　　謝本從盧校『將焉』下有而字。（王氏集解、梁氏柬釋並從之。）盧文弨云：『「將焉」下元刻有而字，下四句並同。』

　　案百子本與元本同。

其馬將失。注：『家語作「馬將佚」也。』

　　柳鍾城云：『記纂淵海九八引失作佚，下同。古字通用。』

　　案外傳二失亦作佚，下同。

鳥窮則啄，獸窮則攫，人窮則詐。

　　案淮南子齊俗篇啄作噣，攫作觟。外傳攫作觷，新序雜事五作觸，文子下德篇亦作觸。啄、噣古通，觟與觸同。又案家語顏回篇『人窮則詐』下更有『馬窮則佚』句，蓋偽託者妄加。

堯問篇第三十二

其美德已。

　　案元本、百子本已上並有也字。

聞之曰，無越踰不見士。注：『周公聞之古也。越踰，謂過一日也。』

　　謝本從盧校曰作曰，（王氏集解、梁氏柬釋並從之。）盧文弨云：『曰，宋本作曰，注「過一日，」語疑有誤。』

　　劉師培云：『曰，元本作曰，曰常作曰。楊注「一日」二字，匪誤卽衍。』

案元本日字同，劉氏失檢。百字本日作曰。

成王之爲叔父。注：『周公先成王薨，未宜知成王之諡，此云成王，乃後人所加之

耳。』

　　　于省吾新證云：『注說非是，金文如成王、穆王、釐王、懿王等，均生稱諡號。』

　　　案說苑敬愼篇成王作『今王。』

吾三相楚而心瘉卑，每益祿而施瘉博，位滋增而禮瘉恭。

　　　盧文弨云：『瘉與愈同，元刻卽作愈。』

　　　案類纂本、百子本瘉亦並作愈。

爲人下者乎？

　　　案元本、百子本並無乎字，與下文合。說苑臣術篇、家語困誓篇亦並無乎字。

深扣之而得甘泉焉。注：『扣，掘也。』

　　　劉師培云：『御覽三十七引扣作掘。家語困誓篇作汩，說苑臣術篇同。』

　　　案外傳七、說苑臣術篇扣並作掘。

草木殖焉。

　　　劉師培云：『御覽引殖作植。說苑臣術篇亦作植。』

　　　案外傳、家語殖亦並作植，古通。

不親賢用知，而身死國亡也。

　　　謝本而作故，（王氏集解、梁氏柬釋並從之。）案元本、類纂本、百子本而並作

　　　故。

『孫卿不及孔子。』是不然。

　　　案元本、百子本及並作如，然下並有也字。

然則孫卿將懷聖之心，

　　　謝本從盧校『將懷聖』作『懷將聖，』（王氏集解、梁氏柬釋並從之。）盧文弨

　　　云：『「懷將聖，」宋本作「將懷聖，」誤。今訂正。』

　　　案元本、百子本亦並作『將懷聖。』

所遇者化。

　　　謝本從盧校遇作過，（王氏集解、梁氏柬釋並從之。）盧文弨云：『「所過」宋本

作「所遇，」誤。古音存、神一韻，過、化一韻。此句中之韻也。』

劉師培云：『遇，元本作過，過乃後人據孟子所改。此文「者化」與下「弗過」

叶韻，盧校以過、化爲句中之韻，以遇爲誤，失之。』

案元本遇字同，劉氏失檢。百子本遇字亦同。

足以爲綱紀。

謝本從盧校『綱紀』作『紀綱。』（王氏集解、梁氏柬釋並從之。）盧文弨云：

『「紀綱」舊本誤倒，與上下韻不協。』

案盧校是也，元本正作『紀綱。』

　　　　　　　　　　　　一九六二年九月二十日，脫稿於南港舊莊。

韓　非　子　斠　證

王先慎韓非子集解，蒐輯舊說，附益己見，勝義紛陳，頗便初學。惟其疏舛處，亦間有之。陶鴻慶讀韓非子札記二卷，所見已多溢出集解者。惜其立說，好憑臆斷，韓子舊觀，仍多未復。因據宋乾道本讎斠一過，匡謬拾遺，冀存其眞，好古之士，或有收焉。

初　見　秦　第　一

常此時也，隨荊以兵，則荊可舉。荊可舉，則民足貪也，地足利也。

案『荊可舉，則民足貪也，地足利也。』本作『舉荊，則民足貪也，地足利也。』（陶鴻慶謂當作『荊舉，則民足貪也，地足利也。』立說微誤。）下文『圍梁數旬，則梁可拔。拔梁，則魏可舉。舉魏，則荊、趙之意絕。』與此文例同。秦策正作『舉荊，則其民足貪也，地足利也。』今本『舉荊』作『荊可舉，』涉上『則荊可舉』而誤。

將率天下甲兵百萬。

案御覽六四引兵作卒。

武王將素甲三千。

案御覽六四、八九六引『將素甲』並作『甲卒。』淮南子本經篇亦云：『武王甲卒三千。』

存　韓　第　二

今賤臣之遇愚計，

顧廣圻云：藏本無遇字，是也。今本遇作進，誤。

王先愼云：過卽愚之誤而衍者。

案過非愚之誤而衍者，此本作『今賤臣之過計，』道藏本作『今賤臣之愚計，』過、愚古通，（晏子春秋外篇：『盛爲聲樂以淫愚民，』墨子非儒篇愚作過；淮南子兵略篇：『力敵則智者勝愚，』日本古鈔卷子本愚作過；本書南面篇：『是以過贍窕墮之民，』道藏本、今本過並作愚。皆其證。）作過是故書。乾道本作『今賤臣之過愚計，』蓋由過，一本作愚，寫者誤合之耳。今本過作進，則淺人臆改者也。

難 言 第 三

敦祗恭厚。

集解本據意林改作『敦厚恭祗。』案意林引作『敦厚祗恭。』王氏失檢。

則見以爲掘而不倫。

顧廣圻云：藏本、今本掘作拙。

集解本改掘爲拙，云：『意林亦作拙，今據改。』案掘、拙古通，（莊子達生篇：『凡外重者內拙，』淮南子說林篇拙作掘；史記貨殖列傳：『田農拙業，』徐廣音義作掘。並其比。）作掘是故書，無煩改字。

主 道 第 五

賞偸，則功臣墮其業。赦罰，則姦臣易爲非。

案『賞偸』乃『偸賞』之誤倒，『偸賞、』『赦罰，』分承上文『故明君無偸賞、無赦罰』而言。

有 度 第 六

小臣奉祿養交。

顧廣圻云：奉當作持。

案顧說是也。管子明法篇正作『小臣持祿養交。』

夫人臣之侵其主也，

王先愼云：御覽六三八引『人臣』作『大臣。』

案影宋本御覽仍引作『人臣。』

不爲惠於法之內。

　　王先愼云：御覽引惠作慧，誤。

　　案影宋本御覽仍引作惠。惟作慧，亦非誤字。慧、惠古通，老子：『智慧出，有

　大僞。』河上本慧作惠，卽其比。本書說林上篇：『慧子曰，』亦以慧爲惠。

二　柄　第　七

夫虎之所以能服狗者，爪牙也。

　　案意林引狗作犬，下同。

故劫殺擁蔽之主，非失刑德，而使臣用之，

　　案非當爲幷，字之誤也。上文『今世爲人臣者，兼刑德而用之，』與此『幷失刑

　德，』反正相應，幷猶兼也。（廣雅釋言：幷，兼也。）幷誤爲非，則乖厥旨矣。管

　子輕重乙篇：『幷其地，』下文作『兼其地。』卽幷、兼互用之例。

覺寢而說。

　　案意林引覺上有昭侯二字。

桓公好味，易牙蒸其子首而進之。

　　顧廣圻云：藏本、今本『子首』作『首子，』按作『首子』爲是。漢書元后僡有

　『首子，』可證。十過篇及難一篇同。

　　王先愼云：本書作『子首，』無作『首子』者，十過篇及難一篇兩見，可證。彼

　惟趙用賢本作『首子，』明『首子』爲後人所改，古本自作『子首』也。

　　案淮南子主術篇：『齊桓公好味，而易牙烹其首子而餌之。』精神篇高誘注：『齊

　桓好味，易牙蒸其首子而進之。』治要引桓範政要論：『桓公好味，易牙蒸首子

　以饔之。』並本此文、則作『首子』者是也。道藏本十過篇及難一篇亦並作『首

　子，』非僅趙用賢本作『首子』而已。王氏失檢。管子小稱篇：『夫易牙以調和

　事公，公曰：「惟烝嬰兒之未嘗。」於是烝其首子而獻之公。』亦可證作『首子

　』弗誤。

揚　權　第　八

夫香美脆味，

　　案文選枚叔七發注引脆作臆，同。

皆用其能，

王先愼云：御覽九一八引用作因。

案影宋本御覽仍引作用。

使名自命，令事自定。

案命當作正，今本作『使名自命，令事自定。』蓋由令，一本作命，（注：『旣使名命事，』是所見本令作命。）寫者因誤合之，又脫正字耳。治要引尸子分篇正作『令名自正，令事自定。』治要引申子大體篇云：『名，自正也。事，自定也。』亦其證。

胖大於股，難以趣走。

盧文弨云：趣疑趨。

案趣與趨同，古多以趣爲趨。

毋使民比周，同欺其上。

陶鴻慶云：比周、欺上，皆指臣言，與民無涉。民卽比字之誤而衍者。

案陶謂『比周、欺上，皆指臣言。』是也。惟謂『民卽比字之誤而衍者，』則未審。民乃臣之形誤，十過篇：『臣聞聖人之治藏於民；』今本民誤臣（顧廣圻說。）；亡徵篇：『公壻公孫，與臣同門。』今本臣誤民（陶說），並本書臣、民二字相亂之例。

主將壅圍。

顧廣圻云：圍當作圄，圄與下文拒、處韻。

王先謙云：詳文義上屬，顧說非。

案顧說是也。淮南子兵略篇：『獨出獨入，莫能壅圄。』又云：『動如一體，莫之壅圄。』（今本兩壅字並誤應，說詳淮南子斠證。）並以『壅圄』連文；脩務篇：『破敵陷陳，莫能壅御。』御、圄古通，亦其證。

八　姦　第　九

託於燕處之虞，乘醉飽之時。

案於字衍文　『託燕處之虞，乘醉飽之時。』兩句相耦。意林引此正無於字。

凡此八者，人臣之所以道成姦，世主所以壅劫失其所有也。

俞樾云：『道字衍文，「所以成姦，」「所以壅劫，」兩文相對。讀者見篇首云：「凡人臣之所道成姦者有八術。」誤以「道成姦」三字連讀，故妄增入之。不知「所道成姦，」即「所由成姦」也。義與「所以」同。此既云「所以，」即不得復有道字矣。』

案『所以道成姦，』本作『所道成姦，』與篇首作『所道成姦』相應。今本所下有以字，即涉下句『所以』而衍。俞氏以道字爲衍文，說殊迂曲。

必令之有所出。注：謂知其所從來。

王先愼云：之當作知，注不誤。

案王校是也；有當作其，注亦不誤。十過篇：『有楯高至于丈。』藝文類聚六十引有作其；莊子山木篇：『吾命有在外者也。』道藏成玄英疏本有作其。並有、其二字相亂之證。

令臣以外爲制於內。

盧文弨云：爲，張（鼎文）本作而。

案作而是，爲，古文作𤔔，與而相似，古籍中二字往往互譌。

十　過　第　十

子反曰：嘻！退，酒也。

案御覽三八九引『酒也』上有此字，飾邪篇同。

共王欲復戰，令人召司馬子反。

王先愼云：『共王欲復戰』下，飾邪篇有『而謀事』三字，此脫。

案御覽四九七引子反下有議字，則『共王欲復戰』下，不必據飾邪篇補『而謀事』三字。

至濮水之上。

案藝文類聚四一、御覽五七九引濮水上並有於字，史記樂書同。

夜分而聞鼓新聲者而說之。

案藝文類聚、御覽引聞下並有有字。御覽引『新聲』作『琴聲，』史記樂書亦作『琴聲。』

師涓曰：『諾。』因靜坐撫琴而寫之。師涓明日報曰：『臣得之矣，而未習也。請復一宿習之。』

　　案『明日』上不當有師涓二字，此涉上文『師涓曰』而衍也。御覽引此正無師涓二字。史記樂書、論衡紀妖篇並同。

古之聽清徵者，

　　王先慎云：藝文類聚（九十）引聽上有得字。

　　案御覽九一六引聽上亦有得字，論衡同。

今吾君德薄，不足以聽。

　　案御覽五七九引『吾君』作『主君，』聽下有之字。與下文一律。史記、論衡聽下亦並有之字。

集於郎門之垝。

　　顧廣圻云：垝，他書又作危。

　　案影宋本御覽九一六引此垝亦作危。

駕象車，而六蛟龍。

　　王先慎云：論衡、事類賦（十一）並無而字。

　　案御覽五七九引此亦無而字。

騰蛇伏地。

　　王先慎云：事類賦騰作蟲。

　　案御覽引騰亦作蟲。論衡、風俗通聲音篇並同。

不足聽之。

　　王先慎云：藝文類聚一百、事類賦引足下並有以字。

　　案御覽引『不足』下亦有以字，與上文一律。史記、論衡、風俗通皆有以字。

願遂聽之。

　　案御覽引遂作試。

一奏而有玄雲從西北方起。

　　盧文弨云：而，藏本作之。

　　王先慎云：論衡、藝文類聚四一又一百、事類賦、御覽一八五、五七九、八七九

引無玄字。

　案藝文類聚四一、一百、御覽五七九引而亦並作之。史記、論衡、風俗通皆作之。
　御覽七六七引莊子、風俗通亦並無玄字。藝文類聚四一引起作來。

又將請地他國。

　案『請地』下當有於字，上文『請地於韓，』下文『請地於魏，』與此同例。趙策
　正作『又將請地於他國。』

夫董閼于，簡主之才臣也。其治晉陽，而尹鐸循之。注：尹鐸，安于之屬大夫。

　王先愼云：難言篇閼作安。說詳彼。

　案注所見本閼亦作安。

臣聞董子之治晉陽也，

　案藝文類聚六十、御覽三百五十引董子並作董安于。藝文類聚引下文董子亦作董
　安于。

有楛高至于丈。

　顧廣圻云：『有楛，』當衍此二字，策無，今俗本策反依此增入，誤甚！『高至于
　丈，』策作『其高至丈餘。』

　集解本作『其高至于丈。』云：顧說是。御覽（三百五十）引有楛二字作其，今
　據改。

　案御覽引有楛二字作其，是也。有卽其之誤，楛字涉上『荻蒿楛楚』而衍。趙策
　有楛二字亦作其，顧氏知楛字爲衍文，而不知有爲其之誤，立說微失。藝文類聚
　引此作『其楛高十尺。』其字不誤，楛字亦衍。

君發而用之　。於是發而用之。有餘金矣。

　案『有餘金矣』四字，當在『於是發而用之』句上。『君發而用之，有餘金矣。』
　乃張孟談之言也。上文『君發而用之，有餘箭矣。』（今本脫『有餘箭矣』四字，
　詳王先愼說。）與此同例。藝文類聚六十、御覽三百五十引此四字正與『君發而
　用之』相接。趙策作『請發而用之，則有餘銅矣。』亦其證。

其行矜而意高。

　集解本其上補曰字。云：張榜本、趙（用賢）本其上無曰字。

案乾道本、道藏本亦並無曰字。有曰字文意乃明，此智過對知伯之言也。趙策作『對曰。』

飯於土簋。

案御覽七五六引簋作軌，軌當爲匭，史記李斯傳正作『飯土匭。』

削鋸脩之迹。注：磨其斧迹。

集解本之作其，云：『各本其作之，案之當作其，注云：「磨其斧迹。」是注所據本尚未誤。御覽七五六引正作其。今據改。』

案說苑反質篇之亦作其，惟之非誤字，之猶其也。（詳經傳釋詞。）外儲說右上篇：『南圍鄭，反之陣。』王氏據晉語疑本書之爲其之誤；難四篇：『怒其當罪，』王氏據秦本改其爲之。並非。

剛愎而上悍。

盧文弨云：悍，藏本作捍，下同。

王先慎云：『蒼頡篇：「悍，桀也。」荀子大略篇注：「悍，兇戾也。」捍爲捍禦之字，非此義，藏本誤。』

案捍非誤字，捍、悍古通，莊子大宗師篇：『我則悍矣。』釋文：『悍，本亦作捍。』卽其比。史記貨殖列傳：『而民雕捍少慮。』亦以捍爲悍。王說非。

豎刁自獖以爲治內。

王先慎云：爲字衍，二柄篇、難一篇並無。

案此本作『豎刁自獖以爲內，』爲猶治也，（淮南子原道篇：『是故天下之事不可爲也，』高誘注：『爲，治也。』卽其證。）今本爲下有治字，蓋後人據二柄篇、難一篇旁注治字，傳寫因並混入耳。王氏以爲字爲衍文，未審。下文『今蒸其子以爲膳於君，』爲亦治也。

其父母之不親也，又能親君乎！

王先慎云：以上下文例之，又字下當有安字。

案王說是也，難一篇作『其母不愛，安能愛君！』亦可證此文脫安字。

秦得韓之都一，驅其練甲。

顧廣圻云：『秦得韓之都一，』藏本同。今本一作而，屬下，誤。當句絕。策作『今

又得韓之名都一,』史記同。上文皆作『以一名都。』

案此本作『秦得韓之都一,而屬其練甲。』乾道本、道藏本脫而字,今本脫一字,韓策、史記韓世家並作『今又得韓之名都一而具甲,』是其證。顧說微失。

說 難 第 十 二

則以爲不智而拙之。

盧文弨云:『史作「則不知而屈之。」智本與知通,此加以爲二字, 疑非。』

案此本有以爲二字,上下文例可照。史記亦本有以爲二字,今本誤脫之也。索隱:『則以說者爲無知而見屈辱也。』則史記原作『則以爲不知而屈之,』明矣。盧說非。

彼自多其力,則毋以其難槪之也。

案也字涉上文而衍,下文『自勇之斷,則無以其謫怒之;自智其計,則毋以其敗窮之。』並與此句法同。史記無也字。

而得盡辭也。

案御覽四六二引盡下有其字。

則非知之難也,處知則難也。

集解本『處知』作『處之,』云:『據張榜本改。注云:「處之難也。」亦作之,未誤。其作知者,依史記改也。』

案作『處知』是,史記廉頗藺相如列傳:『非死者難也,處死者難。』與此句法同。張本知作之,涉上之字而誤。注亦本作『處知,』下文注:『是亦處知失宜也。』可證。王改非也。

竊駕君車者罪刖。

王先愼云:治要刖作跀,下同。

案文選陸韓卿中山王孺子妾歌注亦引作跀,下同。

彌子瑕母病。

案藝文類聚三三引母上有之字,

彌子矯駕君車以出。

案文選注引出下有於門二字。

以其半啗君。

　　案藝文類聚三三引作『以其餘獻君。』

君曰：愛我哉！忘其口味以啗寡人。

　　王先慎云：治要、藝文類聚（八六）、白孔六帖（九九）引以作而。

　　案藝文類聚八六引『愛我哉』作『忠乎！』御覽九六七引以亦作而，史記同。

及彌子色衰愛弛。

　　案藝文類聚八六、御覽九六七引彌子下並有瑕字。

是固嘗矯駕吾車，又嘗啗我以餘桃。

　　案藝文類聚引固作故，故、固古通。意林引『吾車』下、『餘桃』下，並有者字。

夫龍之為虫也，柔可狎而騎也。

　　王先慎云：史記虫作蟲。

　　顧廣圻云：『柔可』史記作『可擾，』柔、擾同字。

　　案文選袁彥伯三國名臣序贊注引虫亦作蟲。『柔可』乃『可柔』之誤倒，當依史記
　　乙正。

和 氏 第 十 三

楚人和氏，得玉璞楚山中。

　　王先慎云：藝文類聚七、白孔六帖五、事類賦九引和氏作卞和，楚上有於字。

　　案御覽八百五引和氏亦作卞和，楚山上亦有於字。六四八引楚山上亦有於字，楚
　　山下有之字。三七二引楚山下亦有之字。

奉而獻之厲王。

　　盧文弨云：『孫詒穀云：楚世家無厲王。後漢書孔融傳注引作武王、文王、成王，
　　是也。疑今本誤。』

　　王先慎云：後漢書注引是。御覽三七二、六四八引作武王、文王、成王，是其證。

　　案史記鄒陽列傳集解引應劭注、高誘淮南子覽冥篇注亦作武王、文王、成王。

王以和為誑而刖其左足。

　　盧文弨云：後漢書注引『誑而』作『謾己。』

王先愼云：御覽六四八、八百五、事類賦引並作誑，無而字。

案新序雜事五誑亦作誑。影宋本御覽六四八、八百五引此並作慢，六四八引下文

同。誑、慢正、假字。

和乃抱其璞而哭於楚山之下。

王先愼云：楚山當作荆山，涉上文『得玉於楚山』而誤。藝文類聚荆山下引正作

荆山。白孔六帖同。

案楚山卽荆山，秦避莊襄王諱，以荆代楚，古書中荆、楚二字往往互易。御覽六

四八引此亦作荆山，新序同。上文楚山，高誘淮南子注亦作荆山。

子奚哭之悲也？

案御覽六四八引奚作何，新序亦作何。

此吾所以悲也。

案御覽引『所以』上有之字，新序亦有之字。

王乃使玉人理其璞，而得寶焉。

王先愼云：事類賦寶下有玉字。

案御覽六四八引理作剖，八百五引寶下亦有玉字。

遂命曰和氏之璧。

案御覽三七二、六四八、八百五引命並作名，新序同。命猶名也。

姦劫弒臣第十四

凡姦臣，

案治要引臣下有者字。

取舍同者，則相是也。取舍異者，則相非也。

案治要引無兩者字。

非參驗以審之也。

王先愼云：依上文，非下脫有字。

案王說是也，治要引非下正有有字。

而明照四海之內。

案治要引照作燭。

此謂劫殺死亡之主言也。

王先慎云：謂讀爲爲。

案韓詩外傳四謂正作爲。

廢正的而立不義。

顧廣圻云：藏本的作適，是也。策、外傳皆作適。

案外傳的作直，顧氏失檢。

亡 徵 第 十 五

事車服器玩好。

顧廣圻云：器下當有脫字。

案器下疑脫械字。

三 守 第 十 六

愛人不獨利也，待譽而後利之。憎人不獨害也，待非而後害之。

案意林引兩不字下並有得字。

備 內 第 十 七

非骨肉之親也。

案初學記二十、御覽七二四引非下並有有字。

南 面 第 十 八

則相愛者，比周而相譽。相憎者，朋黨而相非。

王先慎云：意林非作誹，下同。

案意林引『相愛』上無則字，兩者字下並有則字。又案非、誹古通，莊子刻意篇：『非世之人，』御覽五百一引非作誹；漢書鼂錯傳：『非謗不治，』注：『非讀曰誹；』本書有度篇：『非者弗能退，』管子明法篇非作誹；解老篇：『不以誹謗窮墮，』張

272

<u>鼎文</u>本誹作非。皆其證。

而輓小變而失長便，

　　案上而字當衍，『輓小變而失長便，』與上文『苦小費而忘大利，』下文『狃習於亂
　　而容於治，』句法並一律。

飾 邪 第 十 九

臣故曰：明於治之數，則國雖小，富。賞罰敬信，民雖寡，強。賞罰無度，國雖大，
兵弱者，地非其地，民非其民也。

　　<u>陶鴻慶</u>云：『此文有脫誤，以文義求之，元文當云：「臣故曰：明於治之數，賞罰
　　敬信，則國雖小，富。民雖寡，強。不明於治之數，賞罰無度，則國雖大，貧。
　　民雖多，弱。何者？地非其地，民非其民也。」』
　　案陶說於文義則是，惟元文未必錯亂脫誤至此！竊疑此文『臣故曰：明於治之數，
　　則國雖小，富。賞罰敬信，民雖寡，強。』數句無誤。惟『賞罰無度，國雖大，
　　兵弱者，地非其地，民非其民也。』當作『不明於治之數，則國雖大，貧。賞罰無
　　度，兵雖多，弱。何者？地非其地，民非其民也。』補正無多，文意自順，似較
　　可信也。

夫舍常法而從私意，

　　案<u>意林</u>引夫作若。

脩身潔白，而行公行正。

　　<u>王先慎</u>云：正字衍文。

　　案正上行字，疑涉上行字而衍。正字似非衍文。

解 老 第 二 十

禮者，所以情貌也。

　　<u>盧氏拾補</u>『情貌』作『貌情。』云：『情貌』倒，今從張本，下同。
　　集解本從拾補。云：『盧說是。貌與飾同義，御覽五四二引作「禮者，所以飾貌
　　情也。」貌上更有飾字，蓋校者旁注飾字以釋貌義，刊書者失刪，亦見飾、貌二

字古通用，而作「情貌」者誤。今據乙。』

　　案盧、王說並是。道藏本亦作『貌情。』影宋本御覽引此『貌情』上無飾字。

不飾以銀黃。

　　案影宋本御覽八百三引飾作嬰。

魂魄不去，而精神不亂。

　　盧文弨云：而，凌（瀛初）本作則。

　　集解本據凌本改而爲則。案而猶則也，無煩改字。道藏本亦作而。

喻老第二十一

楚莊王旣勝，狩于河雍。

　　案藝文類聚五一引狩作晉，疑是。『楚莊王旣勝晉于河雍』爲句。淮南子人間篇
　　作『楚莊王旣勝晉於河雍之間。』可證。

是以欲制物者，於其細也。

　　案細上當有易字，『是以欲制物者，於其易、細也。』承上文『天下之難事，必作
　　於易。天下之大事，必作於細』而言；且與下引老子『圖難於其易也，爲大於其
　　細也』相應。脫一易字，則文意不完矣。

醫之好治不病以爲功！

　　案史記扁鵲列傳作『醫之好利也，欲以不疾者爲功；』（『欲以不疾者爲功。』當
　　作『欲治不疾者以爲功。』）新序雜事二作『醫之好利也，欲治不疾以爲功。』此文
　　好下疑脫『利也欲』三字。

桓侯又不應，扁鵲。

　　顧廣圻云：藏本、今本鵲下有出字。

　　集解本補出字，云：史記亦有，今據補。

　　案新序亦有出字。

桓侯故使人問之。

　　王先愼云：張榜本無故字。

　　案故字當在『問之』下，史記作『桓侯使人問其故。』之猶其也。是其證。新序

作『桓侯使人問之。』張本無故字，蓋不知故字本在『問之』下，而據新序刪之耳。

湯懟之所及。

　　顧廣圻云：藏本同。今本及下有也字，依下二句，常補。

　　集解本補也字，云：史記亦有，今據補。

　　案新序亦有也字。

使人索扁鵲，已逃秦矣。

　　案扁鵲二字當蠹，史記作『使人召扁鵲、扁鵲已逃去。』新序作『使人索扁鵲，扁

　　鵲已逃之秦矣。』並其證。

必旄象豹胎。

　　拾補必上補則字，云：『張、凌本皆有。』集解本從之。案道藏本亦有則字，御覽

　　七五九、七百六十引並同。

則錦衣九重，廣室高臺。吾畏其卒，故怖其始。

　　王先慎云：則下當有必字，說林上有，是其證。

　　案王說是也，御覽七百六十引則下正有必字，卒作終。

豐殺莖柯，

　　顧廣圻云：豐，列子（說符篇）作鋒。

　　案淮南子泰族篇亦作鋒。

罷朝，倒杖而策，銳貫頤。

　　顧廣圻云：淮南子道應訓、列子說符作『罷朝而立，倒杖策，鍜上貫頤。』頤卽

　　頤字之別體也。

　　王先慎云：御覽三六八引無而字，頤作頤。

　　案影宋本御覽引作『罷朝，到杖策，鍜貫頤。』到、倒古、今字。銳之作鍜，與

　　淮南子、列子合。

將何爲忘哉？

　　顧廣圻云：爲，道應訓、說符作不。

　　王先慎云：作不是，爲字誤。

　　案御覽引爲正作不。

而不能自見其睫。

王先愼云：御覽（三六六）引無自字，睫作眥。

案影宋本御覽仍引作『而不能自見其睫。』

兩者戰於胷中，

案御覽三七八引作『二者戰於胷臆。』

今先王之義勝，

案淮南子原道篇、精神篇『義勝』並作『道勝。』（今本原道篇『道勝』作『得道，』
乃淺人所改，詳王念孫說。）

說林上第二十二

君已見孔子，

案御覽九五一引君上有且字。

因索地於趙，弗與。

案趙字當疊，魏策作『因索蔡皇梁於趙，趙弗與。』說苑權謀篇作『又請地於趙，
趙不與。』並其證。

智氏自亡。

案自疑目之誤。（目，古以字。）

荆大說。

案荆下當有王字，下文『而荆王說，』與此相應。宋衢策正作『荆王大說。』

此人之所以憂也。

案所下不當有以字，疑涉下『必以堅我』而衍。『此人之所憂也，』與下『荆之所
利也，』句法同。宋衢策正無以字。

溫人之周。

案影宋本御覽六四二引之作入。

對曰：主人。

案御覽引『主人』下有也字。周策亦有也字。

臣少也誦詩，曰，

案周策龥詩字，是也。

桀以醉亡天下，而康誥曰，

　　盧文弨云：『而字，孫云：衍。』

　　案而非衍文，而下蓋有脫文也。御覽四九七引此作『紂以酒亡天下，而况袭亡乎？』『袭亡』乃『亡袭』之誤倒。今本而下脫『况亡袭乎』四字，當補。

春往冬反。

　　案御覽四百九十引往下有而字。

眣兩目瞽，君奚爲不殺？

　　案御覽三六六引作『瞽睞兩目，君奚弗殺？』

君奚怨焉！

　　案御覽引怨作惡。

樂羊爲魏將而攻中山。

　　案藝文類聚七三、御覽七五九並引作『樂羊爲魏文侯攻中山。』

孟孫獵得麑。

　　集解本連上，云：各本孟下提行，治要連上，今據改。

　　案王改是也，說苑貴德篇亦連上。

使秦西巴載之持歸。其母隨之而啼。

　　案治要引『載之持歸，』作『持之以歸。』（集解本改作『持之歸，』歸上當補以字。）啼作呼。藝文類聚六六引『載之持歸，』作『持之，』（『持之』下蓋脫『以歸』二字。）啼亦作呼。

而越人被髮。

　　案『被髮』本作『翦髮，』此後人妄改之也。越人以翦髮爲俗，墨子公孟篇·『越王句踐翦髮文身，以治其國。』史記趙世家：『夫翦髮文身，甌越之民也。』並其證。翦，斷也。（本字作前，說文：前，齊斷也。）莊子逍遙遊篇：『越人斷髮文身。』漢書地理志：『文身斷髮，以避蛟龍之害。』則被髮固非越人之俗矣。說苑反質篇作『越人剪髮。』（剪卽俗前字，奉使篇亦云：剪髮文身。）正可證此文之誤。

東之逆旅，有妾二人。

　　王先慎云：『東之』當依莊子作『宿於，』下重『逆旅』字。

　　案莊子山木篇作『宿於逆旅，逆旅人有妾二人。』『逆旅人，』當作『逆旅之父。』
　　（說詳莊子校釋三。）此文『有妾二人』上，亦當有『逆旅之父』四字，文意乃明；
　　且與下文『逆旅之父荅曰』相應。

說林下第二十三

夫事有所必歸，而以有所，腫膝而不任，智者之所獨知也。

　　王先慎云：『而以有所，』語意不完，疑有脫文。

　　案腫膝二字當疊，『腫膝而不任，』緊承『而以有所腫膝』而言，以與已同。脫腫
　　膝二字，則語意不完矣。

鳥有翢翢者，

　　盧文弨云：『文選阮嗣宗詠懷詩：「周周尚銜羽，」李善注引此亦作周周。』

　　案御覽九二八、天中記五九並引莊子云：『周周銜羽以濟河。』字亦作周。

人之所有飲不足者，不可不索其羽也。

　　案文選阮嗣宗詠懷詩注引作『今人之所有飢不足者，不可以不索其羽矣。』

蠶似蠋。

　　案御覽六三三引蠶上有而字。

漁者持鱣。

　　案御覽八二五引『漁者』上有而字。

皆爲賁、諸。

　　王先慎云：事類賦（二九）賁、諸作賁、育。

　　案御覽八二五引此亦作賁、育。（王氏以所引爲下七術篇之文，非。）

得千溢焉。

　　顧廣圻云：今本溢作鎰，誤。

　　王先慎云：御覽（八二八）引作『得十鎰焉。』

　　案御覽引千作十，十卽千之誤。溢、鎰古、今字。影宋本御覽仍作『得千溢焉。』

若亦不患臘之至而茅之燥耳？

　　案御覽九五一引至上有將字。

若又奚患？

　　案御覽引又作有。作有是故書。

一身兩口。

　　案御覽引口作頭。

今荊將欲女饗鼓。

　　盧文弨云：欲，張、凌本作以。

　　集解本改欲作以。案道藏本作與，與猶以也。

死者有知也，

　　案御覽二三八引有上有若字。

荊人因不殺也。

　　案御覽引也作之。

知伯將伐仇由。

　　案御覽五七五引將作欲。西周策、呂氏春秋權勳篇亦並作欲。

乃鑄大鍾遺仇由之君。

　　案御覽引作『鑄大鍾遺之，方車二軌。』今本『遺仇由之君』下，蓋脫『方車二
　　軌』四字，呂氏春秋作『爲鑄大鍾，方車二軌以遺之。』可爲旁證。

赤章曼枝曰，

　　案御覽引曰上有諫字。呂氏春秋亦有諫字。

而今也，大以來，卒以隨之。

　　顧廣圻云：『卒以隨之』，藏本、今本以作必。

　　集解本改以作必，云：御覽引正作必，今據改。

　　案御覽引『大以來，卒以隨之。』作『以大事小，兵必隨之。』

赤章曼枝因斷轂而驅。

　　案御覽引驅作馳。

索鑊鼎。

顧廣圻云：呂氏春秋審己篇、新序節士篇云『岑鼎。』

案讒、岑並鬵之借字，說文：鼎大上小下若甑曰鬵。

胡不以其眞往也？

案御覽四百三十引胡上有君字。

乃轚不城薛。

盧文弨云：不字衍，齊策無。

顧廣圻云：策無不字，新序（雜事篇）作『罷民弗城薛也。』

王先愼云：此當各依本書，轚乃軹之譌，本書轚、軹多互亂。御覽一九二引作『乃不城薛。』蓋不審轚爲軹之誤而誤刪之也。

案不字非衍文；轚亦非軹之誤。淮南子人閒篇作『乃止不城薛。』轚猶止也。又案本書外儲說右上篇：『乃轚不殺客。』淮南子脩務篇：『轚不攻魏。』亦並與此句法同。齊策無不字；御覽引此文無轚字，並淺人所刪也。

溺人者一飮而止，則無逆者。以其不休也。

顧廣圻云：藏本、今本逆作溺，桉所改誤也。逆當作遂，形近之誤。

案顧氏以逆爲遂之誤，則此文當作『溺人者一飮而止，則無遂者。遂者，以其不休也。』不齺遂者二字，則與『以其不休也』句，義不相屬。道藏本、今本遂作溺，溺者二字亦常疊。

守道第二十六

其備足以必完。法治世之臣，

盧文弨云：法字疑衍。

案盧說是也，法字卽治字之誤而衍者。藝文類聚五四引此正無法字。

人主離法失人，則危於伯夷不妄取，而不免於田成、盜跖之耳可也。

顧廣圻云：『而不免於田成、盜跖之耳，』藏本同。今本耳作禍，誤。按不字衍，耳當作身，形相近也。與上句對。『可也，』藏本同。今本可作何，誤。

案危當作免，字之誤也。免與『不免』對言；耳乃取之壞字，取與『不妄取』對言，此文本作『人主離法失人，則免於伯夷不妄取，而不免於田成、盜跖之取可

也。』文意粲然明白。趙本改耳爲禍，改可爲何，固非；（集解本從趙本，謬甚！）
顧氏以不字爲衍文，耳爲身之誤，亦未審。

羿巧於失廢，

　　顧廣圻云：藏本、今本於下有不字。乾道本發作廢，謟。

　　案作廢非謟，廢、發古通，莊子列御寇篇：『曾不發藥乎！』釋文引司馬彪本發
　　作廢；列子仲尼篇：『發無知，何能情？發不能，何能爲！』釋文引一本作『廢
　　無知；廢無能。』並其比。

立法非所以避曾、史也。

　　顧廣圻云：藏本、今本避作備，按備字涉上句誤。

　　案顧說非也，避乃備之聲誤，俗讀備、避聲相亂，故二字往往互謟，（呂氏春秋
　　節喪篇：『善棺椁，所以避螻蟻蛇蟲也。』舊校云：『避，一作備。』淮南子脩務篇：
　　『衒蘆而翔，以備矰弋。』六帖九四引備作避。並其比。）備謂防備也，上文『設
　　柙非所以備鼠也，』與此備字同義。下文『爲符非所以豫尾生也。』豫亦備也。（禮
　　記學記：『禁於未發之謂豫。』）當從藏本、今本作備爲是。

用人第二十七

廢尺寸而差短長，

　　案藝文類聚五四引『短長』作『長短。』

王爾不能半中。

　　案『王爾不能半中，』義頗難通；且與上文『堯不能正一國，』『奚仲不能成一輪，』
　　句法不一律。疑此文本作『王爾不能成半器。』今本半上脫成字，器字又涉下文
　　『中主』而誤爲中耳。然亦未能輒定也。

見憎，不能盡力而務功。

　　顧廣圻云：藏本同，今本見上有民字。按當脫燕字。

　　案見上有民字是。『民見憎，』承上文『內憎其民』而言。

功名第二十八

故臣主同欲而異使。

案使疑便之形誤。

不能兩成。

　　案御覽三百七十引作『則不兩成。』

大體第二十九

不洗垢而察難知。

　　案治要、文選王子淵四子講德論注引洗並作灑。當以作灑爲正。

則物不必載。

　　顧廣圻云：必讀爲畢。

　　集解本改必爲畢，云：乾道本畢作必，今據治要改作畢。

　　案道藏本、趙本並作必，必、畢古通，（藝文類聚八八引尸子：『木之精氣爲必
　　方。』御覽九五二引必作畢；淮南子天文篇：『草木必死。』玉燭寶典五引必作畢。
　　並其比。）無煩改字。

內儲說上七術第三十

是以麗水之金不守。注：竊麗水之金，其罪辜磔。猶竊而不止，則有竊而獲免者，故
雖重罪不止也。

　　王先愼云：守當作止，註不誤。

　　案守非誤字，注『竊而不止，』正以言其『不守』也。若作『麗水之金不止，』則
　　文不成義，王說謬甚！

因曰：此河伯。

　　案御覽八八二引河伯下有也字。

堅牛不爲請。

　　案御覽五七五引『不爲』下有之字。

吾以爾請之矣。

　　顧廣圻云：藏本以上有爲字，今本作『已爲。』

　　案此本作『吾以爲爾請之矣。』乾道本脫爲字；道藏本以爲二字誤倒，以猶已也。

作以是故書。

丙出走齊。

　　案御覽引走作奔。

夫不使賤議貴，

　　陶鴻慶云：『議貴』上當從八說篇補得字。

　　案陶說是也，據注：『賤不得與貴議也。』是此文本作『不使賤得議貴』矣。

龐恭與太子質於邯鄲。

　　王先慎云：事類賦二十引恭作共，古字通用。

　　案御覽一九一、八九一引恭亦並作共，下同。

曰：不信。

　　王先慎云：御覽一九一、八二七、八九一、事類賦二十，引不信二字並作不，下同。

　　案不下信字，乃淺人所加也。不讀爲否，魏策二、新序雜事二皆作否；御覽一九
　　一引此亦作否，王氏失檢。

二人言市有虎，

　　案御覽一九一、八九一引此並無『市有虎』三字，下同。新序亦無『市有虎』三
　　字。

寡人信之。

　　案御覽一九一引『信之』作『信矣。』疑此文『信之』下本有矣字，今本脫矣字，
　　御覽脫之字耳。魏策、新序並作『寡人信之矣。』

議臣者過於三人，

　　案御覽一九一引議作謗。

竟不得見。

　　王先慎云：事類賦引見作入。

　　案御覽八九一引見亦作入。

殷之法：刑棄灰於街者。

　　案初學記二十引街作術，下同。

雖刑之可也。

案初學記引雖上有然則二字。

大罪莫重辜磔，於市猶不止者，不必得也。

案道藏本、趙本大並作夫，是也。辜磔二字當疊。此本作『夫罪莫重辜磔，辜磔於市猶不止者，不必得也。』脫辜磔二字，則文意不明，舊因讀『夫罪莫重辜磔於市』爲句，牽強甚矣！

火南倚。

案初學記二十、御覽六三八引倚並作向。

自將衆，輒救火者。

俞樾云：輒當作趨，者字衍文。

王先愼云：趙本輒作趨，藝文類聚八十、御覽八六九、初學記二十引並作趨，無者字。

案道藏本輒亦作趨。御覽六三八引輒作趍，亦無者字。趍乃俗趨字，趨與趨同，亦可證作輒之誤。御覽八六九引『救火』上有而字。初學記引此有者字，王氏失檢。

則國不足以賞於人。

案藝文類聚二十、御覽八六九並引作『則舉國不足以賞於民。』

而火已救矣。

案初學記、御覽六八三引已並作逐。

材木盡於棺椁。

案御覽八百二十引『材木』作『林木，』下同。

人之救火者死，

王先愼云：『者死』當作『死者。』

案王說是也，藝文類聚五四、八十、御覽六三八引此並作『民之救火而死者。』

人塗其體，

集解本入下有之字，云：據藝文類聚引增。

案御覽六三八引此亦有之字。

此知必勝之勢也。

案御覽六三八引此作始。

有能徙此南門之外者，

案御覽八四二引此下有於字，與下文『有能徙此於西門之外者，』文例一律。

及有徒之者，

案御覽二九六引及作或。

俄又置一石赤菽東門之外。

集解本『赤菽』下有於字，云：各本無於字，案與上文『倚一車轅於北門之外，』文法一律，此脫於字，御覽引有，今據補。

案王氏據御覽補於字，是也。初學記二七、御覽二九六、六三八、八四二引『赤菽』並作『赤黍。』

有能徙此於西門之外者，

案御覽二九六、六三八引此並作之。

人爭徙之。

案御覽二九六、六三八並引作『民則爭徙之。』

明日且攻亭，

案御覽七七五引日作且。

越王盧伐吳，

案御覽九四九引越王下有勾踐二字，四三七引作越勾踐，蓋脫王字。尹文子大道上篇亦云：『越王勾踐謀報吳。』

乃爲之式。

案御覽四三七、九四九引式並作軾，尹文子同。軾、式正、假字。

爲其有氣故也。

王先慎云：御覽九四九引氣作勇，誤。下文正作氣。

案影宋本御覽引作『以其有勇氣故也。』鮑刻本蓋脫氣字，或妄刪氣字耳。

韓昭侯使人藏弊袴。

案御覽六三三引袴作袴，下同。

吾聞明主之愛一顰一笑，

案御覽三九二、六三三引『明主』並作『明君。』

必三百人。

案御覽五八一引必作有。

潛王立。

王先愼云：御覽（五八一）引潛作文，誤。

案御覽引作『文王卽位。』文當作閔，潛王卽閔王也。荀子王霸篇：『齊潛、宋獻是也。』楊倞注：『潛與閔同。』卽其證。

處士逃。

案北堂書鈔一百十引作『處士逸焉。』御覽引逃作走。

一一而聽之。

案御覽引此下更有『乃知其濫吹也』六字。

左右因割其爪而效之。

案御覽三百七十引割作取。

因事關市以金與，

盧文弨云：與字衍。

案御覽八二七引此正無與字。

關市乃大恐。

顧廣圻云：藏本同。今本市作吏，誤。楊注（荀子王制篇）引作市。

案御覽亦引作市。

內儲說下六微第三十一

盍是，子將以買妾。

王先愼云：藝文類聚（八五）引句末有矣字。

案藝文類聚引作『盍則子將取妾矣。』御覽八百二十引作『盍則子將取妾。』

魯孟孫、叔孫、季孫相戮力劫昭公。

案相下疑脫與字，下文亦以『相與』連文。

嘗以中山之謀微告趙王。

王先愼云：拾補嘗改常，是也。

案嘗、常古通，無煩改字。

爲近王，必掩口。

王先愼云：爲當作若。

案爲猶若也，無煩改字。

魏王遺荆王美人。

王先愼云：藝文類聚十八引荆作楚，『美人』作『美女。』

案御覽三六七引此與藝文類聚同。

頃嘗言惡聞王臭。

案御覽三六七引臭上有口字。

王怒曰：劓之。

案御覽引作『王怒甚，因劓之。』

僮侯浴。

案意林引浴上有將字。

平公趣殺炮人。

案御覽八六三引趣作使，炮作庖（下同），庖、炮古通。

風靡骨斷而髮不斷，

案御覽引『不斷』作『不截，』截亦斷也。

肉紅白而髮不焦，

案御覽引焦作燒。

干象對曰：不可也。

案也字疑涉下文『何也』而衍，楚策、史記甘茂傳並無也字。

日者知用之越，

王先謙曰：日字疑昔脫其牛。

案『日者』猶『昔者，』漢書高帝紀：『日者荆王兼有其地，』韓延壽傳：『日者燕
王爲無道，』（注並云：日者，猶往日也。）並與此『日者』同義。王說疏矣！

今亡之楚，不亦太甌亡乎？

顧廣圻云：亡，當依策作忘。

集解本亡作忘，云：張榜本作忘，今據改。

案史記甘茂傳亦作忘。惟亡、忘古通，無煩改字。難二篇：『晉平公慕於齊女而亡歸，』道藏本、張本並作忘，集解本因改作忘，誤與此同。

君何不迎之以重祿高位，

　　案長短經昏智篇迎作延。

哀公新樂之

　　案長短經新作親。

諫必輕絕於魯。

　　案長短經諫下有『不聽』二字，絕下無於字。

晉獻公伐虞、虢，

　　盧文弨云：一本作『欲伐虞。』案經是虞、虢。

　　王先愼集解本伐上有欲字，云：御覽三百五又四百七十八、五百六十八引作『欲伐虞虢。』今據補。

　　案記纂淵海引此亦作『欲伐虞、虢。』

女樂六，以榮其意，

　　王先愼集解本六作『二八，』云：各本『二八』字作六字，今據御覽引改。榮當作熒。

　　案記纂淵海七八引六亦作『二八，』『以榮其意，』作『以熒其心。』御覽三百五引作『以熒其心』五六八引作『以熒其心，』四七八引意亦作心。榮、熒、熒，古通用。

外儲說左上第三十二

是以功外於法，而賞加焉，則上不信，得所利於下。名外於法，而譽加焉，則士勸名，而下畜之於君。

　　王先愼云：『則上不信，』趙本信作能。

　　顧廣圻云：『而下畜之於君，』藏本同，今本下作不。

　　案『得所利於下』上，當有而字，『功外於法，而賞加焉，則上不信，而得所利於下。』與『名外於法，而譽加焉，則士勸名，而不畜之於君。』文正相對。趙本改『下畜』爲『不畜，』是也。惟不知得上脫而字，而臆改『不信』爲『不能，』則失之矣。

曰：昔秦伯嫁其女於晉公子。

　　案御覽五四一引曰上有『田鳩對』三字，昔下有者字。

晉人愛其妾而賤公女。

案御覽引賤作『不愛。』

此可謂善嫁妾，而未可謂善嫁女也。

　　案御覽引而作矣，屬上絕句，是也。『此可謂善嫁妾矣，未可謂善嫁女也。』與下

　　文『此可謂善賣櫝矣，未可謂善鬻珠也。』文例一律。

爲木蘭之櫃，薰桂椒之櫝，

　　集解本『薰桂椒之櫝，』作『薰以桂椒。』云：據藝文類聚八四、御覽七一三又八

　　百三、八二八、初學記二七引改。

　　案御覽七一三、八百三、八二八引櫃並作櫝，事類賦珠賦注引尸子同。事類賦注

　　引尸子『薰桂椒之櫝，』亦作『薰以桂椒。』初學記二七引此作『薰桂之櫝，』不

　　作『薰以桂椒，』王氏失檢。

緝以羽翠。

　　王先愼云：藝文類聚、御覽引，均作『緝以翡翠。』

　　案道藏本羽正作翡。事類賦注引尸子同。

王曰：行者不止，築者知倦，其謳不勝如癸美，何也？

　　王先愼云：張榜本無勝字。

　　案御覽五七二引王下有怪問二字。『不勝如癸美，』義頗難通，美字疑卽癸字之誤而

　　衍者，（下文『癸四板，』『癸五寸，』御覽引兩癸字亦並誤作美。）如猶於也，『不勝如癸

　　，』猶言『不勝於癸』也。張榜本作『不如癸美，』蓋由不知美是衍文，因妄删勝字耳。

宋人有請爲燕王以棘刺之端爲母猴者，

　　案御覽九五九引母猴作沐猴。母猴卽沐猴，亦卽獼猴，（史記項羽本紀：『人言楚

　　人沐猴而冠耳。』集解：『張晏曰：沐猴，獼猴也。』）並語之轉也。母非謂牝者。

必三月齋，然後能觀之。

　　案御覽引作『使王必三月齊，而後能觀之。』齊、齋古、今字，而猶然也。

右御冶工言王曰，

　　集解本冶作冶，云：趙本作『冶工，』與下文合，是也。今據改。言當作謂。

　　案道藏本亦作『冶工，』御覽引同。又引言作謂，與王說合。

凡刻削者，以其所以削必小。今臣，冶人也，無以爲之削。此不然物也。

　　案御覽引略此二十六字，而有『棘刺至小，安可削乎？』八字，疑此文『以其所

　　以削必小』下，本有『棘刺至小，安可削乎？』八字，而今本脫之。

冶人謂王曰，

　　集解本人作又，云：據御覽九五七引改。

　　案御覽九五七未引此文，乃九五九之誤。惟影宋本御覽仍作『冶人，』鮑刻本人

誤爲又，不可從。文選魏都賦注引此亦作『冶人。』

一曰：『好微巧。衞人曰：「能以棘刺之端爲母猴。」』

王渭云：『一曰』下當脫燕王二字，選注有。

集解本『好微巧，』作『燕王徵巧術人。』『衞人曰：「能以棘刺之端爲母猴，」』作『衞人請以棘刺之端爲母猴。』云：微卽徵字形近而誤。藝文類聚九五、御覽九百十引正作『燕王徵巧術人。』是其證。今據改。御覽五百三十引作『燕王欲攻衞，』白孔六帖八三引作『燕王好微巧，』九七引作『燕王好微巧，』並誤。然皆有燕王二字。『曰能以』三字，藝文類聚、御覽引並作『請以』二字，今據改。

案『好微巧，』當從文選魏都賦注及白孔六帖九七引作『燕王好微巧』爲是。藝文類聚九五、御覽九百十引此文並作『燕王徵巧，術人請以棘刺之端爲母猴。』微卽微之形誤，（影宋本御覽微字不誤。）術卽衞之形誤，非『衞人』上更有『術人』二字也。御覽五百三十引作『燕王欲攻，衞人請以棘刺之端爲猴。』攻乃巧之形誤，（影宋本御覽巧字不誤。）衞字當屬下讀。白孔六帖八三引『好微巧，』作『燕王好微巧，』微亦微之形誤。下文『諸微物，』（文選注引作『微巧。』）正與此微字相應。則微非徵之誤明矣。王氏據譌亂之類書妄改本文，謬甚！又案『能以棘刺之端爲母猴，』文選注引能上有臣字。

客曰：人主欲觀之，

案文選注引『客曰，』作『衞人曰，』下更有『臣爲棘刺之母猴也』八字。

不能觀其母猴。

案文選注引『不能』上有而字。

臣，削者也。

盧文弨云：臣下張本有爲字。

顧廣圻云：藏本臣下有爲字。

案文選注引此亦有爲字。

必以削之。

顧廣圻云：藏本、今本重削字。

案文選注引此亦重削字。

今棘刺之端，不容削鋒，難以治棘刺之端。

> 盧文弨云：凌本無『難以治棘刺之端』一句。

> 案文選注引此亦無『難以治棘刺之端』一句。疑此本有『難以治』三字，『棘刺
> 之端』四字，蓋涉上文『今棘刺之端』而衍。若無『難以治』三字，則文意不完。
> 文選注引此有略文，凌本無此一句，蓋據文選注刪。

能與不能可知也。

> 案文選注引能上有則字。

謂衛人曰：客爲棘削之。

> 盧文弨云：『「謂衛人曰：客爲棘，」此下多脫文，孫云：「文選魏都賦注引『王曰：
> 客爲棘刺之端，何以理之？』理必本是治字，今此接『削之』二字，誤，當刪。」』

> 顧廣圻云：削當作刺，之下當有『母猴何以』四字。

> 案文選注引『客爲棘削之，』作『客爲棘刺之母猴，何以理之？』疑卽顧說所本；
> 孫氏謂文選注引作『客爲棘刺之端，』失檢。

見說，宋人善辯者也。

> 顧廣圻云：見說，藏本同。今本見作兒，桉兒是也。兒說，見呂氏春秋君守、淮
> 南人間訓。

> 案藝文類聚九三引此亦作兒說。

曰：犬馬難。

> 集解本難上有最字，云：據藝文類聚七四、御覽七百五十、意林引補。犬作狗，
> 下同。

> 案藝文類聚、意林、御覽引曰上更有對字。下文『曰：鬼魅最易。』御覽引曰上
> 亦有對字。

孰易者？

> 案藝文類聚、御覽引易上並有最字，是也。

夫犬馬，人所知也。

> 案御覽引人下有之字。意林引知上有共字。

鬼神無形者，不罄於前。

集解本神作魅，云：神，當依上文作魅。藝文類聚、意林、御覽引正作魅。藝文類聚、御覽不上有『無形者』三字。

案藝文類聚、御覽引此並疊『無形』二字，此文本作『鬼魅無形，無形者不罄於前。』非疊『無形者』三字也。王氏失檢。又案藝文類聚、御覽引『不罄』並作『不可覩』。

可以戲而不可食也。

案『不可』下當有以字，『可以戲』與『不可以食』對言，下文『可以戲而不可以爲治也。』句法同。

吳起吮其父之創，而父死。

案吳起上當有昔字，昔與下文今對言。御覽四七七引此正有昔字。

公曰：寡人出亡二十年，乃今得反國。咎犯聞之，不喜而哭，意不欲寡人反國邪？

案治要引『公曰』作『文公曰，』咎犯作咎氏，『寡人』下有之字。

犯對曰，

案治要、御覽七五九引此並無犯字。

而君捐之。

集解本捐作棄，云：據選注（鮑明遠東武吟注）、治要改。

案御覽七百九引捐亦作弃。惟捐猶棄也，且與上文作捐一律，無煩改字。

故哭。

案治要引作『故哭也。』

焉可！解左驂而盟于河。

集解本可作乃，云：治要作乃，今據改。

案『焉可』爲句。治要引解上有乃字，非引可作乃也。王氏改可爲乃，謬甚！

妻子因毀新，令如故袴。

集解本無子字，云：北堂書鈔（一二八）引無，今據刪。御覽（六九五）引作『妻因鑿新袴爲孔。』

案影宋本御覽作『妻因鑿新袴爲孔效之。』今本毀字，即鑿之誤。鑿，俗作鑿，因誤爲毀耳。

國以治。

案御覽五九五引以下有之字。

反歸取之。

案御覽四九九、六九七引反並作乃。

其君見好巖穴之士。

顧廣圻云:『見好』當依下文作『好顯。』

案『見好』疑『好見』之誤倒,見猶顯也。

則農夫惰於田。

案御覽二九一引田上有力字,是也。『則農夫惰於力田』與上『則戰士怠於行

陣,』文正相耦。下文田上亦當有力字。

齊桓公好服紫。

案御覽八一四引服作衣,尹文子大道上篇亦作衣。

一國盡服紫。

案御覽引作『國人皆好服之。』

左右曰,

案御覽三八九、六八六引曰上並有對字。

是以貴。

案御覽三八九引作『是故貴也。』六八六引以亦作故。

君因先自斷其纓而出。

案御覽三八九、六八六引君上並有鄒字。

起不食待之。

集解本作『吳起至暮不食而待之。』云:御覽四七五、八四九引並作『吳起至暮

不食而待之。』今據改。

案御覽四七五引作『吳起至暮不食而待之。』『至暮』二字疑涉上文『故人至暮不

來』而衍。八四九引作『起不食而待之。』可證。今本但脫而字耳。

左右止。

案『左右止』上,當依魏策補『文侯將出』四字,文意乃完。

妻止之。

案治要引妻上有其字。

嬰兒，非有知也。待父母而學者也。

案治要引『嬰兒』下有者字，學下有之字。

非以成教也。遂烹彘也。

案治要引以上有所字。『遂烹彘也，』作『遂殺彘。』今本彘下也字，疑涉上也字
而衍。

楚厲王有警爲鼓。

集解本作『楚厲王有警鼓，』云：據御覽五八二、事類賦十一引刪。

陶鴻慶云：『有警爲鼓，』當作『爲警鼓，』此言爲鼓以待警，非謂有警而爲鼓也。
今本涉下『有警擊鼓』而誤。

案御覽、事類賦引作『楚厲王有警鼓，』是也。有猶爲也，其作『楚厲王有警爲
鼓』者，蓋有，一本作爲，寫者因誤將爲字竄在警字下耳。

外儲說左第三十三

與公相失。

案御覽二六六、四二六引公上並有文字。

舉兵攻用，兌而拔之。

顧廣圻云：藏本同。今本用兌二字作原。按句有誤。

集解本作『舉兵攻原，克而拔之。』云：用乃原之誤，兌乃克之誤。御覽二六六引
作『舉兵攻原，克而拔之。』是其證。今據改。

案王改是也。御覽四二六引『攻用』作『伐原，』亦可證用字之誤。趙本改用爲
原，是也；惟不知兌爲克之誤而刪之，則非。

夫輕忍飢餒之患，而必全壺飧，是將不以原叛。

案御覽八百五十引餒作餧，叛作畔（下同），餒卽或餧字，說文：『餧，飢也。』
畔、叛古通。御覽二六六引餒亦作餧，飧作飱，飱下更有者字。將作且，且猶將
也。

一曰：哀公問於孔子曰，

案御覽三七二引哀公上有魯字。

孔子御坐於魯哀公。

集解本御作侍，云：藝文類聚八五又八六、御覽九六七引御作侍，今據改。

案家語子路初見篇御亦作侍。惟御猶侍也，無煩改字。小爾雅廣言：『御，侍也。』（廣雅釋言同。）卽其證。

仲尼先飯黍而後啗桃。

王先愼云：御覽、事類賦二十六引啗作食。

案家語啗亦作食。

祭先王，爲上盛。

王先愼云：藝文類聚八五、白孔六帖八一引爲上有以字。

案家語爲上亦有以字。

祭先王，不得入廟。

案藝文類聚八五引入下有於字。

夫冠雖賤，頭必戴之。履雖貴，足必履之。

王先愼云：藝文類聚（六九）引賤作惡，貴作美。

案藝文類聚引貴作善，王氏失檢。御覽七百九引賤亦作惡，貴亦作善。

今車席如此太美，

集解本『太美』作『大美，』云：藝文類聚作『其大美也。』

案道藏本亦作『大美。』御覽引作『其太美也。』

夫美下而耗上，

王先愼云：藝文類聚引夫上有且字。

案御覽引夫上亦有且字。

妨義之本也。

王先愼云：藝文類聚引本作道。

案御覽引本亦作道。

與削危子戲而相誇。

王先慎云：『刖，經作跀。案說文：「跀，斷足之刑也。」經典通作刖。』

案御覽六九四引『刖危子』作『胡跪子，』胡蓋跀之誤，危與跪同。

盜子曰，

案御覽引盜下有狗字。

危子曰，

顧廣圻云：危上當有刖字。

案顧說是也，御覽引作『胡跪子曰，』胡卽跀之誤。

因能而受祿。

王先慎云：意林受作授。

案御覽六二四引受亦作授。

則莫敢索官，君何患焉！

集解本同，云：乾道本無君字，今據御覽引增。

案乾道本有君字，王氏失檢。御覽引莫上有人字，患作憂。

樹橘柚者，食之則甘。

盧文弨云：張本樹上有夫字。

集解本作『夫樹柤棃橘柚者，食之則甘。』云：藝文類聚八六、初學記二八引有
夫字及柤棃二字，御覽九六九引亦有柤棃二字，今據增。

案道藏本亦有夫字，御覽引同。藝文類聚引甘作美。

誰使而可？

案御覽二六六引此上更有『令其空』三字。

公曰：非子之讎也？

案御覽引非上有伯子二字。

曰：私讎不入公門。

案御覽引曰上有對字。

中府之令，

案御覽引令下有空字。

故曰：外舉不避讎，內舉不避子。

案御覽引雛上有仇字，子下有弟字。

平公問叔向曰：羣臣孰賢？

案御覽四百二引平公上有晉字，『羣臣』上有吾字。

曰：趙武。

案御覽引趙武下有賢字。

武，立如不勝衣，言如不出口。

盧文弨云：武上當有『向曰』二字。

集解本依盧說補『向曰』二字。案御覽引武上有『對曰』二字，武下有之字。則不當據盧說補『向曰』二字矣。新序雜事四亦作『對曰。』

然所舉士也數十人，

集解本然下有其字，云：據御覽四百二引增。

案新序然下亦有其字。

狐乃引弓送而射之。

集解本送作迎，云：藝文類聚二二、御覽四二九引並作迎，今據改。

案送當作逆，字之誤也。說文：『逆，迎也。』故藝文類聚、御覽引作迎耳。

解狐舉邢伯柳爲上黨守。柳往謝之，曰：『子釋罪，敢不再拜！』曰：『舉子，公也。怨子，私也。子往矣，怨子如初也。』

王先慎云：『白孔六帖四四引韓子曰：「趙簡王問解狐：『孰可爲上黨守？』曰：『荊伯柳。』王曰：『非子之讐乎？』曰：『舉賢不避仇讐也。』」』

案治要引作『解狐與邢伯柳爲怨。趙簡主問於解狐曰：「孰可爲上黨守？」對曰：「邢伯柳可。」簡主曰：「非子之雠乎？」對曰：「臣聞忠臣之舉賢也，不避仇讐。其廢不肖也，不阿親近。」簡主曰：「善。」遂以爲守。（以上又見御覽四二九，邢並作荊，『孰可』下有以字，『簡主曰』上有趙字，『遂以爲守，』作『遂以荊伯柳爲守。』）邢伯柳聞之，乃見解狐謝。解狐曰：「舉子，公也。怨子，私也。往矣，怨子如異日。」』此九十五字，當是此節之異文，王氏集解收入佚文中，非也。白孔六帖所引三十一字，即治要所引九十五字之約文，（兩王字並當作主。）王氏附引於此，是也。

梁車新爲鄴令。

盧文弨云：前後俱無新字。

集解本刪新字，云：據白孔六帖十九引刪。

案御覽五一七引此有新字，下文『車遂刖其足，』車下亦有新字。

其姊往看之。

案御覽四九二、五一七引看並作見。

暮而後門閉。

盧文弨云：閉字後人所增，當刪去，蓋後門，即是門已閉也。

集解本作『暮而後至閉門。』云：據白孔六帖增改。御覽四九二、五一七引作『暮
而門閉。』

案盧氏謂『閉字後人所增，』是也。呂氏春秋長利篇：『天大寒而後門。』與此句法
同。高誘注：『後門，日夕，門已閉也。』即此『後門』之義。白孔六帖所引，乃
妄增改；御覽所引，乃妄刪削。並不足據。又案御覽五一七引作『暮郭門閉。』
（非作『暮而門閉，』王氏失檢。）亦由不知閉字爲後人所增，而妄改『後門』爲
『郭門』耳。

外儲說右上第三十四

車而下走者也。

顧廣圻云：車字當衍，今本車上有舍字者，非是。

集解本作『釋車而下走者也。』云：顧說非也。御覽六二四引車上有釋字，是。
此與外儲說左上『釋車而走，』句例正同。今據增。

案道藏本車上亦有舍字。御覽引車上有釋字，釋猶舍也。（難一篇：『釋之以爲寡
人戒。』淮南子齊俗篇釋作舍，即其比。）乾道本蓋脫舍字耳。

要作溝者於五父之衢而飮之。

案御覽一九五引父作甫，父、甫古通。

言未卒，

案御覽八四九引卒作畢。

先生使弟子令徒役而澮之。

　　集解本令作止，云：據御覽（八四九）引改。

　　案御覽引作『先生令弟子徒役止而澮之。』非引令作止，王氏失檢。此本作『先生
　　使弟子徒役止而澮之。』使，一本作令，御覽所引是也。今本誤將令字竄在『弟
　　子』下，而上又脫止字耳。

吾不臣天子，不友諸侯。

　　案御覽六四五引作『上不臣天子，下不事諸侯。』

太公望曰，

　　案御覽引望作苳。

亦驥之不可左右矣。

　　案御覽引『不可』下有以字。

然而有百金之馬，而無一金之鹿者。

　　集解本作『然而有百金之馬，而無千金之鹿者，何也？』云：各本千字作一，無
　　『何也』二字，據論衡、藝文類聚九三、御覽八九三引補。

　　陶鴻慶云：百金、一金，皆當作千金。論衡非韓篇引此正作『天下有千金之馬，
　　無千金之鹿。』王解改一金爲千金，是已；而於『百金之馬，』反仍其誤，舛謬殊
　　甚！則過信類書之失也。

　　案王氏所稱御覽八九三，乃八九六之誤。惟藝文類聚、御覽引百金作千金，一金
　　仍作一金，王氏失檢。陶氏據論衡謂『百金、一金，皆當作千金。』是也。淮南
　　子說山篇：『馬之似鹿者千金，天下無千金之鹿。』劉子新論言苑篇：『國有千金
　　之馬，而無千金之鹿。』亦並其證。

令之昆弟博。

　　王先愼云：『令之』當作『令其。』

　　案之猶其也，無煩改字。本篇下文『南圍鄭，反之陴。』王氏據晉語疑之爲其之
　　誤，亦非。（說已詳十過篇。）

夫明主畜臣亦然。

　　案御覽九百二十引『明主』下有之字。

有瓦卮而有當。

案藝文類聚七三引卮作器，下同。

爲酒甚美。

案意林引爲作醖。

問其所知問長者楊倩。

集解本依盧文弨、顧廣圻說，及藝文類聚（九四）、御覽（八二八）所引，改下問字爲閭。並云：藝文類聚引倩作靑，下同。

案王氏改下問字爲閭，是也。御覽引倩亦作靑，下同。

曰：『汝狗猛邪？』曰：『狗猛，則酒何故而不售？』

盧文弨云：下曰字，藏本、張本皆無。

王先愼云：藝文類聚、御覽引並有。

案文選應休璉與滿公琰書注引此亦有下曰字，道藏本、張本蓋誤脫也。又案文選注引酒下有美字。

或令孺子懷錢、挈壺甕而往酤，而狗迓而齕之。

王先愼云：藝文類聚引迓作迎。

案文選注引挈作攜，迓亦作迎。御覽引迓亦作迎。

夫國亦有狗。

王先愼云：藝文類聚引狗上有猛字。

案御覽引狗下有猛字，蓋『猛狗』之誤倒。

爲我誅戮廷理。

案御覽六三八引爲上有必字。

車不得至於茆門。

案北堂書鈔三六引茆門作茅門，下同。御覽六三六引作弟門，下同。

天雨，廷中有潦。

案御覽引『天雨，』作『時天大雨。』潦作淖。

車不得至茆門，非法也。

王先愼云：『至茆門』三字當重。

案『不得』二字，疑涉上文『車不得至於茀門』而衍。王說恐非。

敗其駕。

案御覽引敗上有遂字。

吳起曰：非語也。

案御覽四百三十、八二六引語並作詔，八一九引作戒。

其父往請之。

案御覽八一九引『其父』作『妻兄。』

外儲說右第三十五

慶賞賜與，

王先慎云：與當作予，與、予義別。下文作予，二柄篇亦作予，不誤。

案與、予古通，無煩改字。發蔬君道篇亦作與。下文『慶賞賜予，』御覽六三三

引作與，與此同例。

故子罕劫宋君而奪其政，

案御覽四九九引劫上有親字。

應侯請曰，

案藝文類聚八七、御覽四八六、九六四、九六五並引作『應侯謂王曰。』

請發之。

案藝文類聚引發下有與字。

令發五苑之蔬蔬棗栗，

案令當作今，上文可照。藝文類聚、御覽四八六、九六四引此皆作今。

是用民有功與無功爭取也。

集解本作『是使民有功與無功互爭取也。』云：各本使作用，功下無互字，據藝文

類聚改。

案御覽四八六、九六四引用亦並作使。

一國盡爭買魚而獻之。

案御覽三八九、九三五引盡並作皆。

蘇代爲齊使燕，王問之曰，

    案燕字當疊，燕策正作『蘇代爲齊使於燕，燕王問之曰。』

平陽君之目，可惡過此。

    王先慎云：事類賦（二十三）注引本書注云：『平陽君，王弟也。』今本脫。

    案御覽九百七引此下亦有注云：『平陽君，趙王之弟。』

則是勞而難，

    案御覽八三四引難下有獲字。

故吏者，民之本綱者也。

    案下者字涉上者字而衍，御覽引無。

乃始檢轡持筴，未之用也，而馬轡驚矣！

    顧廣圻云：藏本同，今本驚作驚。

    王先慎云：驚字不誤，轡當作又。

    案驚乃驚之形誤，王說非。『轡驚』疑本作『已驚，』轡字涉上文『檢轡』而誤。

    （陶鴻慶謂『當依經作「咸驚。」』惟彼乃舊注誤入正文者，非經文也。顧廣圻已

    言之。）

前者止，

    案止疑步之壞字。

吏無私利而正矣。

    案御覽引無下有有字。

乃論宮中有婦人而嫁之。

    集解本論作諭，云：據御覽（五四一）引改。

    案影宋本御覽引仍作論。

下令於民曰、

    案御覽引下上有因字。

宮中有怨女，則有老而無妻者。

    案則下當有外字，文意乃明。宮中與外對言，猶下文『內無怨女，外無曠夫。』內

    與外對言也。

錯鍱在後，

> 王先愼云：事類賦二一引鍱作綴。

> 案御覽八九六鍱亦作綴，下同。

民中立而不知所由。

> 王先愼云：事類賦引『民中立』作『獨人處急世。』

> 案御覽引『民中立』亦作『獨人處急世。』

難一第三十六

楚人有鬻楯與矛者，

> 案御覽三五三引楯、矛二字互易，難勢篇、哀二年穀梁傳疏引莊子並同。

蟲出尸不葬。

> 顧廣圻云：尸當作戶，下同。

> 案顧說是也，說苑權謀篇尸正作戶。

吾羣臣無有不驕侮之意者。

> 案『有不』當作『不有，』傳寫誤倒也。御覽六三三引此正作『不有，』淮南氾論篇、人間篇並同。

惟赫子不失君臣之禮，

> 集解本無子字，云：子字御覽引無，今據刪。呂覽（義賞篇）作『而不失君臣之禮者惟赫，』亦無子字，是其證。

> 案淮南氾論篇、人間篇、說苑復恩篇亦並無子字。

是檡酉未有善以知言也。

> 王先愼云：有當作爲。

> 案有猶爲也，無煩改字。

難二第三十七

因發倉囷，

> 案御覽四九七、六八四引『倉囷』並作『囷倉。』

亦君之力，臣何力之有！

　　拾補『亦君之力』下補也字，云：張本有。

　　案道藏本『亦君之力』下亦有也字。御覽六百二十引有下有焉字。

然雖知不欺主之臣，

　　王先慎云：雖當爲唯之誤，惟、唯古通。

　　案雖、唯亦古通，王說疏矣！

難三第三十八

故羣臣公政而無私。

　　集解本政作正，云：據趙本改。

　　案政、正古通，無煩改字。下文『不察參伍之政。』王氏云：『論衡政作正，二字

　　古通。』是也。

一雀過羿，必得之。

　　盧文弨云：凌本重羿字。

　　集解本補一羿字。案莊子庚桑楚篇：『一雀適羿，羿必得之。』卽此文所本，則重

　　羿字是也。

孰與暴之孟常、芒卯？

　　盧文弨云：常，張本作嘗，下同。

　　案秦策、說苑敬愼篇亦並作嘗，下同。

猶無奈寡人何也，

　　顧廣圻云：策下有『今以無能之如耳、魏齊，帥弱韓、魏以攻秦，其無奈寡人何，

　　亦明矣。』

　　王先慎云：說苑敬愼篇亦有，疑此脫。

　　案王說是也，御覽四五九節引此文，尙存『其無奈寡人何』六字。

夫六晉之時，

　　案御覽引夫作當，說苑同。

滅范、中行。

304

案御覽引中行下有氏字，說苑同。

始吾不知水可以滅人之國，吾乃今知之。

案下吾字涉上吾字而衍，御覽引此正無下吾字。秦策、說苑並同。

未至如其晉陽之下也。

王先愼云：其字疑衍。

案其字非衍文，御覽引其下有在字，是也。秦策、說苑並有在字。

難四第三十九

臣之夢淺矣。

拾補淺作踐，云：淺，譌。

集解本改淺爲踐。案淺、踐古通，莊子徐无鬼篇：『故足之於地也踐，』淮南子說

林篇、文子上德篇踐並作淺，詩鄭風東門之墠傳：『踐，淺也。』卽其證。是淺

不必改作踐也。

難勢第四十

而龍蛇與蚯蚓同矣。

案御覽十五引蚓下有注云：與蚓字同。

賢智未足以服衆，而勢位足以缶賢者也。

盧文弨云：缶藏本作正，疑正之譌，正，古正字。

俞樾云：缶乃詘字之誤，趙本作『任賢者，』乃不得其字而臆改。

王先愼云：俞說是。張榜本亦改作任。

案趙、張本改缶爲任，固非；盧、俞說似亦未審。缶或爲御之壞字，道藏本作正

，尤可證也。上言『服衆，』下言『御賢，』服、御義近。

夫擇賢而專任勢，

顧廣圻云：擇當作釋。

拾補擇作釋，集解本亦改作釋。案擇、釋古通，無煩改字。五蠹篇：『布帛尋常，

庸人不釋。』論衡非韓篇釋作擇，王氏以作擇爲誤，亦非。

夫堯、舜、桀、紂，千世而一出，是比肩隨踵而生也。

王先愼云：是上當有反字。

案是上不必有反字，齊策：『千里而一士，是比肩而立。百世而一聖，蓋接踵而至。』與此文例同。

問辯第四十一

不以公用爲之的彀。

拾補公作功，集解本亦改作功。案公、功古通，無煩改字，呂氏春秋務本篇：『無公故也。』治要引公作功（務大篇同），即其比。

定法第四十三

晉之故法未息，

案淮南子要略篇法作禮。

則人主尙安假借矣？

王先愼云：矣當作乎。

案矣猶乎也，無煩改字。

說疑第四十四

而所殺亡其身、殘破其家者，何也？

王先謙云：而下所字當衍。

案所下疑脫以字，所字似非衍文。

外攄巷族。

盧文弨云：攄，張本作攎，前作接。

案道藏本攄亦作攎。前一作接；一作聚。

外以諸侯之懽驕易其國。

顧廣圻云：藏本同。今本『懽驕』作『權矯，』桉所改是也。

集解本改從今本。案改懽爲權，是也。驕、矯古通，則無煩改字。

六反第四十六

而世脣之曰任譽之士。

　　盧文弨云：譽疑是俠。

　　案譽非誤字，商君書說民篇：『任譽，姦之鼠也。』卽此『任譽』所本。

親以厚愛關子於安利而不聽，君以無愛利求民之死力而令行。

　　盧文弨云：關，或作開。

　　案開乃關之誤，關、開俗書形近，二字往往相溷。又案下句利字，疑涉上『安利』
　　而衍，『親以厚受關子於安利而不聽，君以無愛求民之死力而令行。』文正相耦。

八說第四十七

鮑焦木枯，華角赴河。

　　案『木枯』本作『立枯，』注：『立死若木之枯也。』正釋『立枯』之義。今本立
　　作木，蓋涉注文木字而誤。說苑雜言篇：『鮑焦抱木而立枯。』卽其證。莊子盜跖
　　篇：『鮑子立乾，申子自埋。』（一本『自埋』誤作『不自理。』）『立枯』猶『立乾』
　　也。又案莊子刻意篇：『枯槁、赴淵，』枯槁亦指鮑焦，赴淵亦謂申徒狄。此文華
　　角，疑卽申徒狄也。（潛夫論：『鮑焦所以立枯於道左。』亦可證此文木字之誤。）

是無術之事也。

　　王先愼云：事當作士。

　　案事猶士也，無煩改字。說文：『士，事也。』論語述而篇：『雖執鞭之士，』鹽鐵
　　論貪富篇引士作事。並其證。

官不敢枉法，吏不敢爲私利。

　　王先愼云：利卽私之誤而複者，『官不敢枉法，吏不敢爲私。』二文相對，不當多
　　一字。御覽八百三十引正無利字，今據刪。

　　案上文『人之不事衡石者，非貞廉而遠利也。』此文利字，卽承彼言，是利字非衍
　　文，道藏本、今本並有利字，影宋本御覽八百三十引此同。古人行文，不必拘拘
　　於相對，鮑刻本御覽蓋脫利字，或妄刪利字，不足據也。

307

八 經 第 四 十 八

以爲同者劫。

拾補以下有異字，云：藏本無。

王先愼云：趙本以下有異字。

案以下有異字，不詞。蓋卽涉上句『異利』字而衍也。

故明主審公私之分，審利害之地，

王先愼云：下審字衍，『公私之分，利害之地，』並蒙『故明主審』四字而言。

案下審字疑本作察，涉上審字而誤也。管子明法解：『明主者，審於法禁而不可犯也。察於分職而不可亂也。』又云：『明主之治也，審是非，察事情。』並以審、察對言，與此同例。

顯賢不，亂臣有二因。

王先愼云：不下當有脫字，『亂臣有二因』爲句。

案亂字當疊，『顯賢不亂』句。『亂臣有二因』句。

亂功之所生也。

王先謙云：『亂功』無義，功字當衍。

案功疑巧之誤，巧、功形近，二字往往相亂，本書問辯篇：『故有常，則羿、逢蒙以五寸的爲巧。』張榜本、趙本巧並誤功，與此同例。

五 蠹 第 四 十 九

皆守株之類也。

案御覽四九九引類作心。

采椽不斲。

王先愼云：御覽一八八引斲作刮。

案史記秦始皇本紀、太史公自序亦並作刮。

冬日麑裘，夏日葛衣。

王先愼云：御覽二七、八十、六九四引『麑裘』並作『鹿裘。』李斯傳亦作鹿。

案太史公自序亦作鹿。御覽六九四引兩日字並作則，衣作絺。

雖監門之服養，

案御覽八十、八四九引此並無服字，與下文合。秦始皇本紀、李斯列傳亦並無服
字。

穰歲之秋，

趙本穰作饟，盧文弨云：饟，張本作穰。

集解本作穰，云：乾道本穰作饟，涉上文而誤，據拾補改。

案乾道本作穰，（道藏本同。）不作饟，王氏失檢，意林、御覽八四九引此亦並作
穰。

而終不動其脛毛，不改。

顧廣圻云：『不改』下有脫文。

案『不改』下疑脫『其節行』三字，『不動其脛毛，不改其節行。』文正相耦。下
文『然後恐懼，變其節易其行矣。』即對此『不改其節行』而言。

不務粱肉。

王先慎云：粱當作粱。

案粱、粱古通，無煩改字。御覽八五四引此仍作粱。

使周、衛緩其從衡之計，而其境內之治。

顧廣圻云：藏本同。今本而下有殷字，按句有誤。

集解本而下增殷字，云：有殷字是。

案而下疑本有急字，緩、急對言，厥例恆見，上文：『夫治世之事，急者不得，
則緩者非所務也。』顯學篇：『故明主急其助而緩其頌。』並其證。趙本而下有殷
字，蓋臆加也。

顯 學 第 五 十

人主兼而禮之。

案而字當在『人主』上，上文『而上兼禮之，』下文『而人主俱聽之，』並與此句
法同。

夫必恃自直之箭，百世無矢。恃自圜之木，千世無輪矣。

拾補『千世』作『千歲，』云：世，張本作歲。

王先慎云：意林、御覽九五二引恃並作待，矢下有矣字。『千世』亦作『千歲。』案意林、御覽引『百世』、『千歲』上並有則字。

明吾法度，必吾賞罰者，亦國之脂澤粉黛也。

案御覽六二四引者上更有『則國富而治，法度賞罰』九字，當據補。（藝文類聚五二引者上有『則國治，賞罰法度』七字，治上蓋脫『富而』二字。）今本有脫文，文意不完。『明吾法度，必吾賞罰，則國富而治。』與上文『用脂澤粉黛，則倍其初』對言；『法度賞罰者，』又承『明吾法度，必吾賞罰』言之。意林引此云：『法度賞罰，國之脂澤粉黛也。』雖未引上文，而尚存『法度賞罰』四字，亦可證今本之有脫文。

嬰兒子不知犯其所小苦，

案子字疑衍，上文『嬰兒』下並無子字。

一九五四年九月十六日，脫稿於臺北慕廬。

說郛本韓非子斠記

一九五四年九月十六日脫稿之韓非子斠證一卷，已刊入本院院刊第二輯下冊。彼時未檢及說郛本，說郛本雖爲節錄本，其中嘉勝處，往往可以證成前賢及峴斠證之說；兼可補前說所無者。因復據宋乾道本詳與比勘，寫成斠記如次。

難 言 第 三

則見以爲掘而不倫。

　　案說郛本掘作拙。

激急親近，

　　盧氏拾補急下旁注意字，云：張本作急。

　　顧廣圻云：藏本同。今本急作意，誤。

　　案說郛本急字亦同。

家計小談。

　　顧云：藏本同。今本家作纖，誤。

　　案說郛本亦作纖。

愛 臣 第 四

主妾無等，

　　案說郛本主作妻。

揚 權 第 八

甘口而疾形。注：香肥，所以甘口也。用之失中則病形。

顧云：藏本疾作病。是也。李善七發注引此作病。

集解本改疾爲病，云：注作病，未誤。意林正作病。

案說郛本亦作病。

說情而捐精。注：皓曼，所以悅情也。耽之過度則捐精。

拾補捐作損，云：『捐，孫云：意林及文選七發注皆作損，注同。』

顧云：捐，當從七發注引作損。

案說郛本亦作損，道藏本注同。

故去泰甚去泰，

顧云：藏本、今本無上泰字。

集解本刪上泰字，云：甚上不當有泰字。意林無，今據刪。

案說郛本作『故去甚去太，』太與泰同。亦可證此本衍上泰字。

孤 憤 第 十 一

此所爲重人也。注：此謂重人也。

王渭云：爲當作謂，舊注未誤。

王先愼云：爲、謂古通，不必改作。

案說郛本爲作謂。道藏本注謂上有所字。

說 難 第 十 二

虛事廣肆，

案說郛本肆作大。

夫龍之爲虫也，

案說郛本虫作蟲，道藏本同。

然其喉下有逆鱗徑尺。

案說郛本喉作頷。

和 氏 第 十 三

主用術，則大臣不得擅斷。

案說郛本『不得』作『不能。』

則浮萌趨於耕農。

案說郛本耕作畊，畊卽古耕字。難一篇：『耕、漁與陶，非舜官也。』六反篇：『耕戰有益之民六，』說郛本耕亦並作畊。

姦劫弒臣第十四

耳必不固其勢。

顧云：藏本、今本固作因。

王先愼云：治要固作因。

案說郛本亦作因。

天下不得不爲己聽。

案說郛本無『天下』二字。（集解本『天下』上有使字，云：『各本無使字，據治要增。』案道藏本有使字，王氏失檢。）

而天下弗能蔽，

案說郛本弗作勿。

亡 徵 第 十 五

亡、王之徵，必其治亂、其强弱相踦者也。

王先愼云：下其字疑衍。

案說郛本『亡、王』二字倒，無兩其字。

飾 邪 第 十 九

故鏡執清而無事，

案說郛本清作明，下文『夫搖鏡則不得爲明，』與此明字相應。

解 老 第 二 十

則血氣治而舉動理。則少禍害。

　　顧云：藏本、今本重『舉動理。』今桉，當重『血氣治而舉動理』七字。

　　案說郛本亦重『舉動理』三字。集解本據藏本、今本增此三字，是也。顧說『當

　　重「血氣治而舉動理」七字。』非。

夫內無痤疽癉痔之害，

　　案說郛本痤作雍。

萬物各異理。

　　顧云：藏本、今本重『萬物各異理。』

　　案說郛本亦重『萬物各異理。』

維斗得以成其威。

　　顧云：藏本同。今本得下有之字，桉依上下文當補。

　　案說郛本亦有之字。

日月得以恆其光。

　　顧云：藏本、今本得下有之字。

　　案說郛本亦有之字。

列星得之以端其行。

　　案說郛本星作宿。

以爲暗乎？光昭昭。

　　顧云：藏本、今本光上有其字。

　　案說郛本亦有其字。

萬事得之以敗，得之以成。

　　王先愼云：乾道本事作物。案物字緣上文而誤，依拾補改。

　　案乾道本事字不誤，道藏本、說郛本亦並不誤。惟趙用賢本誤爲物耳。王氏失

　　檢。

而以昏晨犯山川，

　　案說郛本昏晨二字倒。

則兕虎之爪角害之。

顧云：藏本同。今本『兜虎』作『風露。』

集解本改『兜虎』爲『風露。』案王改是也。說郛本亦作『風露。』上文累言兜虎，』故誤爲『兜虎』耳。

喻老第二十一

故曰白圭之行堤也，

顧云：曰字當衍。

王先愼云：曰卽白字之誤而複者。

案顧、王說並是，說郛本正無曰字。

說林上第二十二

腰爲履之也，

案說郛本作『腰爲人履也。』

縞爲冠之也，

案說郛本作『縞爲人冠也。』

令人臣之處官者，皆是類也。

王先愼云：人主令臣聚歛附益，傷損國體，與教其嫁子無異也。

案道藏本、趙用賢本、說郛本令皆作今，令卽今之誤，王氏據誤字爲說，非也。

及見乃始善我，

顧云：藏本同。今本反作及。

集解本改反爲及，云：及、反形相近，又涉上文而誤。

案說郛本亦作及。

夫以人言善我，

王先愼云：我下意林有者字。

案說郛本亦有者字。

說林下第二十三

漁者持鱣，婦人拾蠶。

　　王先愼云：持，下七術篇作握。

　　案說郛本『漁者』上有『然而』二字，持亦作握。七術篇作『然而婦人拾蠶，漁
　　者握鱣。』亦有『然而』二字。

皆爲蕡、諸。

　　案說郛本蕡、諸作孟賁。乾道本、道藏本、趙用賢本七術篇亦皆作孟賁。

安危第二十五

斮割於法之外。

　　顧云：藏本同。今本斮作斷。

　　案說郛本亦作斷。

危人於所安。

　　顧云：藏本、今本於作之。

　　案說郛本亦作之。

則令不行也。

　　案說郛本作『則法令不行。』道藏本亦無也字。

守道第二十六

守道者皆懷金石之心，

　　王先愼云：趙本皆作出，是。

　　案道藏本、說郛本皆字並同。趙本作出，乃涉上文『戰士出死』而誤，王說非也。

中爲金石。

　　顧云：藏本、今本中作守。

　　王先愼云：中字是，『中爲金石，』卽心懷金石也。此指上『守道者皆懷金石之
　　心』而言。

　　案說郛本亦作守，承上文『守道者』之守字而言，（猶上句『戰如賁、育，』之
　　戰，承上文『戰士出死』之戰字而言。）中乃守之誤，王說非也。

用人第二十七

廢尺寸而差短長，

　　案説郛本『短長』作『長短。』

王爾不能半中。

　　案説郛本作『王爾不能成半器。』可證成前説。

功名第二十八

故得天時，則務而自生。

　　拾補務上補不字，云：凌本有。

　　集解本亦補不字，云：治要有不字，今據補。

　　案説郛本亦有不字。

則臨千仞之谿。

　　趙用賢本千作十，盧文弨云：張、凌本作千。

　　王先慎云：乾道本千作十，意林作千。

　　案説郛本亦作千。乾道本作千不作十，惟趙本作十耳。王氏失檢。

不能正三家。

　　案説郛本三作共。

大體第二十九

故致至安之世。

　　顧云：藏本同。今本無致字。

　　案説郛本亦無致字，安作治。

純樸不散。

　　集解本樸作樸，云：從趙本改。

　　案説郛本亦作樸。

故車馬不疲弊於遠路。

317

案駐郭本無斃字，與下句相耦。

故天下少不可。

顧云：藏本同。今本可作治，誤。

案說郭本亦作治。

內儲說上七術第三十

挾知而問。

王先慎云：下文知作智，字同。

案說郭本此文亦作智。

觀聽不參，

盧云：本提行

案說郭本提行。

則臣壅塞。

拾補壅作擁，云：後凡擁字，皆本作壅。

案道藏本壅作擁，說郭本作擁。

其說侏儒之夢見竈。

顧云：藏本同。今本說下有在字。按，依句例，當補此字。

案說郭本說下亦有在字。

哀公之稱『莫衆而迷。』

案說郭本稱作問。

侏儒有見公者，曰：臣之夢賤矣。

盧云：賤，凌本作踐。

顧云：賤當作踐，本書難四作淺，亦誤。

案說郭本見下有子字，賤作驗。賤、淺並與踐通，非誤字也。釋名釋言語：『賤，踐也。』詩鄭風東門之墠傳：『踐，淺也。』卽其證。（淺、踐古通之例，又見斠證難四第三十九。）驗與踐義亦相符。

人君兼燭一國人。

盧云：下人字，凌本無。

集解本刪下人字，云：難四篇無人字，今據刪。

案說郛本亦無下人字。

一人不能擁也。

案說郛本擁作壅。

今或者一人有煬君者乎？

案說郛本『一人有』作『有一人。』

越王問於大夫文種曰，

盧云：凌本無文字。

集解本刪文字，云：藝文類聚五十四又八十、御覽六百三十八引無文字。今據刪。

案說郛本亦無文字。

吾賞厚而信，

案說郛本賞上有嘗字，疑卽賞字之誤而衍者。

君欲之，

顧云：藏本、今本欲下有知字。

集解本欲下補知字，云：藝文類聚、御覽引有知字，今據補。

案說郛本亦有知字。

比降北之罪。

案說郛本北作敵。

被濡衣而走火者，

盧云：走，張、凌本作赴。

王先慎云：御覽引亦作赴。

案說郛本亦作赴。

䵍有氣，王猶爲式；況士人有勇者乎！

拾補人下補之字，云：藏本有。

案說郛本爲作以，人下亦有之字。以猶爲也。

故曰王將復吾而試其教，

集解本曰作越，吾作吳。云：依張榜本、趙本改。

案說郛本曰亦作越，吾亦作吳。

內儲說下六微第三十一

賞罰者，利器也。

盧云：凌本連上，是。

案說郛本亦連上。

臣得之以擁主。

案趙本、說郛本擁並作壅。

與故人久語，

顧云：藏本同。今本『與故』作『故與，』誤。

案說郛本『與故』亦同。

懷左右刷，

王先慎云：張榜本、趙本刷作尉，誤。下同。

案說郛本刷字不誤，下同。（道藏本下刷字亦誤尉。）

衛人有夫妻禱者，

案說郛本妻作婦。

得百來束布。

顧云：藏本、今本無來字。桉，此不當有。

集解本刪來字，云：藝文類聚八十五、御覽五百二十九、八百二十引，並無來字。

今據刪。

案說郛本亦無來字。

益是，子將以買妾。

案說郛本買作置。

外儲說左上第三十二

可以戲而不可食也。

 案說郛本『不可』下有以字，可證成前說。

然而未帝者，

 王先慎云：趙本『然而』下有『秦強而』三字。

 案說郛本『然而』下有『秦強而』三字。趙本無此三字，王氏失檢。

外儲說左第三十三

獮羸勝而履蹻。注：獮羸勝之人履草屬也。

 王先慎云：御覽八百二十九引蹻作屩，蹻、屩二字古、今文通用。

 案說郛本亦作屩，與注合。屩、蹻正、假字。

外儲說右上第三十四

桓公問管仲曰，

 顧氏：藏本、今本桓上有『一曰』二字，按有者是也。

 王先慎云：今依趙本連上補『一曰』二字。

 案道藏本、說郛本亦並連上，惟並無『一曰』二字。顧氏謂藏本有『一曰』二字
失檢。

夫社，木而塗之。

 案說郛本木上有樹字。

亦猛狗也。

 案說郛本亦上有此字，與上文『此亦社鼠也。』句法一律。前說亦作『此亦猛狗
也。』

外儲說右第三十五

不與同族者共家。

 顧云：不上當有居字。

 案顧說是也，說郛本正有居字。

不可以侔憎人，

　　案說郛本無以字，是也。『不可侔憎人，』與上『不可侔愛人，』對文。

則民臣必匱乏於下。

　　案說郛本無臣字，疑涉上文『臣聞之』而衍。

則有老而無妻者。

　　案說郛本則下有外字，可證成前說。

女年十五而嫁。

　　案說郛本年作子。

外無曠夫。

　　案說郛本句末有矣字。

難一第三十六

苫年而讓長。

　　案說郛本長作居。

公披衽而避，

　　案說郛本而作以。

師曠曰：啞！

　　王引之云：啞與惡同。

　　案說郛本啞正作惡。

難二第三十七

請徙子家豫章之圃。

　　案說郛本作『請徙家于豫章之間。』

且嬰家貧。

　　王先慎云：且當作臣。

　　案說郛本無且字。

踴貴而屨賤。

顧云：『左傳云：踊。』

王先慎云：踊卽踊之俗字。

案晏子春秋內篇雜下亦作踊。說郛本屨作履，續一切經音義十引晏子春秋亦作履。

師曠伏琴而笑之。

案說郛本無之字。

君弗食，

案說郛本弗作勿。

難三第三十八

曾、史之所慢也。

王先慎云：慢，趙本作慢，古字通用。

案道藏本、說郛本亦並作慢，慢、慢同字。

非行情也。

顧云：藏本同。今本行作得，誤。

案說郛本亦作得。

難勢第四十

而勢位足以缶賢者也。

案說郛本缶作御，可證成前說。（劉師培斠補亦疑缶為御之壞字。寫斠證時，未檢及劉書。）

六反第四十六

畏死難，

顧云：藏本同。今本死下有遠字。

案說郛本亦有遠字。

死節之民。

王先慎云：依上下文，民下當有也字。

　　案王說是也，說郛本正有也字。

螫穀之民也。

　　案說郛本穀作穀。穀、穀並諧殼聲，（殼者殼之俗。）古或通用。

爲苦、慘之故，不彈痤飲藥，

　　案說郛本慘作痛。苦、痛二字，分承上文『彈痤者痛，飲藥者苦』而言。

今上下之接，

　　案說郛本連上。

而欲以行義禁下，

　　案說郛本『以行義』作『行仁義。』

人主第五十二

所以制天下而征諸侯者，

　　案說郛本征作臨。

今大臣得威，左右擅勢，是人主失力。

　　案說郛本得作恃，力下有也字。

當使虎豹失其爪牙，

　　趙本當作而。盧云：而，張本作當。

　　顧云：藏本同。今本當作而，誤。

　　案說郛本當字亦同。

心度第五十四

喜其亂而不親其法。

　　顧云：『喜其亂，』藏本同。今本無其字，誤。

　　案說郛本『喜其亂』亦同。

制分第五十五

分爵制祿，

    顧云：藏本、今本『制祿』作『祿制。』

    案說郛本亦作『祿制。』

情莫不出其死力，

    顧云：藏本同。今本情上有人字，誤。

    案說郛本情上亦有人字，其作于。于猶其也。

上賞好惡以御民力。

    顧云：藏本、今本賞作掌。

    案說郛本亦作掌。

坿　　記

    揚權第八：『主將壅圉。注：圉，圉也。』斠證從顧說，以圉爲圍之誤。案圉乃圉之誤，注同。圉卽圉字，（淮南子人閒篇：『乃使馬圉往說之，』論衡逢遇篇圉作圉，卽其證。）故注云：『圉，圉也。』若本是圍字，則無煩訓圉矣。『壅圉』卽『壅圉，』亦作『壅御，』淮南子兵略篇：『獨出獨入，莫能壅圉，』（據日本古鈔卷子本，今本壅作應。）脩務篇：『破敵陷陳，莫能壅御。』並其證。前說微失，特訂正於此。八經第四十八：『故明主審公私之分，審利害之地。』斠證云：『下審字疑本作察，涉上審字而誤也。』案管子明法解：『明主者，審於法禁而不可犯也，察於分職而不可亂也。』又云：『明主之治也，審是非，察事情。』莊子漁父篇：『子審仁義之閒，察同異之際。』鄧析子轉辭篇：『若智不能察是非，明不能審去就，斯謂虛妄。』列子周穆王篇：『其陰陽之度審，故一寒一暑。昏明之分察，故一晝一夜。』（今本『度審』二字誤倒，兪樾平議有說。）皆以審、察對言，可爲前說之旁證。亦坿記於此。

                一九五七年八月二十六日，脫稿於南港舊莊。

淮南子斠證

淮南子一書，援采繁富，含大領微。復能秉其要歸，渾而爲一。漢儒注解於前，清儒斠理於後，近人劉文典復有集解之作，已頗便於研讀。惟劉書功在綜緝，殊少勝義，疵病雜陳，猶待鍼灸。淹恤孤島，值歡無娛，委懷斠書，聊以自慰。因據道藏本寫定積稿，成淮南子斠證一卷。前賢於許慎、高誘二家注，蒐輯剖晰，用力已勤，偶有遺略，尙可補苴，因斠證正文之便，兼及注文云。一九五三年七月六日叔岷記。

原 道 篇

星歷以之行。

案漢魏叢書本歷作辰，雲笈七籤一引同。

神託於秋豪之末，而大宇宙之總。

俞樾云：大下疑脫於字。

案景寫北宋本、茅坤批評本、漢魏叢書本大下皆有與字，雲笈七籤引同。於、與互文，與猶於也。俞氏疑大下脫於字，義是而文非。

呴諭覆育，萬物羣生。

案茅本、漢魏叢書本呴諭並作呴嫗，雲笈七籤引作呴俞，並古字通用。

獸胎不牘，鳥卵不殰。

> 汪文臺云：雲笈七籤一引牘作殰，殰作殈。

> 案禮記樂記牘亦作殰，殰亦作殈。當以作殰、作殈為正。說文：『殰，
> 胎敗也。殈，卵不孚也。』文子道原篇牘亦作殰。

注：馮夷、大丙之御，其能如此也。

> 莊逵吉本能作耐。劉文典云：耐，古能字。『其耐如此，』猶言『其
> 能如此』也。

> 案各本耐皆作能，莊本改今從古耳。精神篇注：『冒能化也。人不與
> 鬼同形而能使之者，道也。』主術篇注：『玉石堅抓（當作振）不能
> 入。』『故能令行于民也。』氾論篇注：『凡人雖得之口，不能以
> 言。』『非能必中也。』『不能及舜。』『不能行，但言之而已。』
> 『不能達其善。』『而能王天下。』『飲而不能息。』說林篇注：『
> 儀望小處而射之，故能中。』諸能字莊本皆妄改作耐，非也。

勁策利鍛，

> 劉績本鍛作鍛。王念孫云：劉本是也。

> 案天中記四一引鍛亦作鍛。

是故大丈夫恬然無思，

> 案文選劉孝標辨命論注、夏侯孝若東方朔畫贊注、任彥昇奏彈曹景宗
> 一首注引無思並作無為。

與造化者俱。

> 案文選劉孝標辨命論注、夏侯孝若東方朔畫贊注、任彥昇奏彈曹景宗
> 一首注並引作『與造化逍遙。』

而知八紘九野之形埒者，何也？

> 案卷子本玉篇糸部引形作刑，並引許慎注云：『紘，維也。』刑、形
> 古通。

感而後動，性之害也。

　　案感下當有物字，文意乃明。禮記樂記、史記樂書並作『感於物而
　　動，』文子道原篇作『感物而動，』皆有物字，當據補。

是以處上而民弗重，居前而民弗害。

　　案治要引重下、害下並有也字。

射者扞烏號之弓，彎棊衞之箭。注：扞，張也。　棊，美箭所出地名也。
衞，利也。　柘桑，其材堅勁。　伐其枝以爲弓。　乘龍上。

　　案棊當作綦，宋本、茅本、漢魏叢書本皆作綦，注同。御覽三四七、
　　玉海百五十引正文注文亦並作綦（御覽九一四引正文同）。兵略篇：
　　『栝淇衞箘簵，』綦與淇同。列子仲尼篇：『引烏號之弓，綦衞之
　　箭。』御覽七四五、錦繡萬花谷別集二五並引作淇衞，亦其證。茅本
　　注扞作扜（王引之云：『今本扞誤作扜。』是也）。列子張湛注：『
　　綦，地名，出美箭。衞，羽也。』即本此文高注。今本此文『衞，利
　　也。』利乃羽之誤。御覽三四七引兵略篇注云：『衞，箭羽也。』亦
　　其證。玉海引注『柘桑』上有『楚有』二字。御覽引注『其枝』作『
　　其材。』『乘龍上』下有天字。茅本、莊本並作『乘龍而上。』

因江海以爲罟。

　　劉氏集解本作『因江海以爲之罟。』云：舊作『因江海以爲罟，』今
　　據御覽七百六十四、八百三十四補之字。

　　王念孫云：罟當作罛，初學記武部漁類、太平御覽資產部罛類引此並
　　作『因江海以爲罛。』

　　案御覽九一四引罟上亦有之字。八三四引無之字，劉氏失檢。事文類
　　聚前集三七、合璧事類前集五二引罟亦並作罛。御覽資產部罛類仍引
　　作罟，王氏失檢。

是故鞭噬狗，策蹶馬，而欲敎之，雖伊尹、造父弗能化。注：伊尹，名摯。

殷湯之賢相也。造父，周穆王之臣也。而善御。雖此二人，不能化之。

　　俞樾云：『伊尹不聞以善御名，何得與造父並稱？伊尹疑當作尹儒，呂
　　氏春秋博志篇：「尹儒學御，三年，夢受秋駕於其師。」卽其人也。
　　傳寫脫儒字，後人臆補伊字於尹字之上耳。道應篇作尹需。』

　　案俞說是也。文選左太沖魏都賦注引莊子云：『尹需學御，三年而無
　　所得。夜夢受秋駕於其師。明日往朝其師，其師望而謂之曰：「吾非
　　獨愛道也，恐子之未可與也。今將敎子以秋駕。」』（又見王元長三
　　月三日曲水詩序注，尹需作尹儒。）卽呂氏春秋博志篇及淮南子道應
　　篇所本。道應篇作尹需，此文疑原亦作尹需。世人習見伊尹，罕見尹
　　需，傳寫遂誤爲伊尹耳。高注云云，是所見本已誤矣。

欲寅之心亡於中，

　　王念孫云：寅當爲宍，宍與肉同。

　　案宋本寅正作宍。

離朱之明，察箴末於百步之外，不能見淵之魚。

　　案不能上當有而字，乃與下文句法一律。漢魏叢書本正有而字，治要
　　引同。

干、越生葛絺。注：干，吳也。

　　王念孫云：劉（績）本改干爲于；茅本又改于爲於。作干者是也。道
　　藏本、朱東光本如是。干、越者，謂吳、越也。

　　案王說是也。漢魏叢書本干作於；莊本作于，注同。並非。宋本作干，
　　注同。與道藏本、朱本合。

俗尙氣力。

　　案宋本尙作上。上與尙同。

故橘，樹之江北，則化而爲枳。

　　王念孫云：枳本作橙。

案記纂淵海九二引枳正作橙。

拘於俗，束於敎也。

　　案文選曹子建贈丁翼詩注引束上有而字，文子上義篇同。

昔共工之力，觸不周之山。

　　案文選劉孝標辨命論注引觸上有怒字，天文篇亦云；『怒而觸不周之
　　山。』

所謂志弱者，

　　茅本、漢魏叢書本、莊本並作『所謂志弱而事强者，』陶鴻慶云：『
　　「而事强」三字涉上文而誤衍，文子道原篇正作「志弱者。」』

　　案陶說是也，宋本無『而事强』三字，與道藏本同。

故蘧伯玉年五十而有四十九年非。

　　案事文類聚前集四六引有作知。北山錄十外信第十六云：『夫蘧大夫
　　五十知四十九年非。』字亦作知。莊子則陽篇：『蘧伯玉行年六十而
　　六十化。未嘗不始於是之，而卒詘之以非也。未知今之所謂是之非五
　　十九年非也。』（寓言篇記孔子同。）此言『五十而有四十九年非。』
　　所據者異。

非謂其底滯而不發，凝竭而不流。

　　王念孫云：竭之言遏也。底、滯、凝、竭，皆止也。道藏本、朱本、
　　茅本皆作『凝竭。』劉績不知其義，而改竭爲結，莊本從之，謬矣。

　　案王校是也。宋本作『凝竭，』與道藏本、朱本、茅本合。

履遺而弗取，冠挂而弗顧。

　　案齊民要術種穀第三引作『履遺而不納，冠挂而不顧。』

遠渝於無崖。

　　案茅本、漢魏叢書本、莊本並作『遠淪於無涯。』渝卽淪之形誤。崖
　　與涯通，作崖是故書。

有餘不足，與天地取與。授萬物，而無所前後。

　　俞樾云：授上當有稟字，文子道原篇作『稟授萬物，而無所先後。』
　　當據補。

　　案天中記九引『與天地取與，』作『任天下取與。』授上有稟字。並
　　與文子道原篇同。

其子爲光，其孫爲水，皆生於形乎！

　　案茅本、漢魏叢書本、莊本形上並有無字，當補。上文言『無形者，
　　物之太祖也。』故此言『其子爲光，其孫爲水，皆生於無形』也。

大渾而爲一，葉累而無根。

　　劉氏集解本從葉字絕句，云：御覽五十八引葉作弃。

　　案此當以『大渾而爲一』爲句，葉字屬下讀。葉累猶葉貫，俶眞篇：
　　『枝解葉貫，萬物百族。』主術篇：『葉（今本誤業）貫萬世而不
　　壅。』並其例。亦作撲貫，俶眞篇：『橫擖六合，撲貫萬物。』卽其
　　例。葉累、葉貫、撲貫，皆積累之意。廣雅釋詁：『葉，聚也。』『
　　撲，積也。』『貫，累也。』詳王念孫主術篇說。御覽引此文葉累作
　　弃累，弃，古棄字。蓋由葉誤爲棄，寫者因易爲弃耳。劉氏集解於主
　　術篇『業貫萬世而不壅』下已引王說，似不應不知此文之當從一字絕
　　句；更不應不知御覽所引弃字之誤也。

爲道關門。注：門，道之門。

　　劉文典云：御覽五十八引關作開。又引注作『開道之門。』

　　案御覽引關作開，乃俗書形近之誤。引注門作開，又因引正文關作開
　　而誤也。氾論篇注：『爲機關發之。』劉文典云：『御覽二百七十一
　　引機關作機開。』開亦關之誤。

去其誘慕，除其嗜欲，

　　案漢魏叢書本、莊本此上更有『約其所守，寡其所求』二句，蓋據

332

文子道原篇妄加也。宋本、茅本並無，與道藏本合。

放準修繩。

案修當爲循，『放準循繩，』與上文『一度循軌』對言。循誤爲脩，因易爲修耳。漢魏叢書本、莊本並作循，文子道原篇同。

履危行險，無忘玄伏。

案宋本此下更有『大道坦坦，去身不遠。求之近者，往而復反』十六字。茅本、漢魏叢書本、莊本亦並有此十六字，惟在上文『湫漻寂寞，爲天下梟』下。審文意，宋本是也。注：『玄伏，道也。』（莊本正文、注文伏並誤伏。）故以『大道』承之。

強努干高鳥。

案宋本干作于，于即干之誤。爾雅釋言：『干、求也。』齊俗篇注亦云：『干、求也。』茅本、漢魏叢書本、莊本並作弋，疑後人所改。

夫內不開於中，而強學問者，不入於耳，而不著於心。

案『不入於耳』句，不疑本作雖，今本作不，涉上下文不字而誤。劉子新論專學篇正作『雖入於耳。』

揉桑爲樞。

案宋本爲上有以字。文選江文通上建平王書注引同。據注：『揉桑條以爲戶樞。』是正文原有以字。莊子讓王篇、新序節士篇亦並云：『揉桑以爲樞。』（今本莊子無揉字，據司馬彪注：『屈桑條爲戶樞也。』則正文原有揉字。屈即揉之壞詁。）

天地之永，登丘不可爲脩，居卑不可爲短。

案莊子徐无鬼篇：『天地之養也一。登高不可以爲長，居下不可以爲短。』即此文所本。永、養同義，爾雅釋詁：『永，長也。』大戴禮記夏小正篇：『五月，時有養日。』『十月，時有養夜。』傳並云：養，長也。』即其證。登丘猶登高也，時則篇：『行秋令，則丘隰水潦。』注：『丘，高也。』即其證。

一失位則二者傷矣。

> 王念孫云：各本二作三，因下文『此三者』而誤。唯道藏本、朱本作二。文選（養生論）注引此正作二。

> 案王校是也，宋本亦作二。

恬然則縱之，迫則用之。

> 案上則字涉下則字而衍。然、則互文，然猶則也。『恬然縱之，』卽『恬則縱之。』然下復有則字，則不詞矣。

如是，則萬物之化無不遇。

> 孫詒讓云：遇與耦通。

> 案文子道原篇遇正作耦。

俶 眞 篇

善我生者，乃所以善吾死也。注：善吾生之樂，乃欲善吾死之樂也。

> 案我本作吾，注文可證。此涉上文我字而誤也。莊子大宗師篇正作吾。茅本、漢魏叢書本改『吾死』為『我死，』莊本從之，並改注文兩吾字為我，非也。

夫藏舟於壑，藏山於澤，

> 案山當作車，字之誤也。古人設譬，多以舟、車對舉，車誤為山，則不可通矣。記纂淵海五九引莊子大宗師篇正作『藏車於澤。』（今本車亦誤山，說互詳莊子校釋一。）惟車之誤山，由來已久，記纂淵海所引莊子弗誤，蓋善本之僅存者矣。當據正。

弊而復新，

> 劉文典云：御覽三百九十七引復作後。

> 案御覽引復作後，後卽復之誤。復、後篆書形近，往往相溷。『弊而復新，』承上文『若人者，千變萬化而未始有極也』而言，意甚明白，復誤為後，則失其指矣。

注：謝，叙也。

　　案文選于令升晉紀論晉武帝革命一首注引叙作次。

注：『老子曰：以道涖天下，其鬼不神。』

　　案宋本涖作治，莊本作蒞。今本老子作莅（六帖九十引作涖），莅與
　　涖同，本字作蒞。莊本蓋改用本字耳。

注：上質樸。

　　案宋本、茅本樸並作是。是猶實也。

注：服其德也。

　　莊本服作昭，吳承仕云：朱本昭作服，注文釋『天下賓服』之故，故
　　曰『服其德。』

　　案吳校是也，宋本及道藏本並作『服其德。』

注：諭德道者，能與日月明也。

　　案茅本德作得，明上有並字，是也。莊本明上有同字。

撢掞挺挏世之風俗。注：挺挏，猶上下也。

　　莊逵吉云：挺，各本皆作挺。應從藏本作挺為是。

　　案莊校是也。宋本亦作挺，注同。（下文『挺挏萬物，』字亦作挺。）顏
　　氏家訓勉學編：『此謂攩擨挺挏之。』亦可證作挺之誤。

是故自其異者視之，肝膽胡越。

　　案『胡越』下當有也字，乃與下文句法一律。文選趙景眞與嵇茂齊書
　　注引此正有也字。莊子德充符篇同。

是日諭於一曲，而不通於萬方之際也。

　　案宋本日作皆，是也。日即皆之壞字。茅本、漢魏叢書本、莊本並作
　　日，蓋由皆壞為日，義不可通，因臆改為曰耳。

注：知不詐，故曰眞也。

　　案宋本詐下有諂字。

不知耳目之宜，而游于精神之和。

俞樾云：『宜當作宜，字之誤也。莊子德充符篇：「夫若然者，且不知耳目之所宜，而遊心乎德之和。」卽淮南所本。文子精誠篇作「知九竅四肢之宜，而遊乎精神之和。」字正作宜，但知上脫不字耳。』

案俞校是也，初學記十七引此宜正作宜，于作乎，與莊子、文子合。

是故雖有羿之知，而無所用之。

案注：『故曰：雖有羿之知，其無所用之。』是正文而本作其。

與其有說也，不若尙羊物之終始也，而條達有無之際。

案『終始』下也字，當在『有無之際』下。主術篇：『與其譽堯而毀桀也，不如掩聰明而反脩其道也。』與此句法同。

水之性眞淸，而土泪之。人性安靜，而嗜欲亂之。

王念孫云：『眞字疑後人所加。太平御覽方術部一引此作「夫水之性淸，而土泪之。人之性安，而欲亂之。」於義爲長。呂氏春秋本生篇云：「夫水之性淸，土者抇之，故不得淸。人之性壽，物者抇之，故不得壽。」抇與泪同。』

案王說是也。孔叢子抗志篇：『夫水之性淸，而土壞泪之。人之性安，而嗜慾亂之。』劉子新論防慾篇：『水之性淸，所以濁者，土渾之也。人之性貞，所以邪者，慾眩之也。』亢倉子全道篇：『水之性淸，土者滑之，故不得淸。人之性壽，物者滑之，故不得壽。』咸可證此文眞字爲後人所加。又案御覽方術部一引此文作『夫水之性淸，而沙土泪之。人之性安，而嗜欲亂之。』王氏所見者異，未知何據。

耳目之於聲色也，口鼻之於芳臭也。

王念孫云：下句本作『口鼻之於臭味，』謂口之於味，鼻之於臭也。御覽引此正作『鼻口之於臭味。』

案王校是也。劉子新論淸神、防慾二篇並作『鼻口之於芳味，』蓋易臭爲芳耳。

肌膚之於寒燠。

　　案寒燠下當有也字，乃與上文句法一律。御覽七百二十（方術部一）
　　引作『肌膚之於寒燠也。』正有也字。文子守清篇作『肌膚之於寒溫
　　也。』亦有也字。

其所爲制者異也。

　　案御覽七百二十引所下有以字，文子守清篇同。

注：沬雨，潦上沬起覆甌也。

　　劉文典云：御覽十引作『沬雨，雨潦上沬起覆蓋也。』
　　案御覽引疊雨字，是也。說山篇注：『沬雨，雨潦上沬起若覆瓮也。』
　　（今本脫『沬起若』三字，詳說山篇。）正疊雨字。起下尙當據說山
　　篇注補若字，文意乃明。

莫窺形於生鐵，而窺於明鏡者，

　　案御覽七一七引下窺字下亦有形字。

吉祥止也。

　　案御覽七百二十引也作焉。

蚉蝱嚌膚，而知不能平。

　　王念孫云：『知不能平，』太平御覽蟲豸部二引作『性不能平。』
　　案御覽九四五、記纂淵海一百引蚉並作蟁，蟁、蚉正、俗字。記纂淵
　　海引『知不能平，』亦作『性不能平。』

耳調玉石之聲，目不見太山之高。

　　案文子守靜篇高作形，於義較長。劉子新論專學篇亦云：『季子聽清
　　角之韻，不見嵩、岱之形。』

擽取吾情。

　　劉文典云：御覽七百二十引作『攟取吾精。』
　　案攟與擽同，正作挳，說文：『挳，拔取也。』文子情亦作精，精、

337

悄古通，繆稱篇：『悄不相與往來也。』御覽九八三引作精；『悄之
至者也。』宋本作精，並其比。

其可得邪？

案御覽七百二十引作『庸可得乎？』

今夫樹木者，灌以瀿水，注：繁，或作嘹。

吳承仕云：『注當云：「瀿，或作潦。」蜀刊道藏輯要本正作「瀿，
或作潦。」』

案吳校是也，御覽引正文瀿正作潦，與或本合。

逮至夏桀、殷紂，燔生人，辜諫者。

劉文典云：辜當爲罪，字之誤也。罪，古作㒸。傳寫遂誤爲辜耳。御
覽六百四十七引辜正作㒸。

案劉說大謬。辜乃辜磔字，說文桀部：『磔，辜也。』周禮秋官掌戮：
『殺王之親者辜之。』鄭注：『辜之言枯也，謂磔之。』卽此辜字之
義。本書說林篇亦云：『桀辜諫者。』辜本非常重罪，引申之，凡有
罪皆曰辜。（段玉裁說。）故御覽引辜作㒸。爾雅釋詁：『辜，罪
也。』說文辛部：『辜，㒸也。』書大禹謨：『與其殺不辜，』孔
傳：『辜，罪也。』詩小雅正月：『民之無辜，』大雅雲漢：『何辜今
之人。』鄭箋並云：『辜，罪也。』宣六年公羊傳：『天乎無辜。』
何注：『辜，罪也。』莊子則陽篇：『至齊，見辜人焉。』釋文：『
辜、罪也。』本書本經篇：『殺不辜之民。』高注：『辜，罪也。』
是辜、罪亦通名，惡可見御覽引辜作㒸，遂妄以辜爲誤字邪？

亦有繫於世矣。

案宋本矣上有者字。

注：矰，弋射身短矢也。

案茅本身作鳥，疑是。身字涉上射字而誤。

338

天 文 篇

道始于虛霩。

王引之云：『道始于虛霩，』當作『太始生虛霩。』御覽引此作『道始生虛霩，』太字已誤作道，而生字尚不誤。

案記纂淵海一引生字亦不誤。

宇宙生氣，氣有漢垠。注：漢垠，重安之貌也。

王念孫云：此當爲『宇宙生元氣，元氣有涯垠。』今本脫去兩元字，涯字又誤爲漢。御覽引此正作『宇宙生元氣，元氣有涯垠。』

案記纂淵海引『宇宙生氣』句，氣上亦有元字。莊本正文、注文漢字並改作涯，是也。

重濁者凝滯而爲地。

案宋本『凝滯』作『滯凝。』蔡夢弼杜工部草堂詩箋補遺八引同。

昔者，共工與顓頊爭爲帝。

案楚辭天問注引帝下有『不得』二字。論衡談天篇有『不勝』二字。

天地之含氣，和者爲雨。

王念孫云：劉本刪去天字，而莊本從之。當依道藏本作『天地。』

案宋本作『天地，』與道藏本合。

日者，陽之主也。是故春夏則羣獸除。

陶方琦云：『初學記一引許注：「除角。」連正文引之。』

案錦繡萬花谷後集一引許注：『除角。』亦連正文引之。

方諸見月則津而爲水。

案事文類聚前集二、合璧事類前集一並引許注云：『方，石也。諸，珠也。』

虎嘯而谷風至，龍舉而景雲屬。注：風，木風也。

陶方琦云：『文選劉孝標廣絕交論注、御覽九百二十九、事類賦風部
引許注：「虎，陰中陽獸，與風同類。」』

案文選張平子歸田賦注引作『龍吟而景雲至，虎嘯而谷風轃。』宋本、
茅本注並作『谷風，木風也。』楚辭七諫補注引同。天中記二引注云：
『虎，陽獸也。與風同類。』蓋許注也。

麒麟鬬而日月食。

案錦繡萬花谷後集一引作『麒麟鬬則日月蝕。』記纂淵海五引而亦作
則，而猶則也。爾雅翼十八、天中記一引食亦並作蝕（劉子新論類感
篇同），食與蝕通。天中記引許注云：『麒麟，大角之獸。故與日相
動。』

東北曰變天。

案東北下當有方字，與下文 『西北方曰幽天，』『西南方曰朱天，』
『東南方曰陽天，』句法一律。御覽二引呂氏春秋有始覽、初學記一引
廣雅釋天並作『東北方曰變天。』（今本呂氏春秋無方字，廣雅無方
曰二字。）

西方曰皓天。注：皓，白也。西方金色白，故曰皓天。或作昊。

莊本皓作顥，注同。云：俗本此字皆作昊，惟藏本作顥。

案宋本、茅本、漢魏叢書本皓並作昊（楚辭離騷補注、草堂詩箋十
三、補遺三引並同），注『故曰皓天。或作昊。』並作 『故曰昊天。
或作旻。』呂氏春秋有始覽皓作顥，注同。莊氏謂藏本作顥，失檢。

太微者，主朱鳥。

案茅本、漢魏叢書本、莊本『朱鳥』並作『朱雀。』陶方琦云： 『當
作朱鳥。』宋本作『朱鳥，』與道藏本合。

陰氣極，則下至黃泉，北至北極。

案茅本、漢魏叢書本、莊本並作『陰氣極，則北至北極，下至黃泉。』

與下文『陽氣極，則南至南極，上至朱天。』句法一律。

日冬至，井水盛。

案玉燭寶典十一引至下有則字。

加十五日指背陽之維，則夏分盡。

劉文典云：御覽二十三引『背陽之維』上有庚字，『夏分』作『夏節。』
案『背陽之維』上有庚字，義不可通。蓋涉下文『加十五日指庚』而
衍。又據上文『加十五日指常羊之維，則春分盡。』下文『加十五日
指蹛通之維，則秋分盡。』則此文『夏分』亦不當作『夏節。』

人氣鍾首。

案玉燭寶典十一引鍾首作種首，並有注云：『陽氣動，故人頭種之也。』
鍾、種古通，管子國蓄篇：『鍾饟糧食，』朱東光本及漢書食貨志鍾
並作種，與此同例。

草木必死。

案玉燭寶典五引必作畢。畢、必古通，氾論篇：『木生畢方，』御覽
九五二引尸子作必方；人間篇：『而戰武必其死，』御覽七四一引作
畢，並其比。

注：一升粟。

案莊本升作斗，與高敍作『一升粟』不合，蓋依史記淮南列傳改之也。
漢書升亦作斗。惟升乃什之譌，什卽斗之隸變。

注：豐隆，雷也。

案玉燭寶典三引許注亦云：『豐隆，雷神。』

注：青女，天神。青玉女，主霜雪也。

莊本『青玉女，』作『青霄玉女。』吳承仕云：『青霄』之霄，朱本
作皇；景宋本作媓；初學記卷三兩引作要。作『青要』是也。
案『青霄』之霄，漢魏叢書本作皇，與朱本同；茅本作媓，與宋本同；
玉燭寶典七引作要，與初學記引同。又玉燭寶典引主作司。

日出于暘谷，

案楚辭離騷注、遠遊注、九歎注、九歌補注、文選左太沖蜀都賦注、
吳都賦注、謝希逸月賦注、繆熙伯挽歌詩注引暘谷並作湯谷。

是謂䀼時。

案事文類聚前集二引䀼作哺。

至于淵虞，

王念孫云：淵虞當作淵隅。桓五年公羊傳疏、舊本北堂書鈔及藝文類
聚、初學記、太平御覽、楚辭天問補注引此並作淵隅。

案事文類聚前集二引此亦作淵隅。

至于連石，

案錦繡萬花谷前集一引至作頓。

至於悲泉，爰止其女，爰息其馬，是謂縣車。

劉文典云：『初學記、御覽引此四句作「爰止羲和，爰息六螭，是謂
縣車。」初學記引注云：「日乘車，駕以六龍，羲和御之。日至此而
薄于虞泉，羲和至此而廻六螭。」』

案初學記、御覽蓋引『爰止其女，爰息其馬，是謂縣車』三句作『爰
止羲和，爰息六螭，是謂縣車。』劉說非。楚辭離騷補注、天中記一
引此三句亦並作『爰止羲和，爰息六螭，是謂縣車。』並引注云：『
日乘車，駕以六龍，羲和御之。日至此而薄於虞淵，羲和至此而廻六
螭。』

至于虞淵，

案楚辭遠遊注、九歎注、六帖一引至並作入，說林篇同。楚辭天問補
注、九章補注、事文類聚前集二、合璧事類前集一、錦繡萬花谷前集
一、天中記一引至並作薄。

至于蒙谷，

王念孫云：至本作淪，舊本北堂書鈔及藝文類聚、初學記、太平御覽引此並作淪。楚辭補注同。

案事文類聚、合璧事類、天中記引至亦並作淪。

日入於虞淵之汜。

案楚辭離騷補注引作『日入崦嵫，經細柳，入虞淵之汜。』天中記一亦引之，經下、入下並有於字。

一歲而匝。

案宋本匝作帀，當以作帀爲正。

指寅，則萬物螾。注：螾，動生貌。

王念孫云：此當作『指寅』句，『寅』句，『則萬物螾螾然也』句。今本寅下脫一寅字，螾下又脫『螾然也』三字，則文不成義；且句法與下文不協矣。太平御覽時序部一引此正作『寅，則萬物螾螾然也。』案注文螾字，本爲正文，『動生貌』三字，卽正文『螾螾』之注。御覽十六（時序部一）引正文疊螾字，可證。『則萬物螾，』莊本依御覽定作『則萬物螾螾也。』是也。

王念孫謂御覽引作『則萬物螾螾然也。』然字乃王氏所加，疊螾字，則不必有然字。

蕤賓者，安而服也。

案宋本也作之，此文本作『安而服之也。』宋本脫也字，他本並脫之字。記纂淵海三引正作『安而服之也。』

無射，入無猒也。

案無射下當有者字，乃與上下文句法一律。御覽十六，記纂淵海三引此並有者字。宋本、茅本、漢魏叢書本、莊本猒皆作厭，御覽、記纂淵海引並同。當以作猒爲正。

注：十從甲至癸日。

吳承仕云：日字景宋本作也，是也。

案茅本日字亦作也。

丑爲閼，主太陰在寅，歲名曰攝提格。

王引之云：太陰二字，乃下屬爲句，與下文『太陰在卯』之屬相同。

主下當別有所主之事，而今脫去，王應麟小學紺珠始誤讀『主太陰』

爲句，劉本遂重太陰二字，而各本及莊本從之，非也。

案宋本不重太陰二字，與道藏本同，可證王說。

歲名曰作鄂。

案茅本鄂作疆，同。錦繡萬花谷別集三亦引作疆，爾雅釋天同。

東井三十。

莊本三十作三十三，云：藏本作三十；葉近山本作三十四，四字非，

今以漢書考正。

案宋本、漢魏叢書本並作三十；茅本作二十四，亦非。

太陰治夏，則欲布施偏明。注：火德陽也，故布施偏明也。

吳承仕云：『朱本、景宋本注文並作「布施徧明。」御覽十七引亦作

「徧明。」是也。時則篇：「必宜以明，」注云：「宜，徧也。」此

注亦以徧釋宜。』

案宋本作『徧明，』與道藏本同，非作『徧明。』惟徧當作徧耳。爾

雅釋言：『宜，徧也。』亦其證。

壬子，代也。

莊逵吉云：代，諸本皆作趙，惟藏本作代。

案宋本亦作代。

注：言陰欲化，萬物和合。

案天中記引欲作陽，是也。

注：言陽氣始萌，萬物合生。

吳承仕云：『合生』當作『含生，』蜀刊道藏本作『含生。』

案茅本亦作『含生。』

注：言陽奮物而起之，

案天中記引作『言陽氣奮迅萬物而起之。』

地 形 篇

西北曰麗風。注：乾氣所生也。一曰閶闔風。

劉文典云：書鈔引注『閶闔』作『不周。』

吳承仕云：『（呂氏春秋）有始覽「西北曰厲風」注云：「乾氣所生。一曰不周風。」是也。此注「一曰閶闔風，」乃「飂風」之注文，誤植於此，應據書鈔校補。』

案吳說是也，上文『西方曰飂風，』說文作『閶闔風；』此文『西北曰麗風，』說文作『不周風。』可爲旁證。

闔四海之內，

案合璧事類前集五引闔作合，闔與合同。

使豎亥步自北極至于南極。

案合璧事類引豎亥作孺亥。

中有增城九重。

案穆天子傳注、藝文類聚六三引增並作曾；文選張平子思玄賦注、草堂詩箋十六引並作增。

上有木禾。

案文選思玄賦注引木禾下有焉字。

注：碧，青玉也。

吳承仕云：『文選西都賦注引高誘注曰：「碧，青石也。」是也。』

案文選司馬長卿子虛賦注引『青玉』亦作『青石。』（劉文典誤以爲

繆稱篇『碧瑜糞土也』之注。）

注：純，星名也。

案宋本、茅本星並作里；淡魏叢書本、莊本並作量。星、里並量之誤。
下文注亦云：『純，亦曰量名也。』

旁有九井玉橫，維其西北之隅。注：橫猶光也。橫，或作彭。彭，受不死
藥器也。

劉文典云：『御覽七百五十六引作「旁有九井玉橫，受不死藥。」又
引注云：「橫，或作彭。器名也。」今高注亦云：「彭，受不死藥器
也。」疑「玉橫」下舊有「受不死藥」四字，而今本脫之。』

案御覽七五六引此文作：『旁有九井玉橫_{橫或作彭}_{器名也}受不死藥』。『受不
死藥』四字，明是注文誤入正文者。蓋此四字本在所引注文彭字下，
與『器名也』三字爲一句，今本高注可證。（今本注文器下脫名字。）
寫者粗疏，乃誤入正文，至爲明白。劉氏不察，妄疑正文『玉橫』下
舊有『受不死藥』四字，如有此四字，則與下『維其西北之隅，』語
意隔絕，奈何弗思邪！

縣圃、涼風、樊桐，在崑崙閶闔之中。

案文選思玄賦注、楚辭離騷補注、草堂詩箋十八引涼風並作閶風，
同。楚辭哀時命、廣雅釋山、水經河水注亦並作閶風。文選注引樊桐
作桐版，蓋版桐之誤到。楚辭、廣雅、水經注並作板桐，版、板古、
今字。

注：紘，維也。

案舊鈔本文選左太沖吳都賦注引許注亦云：『紘，維也。』

食水者善游能寒。

劉文典云：能讀曰耐，家語執轡篇正作耐。

案意林引作『食水者善浮而耐寒。』家語執轡篇作『食水者善遊而耐

346

寒。』今本脱而字，（大戴禮記易本命篇同。）與下文句法不一律，
當補。

食木者多力而欀。

案家語『而欀』作『而不治。』注引此文作『而弗戾。』云：『亦不
治之貌者也。』

蠶食而不飲。蟬飲而不食。蜉蝣不飲不食。

莊逵吉云：『盧辯注大戴禮記引本書云：「蠶食而不飲，三十二日而
化。蟬飲而不食，三十日而死。蜉蝣不飲不食，三日而終。」』

案盧辯注所引，乃說林篇之文。

無角者膏而無前。有角者指而無後。

莊逵吉云：指應作脂，見周禮注，所謂『戴角者脂，無角者膏』是也。

王肅家語注引本書正作脂。

劉文典云：『御覽八百六十四、八百九十九引指並作脂。說文肉部：
「戴角者脂，無角者膏。」一切經音義引三蒼：「有角曰脂，無角曰
膏。」皆其證。』

案大戴禮記易本命篇、家語指並作脂。

夜生者似母。

案意林引夜作莫。

其人脩形，兊上，大口，決眦。

王念孫云：眦當爲眦，太平御覽人事部四引此正作眦。

案王校是也，宋本、茅本眦並作眦。

其人面，末僂，脩頸，卬行。

俞樾云：末上不當有面字，疑是衍文。

案俞說非也。以下文『其人大面，短頤，美鬚，惡肥』證之，此文面
上疑脱小字。

347

寒水之所積也。

> 王念孫云：『寒水』當作『寒冰，』太平御覽引此正作『寒冰。』
>
> 案王校是也，宋本正作『寒冰。』

凡海外三十六國。

> 王引之云：論衡無形、談天二篇並作『三十五國。』今歷數下文，自
> 脩民至無繼民，實止三十五國。六字誤也。
>
> 案宋本、茅本、漢魏叢書本、莊本下文結臂民下並多羽民一國，則與
> 三十六國之數合。

注：『一曰：龍銜燭以照太陰，蓋長千里。視爲晝，瞑爲夜。吹爲冬，呼
爲夏。』

> 陶方琦云：『初學記三、御覽九百二十九引許注：「不見日，故龍以
> 目照之，蓋長千里。開爲晝（御覽引開仍作視字），瞑爲夜。吹爲冬，
> 呼爲夏。」高注中所云「一曰，」多爲許說，故與初學記引許注同。』
>
> 案錦繡萬花谷別集一亦引許注云：『不見日，故龍以目照之。開爲晝，
> 瞑爲夜。吸爲冬，呼爲夏。』

凡容者生於庶人。

> 茅本、漢魏叢書本、莊本容並作㝩。莊逵吉云：此字藏本作容，恐非
> 是。故從各本仍作㝩。
>
> 案宋本㝩亦作容。

黃金千歲生黃龍。

> 案御覽七十引此下有注云：『黃金之精爲黃龍也。』

黃泉之埃，上爲黃雲。

> 案御覽引此下有注云：『其氣上至天也。』

陰陽相薄爲雷，激揚爲電。

> 案御覽引此下有注云：『言黃氣之相激薄也。』

上者就下。

案御覽引此下有注云：『其氣陽，復於天下也。』

流水就通，而合于黃海。注：黃海，中央之海。

案御覽引此下有注云：『言水從天下，則通入於海也。』

陰陽相薄爲雲雷。

案雲字涉上句『青雲』而衍。上下文均作『相薄爲雷。』御覽引此正
無雲字，莊本刪之，是也。

壯士之氣，御于赤天。

王念孫云：『壯士』當爲『牡士。』

案王校是也，宋本正作『牡士。』御覽引同。

時 則 篇

注：太皞之神，治東方也。

莊逵吉云：『太皞之神，治東方也』八字，藏本無之。

案道藏本有此八字，莊氏失檢。

注：東方木，火母也。

案茅本『火母』上有木字，文意較完。呂氏春秋孟春紀注亦作『木，
火母也。』

注：是月，時候之應鴈，從彭蠡來北。

吳承仕云：『是月，時候之應，』文不成義。當作『是月，候時之
雁。』『候時』倒作『時候，』應字即雁字形誤而衍也。

案吳校是也，茅本、漢魏叢書本並作『候時之鴈。』與呂氏春秋注同。

注：『周禮：「馬七尺已上曰龍」也。』

案周禮夏官庾人作『馬八尺以上爲龍。』莊本改『七尺』爲『八尺，』
是也。呂氏春秋注亦作『八尺。』禮記月令注同。

注：是月之朔，天子朝日於青陽左个。東向堂，故曰青陽。北頭室，故曰左个。个猶隔也。春令，寬和之令也。

莊逵吉云：各本此下，雜用呂氏春秋注語，唯藏本如是，知藏本為準。案莊氏以道藏本為準，是也。宋本與道藏本同。惟下文『端權槩』注：『端，正也。槩，平也。』（宋本同。）莊氏復不從道藏本，而改從他本雜用呂氏春秋注語，作『端，正也。稱錘曰權。槩，平斗斛者。』殊不可解。

草木早落。注：故草木早落。

莊本早作旱，注同。俞樾云：月令作『草木蚤落，』呂氏春秋作『早槁。』此旱字卽早字之誤。

吳承仕云：朱本、景宋本文、注並作早，是也。

案茅本，漢魏叢書本文、注亦並作早，與道藏本合。莊氏自謂依據道藏，而不從道藏本作早，殊不可解。

注：鳩，謂布穀也。

案宋本謂上有蓋字，呂氏春秋仲春紀注亦有蓋字。

注：杏有籸在中。籸在中，像陰布散在上，故共樹杏。

案玉燭寶典二引作『杏有籸在中，象陰在內陽在外也。是月陽氣布散在上，故樹杏。』

舟牧覆舟。

案『舟牧』上當有命字，上下文例可證。呂氏春秋季春紀、月令並作『命舟牧覆舟。』

天子焉始乘舟。注：焉猶安也。

莊逵吉云：『「焉始乘舟，」各本焉皆作焉。注：「焉猶安也，」各本皆作「焉猶於也。」』

案各本正文、注文蓋據呂氏春秋改。莊氏從道藏本，宋本與道藏本

同。

田獵罼弋罝罘羅罔餧毒之藥，毋出九門。注：餧獸之毒藥所不得出。

　　案毒當爲獸，此涉注『毒藥』字而誤也。注：『餧獸之毒藥，』乃釋
　　藥爲『毒藥，』獸誤爲毒，則不可通矣。呂氏春秋、月令並作『餧獸
　　之藥。』當據正。

注：才過千人爲傑。

　　楊樹達云：『孟夏紀注云：「千人爲俊，萬人爲傑。」則此注「千人」
　　下奪「爲俊萬人」四字。』

　　吳承仕云：『修務篇注亦云：「才千人爲俊。」與孟春紀注同。』

　　案氾論篇注：『才過千人爲儁，』孟秋紀注：『材過萬人曰桀，千人
　　曰儁。』（儁、儁並與俊同。桀與傑同。）亦並可證此注『千人』下
　　脫『爲俊萬人』四字。

注：故曰四月桃也。

　　案曰字衍，『故四月桃也，』與上文注『故三月李也，』句法同。玉
　　燭寶典四引此正無曰字。

行春令，則五穀不熟。注：行春木王好生育之令，故五穀晚熟。

　　案『不熟』本作『晚熟，』注文可證。呂氏春秋仲夏紀、月令並作『
　　五穀晚熟。』今本晚作不，涉上文『道路不通』而誤。

蟋蟀居奧。注：奧，或作壁也。

　　案月令奧亦作壁。

注：劍有兩刃，諭無所生也。一曰：諭無所主，皆主之也。

　　案玉燭寶典六引『諭無所生，』作『喻無所主。』『諭無所主，』作
　　『喻無所不主。』今本生字誤，當正。主上脫不字，當補。

祭先肝。注：祭祀之，用所勝也。

　　案注當作『祭祀之肉，先用所勝也。』上文『祭先肺』注：『祭祀之

肉，先用所勝也。』可證。今本脫『肉先』二字，文意不完。呂氏春
秋孟秋紀注之下亦有肉字。

注：金王西，

吳承仕云：文當作『金王西方。』

案吳說是也，玉燭寶典七引正作『金王西方。』

若或失時，行罪無疑。

案呂氏春秋仲秋紀作『無或失時，行罪無疑。』月令作『毋或失時，
其有失時，行罪無疑。』此文『若或失時，』疑本作『無或失時，』
時下更有『其有失時』四字。蓋由後人不知時下有脫文，乃妄改無為
若耳。呂氏春秋無字不誤，亦脫『其有失時』四字。（說互詳呂氏春
秋校補。）

遠方皆至。

案宋本方作鄉，是也。呂氏春秋、月令並作鄉。方字涉上句『四方來
集』而誤。

注：四鄙為鄙。四鄙為縣。

案兩四字皆當為五，乃合下文『二千五百家』之數。周禮地官遂人正
作『五鄙為鄙。五鄙為縣。』莊本改兩四字為五，是也。呂氏春秋季
秋紀注下五字亦誤四。

命太僕及七騶咸駕，載旌。

劉績云：『載旌，』記作『載旌旐。』疑旌乃旌字之誤。

王念孫云：劉說是也，隸書旌字或作旌，與旌相似而誤。載、戴古字
通。

案呂氏春秋作『載旟輿。』（舊本輿上衍旐字。）旟與旌同。（兵略
篇：『載旌旗斧鉞，』御覽二七四引作旟，即其例。）亦可為劉說之
證。

注：萬物聚成。

案呂氏春秋孟冬紀注『聚成』作『聚藏，』是也。成字涉上句『轉成
其功』而誤。

其祀井。注：井，或作行。

案呂氏春秋、月令井並作行。

修邊境。

劉文典云：書鈔引修作備。

案呂氏春秋、月令修並作備，是也。備，俗作俻，俻誤爲俗，復易爲修耳。

案度呈，堅致爲上。

莊逵吉云：『堅致』禮記作『功致。』

案漢魏叢書本、莊本呈並作程，呂氏春秋、月令同。呈、程古字通。

呂氏春秋『堅致』亦作『功致。』

注：虞，掌水官也。

案虞上當據正文補水字，單言虞，則不得釋爲『掌水官也。』

注：故多暴疾。

案呂氏春秋注作『故多暴疾之風。』是也。『多暴疾之風，』正以釋
正文『多暴風。』今本此文脫『之風』二字，文意不完，當據補。

昏，壁中。注：東壁，北方玄武之宿。

案注既舉『東壁』而釋之，是正文壁上本有東字，今本誤脫之也。呂
氏春秋仲冬紀、月令並作『昏，東壁中。』當據補。

有隨以喪。

莊逵吉云：有，諸本皆作又。

案作有是故書。莊氏蓋從道藏本作有，是也。宋本亦作有。

注：熹炊熾火之熾也。

案炊當作讀，此涉上『熹炊』字而誤也。呂氏春秋注炊正作讀。

以供皇天上帝社稷之餉享。

　　案享上不當有餉字，此涉下『餉豢』字而衍也。呂氏春秋季冬紀、月

　　令並無餉字，當據刪。

注：櫟，可以爲車轂。木不出火，唯櫟爲然，亦應除氣也。

　　案玉燭寶典十二引『車轂』上有小字。『除氣』作『陰氣。』

扶榑木之地。

　　案御覽三七引作『扶木之地，』茅本、漢魏叢書本、莊本並作『榑木

　　之地。』扶木卽榑木（呂氏春秋求人篇：『禹東至榑木之地，』爲欲

　　篇作『扶木。』），榑、扶正、假字。此作『扶榑木之地、』蓋由榑

　　，一本作扶，傳寫誤合之耳。

貫顓頊之國。

　　案御覽引此下有注云：『南方有顓頊之國也。』

憂罷疾。

　　案御覽引作『養老疾。』

日月之所道。

　　案御覽引此下有注云：『謂二十八宿舍在地之分野。』

行秤𩟄。養老衰。

　　案御覽引作『行糜粥。養衰老。』

以送萬物之歸。注：『土，四方之主也。故曰「萬物之所歸」也。』

　　案歸上本有所字，注文可證。漢魏叢書本、莊本注文並無所字，蓋由

　　不知正文脫一所字，而妄刪之也。

飾羣牧，謹著聚。

　　案飾借爲敕，御覽引飾作勑，勑卽俗敕字。著借爲貯，御覽引著正作

　　貯。

遏溝瀆。

354

案御覽引遏作隱。

蚤閉晏開，以塞姦人。已德，執之必固。

　　王念孫云：塞本作索，『姦人』下當更有『姦人』二字，德讀爲得。
　　太平御覽時序部十二、地部二引此塞作索，德作得，是也。但無『姦
　　人』二字，則所見本已誤。

　　案王說是也，御覽三七引此正作『蚤閉晏開，以索姦人。姦人已得，
　　執之必固。』宋本塞作索，茅本、漢魏叢書本德並作得，亦可爲王說
　　之證。

注：出，二月播種。

　　劉文典云：御覽十七引注『播種』作『播植。』
　　案御覽二四引注『播種』亦作『播植。』

廣大以容衆。

　　案茅本、漢魏叢書本、莊本並無衆字。莊云：『廣大以容，』明本作
　　『廣下以容衆，』非。

　　案宋本作『廣大以容衆，』與道藏本合。莊氏所稱明本下字，蓋大之
　　誤。

覽　冥　篇

昔者，師曠奏白雪之音，而神物爲之下降。注：白雪，太乙五十弦琴瑟樂
名也。

　　吳承仕云：注文琴字誤衍，當刪。
　　案文選稽叔夜琴賦注、玉海一百十引『神物』並作『神禽。』文選注
　　引注無琴字，與吳說合。

注：齊之寡婦。　婦盆不肯。　毀景公之支體。

　　案御覽十三引『齊之寡婦，』作『齊之少寡婦人也。』『婦盆不肯，』

益作終。『毀景公之支體，』毀上有傷字。天中記二引『婦益不肯，』

益亦作終。

逆流而擊。

案文選張平子南都賦注、天中記九引擊下並有之字。

觀九鑽一，知之所不知。注：九謂九天。一，氐也。

案一下當更有一字，『觀九鑽一』句。『一知之所不知』句。今本脫

一一字，文意不完。莊子德充符篇正作『一知之所不知。』（今本所下

脫不字，說詳莊子校釋一。）當據補。又案爾雅翼三一引許注亦云：

『九，九天。一，氐也。』

晝隨灰而月運闕。注：運者，軍也。將有軍事相圍守，則月運出也。以蘆

草灰隨牖下月光中令圖畫，缺其一面，則月運亦缺於上也。

陶方琦云：『初學記一、御覽四又八百七十一、事類賦月部、歲華紀

麗注三、藝文類聚月類、白帖並引許注云：「有軍事相圍守，則月

暈。以蘆灰隨暈環，闕其一面，則月暈亦闕于上。」高注「運者，軍

也」以下，或卽許注羼入者。』

案北山錄八論業理第十三注、事文類聚前集二、天中記一引運並作

暈，又引許注云：『有軍事相圍守，則月暈。以蘆灰爲環，闕其一面，

則月暈亦闕於上。』

注：天道無私就去。

案御覽二十七引作『天道無私就，無私去。』

譬如隋侯之珠，和氏之璧。注：隋侯，漢東之國，姬姓諸侯也。隋侯見大

蛇傷斷，以藥傅之，後蛇於江中銜大珠以報之，因曰隋侯之珠。 文王在

春秋前，成王不以告，故不書也。

莊逵吉云：『文王』至『不書』十四字，葉近山、茅一桂二本皆有，

藏本無，今增入。

案文選劉越石答盧諶詩注引隋侯作隨侯，草堂詩箋三九引隋侯亦作隨
侯，注同。引注『以藥傅』下有『而塗』二字，『江中』作『夜中。』又案道
藏本有『文王』至『不書』十四字，莊氏失檢。宋本亦有此十四字。

雖有明智，弗能然也。

劉文典云：御覽九百四十二引『雖有明智，』作『雖在明知。』
案御覽引有作在，在卽有之誤。有、在形近易溷，繆稱篇：『得之在
命，』孟子盡心篇作有（作有是）；道應篇：『治國有禮，』治要引
作在（作在是）。並其比。人閒篇：『雖有聖知，弗能爲謀。』與此
作有同。

故聖若鏡，

王念孫云：『聖下脫人字，意林及太平御覽人事部四十二、服用部十
九引此並有人字。莊子應帝王篇：「至人之用心若鏡，」文子精誠篇：
「是故聖人若鏡，」亦皆有鏡字。』
案王校是也，天中記二四引此亦有人字。

今夫調弦者，叩宮，宮應。彈角，角動。此同聲相和者也。注：『叩大宮，
則少宮應。彈大角，則少角動。故曰：同音相和。』

案『調弦』當爲『調瑟，』此涉下文『改調一弦』而誤也。莊子徐无
鬼篇正作『調瑟。』『同聲』本作『同音，』注文可證。齊俗篇亦作『
同音。』

夫有改調一弦，

案莊子有作或，有猶或也。本經篇：『若或通焉，謂之天府。』說林
篇：『人之從事，或時相似。』注並云：『或，有也。』主術篇：『
或任百而尙輕，』『或欲平九州，』治要引或並作有；氾論篇：『殺
一人，則必有繼之者也。』治要引有作或；『故事有可行而不可言者；
有可言而不可行者。有易爲而難成者；有難成而易敗者。』文子微明

357

篇有並作或。皆有、或通用之證。

鳳凰之翔至德也，雷霆不作，風雨不興，川谷不澹，草木不搖。而燕雀佼之，以爲不能與之爭於宇宙之間。注：『宇，屋簷也。宙，棟梁也。易曰：「上棟下宇」也。』

案宇宙當作宇棟，高注本作『宇，屋簷也。棟，梁也。易曰：「上棟下宇」也。』釋宇棟之義後，又引易以證之也。世人習見宇宙連文，罕見宇棟連文，傳寫遂誤爲宇宙，又於注文棟上妄加宙字耳。燕雀所適，在於宇棟，故輕侮鳳凰，以爲不能與之爭於宇棟之間也。若作宇宙，則不倫矣。孔叢子論勢篇：『燕雀處屋，子母相哺，煦煦焉其相樂也，自以爲安矣。竈突炎上，棟宇將焚，燕雀顏色不變，不知禍之將及己也。』（又見呂氏春秋諭大、務大二篇，惟未以棟宇連文。）

彼以棟宇連文，猶此以宇棟連文，亦可證今本作宇宙之誤也。

鴻鵠鶬鸛，

案宋本鸛作鶴。

若夫鉗且、大丙之御，注：此二人，太一之御也。一說古得道之人，以神氣御陰陽也。

案列子周穆王篇注引御下有也字，並引高注作『皆古之得道善御也。』

除轡銜，去鞭棄策。

劉文典云：『除轡銜』三字爲句，『去鞭棄策』四字爲句，文不一律。御覽三百五十九引作『除轡舍銜，去鞭棄策。』多一舍字，是也。八百九十六引作『除轡銜，去鞭䇿。』疑後人妄改，以就已誤之上句也。案劉說非也。此本作『除轡銜，去鞭策。』御覽八九六引作『除轡銜，去鞭䇿。』鞭䇿二字雖異，而無棄字則同。其作『除轡銜，去鞭棄策』者，蓋由去，一本作棄，傳寫因誤將棄字竄入耳。列子注引作『除轡銜，棄鞭策。』是其塙證。御覽七四六引作『除轡銜，棄策策，』

篿字雖異，而去作棄則同。其作『除轡舍衘，去鞭棄策』者，蓋由淺

人不知下句棄字爲衍文，乃於上句妄加舍字與之相對耳。

電奔而鬼騰。

　　案御覽七四六引騰作駭。

以治日月之行，律治陰陽之氣，節四時之度。

　　陳觀樓云：律下本無治字，『律陰陽之氣，』與上下相對爲文。

　　案陳說是也，天中記六引律下正無治字。

狗彘吐菽粟於路，

　　案藝文類聚十一、八五引路上並有道字。

虎狼不妄噬。

　　案藝文類聚十一引狼作豹。

注：狀如狐。

　　案藝文類聚引狀上有其字。

水浩洋而不息。

　　案天中記九引洋作瀚。

於是女媧鍊五色石以補蒼天。

　　案海錄碎事一、天中記一引女媧下並有氏字。列子湯問篇同。

浮游不知所求，魍魎不知所往。

　　劉文典云：北堂書鈔十五引作『浮游不知所來，罔兩不知所往。』來、

往對文，於義爲長。

　　案劉說大謬，莊子在宥篇：『浮游不知所求（郭注：而自得所求也），

狷狂不知所往（注：而自得所往也）。』卽此文所本。此本爲韻文，

浮游與求爲韻，魍魎與往爲韻（莊子以狷狂與往爲韻），書鈔引求作

來，來卽求之形誤。（古籍中求、來相亂之例甚多，尙書呂刑篇：『

惟貨，惟來，』馬融本作求；周書大聚篇：『王若欲求天下民，』玉

海二十、六十並引作來；莊子大宗師篇之子來，本書精神篇作子求，
皆其比。）至爲明白，乃以爲作來義長，何邪？

服駕應龍，驂青虬。

王念孫云：『服應龍，驂青虬。』相對爲文，服下不當有駕字。一切
經音義一、太平御覽鱗介部二及爾雅疏引此俱無駕字。

案王說是也，海錄碎事十上引此亦無駕字。

仁君處位而不安。

案仁讀爲人，『仁君』卽『人君。』文子上禮篇正作『人君。』

羣臣準上意而懷當。注：懷，思也。當，合也。取合主意，不復以道正諫
也。

俞樾云：『懷當』二字，甚爲不辭，高注亦曲說耳。『懷當』乃『壞
常』之誤，言羣臣皆準上意而敗壞其典常也。文子上禮篇作『羣臣推
上意而壞常。』是其明證。

案『懷當』非誤字，俞說非也。高注云云，最得其解。文子乃後出僞
書，其作『壞常，』必淺人妄改，不可從。

注：犬失其主，

案御覽八二引主作性。（引上下正文皆誤爲尸子文。）

豕銜蓐而席澳。注：豕銜其蓐，席入之澳。言豕禍也。

案御覽引豕作豗，澳作陳，注同。（注文入字爲人字之誤，吳承仕己
言之。）賈子耳痹篇豕亦作豗，澳作奧。澳，陳並與奧通。說文：『
奧，室之西南隅。』

美人挈首墨面而不容。注：挈首，亂頭也。草與髮並編爲挈首。

案御覽引『挈首』作『婢首，』引注作『婢首，亂頭也。萃鬢髮並編
爲婢首。』

注：見世亂，哀將滅。

案茅本、莊本哀並作衰，『亂衰』連讀。御覽引作『衰亂，』亦連讀。

西老折勝。

孫詒讓云：老當作姥。

案孫說是也，茅本、漢魏叢書本老並作姥。

飛鳥鎩翼，走獸廢脚。注：鎩翼，縱翼也。廢脚，跛蹇也。言桀無道，田
獵煩數，鳥獸悉被創夷，鎩翼廢脚也。

案御覽引『廢脚』作『決蹄。』引注『縱翼』作『殘翼。』『廢脚，
跛蹇也，』作『決蹄，蹇足也。』『創夷』作『創殘。』『鎩翼廢脚』
作『翼廢脚折。』

澤無洼水。注：洼水，停水。

案御覽引『洼水』作『佳水。』引注作『佳水，清水。』

斬艾百姓，

案艾借為刈，文子上禮篇正作刈。

譬若羿請不死之藥於西王母，恒娥竊以奔月。注：恒娥，羿妻。

陶方琦云：『文選郭璞遊仙詩注、初學記引許注：「常娥，羿妻也。
逃月中。蓋上虛夫人是也。」初學記引正文尚有「託身於月，是謂蟾
蜍。而為月精」十二字。許、高異本也。』

案錦繡萬花谷前集一引作『羿得不死之藥於西王母，其妻嫦娥竊之奔
月。遂托身月中仙。』（合璧事類前集一引同，惟嫦娥作姮娥。）引
注亦作嫦娥，蓋許本也。天中記一亦引許注云：『嫦娥，羿妻也。逃
月中。蓋上虛夫人是也。』

精　神　篇

是故精神，天之有也。

案『精神』下當有者字，『精神者，天之有也。』與下文『骨骸者，

地之有也。』句法一律。五行大義三引此正有者字。列子天瑞篇、說

苑反質篇並同。

注：敦志勝，言己之敦志也。僻，邪也。勝，或作遯。言敦或遯去，故行

正而不邪也。

茅本、莊本並無『言敦或遯去，故行正而不邪也』十二字。吳承仕

云：『「言己之敦志也」句有奪文，無可據補。又案「勝，或作遯」

下，朱本有「言敦志一去，則行正不邪」十字。』

案宋本注與道藏本同。『言己之敦志也，』言下疑脫勝字。『言敦或

遯去，』義不可通，『敦或』當從朱本作『敦志，』或字涉上句『或

作遯』而誤。

五味亂口，使口爽傷。

王念孫云：『使口爽傷，』本作『使口厲爽。』

案王校是也，雲笈七籤九一引文子九守篇亦作『使口厲爽。』

趣舍滑心，使行飛揚。

案莊子天地篇、雲笈七籤引文子行並作性。

故曰：嗜慾者，使人之氣越。而好憎者，使人之心勞。弗疾去，則志氣日

耗。

案天中記二一引越作淫，心作精，『弗疾去，』作『不疾去之。』並

與文子同。

明白太素，無爲復樸，

案太本作入，後人妄改之也。『明白入素，無爲復樸，』相對爲文。

莊子天地篇、文子守樸篇並作入，當據正。

審乎無瑕，而不與物糅。注：瑕猶釁也。

案高注非也。瑕通作假，『無假，』謂無所假借也。無所假借，故不

與物相雜糅。莊子德充符篇、天道篇、文子並作『無假。』

注：故曰『有待而默。』默，如是。

　　吳承仕云；當作『故曰「有待而然」句。「然」讀，「如是」句。』

　　案吳說是也，茅本兩默字正作然。默卽然之形誤。

注：忽區，忽怳無形之區旁也。

　　案『忽區』下疑脫『之旁』二字。

則是合而生時干心也。

　　劉績云：文子作『則是合而生時於心者也。』莊子作『是接而生時於心者也。』則干乃于字之誤。

　　劉文典云：宋本干正作于。

　　案茅本干亦作于。

輕擧獨住。

　　王念孫云：住當爲往。

　　案王校是也，宋本住正作往。

今夫窮鄙之祀也，注：窮鄙之社，窮巷之小社也。

　　劉文典云：窮鄙，北堂書鈔八十七、一百十一、藝文類聚三十九、御覽五百三十二、五百八十四引，並作窮鄉。唯四百八十六、七百五十八引作窮鄙，與今本合。疑古本作窮鄉，後人據已誤之本改御覽而未能遍耳。

　　案高注既云『窮鄙之社，』是所見本已作窮鄙。則書鈔、類聚、御覽之引作窮鄉，必後人所改，而御覽之一引作窮鄙，乃存古本之舊，此至爲明白。劉氏舍高注而不察，妄疑古本作窮鄉，何邪？

使之左據天下圖，

　　案呂氏春秋不侵篇注引作『左手據天下之圖。』（知分篇注引泰族篇同。）文子上義篇，後漢書馬融傳、仲長統傳並同。

愚夫不爲。

案呂氏春秋注引『不爲』下有也字。泰族篇同。

生尊于天下也。

王念孫云：『尊本作貴，高注「故曰：身貴于天下。」卽其證。呂氏
春秋知分篇注引此亦作貴。泰族篇亦云：「身貴於天下。」』

案王校是也。惟呂氏春秋知分篇注所引，乃泰族篇之文，王氏失檢。
文子、後漢書馬融傳尊亦並作貴。

外束其形，內總其德。

王念孫云：『總字義不可通。總當爲愁，愁與絭同，說文：「絭，束
也。」「外束其形，內絭其德，」其義一也。文子上禮篇正作「外束
其形，內愁其德。」』

案作總義自可通，不必從文子改字。說文：『總，聚束也。』『外束
其形，內總其德，』其義亦一也。王說泥矣！

鉗陰陽之和。

案宋本鉗作錯。

故子夏見曾子，一臞一肥。曾子問其故。

案御覽三七八引尸子及韓詩外傳二載此事，並作閔子騫與子貢之問答。

未嘗非爲非欲也。

案爲當作樂，涉上『爲天下笑』而誤也。上文累以樂、欲對舉，此亦
同例。樂誤爲爲，則義不可通矣。

本 經 篇

則兵革興而分爭生。

陶鴻慶云：分當爲忿，忿爭屢見下文。

案陶說是也，文子上禮篇分正作忿。

天地之合和，陰陽之陶化萬物，皆乘人氣者也。

莊逵吉云：『乘人氣』本作『乘一氣。』唯藏本作人。

案宋本、茅本亦並作人。唯『乘人氣』義不可通。當作『乘一氣』爲

是。文子下德篇亦作『乘一氣。』

毀、譽、仁、鄙不立。

案宋本毀作詿。

人衆財寡。

案宋本『人衆』下有而字，與下句句法一律。文子作『用多而財寡，』

亦有而字。

是故仁、義、禮、樂者，可以救敗，而非通治之至也。

案『可以』下文作『所以，』可猶所也。文子正作所。

今背其本而求其末。

案宋本下其字作于，與下句句法一律。

雷震之聲，可以鼓鍾寫也。

王念孫云：『雷震』當爲『雷霆，』太平御覽天部十三引此正作『雷

霆。』文子下德篇同。

案王說是也。漢魏叢書本正作『雷霆。』

昔者，蒼頡作書。

案意林引作『倉頡作字。』

是謂瑤光。

案莊子齊物論篇『瑤光』作『葆光。』

殺九嬰於凶水之上。注：九嬰，水火之怪，爲人害。

案事文類聚別集十八、合璧事類續集三一引殺並作斬，(俶眞篇高注亦云

：『斬九嬰。』海錄碎事十三下引作殄。)文選劉孝標辨命論注引注害下有

者字。

上射十日，

案楚辭天問注、天中記一並引作『仰射十日，中其九日，日中九烏皆

死，墮其羽翼。』開元占經六、藝文類聚九二、事文類聚前集二、四二、後集四四、合璧事類前集一、五七、別集七二、錦繡萬花谷前集一皆引此文，略同。莊子齊物論篇成玄英疏引『上射十日』下有『遂落其九』四字。

而下殺猰貐。

　　案事文類聚別集十八、合璧事類續集三一引『猰貐』並作『㺔㺔。』

放之夏臺。

　　案御覽八二引作『收之夏宮。』（誤以爲尸子文。）

普氾無私。

　　劉文典云：藝文類聚十一引『普氾』下有而字。

　　案文子下德篇作『薄洽而無私。』亦有而字。

是故神明藏於無形，精神反於至眞，則目明而不以視。耳聰而不以聽。心條達而不以思慮。

　　案上文言『閉四關。』高注：『四關，耳、目、心、口。』此僅言目、耳、心三關，而不及口，必有脫文。文子下德篇『耳聰而不以聽』下，更有『口當而不以言』一句。下文『精泄於目，則其視明。在於耳，則其聽聰。留於口，則其言當。集於心，則其慮通。』卽承此文言之，則此當有『口當而不以言』一句。今本脫去，則與上文所稱『四關』不合；且與下文『留於口，則其言當』句不相應矣。

眞性命之情，而智故不得雜焉。

　　案漢魏叢書本、莊本眞並作冥，是也。冥、眞隸書形近，往往相涊。

注：門闕高崇巍巍然，故曰魏闕也。

　　案宋本、茅本此下更有『際，接也。上接青雲。周禮所謂象魏也』十四字。（漢魏叢書本有『際，接也』三字。）

大厦曾加。注：架，材木相乘架也。

案加本作架，注文可證。

注：無有邪角邪角。削、殺也。

吳承仕云：當作『無有邪角』句。『削，殺也』句。各本並誤衍『邪角』二字。

案漢魏叢書本未衍『邪角』二字。

金鼓斧鉞，

案治要引斧作鈇。

猶弗能澹。

莊本澹作贍。劉文典云：羣書治要引作『猶不能贍其用。』澹、贍古通用。

案各本澹皆作贍，莊本改今從古，非也。本篇上文『然猶未能贍人主之欲也。』『則財足而人贍矣。』下文『以贍貪主之欲。』主術篇：『求寡而易贍。』齊俗篇：『無天下之委財，而欲遍贍萬民。』『智伯有三晉，而欲不贍。』『求贍則爭止。』氾論篇：『易償則求贍矣。』詮言篇：『民贍利，而不知利之所由出。』『以淺贍博。』『非不贍也。』兵略篇：『分不均、求不贍則爭。』『殫天下之財，而贍一人之欲。』脩務篇：『事治求贍者，未之聞也。』泰族篇：『求多，難贍也。』『求寡，易贍也。』諸贍字莊本皆妄改作澹，不可從。莊本改今從古之例多矣，慎勿爲所欺也。

失樂之本矣。

案治要引失上有則字。

臣盡其忠。

案治要引忠作力。

而無憾恨其間。

案治要引間下有矣字。

夫三年之喪，非强而致之。

　　王念孫云：强下當有引字，羣書治要引此正作『非强引而致之。』

　　案治要引之下尚有也字。

嗜慾多，禮義廢。

　　案治要引作『嗜欲多而禮義廢。』

失喪之本也。

　　劉文典云：羣書治要引也作矣，當從之。

　　案也猶矣也，故治要引也作矣。也、矣同義，經傳釋詞例證甚多。本
　　書主術篇：『則無以與天下交也。』文子上仁篇作矣；道應篇：『化
　　則無常矣。』莊子大宗師篇作也；氾論篇：『然後能擅道而行矣。』
　　治要引作也；詮言篇：『則幾於道也。』治要引作矣（文子道德篇同）；
　　泰族篇：『雖殘賊天下弗能禁也。』文子下德篇作矣。皆其比。劉氏
　　必以作矣爲是，泥矣！脩務篇：『其重於尊亦遠也。』藝文類聚七三、
　　御覽七六一並引作矣，劉氏亦云：『當從之。』失與此同。

各守其分，

　　案治要引分下有地字。

舉不義之兵，伐無罪之國。殺不辜之民，絕先聖之後。

　　案治要引伐上、絕上並有而字。

遷人之重寳。

　　案治要引遷作徙。

故兵者，所以討暴，非所以爲暴也。樂者，所以致和，非所以爲淫也。喪
者，所以盡哀，非所以爲僞也。

　　案治要引『討暴』下、『致和』下、『盡哀』下，並有也字。

主 術 篇

淸靜而不動，一度而不搖。

> 劉文典云：羣書治要引度作動。

案治要引度作動，義不可通，卽涉上動字而誤。

是故心知規，而師傅諭導。

> 劉文典云：治要引導作道，『諭道』與下文『稱辭』對文，於義爲長，當從之。今本作導者，涉下文『先導』而誤耳。

案高注：『諭導以正道也。』卽釋『諭道』之義。治要所引是也。今本道作導，蓋涉注『諭導』字而誤。

足能行，而相者先導。

> 案治要引先作前。

行爲儀表於天下。

> 俞樾云：『於天下』三字，衍文也。涉高注曰『爲天下人所法則也，』故誤衍此三字。

案治要引行上有而字。文子自然篇無『於天下』三字，與俞說合。

不爲醜美好憎，不爲賞罰喜怒。

> 陶鴻慶云：此文本作『醜美不爲好憎，賞罰不爲喜怒。』今本誤倒，則不可通。

案陶說大謬！下文『不爲秦、楚變節，不爲胡、越改容。』（又見鄧析子無厚篇，變作綏。）莊子繕性篇：『不爲軒冕肆志，不爲窮約趨俗。』並與此句法同，安得以爲不通而欲妄倒其文邪？

事猶自然，

> 劉文典云：治要引猶作由。

案文子亦作由。

晃而前旒，所以蔽明也。

案『所以蔽明』下不當有也字，乃與下文句法一律，蓋涉注『故曰「蔽明」也』而衍。治要引此正無也字。

甘雨時降。

劉文典云：御覽七十八引作『甘雨以時。』

案文子精誠篇亦作『甘雨以時。』

注：嘗之新穀，薦之明堂。

案上之字疑衍，玉海九五引作『嘗新穀，薦于明堂。』茅本、漢魏叢書本、莊本並作『穀，新穀也。薦之明堂嘗之也。』

無以異於執彈而來鳥，挴梲而狎犬也。

案意林引兩而字下並有欲字。

違其怒恚。

案違當爲達，莊子人間世篇、列子黃帝篇並作達，違卽達之形誤。鶡冠子天權篇：『達物之情，』注：『達，或作達。』亦違、達相亂之例。

注：宜遼，姓也。名熊。

莊逵吉云：『應云：「宜遼，名也。姓熊。」』

案莊說是也，茅本正作『宜遼，名。姓熊。』

還，報曰：

案宋本還下有反字，道應篇：『還反，度江。』人間篇：『還反，伐虢。』亦並以『還反』連文。

不從其所言，而從所行。

案宋本『而從』下有其字，是也。文子精誠篇亦有其字。

禽獸昆蟲，與之陶化。注：『昆蟲，』或作『鬼神。』

案文子『昆蟲』亦作『鬼神。』

370

木擊折轊。

　　劉文典云：意林引轊作軸。

　　案文子下德篇轊亦作軸。

兵莫憯於志，而莫邪爲下。寇莫大於陰陽，而枹鼓爲小。

　　案繆稱篇志上有意字，『意志』與『陰陽』相對爲文。

桀之力制觡伸鉤，索鐵歙金，椎移大犧。

　　案路史後紀十四注引『制觡』作『剔觡，』『大犧』作『大戲。』天
　　中記二七引『歙金』作『揉金，』『大犧』作『大麾。』並引注云：
　　『大麾，軍之大旗。』蓋許注也。

而君人者，

　　案治要引而上有然子。

鵋夜撮蚤（蚊），注：鵋，鵋鶬也。謂之老菟。夜鳴人屋上也。夜則目明，
合聚人爪以著其巢中。

　　案注言『合聚人爪以著其巢中。』是高本正文蚤作爪；莊子秋水篇釋
　　文引許注云：『鵋夜聚食蚤蝨不失也。』是許本正文作蚤。

譬而軍之持麾者，

　　陶方琦云：『蘇（頌）氏曰：「許于卷內多用叚借，如以而爲如之類。」
　　此「譬如」作「譬而，」當是許本。高本當作「譬如。」御覽三百四
　　十一引高本此文正作「譬如。」古而、如通也。』

　　案茅本、漢魏叢書本並作『譬如。』存高本之舊。

乘衆人之智，則天下之不足有也。

　　陶鴻慶云：『天下』下衍之字。

　　案陶說是也，治要引『天下』下正無之字，蓋涉上之字而衍。

以立成功也。

　　案治要引也上有者字。

各得其宜，處其當。

　　　劉文典云：治要處下有得字。

　　　案『得其宜，處其當。』相對爲文，治要引處下有得字，卽涉上得字

　　而衍。

乘衆人之制者，則天下不足有也。

　　　案『乘衆人之制，』義不可通。制當爲智，上文可照。

稷辟土墾草，以爲百姓力農。然不能使禾冬生，豈其人事不至哉？其勢不

可也。

　　　案齊民要術種穀第三引此下有注云：『春生，夏長，秋收，冬藏，四

　　時不可易也。』疑是許注。

夫推而不可爲之勢，而不脩道理之數。

　　　王念孫云：『推而不可爲之勢，』而字涉下文而衍。

　　　案王說是也，文子自然篇正無而字。又案王氏改脩爲循，云：『今本

　　循誤作脩，辯見原道。』文子脩正作循。

豈能拂道理之數，

　　　案治要引拂作咈。說文：『咈，違也。』咈、拂正、假字。

是以積力之所舉，無不勝也。而衆智之所爲，無不成也。

　　　案治要引兩『無不』上並有則字，文子下德篇兩『無不』上並有卽

　　字，卽猶則也。治要引衆上無而字，文子同。今本而字，蓋涉上文『

　　而用之』或涉下文『而不可』而衍。

采椽不斷。

　　　王念孫云：斷當爲斲，太平御覽皇王部五引此正作斲。韓子五蠹篇

　　史記李斯傳並同。

　　　案王校是也，宋本斷正作斲，玉海七八引同。鹽鐵論通有篇、散不足

　　篇亦並作斲。

各得其所宜。

案宋本各作皆，治要引同。

各有所施。

案記纂淵海五五引有作隨。

是故審毫釐之計者，必遺天下之大數。

案計上當有小字，『小計』與『大數』對言。史記淮陰侯列傳正作『審豪釐之小計，遺天下之大數。』

譬猶狸之不可使搏牛，虎之不可使搏鼠也。

劉文典云：『搏牛，』『搏鼠，』於辭爲複，治要引作『捕鼠，』當從之。

案治要引『搏鼠』作『捕鼠，』搏、捕古通，本篇上文『陸捕熊羆，』御覽四三七引作搏；莊子秋水篇：『捕鼠不如狸狌，』釋文引一本作搏；呂氏春秋去宥篇：『吏搏而束縛之，』文選任彥升齊竟陵文宣王行狀注引作捕，皆其比。原道篇：『無以異於使蟹捕鼠，蟾蠩捕蚤。』彼用兩捕字與此用兩搏字同例，古人用字，固不避複也。

隨鄉曲之俗。

劉文典云：治要引隨作脩。

案脩當爲循，隨亦循也。本經篇：『隨自然之性，』文子下德篇隨作循；脩務篇：『隨山栞木，』注：『隨，循也。』並其證。詮言篇：『法脩自然，』文子符言篇作隨。彼文脩亦循之誤，猶治要引此文脩爲循之誤也。

是猶以斧劗毛，

案治要引劗作鬋，鬋與劗同。

百官修通。

王念孫云：『劉本作「脩同。」云：「同，一作通。」莊本從劉本作同。作通者是也，太平御覽引此正作「脩通。」文子上仁篇同。』

案宋本、茅本亦並作通，與道藏本合。

乘舟檝者，不能游，而絕江海。

> 劉文典云：『不能游，』意林引作『不假游。』

> 案意林引能作假，涉上文『假輿馬』而誤，荀子勸學篇、大戴禮記勸學篇並云：『假舟檝者，非能水也，而絕江海。』（今本荀子海誤河。）彼言『非能水，』猶此言『不能游』耳。

使言之而是，

> 案宋本是下有也字，與下文句法一律。

所愛惜親近者，

> 案治要引所上有信字。

其猶造父之御，

> 案記纂淵海五四引御下有也字，文子上義篇作『其猶造父之御駬馬也，』亦有也字。

內得於心中，外合於馬志。

> 王念孫云：『心中』當作『中心，』『中心』與『馬志，』相對爲文。太平御覽治道部五、獸部八引此並作『中心。』列子湯問篇、文子上義篇皆同。

> 案王說是也，記纂淵海引『心中』亦作『中心，』外上有而字。列子外上亦有而字。

夫據除而窺井底，

> 王引之云：除當爲幹。

> 劉文典云：宋本正作幹。

> 案金樓子立言篇下亦作幹。

而不足者建於用。

> 王念孫云：建當爲逮，文子上義篇作『不足者逮於用。』

案宋本建正作逮。

若五指之屬於臂，

　　案宋本臂下有也字。

五寸之鍵，制開闔。

　　王念孫云：『制開闔』三字，文義未足，說苑說叢篇作『而制開闔，』
　　文子作『能制開闔，』能亦而也。二書皆本於淮南，則淮南原文本作
　　『五寸之鍵，而制開闔，』明矣。道藏本脫而字，劉績不能考正，乃
　　於『制開闔』下加『之門』二字，而諸本及莊本皆從之，謬矣！
　　案宋本亦脫而字。意林引此作『五寸之楗，能制開闔之門。』楗、鍵
　　正、假字。劉績本『之門』二字，當卽據意林所加也。

暴者非盡害海內之衆也。

　　案非下當有能字，乃與上文句法一律。文子正有能字。

必先計歲收。

　　案茅本、漢魏叢書本收上並有而字，文子上仁篇同。

知饑饉有餘不足之數。

　　王念孫云：羣書治要引此『饑饉』作『饒饉。』作『饒饉』者原文，
　　作『饑饉』者後人所改也。

　　案宋本『饑饉』正作『饒饉。』

然民無掘穴狹廬所以託身者，明主弗樂也。（舊脫也字。）

　　王念孫云：『民無掘穴狹廬所以託身者，』道藏本如是。劉本作『民
　　有掘穴狹廬無所託身者，』此依下文改也。莊依劉本作『民有掘穴狹
　　廬，』又依道藏本作『所以託身者，』兩無所據矣。
　　案御覽九五八引然下有而字，引下文『然民有糟糠菽粟不接於口者，』
　　然下亦有而字（引『菽粟』作『橡粟』）。據此，則下文『然民有處
　　邊城，犯危難，澤死暴骸者，』然下亦當有而字，文乃一律，治要引

正有而字。『民無掘穴狹廬所以託身者，』宋本、茅本並與道藏本同。漢魏叢書本作『民有掘穴狹廬所以託身者，』或卽莊本所據。又案王氏據治要、御覽所引，於『明主弗樂也』上補則字，是也。治要引下文『明主弗安也』上亦有則字，句法並一律。

非不美也。

　　劉文典云：治要引美作香。

　　案御覽引美上有香字，蓋一本作美，一本作香，傳寫誤合之耳。

其慘怛於民也，

　　劉文典云：治要引作『甚慘怛於民也。』

　　案慘與憯同，文子亦作憯。繆稱篇：『君子之慘怛，非正爲僞形也。』文子精誠篇作憯，與此同例。治要引怛作怚，義不可通，怚卽怛之形誤。繆稱篇：『恩接而憯怛生。』亦以憯怛連文。

民有寒者，而冬不被裘。

　　案而字衍文，『民有寒者，冬不被裘。』與上『國有飢者，食不重味。』相對爲文。多一而字，則句法參差不協矣。文子正無而字。

取民則不裁其力，求於下則不量其積。

　　案求下不當有於字，蓋涉上文『有充於內而成像於外』而衍，『取民則不裁其力，求下則不量其積。』相對爲文。治要引此正無於字。文子同。

是猶貫甲冑而入宗廟，被羅紈而從軍旅。

　　劉文典云：治要『羅紈』作『綺羅。』

　　案治要引作『是由貫介冑而入廟，被綺羅而從軍也。』

有以給上之徵賦，

　　王念孫云：『有以』之有，各本多作無，惟道藏本及茅本作有，有字是也。有讀爲又。

案宋本亦作有。文子作『無以供上求。』此文作無者，或後人據文子
所改。

下盡地財。

案齊民要術種穀第三引『地財』作『地利。』

故先王之政，四海之雲至，而脩封疆。注：立春之後，四海出雲。

案齊民要術、玉燭寶典二引政並作制，引許注云：『四海雲至，二月
也。』玉燭寶典引高注『立春』作『春分。』

蝦蟇鳴燕降，而達路除道。

案齊民要術、玉燭寶典引達並作通，引許注云：『燕降，三月也。』

陰降百泉，則脩橋梁。

案齊民要術、玉燭寶典十並引許注云：『陰降百泉，十月也。』

昏張中，則務種穀。

案齊民要術引種作樹。玉燭寶典三引同，引許注云：『大火昏中，三
月也。』

大火中，則種黍菽。

案玉燭寶典四引菽作叔，引許注云：『大火昏中，四月也。』齊民要
術引注作『大火昏中，六月。』

盧中、則種宿麥。

案齊民要術引許注云：『盧昏中，九月。』

直立而不撓。注：撓，弱曲也。

案宋本撓作橈，注同。橈、撓正、假字。

舉動廢置，

案『舉動』本作『舉措，』涉上句『動靜中儀』而誤也。文子微明篇
正作『舉措。』

運於璇樞，

案記纂淵海六十引『璇樞』作『璇璣。』

舜立誹謗之木。

案玉海九十引立作造，云：『一作立。』

武王立戒慎之鞀。

劉文典云：治要立作有，鞀作銘。

案玉海引立亦作有，呂氏春秋自知篇、鄧析子轉辭篇並同。鄧析子鞀
亦作銘。

發鉅橋之粟。

案玉海一七二引許注云：『鉅鹿之大橋。』

晏然若故有之。

劉文典云：治要引若下有其字。

案若下不當有其字，蓋涉上文『用非其有，便非其人』而衍。孟子盡
心篇：『及其爲天子也，被袗衣，鼓琴，二女果，若固有之。』卽此
『若故有之』四字所本。固與故同。

皆著於明堂。

案治要引著下有之字。

專行孝道。

漢魏叢書本、莊本孝並作敦。劉文典云：治要引敦作孝。

案宋本、茅本並作孝，與道藏本同。惟孝當爲季，敦亦从季會意，季
與孝音、義各殊，古籍中往往相淆。說文：『季，放也。』放與仿通，
引申有教化義。此文『季道，』與『教道』同，（道讀爲導。）作季
是故書。

其所事者多。

王念孫云：『其所事者多，』多上亦當有有字，有讀爲又，羣書治要.
引此正作『其所事者又多。』

案王說是也，文子微明篇作『而所爲之事又多。』亦其證。

吳起、張儀智不若孔、墨，而爭萬乘之君，此其所以車裂、支解也。

案張儀被讒去秦，相魏一歲而卒。支解之說，他書無徵。張儀疑本作商鞅（下文高注同），繆稱篇：『商鞅立法而支解，吳起刻削而車裂。』（又見韓詩外傳一）是其證。人間篇亦云：『商鞅支解。』

說親有道：修身不誠，不能事親矣。

案『不能事親，』當作『不能說親。』此承『說親有道』而言也。孟子離婁篇作『悅親有道：反身不誠，不悅於親矣。』是其證。今本說作事，涉上文『事親不說』而誤。

誠身有道：心不專一，不能專誠。

王念孫云：『「不能專誠，」當作「不能誠身。」據高注云：「不脩其本，而欲得悅親、誠身之名，皆難也。」則正文本作「不能誠身，」明矣。中庸作「誠身有道：不明乎善，不誠乎身矣。」次句雖異義，而首句、三句則同。』

案王說是也，孟子作『誠身有道：不明乎善，不誠其身矣。』亦其證。

繆　稱　篇

主者，國之心。

案治要引心下有也字。文子上德篇同。

故君子懼失仁義。

案宋本無仁字，是也。

猶中衢而致尊邪？

案意林引致作置。

多少不同，各得其所宜。

案意林引作『雖多少不同，而各得其宜也。』

以與其下交，

　　案漢魏叢書本、莊本並作『以交其下，』與下文『以事其上』相對。

侏儒、瞽師，人之困慰者也。注：慰，可蹶也。一曰：慰，極。

　　莊逵吉云：『困慰』本或作『困懟，』注並同。疑作懟者是。

　　吳承仕云：『朱本作懟，懟卽慰之譌也。慰亦作蔚，俶眞篇：「五藏
　　無蔚氣，」注云：「蔚，病也。」』

　　案漢魏叢書本亦作懟，作懟者，後人所改耳。原道篇：『不爲愁悴怨
　　慰而失其所以自樂也。』注：『慰，病也。』（此文注『一曰：慰，
　　極。』極與病義近。）今本正文、注文慰並作懟，亦後人所改，（詳
　　王引之說。）正與此文同例。又案記纂淵海五七引慰作懣，亦後人所
　　改。

勇士一呼，

　　案『勇士』本作『勇武，』此後人依文子精誠篇改之也。淮南書通謂
　　士爲武，齊俗篇：『爲天下顯武，』（注：楚人謂士爲武。）人間篇：
　　『請無罷武大夫，』『是使晉國之武舍仁而後義，』『罷武聞之，』
　　『而戰武必其死。』皆其證。覽冥篇：『勇武一人，』（注：『武，
　　士也。江淮間謂士爲武。』意林引此，改武爲士。）齊俗篇：『勇武
　　遁逃，』人間篇：『而必爲天下勇武矣，』（事文類聚後集四八引此，
　　改武爲士。）『勇武聞之，』『而勇武歸之，』脩務篇：『及至勇武
　　攘捲一擣，』（注：『武，士也。楚人謂士爲武。』）凡『勇士』字皆作
　　武，尤此文『勇士』本作『勇武』之塙證也。

精之至也。

　　案宋本也作者，文子精誠篇同。

聖王之養民，

　　案宋本、茅本『聖王』字並與道藏本同。意林引此亦作『聖王。』（文

子微明篇作『聖主，』『聖主』猶『聖王』也。）漢魏叢書本作『聖

人，』蓋後人所改。莊本不從道藏本作『聖王，』而作『聖人，』殊

不可解。

故終年爲車，無三寸之鐯，不可以驅馳。匠人斲戶，無一尺之楗，不可以

閉藏。

　　劉文典云：『一尺』意林引作『五寸。』

　　案意林引鐯作轄，兩『不可』上並有則字。鐯與轄同。

君子之慘怛，非正爲僞形也。

　　案僞猶爲也，僞上不當更有爲字，此淺人依文子精誠篇所加也。『君

　　子之慘怛，非正僞形也。』與上『人之甘甘，非正爲蹠也。』相對爲

　　文。僞、爲同義，故可互用。王念孫引此文，徑刪爲字，是也。

矜怛生於不足。注：怛，驕也。

　　王念孫云：『怛皆當爲㤉，字之誤也。說文：㤉，驕也。』

　　案王說是也，茅本正文、注文怛並作㤉。

誠中之人，樂而不役。如鵙好聲，熊之好經，夫有誰爲矜！

　　劉文典云：御覽九百八引役作伇，無不字，鵙作鴟，矜作務。

　　案伇與役通，役本作伇，隸變作彶，伇亦彶也（說文：彶，急行也），

　　故可通用。伇（或役）上無不字，文意乖舛，蓋誤脫也。鵙不好聲，

　　鵙卽鴟之形誤。矜字承上文兩矜字（矜怛生於不足，華誕生於矜）而

　　言，作務，義不可通，務卽矜之誤。矜、務隸書往往相溷，氾論篇：

　　『見柔懦者侵，則務爲剛毅；見剛毅者亡，則務於柔懦。』今本務並

　　誤矜（詳王念孫說）；人間篇：『無以立矜於天下，』今本矜誤務（

　　詳王引之說），並其證。

通於己而無功於國者，不施賞焉。逆於己便於國者，不加罰焉。

　　案漢魏叢書本、莊本通並作適，通卽適之形誤。文子微明篇亦作適。

『便於國』上當有而字，乃與上文句法一律，文子及劉子賞罰編並有而字。

夜行瞑目而前其手。事有所至，而明有不害。

俞樾云：『至當爲宜，害當爲容，皆字之誤也。容，用也。說林篇曰：
「夜行者掩目而前其手。涉水者解其馬載之舟。事有所宜，而有所不
施。」可證此文至字之誤。「不施」亦卽「不用」也。』

案俞氏謂『害當爲容，』是也。惟至則不必爲宜之誤，至有當義（荀
子正論篇：『不知逆順之理，小大至不至之變者也。』注：『至不至』
猶言『當不當』也），宜亦當也。有下當據說林篇補所字，漢魏叢書
本、莊本並有所字，惟脫不字。莊子人間世篇：『意有所至，而愛有
所亡。』與此句法同。

暉日知晏。注：暉日，鳩鳥也。

茅本、漢魏叢書本、莊本暉日並作暉目，注同。莊逵吉云：暉目，疑
當作暉日，說文解字：『鳩，運日也。』廣雅：『雄曰運日，雌曰陰
諧。』又案敦煌本隋釋道騫楚辭音引『暉日』作『雲日，』當是鬲本。

劉文典云：莊校是也，宋本暉目正作暉日，注同。

案宋本正文、注文並作暉日（下文注同），與道藏本合。莊氏既知當
作暉日，而不從道藏本，殊不可解。

治國譬若張瑟，

劉文典云：意林引瑟上有琴字。

案意林引『治國』下有者字，韓詩外傳一同。劉子新論愛民篇瑟上亦
有琴字。

故急轡數策者，非千里之御也。

案呂氏春秋功名篇注引此作『急轡利銜，非千里之御也。嚴刑峻法，
非百王之治也。』今本『非千里之御也』下有脫文。原道篇亦云：『
峭法刻誅者，非霸王之業也。箠策繁用者，非致遠之御也。』（今本

御誤術。）

不爲小不善爲無傷也而爲之。

　　案『不爲』上文作『不謂，』爲猶謂也，互文耳。漢魏叢書本、莊本
　　爲並作謂，義雖同，文則非其舊矣。

昔二鳳凰至於庭。

　　王念孫云：此本作『昔二皇鳳至於庭。』道藏本皇字倒在鳳字下，因
　　誤而爲鳳。

　　案王說是也，天中記五八引此亦作『二皇鳳至於庭。』並有注云：『伏
　　羲、神農。』宋本作『昔二鳳皇至於庭。』皇字不誤，惟亦倒在鳳字下耳。

正身直行。

　　案宋本『正身』下有而字。

齊　俗　篇

故搆而多責。注：搆謂以權相交，權盡而交疏，搆搆然也。

　　案宋本搆作構，注同。當以作構爲正。泰族篇：『搆而爲宮室。』宋
　　本亦作構。

夫水積則生相食之魚，土積則生自穴之獸，禮義飾則生僞匿之本。

　　王念孫改穴爲宍，云：『宍與肉同，各本宍誤作穴，辯見原道「欲寅
　　之心」下。太平御覽禮儀部二引此「僞匿之本」作「僞慝之儒。」本
　　當爲士，儒亦士也。』

　　劉文典云：御覽三百二十三引作『夫水積則生相食之蟲，土積則生食
　　肉之獸，禮飾則生僞慝之儒。』三句皆以八字爲句，句法一律。今本
　　多一義字，句法遂參差不齊，義字疑衍文也。

　　案劉氏所稱御覽三百二十三，乃五百二十三之誤。文子上禮篇『相食
　　之魚』亦『相食之蟲。』『自宍之獸』（從王校）作『自肉之獸。』

御覽引作『食肉之獸，』食字涉上句『相食』而誤，王念孫於原道篇
已辯之。又案上文『今世之爲禮者，恭敬而伎。爲義者，布施而德。
君臣以相非，骨肉以生怨，則失禮義之本也。故搆而多責。』此文禮、
義二字，明承上文禮、義而言，御覽所引，必脫義字，安可據哉！劉
氏拘於句法一律，竟不顧上文，而疑義字爲衍文，疏舛甚矣！

故有大路龍旂羽蓋垂綏結駟連騎，則必有穿窬拊楗抽箕踰備之姦。有詭文
繁繡弱緆羅紈，必有菅屩跐跨短褐不完者。故高下之相傾也，短脩之相形
也，亦明矣。注：楚人謂袍爲短。

王引之云：『抽箕』當爲『扣墓。』

陶鴻慶云：『「短褐」當爲「裋褐，」故高注云：「楚人謂袍爲裋。」
又案「者故」二字當屬上爲句，者讀爲諸，諸與之同。故當爲苦，故、
苦皆以古得聲，例得通也。「必有菅屩跐跨裋褐不完之苦，」與「必
有穿窬拊楗扣墓踰備之姦，」相儷成文。韓非子顯學篇云：「不道仁
義者故，不聽學者之言。」兪氏讀者爲諸，例與此同。』

案陶氏所稱高注，當作許注，此篇乃許注本也。裋、短正、假字，短
非裋之誤。作裋者許本，作短者高本也。覽冥篇：『短褐不完，』高
注：『短，或作裋字。』後漢書王望傳注引短正作裋，並引許注：『
楚人謂袍曰裋。』（據陶方琦引。）可證裋、短乃許、高之異。惟此
篇既爲許注本，則正文、注文自當作裋耳。又案『必有菅屩跐跨裋褐
不完者，』疑本作『則必有菅屩跐跨裋褐不完者民，』與『則必有穿
窬拊楗扣墓踰備之姦，』相對爲文。主術篇：『百姓短褐不完，而宮
室衣錦繡。』彼言百姓，猶此言民也。可爲此文脫民字之旁證。陶氏
謂『者讀爲諸，諸與之同。』誠是。惟以下文故字屬上爲句，借故爲
苦，則極牽強。

至三十二世而亡。

劉文典云：二疑四誤，魯自伯禽至頃公讎，適三十四世。呂覽長見

篇、韓詩外傳二並作四。

案史記魯周公世家亦作『三十四世。』

子贛讓而止善。

案呂氏春秋察微篇注引『止善』作『亡義，』亡蓋止之形誤。義與善

通，詩大雅文王：『宜昭義問，』毛傳：『義，善。』禮記緇衣篇：

『章善癉惡，』釋文本作義，並其證。

廉有所在，而不可公行也。

劉文典云：羣書治要引在上有不字，於義爲長。

案此指上文『子贛贖人而不受金於府』而言，子贛之不受金，廉之所

在也。然公行此廉，則『魯國不復贖人矣。』故曰『廉有所在，而不

可公行也。』治要引在上有不字，乃涉下不字而衍，劉氏反謂『於義

爲長，』謬甚！

聖人不以爲民俗。

案治要引『民俗』下有也字。

猨狄之所樂也。

案宋本猨作蝯，當以作蝯爲正。

犧牛粹毛，宜於廟牲。其於以致雨，不若黑蜧。注：黑蜧，神蛇也。潛於

神淵，蓋能興雲雨。

陶方琦云：『文選郭璞江賦注引許注：「黑蜧，神蛇也。潛于神泉，

能致雲雨。」（神淵作神泉，乃唐人避諱而改。）張景陽雜詩注引作

高誘，誤也。初學記引淮南注：「黑蜧，神蛇。潛淵而居，將雨則

躍。」（御覽十引亦同。）此卽許說，而引文稍異。』

案御覽九三三、天中記三引粹並作騂。天中記引高注：『黑蜧，黑蛇

也。潛於神泉，能致雲雨。』（與文選張景陽雜詩注誤引作高注同。）

又引許注：『黑螟，神蛇。潛泉而居，將雨則躍。』（與初學記引注同。）

若風之過簫，

陳觀樓云：各本過字皆誤作遇，唯道藏本不誤。文子自然篇正作『若風之過簫。』

案道藏本過亦誤遇，陳氏恐失檢。惟宋本作『若風之過簫也，』不誤。

欲節事寡也。

案『欲節』下當有而字，乃與下文『民躁而費多也，』句法一律。文子正有而字。

治君者不於君，以欲。治欲者不於欲，以性。治性者不於性，以德。

案於、以互文，於猶以也。上文『凡治物者不以物，以睦。治睦者不以睦，以人。治人者不以人，以君。』（今本凡下衍『以物』二字，詳王念孫說。）下文『治德者不以德，以道。』不下以字，疑原皆作於。呂氏春秋貴當篇：『治物者不於物，於人。治人者不於事，於君。治君者不於君，於天子。治天子者不於天子，於欲。治欲者不於欲，於性。』（『不於事』當依淮南子及文子下德篇作『不於人。』）卽淮南所本。今本此文上、下文四於字皆作以，蓋後人依文子下德篇改之也。漢魏叢書本、莊本則此文三於字亦並改作以矣。

今今三月嬰兒生而徙國，

案宋本下今字作令，是也。今卽令之誤。茅本、漢魏叢書本、莊本並脫令字。

易而忘本，

案宋本忘下有其字，文子同。

載哀者聞歌聲而泣。載樂者見哭者而笑。

劉文典云：羣書治要引見作聞。

案見字義長，治要引作聞，蓋涉上聞字而誤。

故水擊則波興，

王念孫云：『「水擊」當爲「水激，」聲之誤也。羣書治要引此正作激。

氾論篇亦云：「水激興波。」』

案王校是也，文子亦作『水激。』

夫一者，至貴。無適於天下。聖人託於無適，故民命繫矣。

案適借爲敵，呂氏春秋爲欲篇適並作敵。詮言篇：『一也者，萬物之

本也。無敵之道也。』文子道德篇作適，適亦敵之借。

故强哭者雖病不哀。强親者雖笑不和。

案意林引作『强戚者雖哭不哀。强歡者雖笑不樂。』記纂淵海五九、

六十引病並作疾，日本舊鈔卷子本莊子漁父篇同（今本疾作悲）。記

纂淵海引『强親者雖笑不和，』亦作『强歡者雖笑不樂。』劉子新論

言苑篇同。

中國歃血也。

案列子湯問篇釋文引歃作嚽，嚽亦借爲歃。

越人劗髮。注：鬋，斷。

案正文無鬋字，與注不符。疑劗，一本作鬋，故注有『鬋，斷』之訓。

鬋與劗同（逸周書王會篇：『越漚鬋髮文身，』字正作鬋），茅本，

漢魏叢書本、莊本並作『越人劗鬋，』文不成義，蓋由劗，一本作鬋，

後人誤合之，又脫髮字耳。宋本作『越人劗髮，』與道藏本合。

譬由膠柱而調琴也。

案漢魏叢書本、莊本琴並作瑟，文子道德篇同。史記趙奢傳亦云：『

若膠柱而鼓瑟耳。』

所謂明者，非謂其見彼也，自見而已。所謂聰者，非謂聞彼也，自聞而已。

所謂達者，非謂知彼也，自知而已。

案『非謂其見彼也，』『非謂』下不當有其字，乃與下文句法一律。

莊子駢拇篇：『吾所謂聰者，非謂其聞彼也，自聞而已矣。吾所謂明者，非謂其見彼也，自見而已矣。』彼文兩『非謂』下並有其字，文亦一律。此文今本衍一其字，蓋由後人習於莊子之文而竄入也。

文以靑黃。

劉文典云：意林引作『則衣以文繡。』

案意林引下文『絹以綺繡』作『衣以綺繡，』非引『文以靑黃』作『衣以文繡』也。劉說誤甚！

今之脩干戚而笑钁插，知三年非一日。

案宋本『知三年』下有而字，與上文句法一律。

故天之員也不得規，地之方也不得矩。

俞樾云：『兩得字皆當爲中，周官師氏：「掌國中失之事，」故書中爲得，是其例也。文子自然篇正作「天圓不中規，地方不中矩。」』

案俞說是也，宋本兩得字正作中。

屠牛吐一朝解九牛，而刀以剃毛。

莊逵吉云：御覽吐作坦。

王念孫云：刀下當有可字，『刀可以剃毛，』賈子所謂『芒刃不頓』也。脫去可字，則文義不明。白帖十三、太平御覽兵部七十七、資產部八引此皆有可字。

案記纂淵海五五引吐亦作坦，管子制分篇、賈子制不定篇並同。莊子養生主篇釋文亦引作坦，惟誤爲管子文。又案莊子釋文引刀下亦有可字，管子同。記纂淵海、合璧事類外集五七引刀並作刃（與賈子合），刃下亦有可字。

庖丁用刀十九年，而刀如新剖。注：刑。剖，始石也。硎，磨刀石。

王念孫云：『劉本於剖下增硎字，是也。據高注云：「硎，磨刀石。」

則有硎字明矣。下刀字當作刃，莊子養生主篇：「今臣之刀十九年矣，
而刀刃若新發於硎。」呂氏春秋精通篇：「宋之庖丁好解牛，用刀十
九年，而刃若新磨研。」皆其證也。太平御覽資產部八引此作「刃如
新砥硎。」雖砥與剖不同，而字亦作刃。』

案王說是也（惟所稱高注，當作許注），宋本、茅本、漢魏叢書本、
莊本剖下皆有硎字，記纂淵海引同。道藏本剖下本亦有硎字，惟硎壞
為刑，又誤入注文耳。宋本注文剖上無刑字，可證也。惟注『剖，始
石也。』當依茅本、漢魏叢書本、莊本作『新剖，始製也。』剖上脫
新字，製字又涉下文『磨刀石』而誤為石字，則不可通矣。又案記纂
淵海引下刀字亦作刃。

游乎衆虛之間。

劉文典云：御覽八百二十八引間作門。

案庖丁解牛，順理批導，游刃於空，故曰『游乎衆虛之間。』御覽引
間作門，尚可通邪？門字明是間之壞字，何足據哉！

此同音之相應也。

案宋本也上有者字，覽冥篇同。

望我而笑，是擾也。注：擾，慢也。

劉文典云：意林及御覽四百五引擾並作慢，蓋許、高本之異也。

案意林及御覽引擾作慢，乃依注文改之也。劉氏以為許、高之異，大
謬！類書引書，往往依注文以改正文，如覽冥篇：『城郭不關。』
注：『關，閉也。』藝文類聚十一引關作閉；本經篇：『傒人之子女。』
注：『傒，繫囚之繫。』治要引傒作繫；繆稱篇：『媛狄之捷來措。』
注：『措，刺也。』意林引措作刺；氾論篇：『苟周於事，不必循舊。』
注：『舊，常也。』意林引舊作常。厥例甚多，此不可不知者也。

從城上視牛如羊，視羊如豕。

劉文典云：羊與豕大小不甚相遠，視牛如羊，視羊不得如豕大也。此疑本作『從城上視牛如羊、如豕。』御覽八百九十九引此文即無『視羊』二字。

案御覽引此無『視羊』二字，蓋誤脫也。不足據。豕當爲豚，說文：『豚，小豕也。』治要引此亦作『視羊如豚。』今本豚作豕，即豚之壞字。

於杯則隨。

劉文典云：羣書治要引作『於杯水即櫓。』御覽七百五十八引作『於杯水則修。』

案隨當爲隋，莊本改爲隋，是也。隋與櫓通。御覽引作修，修疑隋之誤，隋誤爲脩（隸書隋字或作隋，與脩相似），因易爲修矣。

所自闚之異也。

案御覽七五八引所上有皆字。

各有所宜，

劉文典云：羣書治要引『所宜』作『所以。』

案治要引此仍作『所宜，』劉氏失檢。

夫挈輕重不失銖兩，

案治要引挈作擎。

因所有而並用之。

王念孫云：羣書治要引此並作遂，於義爲長。

案治要引作『因其所有而遂用之也。』文子下德篇因下亦有其字。

驚馬十舍，

案意林引舍作駕，荀子勸學篇同。

鳥聞之而高翔，魚聞之而淵藏。

劉文典云：御覽九百十四引『淵藏』作『沉淵。』

案小爾雅廣詁：『淵，深也。』『淵藏』卽『深藏，』與『高翔』對
文，（鹽鐵論襃賢篇：『龜龍閉而深藏，鸞鳳見而高逝。』彼以『高
逝』與『深藏』對文，猶此以『高翔』『淵藏』對文也。）御覽引作
『沉淵，』則文不相對，蓋淺人所改也。且翔、藏爲韻，若作『沉
淵，』則失其韻矣。

趨舍行義，亦人之所棲宿也。

　　劉文典云：御覽九百十四引人上有主字。

　　案宋本趨作趣，作趣是故書。御覽引人上有主字，不詞。蓋涉上文『
　　飛鳥主巢，狐狸主穴』而衍。

上無苛令。

　　劉文典云：羣書治要引苛作茍。

　　案『上無苛令，』文不成義，苛卽茍之誤。漢時俗書，茍從止句，故
　　與苛字往往相溷，泰族篇：『苟削傷德，』茅本、漢魏叢書本、莊本
　　並作苛；莊子天下篇：『君子不爲苛察，』釋文引一本作苟，兩苟字
　　亦並苛之誤，與此同例。

其事經而不擾。

　　劉文典云：羣書治要引經作任。

　　案文子上義篇亦作任。

詆文者處煩撓以爲慧。

　　劉文典云：羣書治要引作『調文者遽於煩繞以爲慧。』
　　案此與上『求貨者爭難得以爲寶，』相對爲文，治要引處作『遽於，』
　　蓋涉上文『遽於刻鏤』而誤（茅本、漢魏叢書本、莊本遽並作逐）。

欠積而不訣。

　　劉文典云：羣書治要及宋本並作『久積而不決。』
　　案治要引作『久稽而不決，』劉氏失檢。莊本積亦作稽，文子同。

衣食饒溢。

　　劉文典云：羣書治要引溢作裕。

　　案文子亦作裕。

夫乘奇技僞邪施者，

　　王念孫云：僞與爲同。

　　案治要引僞正作爲。

由是發其原而壅其流也。

　　王念孫云：『由是』當爲『是由，』由與猶同，羣書治要引此正作『
　　是猶。』

　　案王說是也。宋本正作『是由。』

夫雕琢刻鏤，

　　劉文典云：羣書治要引琢作文。

　　案漢書景帝紀、六韜上賢篇、劉子新論貴農篇亦並作文。

害女工者也。

　　案治要引工作功，下同。漢書景帝紀作紅，下同。並古字通用。

能不犯法干誅者，

　　案治要引作『而能無犯令干誅者。』漢書景帝紀能上亦有而字。

身危，則忘其親戚，而人不能解也。

　　陶鴻慶云：人當讀爲仁，言其平時之仁讓，不能解其危時之爭也。

　　案陶說是也，宋本人正作仁。

林中不賣薪，湖上不鬻魚，所有餘也。

　　劉文典云：意林引賣作貨。御覽九百三十五引『所有餘也，』作『有
　　所餘也。』

　　案意林引魚下有者字。『所有餘也，』與上文『所饒足也』句法同。
　　御覽引『所有』作『有所，』卽『所有』之誤到；或淺人妄乙之也。

故世治，則小人守政，

> 劉文典云：羣書治要引政作正。

> 案宋本政正作正，文子上禮篇同。

道　應　篇

子之知道，亦有數乎？

> 案子上當有曰字，此太清續問無爲之詞也。莊子知北遊篇正有曰字。
> 下文太清對無始重述此事，亦作『曰：子之知道，亦有數乎？』則今
> 本此文脫一曰字明矣。

可以窈，可以明。

> 俞樾云：窈讀爲幽，故與明相對。

> 案文子微明篇窈正作幽，可證俞說。

吾所以知道之數也。

> 案吾上當有此字，上文可照。

白公問於孔子曰：人可以微言？

> 案下文『白公曰：然則人固不可與微言乎？』此文『微言』下亦當有
> 乎字，文意較明。呂氏春秋精諭篇、列子說符篇、文子微明篇皆有乎
> 字。

惠王曰：善，可行乎？

> 案治要引此無善字，乎作邪。呂氏春秋淫辭篇同。

願聞國之政。

> 案下文並作『齊國之政，』此文國上亦當有齊字，呂氏春秋執一篇正
> 有齊字。

雖無除其患，

> 案茅本、漢魏叢書本、莊本患下並有害字，此本上文『道術難以除患』

而言，則患下不必有害字。御覽六二四引此無害字。

注：道者，末之由，生之本也。

　　吳承仕云：末字或爲木之形譌。此注文九字，各本誤奪。

　　案宋本、茅本並有此九字（惟宋本末誤求），與道藏本合，吳氏失檢。

石乞入，注：石乞，白公之黨也。

　　王念孫云：石乙當爲石乞，人間篇及哀十六年左傳、史記楚世家、伍
　　子胥傳、墨子非儒篇、呂氏春秋分職篇皆作石乞。

　　案王說是也，宋本正作石乞，注同。

故老子曰：知其雄，守其雌，其爲天下谿。

　　案爲上不當有其字，此涉上文兩其字而衍也。老子正無其字，莊子天
　　下篇引同。

惠孟見宋康王，

　　案呂氏春秋順說篇、列子黃帝篇惠孟並作惠盎。

人雖勇，刺之不入。

　　王念孫云：『「人雖勇」上當有使字，下文曰：「臣有道於此，使人
　　雖勇，弗敢刺；雖有力，不敢擊。」又曰：「使人本無其意。」又曰：
　　「使天下丈夫女子莫不歡然皆欲愛利之。」皆其證也。列子、呂氏春
　　秋皆有使字。』

　　案王說是也，文子道德篇亦有使字。

魏武侯問於李克曰：

　　案韓詩外傳十、新序雜事五並作魏文侯。

夫差之所以自剄於干遂也。

　　案宋本夫差上有此字，是也。呂氏春秋適威篇、韓詩外傳並有此字。

甯越欲干齊桓公，

　　陶方琦云：甯越乃周威王師，越當是戚。

案主術篇、繆稱篇、齊俗篇、氾論篇皆作寗戚，呂氏春秋舉難篇、御覽四八四引史記、列女傳辯通篇齊管妾婧傳、新序雜事五劉子妄瑕篇並同。一引晏子春秋亦云：『寗戚欲干齊桓公。』

大王亶父可謂能保生矣。雖富貴不以養傷身；雖貧賤不以利累形。

案『能保生矣』下，當更有『能保生』三字，文意乃完。莊子讓王篇、呂氏春秋審爲篇並作『大王亶父可謂能尊生矣。能尊生：雖貴富不以養傷身；雖貧賤不以利累形。』文子上仁篇亦云：『能尊生：雖富貴不以養傷身；雖貧賤不以利累形。』咸可證今本此文脫『能保生』三字。

故本任於身，

王念孫云：任當爲在，呂氏春秋執一篇作『爲國之本，在於爲身。』列子說符篇作『故本在身，』皆其證。

案王說是也，文子上仁篇作『本在於治身，』亦其證。

桓公讀書於堂，

案堂下當有上字，『桓公讀書於堂上，』與下『輪人斲輪於堂下，』相對爲文。莊子天道篇正有上字。韓詩外傳五作『楚成王讀書於殿上，』亦有上字。

輪人斲輪於堂下。

王念孫云：輪人，當依莊子天道篇作輪扁。輪扁之名，當見於前，不當見於後也。

案王說是也，冊府元龜七百四十引此正作輪扁。韓詩外傳同。

其人在焉？注：問作書之人何在也。

陳觀樓云：『「其人在焉？」當作「其人焉在？」故高注云：「問作書之人何在。」』

案冊府元龜引此正作『其人焉在？』與陳說合。

桓公悖然作色而怒，

案冊府元龜引悖作勃，悖與勃同。

若滅若失，

案白帖九六、翻譯名義集二引『若失』並作『若沒，』列子說符篇同。

絕塵弭徹。注：弭徹，引迹疾也。

案茅本、漢魏叢書本、莊本徹並作轍，注同。徹、轍古、今字。

臣有所與供儋纆采薪者九方堙。

王念孫云：『纆當爲纕，說文作繩，云：「索也。」字或作纆，坎上

六：「係用徽、纆，」馬融曰：「徽、纆，索也。」列子亦誤作纆，

惟道藏本列子釋文作纕，音墨。足正今本之誤。』

案北宋本列子作纕，亦足正今本列子及此文之誤。錦繡萬花谷前集三

七引九方堙作九方歅（惟誤爲列子文），莊子徐无鬼篇同。列子作九

方皋。

子之所使求者，

王念孫云：求下脫馬字，（蜀志）郤正傳注及白帖引此並有馬字，列

子同。

案翻譯名義集、錦繡萬花谷引求下亦並有馬字。

毛物牝牡弗能知，

案白帖、翻譯名義集、錦繡萬花谷引『毛物』並作『毛色。』

在內而忘其外。

王念孫云：『在下本有其字，後人以意刪之也。爾雅曰：「在，察也。」

郤正傳注引此正作「在其內而忘其外。」列子同。白帖引作「見其內

而忘其外。」雖改在爲見，而其字尙存。』

案王校是也，宋本在下正有其字。翻譯名義集、錦繡萬花谷引此並作

『見其內而忘其外，』與白帖同。

馬至，而果千里之馬。

案翻譯名義集、錦繡萬花谷引焉下並有也字，列子同。

若何其辱羣大夫！曰：

案『大夫』下當更有『大夫』二字，今本脫去，則文意不明。新序雜

事四作『如何其辱諸大夫也！大夫曰：』是其證。

公曰：民死，寡人誰爲君乎？

案呂氏春秋制樂篇、新序雜事四、論衡變虛篇誰上並有將字，於義爲長。

臣請伏於陛下以司之。

案茅本、漢魏叢書本、莊本司並作伺，呂氏春秋、新序、論衡並同。

司、伺古、今字。

晉文公伐原，與大夫期三日。

案韓非子外儲說左上『三日』作『十日，』下同；呂氏春秋爲欲篇作

『七日，』下同（韓非子『十日，』疑『七日』之誤，七，古文作十，

與十相似，故誤爲十）；新序雜事四作五日，下同。五，古文作乂，

與十、七等字，亦易相亂。

注：溫相連皆叛。

案宋本皆作俱。

其度安至？

王念孫云：劉本改至爲在，而莊本從之。案『其度安至』者，謂敬慎

之度何所至？猶言當如何敬慎也。下文『如臨深淵，如履薄冰，』正

言敬慎之度所至也。若云『其度安在？』則謬以千里矣！太平御覽皇

王部九引此正作『其度安至？』說苑同。

案王說是也，宋本亦作『其度安至？』與道藏本合。

今日不去，楚君恐取吾頭，則還師而去。

王念孫云：『楚君』當爲『楚軍，』聲之誤也。郤正傳注、太平御覽

引此並作『楚軍。』『則還師而去，』（道藏本如是。）則與卽同，

郤正傳注，太平御覽引此並作『即還師。』劉績不曉即字之義，改則
爲乃，而諸本從之，（莊本同。）斯爲謬矣！

案王說是也，宋本『楚君』正作『楚軍。』『則還師而去，』宋本亦如是。

仲尼造然曰：

案茅本、漢魏叢書本、莊本『造然』並作『遽然。』莊子大宗師篇作
『蹵然。』文義並近。

洞於化通。

案『化通，』當依莊子作『大通，』此淺人據下文『化則無常』改之
也。不知『大通』即化也。化則無不通矣。莊子『同於大通，』郭象
注：『曠然與變化爲體，』最得其解。（此文同作洞，洞亦借爲同。）
下文『洞則無善也；化則無常矣。』即分釋『洞於大通。』改大爲化，
反覺不詞。『大通』爲得道之至境，乃道家恒言，覽冥篇：『純溫以
淪，鈍悶以終，若未始出其宗，是謂大通。』精神篇：『除穢去累，
莫若未始出其宗，乃爲大通。』詮言篇：『聖人無屈奇之服，無瑰異
之行。服不視，行不觀，言不議。通而不華，窮而不懾。榮而不顯，
隱而不窮。異而不見怪，容而與衆同。無以名之，此之謂大通。』莊
子秋水篇：『且彼方跐黃泉，而登大皇，無南無北，奭然四解，淪於不測
。無西無東，始於玄冥，反於大通。』皆其證。（說互詳莊子校釋一。）

遂尊重薛公。

王念孫云『遂尊重薛公，』本作『遂重薛公，』重即尊也。羣書治要
引此無尊字。

案長短經釣情篇用此文，亦無尊字。

至於蒙穀之上。

案事類賦六引穀作谷，事文類聚前集三四、合璧事類前集五十並引作
穀。穀、穀古通。

深目而玄鬢。

案事文類聚、合璧事類引鬢並作準，論衡道虛篇同。

398

淚注而鳶肩。

王念孫云：『淚注』當爲『渠頸，』字之誤也。蜀志郤正傳注引作『戾頸而鳶肩，』戾亦傳寫之誤。論衡道虛篇作『鳶頸而鳶肩，』鳶字，則後人以意改之，惟頸字皆不誤。藝文類聚靈異部上引作『渠頸而鳶肩，』斯爲確鑿矣。

案事文類聚、合璧事類引『淚注』並作『渠頭。』

慢然下其臂，遯逃乎碑。

王念孫云：碑下脫去下字，碑，或作崥。藝文類聚引作『崥下，』蜀志注引作『碑下，』論衡同。

案藝文類聚七八引慢作翩。事文類聚、合璧事類引然下並有而字，碑下並有下字。

敖幼而好游，

案事文類聚、合璧事類引幼並作少。

寧肯而遠至此！此猶光乎日月而載列星。

案藝文類聚引『寧肯』作『不宜，』載下有乎字。論衡『寧肯』亦作『不宜。』

若我南游乎岡㞢之野，

案岡當爲罔，字之誤也。楚辭遠遊補注引此正作『罔㞢。』事類賦、事文類聚、合璧事類並引作『罔閬，』論衡作『罔浪。』皆同。

東開鴻濛之光。

王念孫云：開當作闓，闓與貫同，論衡作『東貫澒濛之光，』蜀志注引此作『東貫鴻濛之光。』

案事文類聚、合璧事類引此亦並作『東貫鴻濛之光。』

吾與汗漫期于九垓之外。注：九垓，九天之外。

王念孫云：『「九垓之外，」本作「九垓之上。」高注本作「九垓，

九天也。」俶眞篇高注引此文云：「吾與汗漫期於九垓之上，」漢書禮樂志郊祀歌如淳曰：「淮南子曰：吾與汗漫期乎九陔之上，」司馬相如傳封禪文如淳注所引亦與前同。又論衡及蜀志注、太平御覽、文選郭璞遊仙詩注、張協七命注，並引作「九垓之上。」御覽又引高注云：「九垓，九天也。」此皆其明證矣。後人既改「九垓之上」爲「九垓之外，」復於注內加「之外」二字，以曲爲附會，甚矣，其妄也！』案王說是也，事類賦、事文類聚、合璧事類、天中記一引此亦並作『九垓之上。』事類賦引注亦作『九垓，九天也。』

豈不悲哉！

　　案事文類聚、合璧事類引不下並有亦字。

誠於此者刑於彼。

　　王念孫云：各本及莊本誠字皆誤作誠，唯道藏本不誤。羣書治要引此正作誠。呂氏春秋、家語並同。

　　案道藏本誠亦誤誠，（宋本同。）王氏失檢。治要引刑作形，作刑是故書。

故老子曰：天下之至柔，馳騁天下之至堅。

　　案宋本『馳騁』下有於字，是也。道藏本原道篇引老子此文亦有於字（宋本同），此誤脫之。說苑敬愼篇：『老聃有言曰：天下之至柔，馳騁乎天下之至堅。』乎猶於也。

血流至地而弗知也。

　　案說山篇高注地作壥。

尹需學御，

　　案天中記四一引尹需作尹儒，下同。文選王元長三月三日曲水詩序注引莊子、呂氏春秋博志篇亦並作尹儒。

明日往朝師，望之謂之曰：

　　王念孫云：『望之謂之，』當作『望而謂之，』今本而作之，因下『

謂之』而誤。太平御覽工藝部三引此正作『望而謂之。』呂氏春秋博志篇同。

案王校是也；惟師下當更有師字，今本脫去，則文意不明。文選左太沖魏都賦注引莊子作『明日往朝其師，其師望而謂之曰：』王元長三月三日曲水詩序注引莊子作『明日往朝師，師曰：』並可證此文脫一師字。

今日敎子以秋駕。

案宋本敎上有將字，是也。文選注引莊子、呂氏春秋亦並有將字。

於是伕非瞑目**怒然**攘臂拔劍，

王念孫云；『瞑目』當爲『瞋目，』『怒然』二字當在『瞋目』之上，而以『怒然瞋目攘臂拔劍』作一句讀。

案王說是也，宋本『瞑目』正作『瞋目。』

先王以見大巧之不可也。

王念孫云：『「不可」下脫爲字，呂氏春秋作「先王有以見大巧之不可爲也。」是其證。本經篇亦云：「故周鼎著倕，使銜其指，以明大巧之不可爲也。」』

案王說是也。文子精誠篇『不可』下亦有爲字。

留於秦，周年不得見。

劉文典云：意林引周作三，以下文『吾留秦三年』覈之，則作三是也。

案呂氏春秋胥時篇周亦作三。

楚王甚悅之。予以節，使於秦。至，因見予之將軍之節惠王而說之。

陳觀樓云：『呂氏春秋首時篇云：「楚王說之。與將軍之節以如秦。至，因見惠王。」則此亦當云：「至，因見惠王而說之。」其「予之將軍之節」六字，乃是上文「予以節」句注語，今誤入此句中，文義遂不可曉。』

王念孫云：陳說是也，莊本又加見字於『而說之』之上，非是。

案漢魏叢書本『而說之』上已妄加見字，卽莊本所本。

其政悶悶，

案宋本『悶悶』作『惛惛。』

吾獨無豫讓以爲臣子？

案漢魏叢書本、莊本子並作乎，是也。子卽乎之誤。

醵不獻。

案宋本醵下有而字。

多聞博辯，守之以儉。武力毅勇，守之以畏。富貴廣大，守之以陋。

王念孫云：（後漢書）杜篤傳注引此與道藏本同。文子九守篇作『多
聞博辯，守以儉。富貴廣大，守以狹。』狹亦陋也。

案宋本、茅本亦並與道藏本同。

故能弊而不新成。

案宋本故作『是以，』文子守弱篇同。

氾 論 篇

陰陽和平，風雨時節，

> 案御覽七七引此，以『風雨時節』爲『陰陽和平』之注。文子上禮篇
> 正無『風雨時節』四字。

注：『一說：穴，毀隄防崖岸之中以爲窟室也。』

> 劉文典云：御覽百七十四引注作『鑿崖岸之腹以爲密室。』
>
> 案御覽引毀作鑿，是也。毀卽鑿之誤，鑿，俗書作鑿，因誤爲毀耳。
>
> 說林篇：『毀瀆而止水，』意林引毀作鑿，毀亦鑿之誤，與此同例。

每絃改調。

> 案宋本絃作終，是也。文子上義篇亦作終。作絃者，終、絃形近，又
> 涉注『絃有數急』而誤。

故法制禮義者，治人之具也，而非所以爲治也。

> 王念孫云：『人字後人所加，高注云：「言法制禮義，可以爲治之基
> 耳，非所以爲治。」則無人字明矣。文子上義篇無人字。泰族篇曰：
> 「故法者，治之具也，而非所以爲治也。」亦無人字。』

案王校是也，莊子天道篇：『驟而語形名賞罰，此有知治之具，非知治之道者也。』可爲旁證。齊俗篇：『若夫規矩鉤繩者，此巧之具也，而非所以爲巧也。』又云：『故絃，悲之具也。而非所以爲悲也。』並與此句法同。

若乃人考其身才，注：言人能考度其才，

案『人考其身才，』文不成義，據注，則正文本無身字，蓋卽才字之誤而衍者。漢魏叢書本刪身字，莊本從之，是也。

古者，人醇，工厖，注：氣堅緻也。

案宋本人作民，大戴禮記王言篇同。作民是故書。注文氣字，漢魏叢書本、莊本並作器，氣、器古通，作氣是故書。覽冥篇注：『金氣積聚，』亦以氣爲器。

爲學者，循先襲業，據籍守舊，敎以爲非此不治，

案『循先襲業，據籍守舊，』相對爲文。敎當爲欲，字之誤也。文子上義篇正作『欲以爲非此不治。』（今本爲下衍治字。）欲誤爲敎，義不可通，舊讀因强從『據籍守舊敎』絕句，遂與『循先襲業』不相對矣。

夫存危治亂，非智不能。道而先稱古，雖愚有餘。

王念孫云：道字當在而字下，『道先稱古，』與『存危治亂』相對，羣書治要引此正作『道先稱古。』

案王校是也，漢魏叢書本亦作『道先稱古。』文子同。

聖王弗行。

案治要引作『聖主不行。』

聖王弗聽。

劉文典云：羣書治要引作『明主弗聽。』

案治要引作『明主不聽也。』文子同。宋本弗亦作不。

故使陳成田常、鴟夷子皮得成其難。

王引之云：陳成田常本作陳成常，田與陳古字通，言陳則不言田矣。後人又加田字，繆甚！

錢大昕云：淮南以鴟夷子皮爲田常之黨，他書所未見。按田常弑君之年，越未滅吳，范蠡何由入齊？此淮南之誤也。

案史記貨殖列傳云：『范蠡既雪會稽之恥，又喟然而歎曰：「計然之策七，越用其五而得意。既已施於國，吾欲用之家。」乃乘扁舟浮於五湖，變名易姓，適齊爲鴟夷子皮。』是司馬遷以范蠡爲鴟夷子皮，即錢說所本。然此鴟夷子皮非范蠡也。鴟夷子皮黨田常事，累見於他書，其最早者，如墨子非儒下篇云：『孔丘乃恚怒於景公與晏子，乃樹鴟夷子皮於田常之門。』是田常之門，實有鴟夷子皮其人，與淮南所載合。次如韓非子說林上篇：『鴟夷子皮事田成子，田成子去齊，走而之燕，鴟夷子皮負傳而從，至望邑，子皮曰：「子獨不聞涸澤之蛇乎？澤涸，蛇將徙，有小蛇謂大蛇曰：『子行而我隨之，人以爲蛇之行者耳。必有殺子者。子不如相銜，負我以行。人必以我爲神君也。』乃相銜，負以越公道而行。人皆避之，曰：『神君也。』今子美而我惡，以子爲我上客，千乘之君也。以子爲我使者，萬乘之卿也。子不如爲我舍人。」田成子因負傳而隨之，至逆旅，逆旅之君待之甚敬，因獻酒肉。』此載鴟夷子皮與田常奔燕事甚詳，則田常之門，實有鴟夷子皮其人，可證淮南非誤也。次如說苑臣術篇云：『陳成子謂鴟夷子皮曰：「何與常也？」對曰：「君死吾不死，君亡吾不亡。」陳成子曰：「然則何以爲常？」對曰：「未死去死，未亡去亡，其有何死亡矣？從命利君謂之順，從命病君謂之諛。逆命利君謂之忠，逆命病君謂之亂。君有過不諫諍，將危國殞社稷也。有能盡言於君，用則留之，不用則去之，謂之諫。用則可生，不用則死，謂之諍。有能比和同力，率羣下相與彊矯君，君雖不安，不能不聽，遂解國之大患，除

國之大害，成於尊君安國，謂之輔。有能亢君之命，反君之事，竊君之重，以安國之危，除主之辱，攻伐足以成國之大利，謂之拂。故諫諍輔拂之人，社稷之臣也。明君之所尊禮，而闇君以爲己賊。故明君之所賞，闇君之所殺也。明君好問，闇君好獨。明君上賢使能而享其功，闇君畏賢妬能而滅其業。罰其忠而賞其賊，夫是之謂至闇，桀、紂之所以亡也！詩云：『曾是莫聽，大命以傾。』此之謂也。」』此載鴟夷子皮與田常論『君死不死，君亡不亡』之事甚詳，則田常之門，實有鴟夷子皮其人，亦可證淮南非誤也。又指武篇云：『田成子常與宰我爭，宰我夜伏卒，將以攻田成子，命於卒中曰：「不見旌節，毋起。」鴟夷子皮聞之，告田成子。田成子因爲旌節以起宰我之卒以攻之，遂殘之也。』此載鴟夷子皮與田常攻宰我事，亦可證田常之門，實有鴟夷子皮其人也。諸書與淮南所稱之鴟夷子皮，皆非去越適齊之范蠡，至爲明白。然司馬遷何以稱范蠡爲鴟夷子皮，亦必有所本。據韓非子、說苑所載之事證之，鴟夷子皮實一『多智計疑』之人，或范蠡適齊之後，曾以鴟夷子皮自比，司馬遷因采之入傳與？

遇小人，則陷溝壑。

案意林引陷下有於字。

有獄訟者搖鞀。

劉文典云：初學記樂部下引作『有獄訟告寡人者搖鞀。』

案此文疑本作『告寡人以獄訟者搖鞀。』與上文句法一律。鬻子上禹政篇作『語寡人以獄訟者揮鞀。』可證今本此文之脫誤；初學記所引亦非其舊，惟『告寡人』三字尙未脫耳。

一饋而十起，一沐而三捉髮。

案十當作七，字之誤也。七，古文作十，與十相似，故誤爲十。（脩務篇：『欣然七日不食，』文子精誠篇作『十日，』十亦七之誤。）

三、七並舉，古書恆見。記纂淵海九八引莊子達生篇：『七日戒，三日齊，』今本七誤十，與此同例。劉子新論誠盈篇正作『一饋而七起。』鬻子作『一饌而七十起，』蓋由七，一本亦誤爲十，傳寫遂誤合之耳。

德有盛衰，

案宋本盛作昌，文子上仁篇同。

非乃鳴條之野，甲子之日也。

案漢魏叢書本、莊本乃並作待。

紂拘於宣室，

漢魏叢書本、莊本拘並作居。劉文典云：羣書治要引居作拘。

案作拘是也，宋本，茅本並作拘，與道藏本合。

二君處彊大勢位，脩仁義之道，湯、武救罪之不給，何謀之敢當！

王念孫云：『處彊大勢位，』本作『處强大之勢，』與『脩仁義之道，』相對爲文。羣書治要引此正作『處彊大之勢。』又案『何謀之敢當！』當字義不可通，羣書治要引作『何謀之敢慮！』是也。

案治要引處上有『嘗試』二字，脩上有而字（『仁義之道』作『道德之論，』恐非），『何謀之敢慮』下有乎字。鹽鐵論險固篇亦云：『何謀之敢慮也！』也、乎同義。

而反備之于人，

劉文典云：羣書治要引『之于』作『諸乎。』

案文子之亦作諸。

今不行人之所以王者，而反益己之所以奪，

案治要引者字在奪字下。

直而證父，信而溺死。

王念孫云：『信而溺死，』本作『信而死女，』言信而爲女死，則信

407

不足貴也。今本『死女』作『溺死』者，涉上注『水至溺死』而誤。
『直而證父，信而死女，』相對爲文。且女與父爲韻，若作『溺死，』
則文旣不對，而韻又不諧矣。文子道德篇正作『信而死女。』

案王說非也，莊子盜跖篇：『直躬證父，尾生溺死，』卽此文所本，
則『溺死』必非誤字。上注『水至溺死，』卽本此『溺死』而言。古
人行文，不必拘於相對；且上下文皆無韻，此二句亦不必有韻。文子
之作『信而死女，』必作僞者所改，王氏未檢莊子，故爲文子所欺耳。

則捽其髮而拯。

劉文典云：捽，意林、御覽三百九十六引並作攬。

案劉子新論明權篇捽亦作攬。又案拯下當有之字，文意乃完。意林、
御覽引此並有之字，劉子新論同。

注：楚王滅之。

案宋本楚下有文字，是也。

擒夫差之身。

案宋本擒作禽。

有易爲而難成者；有難成而易敗者。

劉文典云：羣書治要引作『或易爲而難成者；或難成而易敗者。』案
文子微明篇兩有字亦作或，有猶或也，說已詳覽冥篇。

夫顏喙聚，梁父之大盜也。

王念孫云：喙當爲啄，字之誤也。顏啄聚，左傳哀二十七年，呂氏春
秋尊師篇、韓子十過篇並作顏涿聚；韓詩外傳作顏斶聚；說苑正諫篇
作顏燭趨；漢書古今人表作顏燭雛，晏子春秋外篇作顏燭鄒，並字異
而義同。啄與涿、斶、燭聲並相近，喙則遠矣。啄、喙二字書傳往往
相亂。

案王校是也，劉子新論妄瑕篇作顏濁鄒，啄與濁聲亦相近。

其小惡不足妨大美也。

　　案藝文類聚八三引『不足』下有以字。

夫百里奚之飯牛，

　　案宋本此下有注云：『百里奚，虞人也。自鬻爲秦養，飯牛，得五羖
　　羊皮，號爲五羖大夫也。』

注：其歌曲在道應說也。

　　莊本作『事在道應訓也。』吳承仕云：蜀刊道藏本、朱本作『其歌曲
　　在道應說也。』是也。許、高二家僅舉篇題，不加訓字，本作道應訓
　　者，明是後人輒改。至高誘所稱歌曲，其辭云何，今未可得詳。

　　案宋本亦作『其歌曲在道應說也。』

堯之知舜。

　　劉文典云：羣書治要引舜下有也字。

　　案治要引作『唯堯之知舜也。』呂氏春秋審應篇、論衡知實篇舜下亦
　　並有也字，與下文句法一律。

衆人之所眩耀。

　　案治要引『眩耀』下有也字，與上文句法一律。

故狠者類知，而非知。愚者類仁，而非仁。戇者類勇，而非勇。

　　劉文典云：羣書治要引兩仁字皆作『君子。』

　　案治要引『非知』下、『非君子』下、『非勇』下，並有也字。宋本
　　『非勇』下亦有也字。

使人之相去也，若玉之與石，美之與惡，則論人易矣。夫亂人者，芎藭之
與藁本也，蛇牀之與麋蕪也。此皆相似。注：言其相類，但其芳臭不同。

　　王念孫云：『「美之與惡，」本作「葵之與莧。」』葵與莧不相似，故
　　易辨。羣書治要及爾雅疏、埤雅、續博物志引此並作「葵之與莧。」
　　又案上既言「亂人，」則下不必更言「相似。」且正文既言「相似，」

則注不必更言「言其相類」矣。爾雅疏引許注云:「此四者,藥草臭
味之相似。」然則「此皆相似」四字,蓋後人約記許注於正文之旁,
而寫者因誤合之也。茅本又於「相似」下加者字,而莊本從之,謬矣!
史記司馬相如傳索隱、爾雅疏、本草圖經、埤雅、續博物志所引,皆
無此四字。』

案治要引『玉之與石』下、『葵之與莧』下並有也字。與下文句法一
律。又案『此皆相似』下,宋本已有者字(漢魏叢書本同),則者字
非茅本所加矣。『芎藭之與藁本也,蛇牀之與麋蕪也』下,有『此皆
相似者』五字,文義較完。許注:『此四者,藥草臭味之相似。』高
注:『言其相類,但其芳臭不同。』乃各申此五字之義,史記索隱、
爾雅疏、本草圖經、埤雅、續博物志所引皆無『此皆相似』四字,恐
未足據也。

此刑省姦禁者也。

案『刑省』下當有而字,上文『善罰者,刑省而姦禁。』與此句相
應。『此刑省而姦禁者也,』與上文『此賞少而勸衆者也,』(今本
誤作『此賞少而勸善者衆也。』詳王念孫說。)下文『此用約而為德
者也,』『此入多而無怨者也,』句法並一律。

故聖人因民之所喜而勸善,因民之所惡而禁姦。

劉文典云:御覽六百三十六引『所喜』作『所善,』『而禁』作『以
禁。』

案喜、惡對文,文子上義篇以喜、憎對文,同。御覽引喜作善,喜與
善形近,又涉下善字而誤也。文子兩而字並作以,以猶而也。

以近諭遠,以小知大也。

案宋本諭作論,論、知互文。說山篇亦云:『以近論遠。』注:『論,
知也。』

故曰爲善易。

> 劉文典云：羣書治要引作『故曰爲善者易也。』

> 案文子下德篇易下亦有也字。下文『故曰爲不善難。』治要引難下亦
> 有也字，文子同。

今人所以犯囹圄之罪而陷於刑戮之患者，

> 案治要引『今人』下有之字。

不循度量之故也。

> 劉文典云：羣書治要引循作脩。

> 案脩乃循之誤。循，順也。若作脩，則非其指矣。

夫今陳卒設兵，兩軍相當，將施令曰：『斬首拜爵，而涵撓者要斬。』

> 王念孫云：『夫今』當爲『今夫，』『斬首』下脫者字，『斬首者拜
> 爵，屈撓者要斬。』相對爲文。羣書治要引此有者字。

> 案治要引『夫今』正作『今夫，』撓作橈，當以作橈爲正。

波至而自投於水。

> 王念孫云：『波至而』下當有恐字，下文『惑於恐死而反忘生也。』
> 卽承此言之。羣書治要、意林、藝文類聚舟車部、白帖六十三、太平
> 御覽地部三十六、舟部二，引此皆作『波至而恐。』

> 案御覽舟部二引此無『波至而恐』四字，王氏失檢。意林引此作『波
> 至而恐死，自投于水中。』治要引水下亦有中字。

志所欲，則忘其爲矣。

> 案此當作『志有所欲，則忘其所爲矣。』志下脫有字，爲上脫所字，
> 則文意不明。文子正作『志有所欲，卽忘其所爲。』說林篇：『意有
> 所在，則忘其所守。』與此句法同。

非其有弗索。

> 案治要引索下有也字。

常滿而不溢，恆虛而易足。

　　劉文典云：羣書治要引『常滿』作『恆益，』『恆虛』作『常虛。』

　　案文子常、恆二字亦互易。

今夫霤水足以溢壺榼，

　　劉文典云：霤，羣書治要引作溜。

　　案意林亦引作溜。當以作霤爲正。

久血爲燐。

　　陶方琦云：『詩東山正義引許注：「兵死之血爲鬼火。」說文粦下云：

　　「兵死及牛馬之血爲粦。粦，鬼火也。」與注淮南說同。』

　　案草堂詩箋十一亦引許注云：『兵死之血爲鬼火。燐者，鬼火之名。』

　　粦、燐正、俗字。

世以爲裘者，難得貴賈之物也，而可傳於後世。無益於死者，而足以養生。

　　王念孫云：裘『無益於死者，而足以養生，』故曰『可傳於後世。』

　　劉本作『不可傳於後世，』不字因上文『不可以藏』而衍，諸本與劉

　　本同。（莊本亦同。）唯道藏本無不字。

　　案宋本亦無不字。

宋人有嫁子者，

　　案韓非子說林上篇『宋人』作『衞人。』

詮　言　篇

故動而爲之生，死而謂之窮。

　　案宋本、茅本謂並作爲，與上句一律。爲猶謂也，作爲是故書。

聽獄制中者，皐陶也。

　　案『制中』卽『折中，』論語顏淵篇：『片言可以折獄者，』鄭注：

　　『魯讀折爲制。』廣雅釋詁：『制，折也。』並其證。尸子仁意篇正

作『折中。』

道理通而人僞滅也。

　　案宋本僞作爲。

由其道，則善無章。脩其理，則巧無名。

　　王念孫云：脩當爲循，『循其理，』卽『由其道』也。

　　案王校是也，下文『循理而動，』亦可證此文脩字之誤。

雖有聖賢之寶，

　　案寶當爲實，字之誤也。兵略篇：『國之寶也。』今本實誤寶，（詳
　　王念孫說。）亦本書實、寶二字相亂之例。

勇者不以位爲暴，仁者不以位爲患。

　　王念孫云：『劉本患作惠，是也。「不以位爲惠，」謂不假位以行其
　　惠也。「爲惠」與「爲暴」相對。主術篇曰：「重爲惠，重爲暴，則
　　治道通矣。」義與此同。』

　　案文子道德篇患正作惠。

少則猖狂。

　　案宋本猖作昌。本字作倀，說文：『倀，狂也。』昌，借字。猖，俗
　　字。

夫函牛之鼎沸，而蠅蚋弗敢入。

　　案後漢書劉陶傳注引此作『函牛之鼎沸，則蛾不得置一足焉。』御覽
　　九四七引莊子同（後漢書邊讓傳注引莊子置作措，今本莊子無此文）。

不爲物先倡。

　　俞樾云：先字衍文，先卽倡也，言唱不必言先。文子上德篇正作『不
　　爲物唱。』無先字。

　　案俞說非也，此本作『不爲物先，』先下有倡字者，蓋後人據文子記
　　倡字於先字旁，寫者因誤合之耳。本篇上文『不爲福先，』精神篇：

『不爲禍先。』並可證此文作先不作倡。

塊然不動。

　　案宋本、漢魏叢書本、莊本『塊然』並作『嵬然。』文子符言篇同。

故位愈尊而身愈佚，身愈大而事愈少。

　　案『身愈大而事愈少，』文不成義。身當爲官，此涉上身字而誤也。

　　宋本作『宮愈大，』宮卽官之誤。

由此觀之，

　　案宋本此作是。

雖天下之大，不足以易其一槩。日月廈，而無溉於志。

　　案『天下』疑本作『天地，』『天地』與『日月，』相對爲文。莊子
　　達生篇：『雖天地之大，萬物之多，而唯蜩翼之知。』（又見列子黃
　　帝篇。）可爲旁證。

時之去不可迎而反也。

　　案漢魏叢書本、莊本去並作至，是也。『時之至不可迎而反也，』與
　　下文『時之去不可追而援也』相對而言，文子符言篇亦作至。作去
　　者，卽涉下文去字而誤。

自身以上至於荒芒，爾遠矣。自死而天地無窮，爾滔矣。

　　王念孫云：兩爾字義不可通，劉本爾作亦，是也。亦字俗書作尒，與
　　亦相似。亦誤爲尒，後人因改爲爾矣。

　　案王校是也，茅本、漢魏叢書本兩爾字亦並作亦。

以數雜之壽，注：雜，匝也。人生子，從子至亥爲一匝。

　　劉文典云：藝文類聚九十七引作『人以數離之壽，』

　　案注釋雜字之義甚明，藝文類聚引雜作離，義不可通，離卽雜之形誤。

　　俶眞篇：『雜道以僞，』莊子繕性篇作離；鶡冠子環流篇：『離於
　　名。』注：『或作雜。』並雜、離二字相亂之證。

萬乘之主卒，葬其骸於曠野之中，祀其鬼神於明堂之上。神貴於形也。

注：以人神在堂，而形骸在野。

案鬼字疑衍，『葬其骸於曠野之中，祀其神於明堂之上。』相對爲
文。注既言『神在堂，』則神上本無鬼字明矣。

兵 略 篇

非利土壤之廣，而貪金玉之赂。

劉文典云：御覽二百七十一引略作赂。

案日本古鈔卷子本『土壤』作『壤土，』略下有也字。御覽二七一引
『土壤』亦作『壤土。』文子上義篇略亦作赂，赂下有也字。

含牙帶角，

案古鈔卷子本『帶角』作『戴角，』御覽二七一、九四四引此並同，
是也。帶卽戴之聲誤。脩務篇亦作『含牙戴角。』地形篇：『戴角者
無上齒，』（又見大戴禮記易本命篇、家語執轡篇。）本經篇：『句
爪居牙戴角出距之獸，』並可證今本此文作『帶角』之誤。

有毒者螫。

劉文典云：御覽九百四十四引螫作蠚。

案古鈔卷子本螫作蠚。蠚與螫同，蠚卽蠚之省。

爭則强脅弱，而勇侵怯。

案古鈔卷子本無而字。

萬人搔動。

劉文典云：御覽二百七十一引人作民。

案古鈔卷子本人正作民，文子同。

注：中絕，謂若殷王中相絕滅。

案古鈔卷子本殷王作夏、殷，滅下有也字。

415

注：炎帝，神農之末世也。與黃帝戰於阪泉，黃帝滅之。

案古鈔卷子本神農下有氏字，『滅之』下有也字。御覽二七一引神農下亦有氏字。

注；觸不周山。

案古鈔卷子本作『觸不周之山也。』

故黃帝戰於涿鹿之野。注：黃帝與蚩尤戰於涿鹿。涿鹿，在上谷。

案古鈔卷子本涿鹿作蜀鹿，注同。

注：滅不義於丹水。

案古鈔卷子本滅作伐。

注：甘在右扶風郡。

劉文典云：御覽二七一引作『在右扶風鄠縣也。』

吳承仕云：今本郡卽鄠字之譌。左馮翊，右扶風，漢人例不言郡。

案古鈔卷子本作『右扶風郹。』郹卽鄠之誤也。

自五帝而弗能偃也，又況衰世乎！

案古鈔卷子本弗作不，又作有。御覽引弗亦作不。下文『又況治人乎！』古鈔卷子本又亦作有。

故黃帝擒之。

案古鈔卷子本擒作禽，御覽引同。御覽七八引文子亦作禽。

導之以德而不聽，則臨之以威武。臨之威武而不從，則制之以兵革。

案古鈔卷子本導作道，兩臨字並作墈，下『威武』上亦有以字。御覽引此亦有以字。

而養無義之君，

案古鈔卷子本無作不，文子同。

不至於爲炮烙。

案古鈔卷子本『炮烙』作『炮格，』當從之。呂氏春秋過理篇：『肉

圃爲格，』高注：『格，以銅爲之。布火其下，以人置上，人爛墮火
而死，笑之以爲樂。』是其義也。後人昧於古義，乃改格爲烙，古書
中此例甚多，本書俶眞、道應二篇，亦並有『爲炮烙』之文，蓋皆後
人所改也。要略篇：『作爲炮烙之刑，』宋本作『炮格，』尚存其舊。

害百姓。

案古鈔卷子本害作虐。

今乘萬民之力，而反爲殘賊，是爲虎傅翼。

案御覽引乘作集，古鈔卷子本翼下有也字。

故聞敵國之君有加虐於民者，

案御覽引民上有其字。文子同。

乃令軍師曰，

案古鈔卷子本作『乃命軍帥曰，』命、令古通，師卽帥之誤。御覽引
師亦作帥，文子同。

毋扣墳墓。

茅本、漢魏叢書本、莊本扣並作扶。王引之云：『扣，扣字之誤。廣
雅：「扣，掘也。」本或作扶者，後人以意改之耳。』
案古鈔卷子本作『无掘墳墓，』可證王說。御覽引扣亦作掘，呂氏春
秋懷寵篇、文子並同。

其國之君，

王念孫云：其當作某，字之誤也。太平御覽兵部二引此正作『某國。』
案王校是也，古鈔卷子本其亦作某。

傲天侮鬼，

案古鈔卷子本傲作敖。傲、敖正、假字。

此天之所以誅也。民之所以仇也。

俞樾云：兩以字皆衍文，呂氏春秋懷寵篇作『若此者，天之所誅也。

人之所仇也。』無兩以字，文子上義篇同。

劉文典云：俞說是也，御覽引無兩以字，是其證。

案古鈔卷子本亦無兩以字。

兵之來也，以廢不義，而復有德也。

案鈔古卷子本復作授，文子同。長短經兵權篇引作：『而授有德者也。』御覽二七一引杜恕〔篇〕論：『兵之來也，以除不義，而授德。』卽本此文，亦作授。

攻國不及其民。

案古鈔卷子本攻作克，呂氏春秋、文子並同，下並有其字。御覽引杜恕論作：『克其國不傷其民。』亦有其字。

振其孤寡，恤其貧窮。

案古鈔卷子本作『振其孤寡，而邮其貧窮。』邮與恤同。

莫不設渠塹傅堞而守。注：堞，城上女牆。

案古鈔卷子本『渠塹』作『深壍，』注『城上女牆，』作『城上女垣也。』御覽引塹亦作壍，『女牆』下亦有也字。

爲身戰者，不能立其功。

案古鈔卷子本戰作求，文子同。

地方而無垠，

案古鈔卷子本『無垠』作『无望，』望當爲埒，字之誤也。呂氏春秋下賢篇：『神覆宇宙而無望，』注：『無望，無界畔也。』望亦埒之誤（王引之說），與此同例。

天化育而无形象。

案古鈔卷子本形作刑，下文形字皆作刑。

孰知其藏？

案古鈔卷子本藏作臧。臧、藏古通。

凡物有朕，唯道無朕。

俞樾云：『高注曰：「言萬物可勝也，而道不可勝也。」則正文及注文朕字，皆勝字之誤，故以可、不可言。若是朕字，則但當言有、

無，不當言可、不可也。文子自然篇作「夫物有勝，唯道無勝。」當
據以訂正。』

案文子朕作勝，勝、朕古通，莊子應帝王篇：『吾鄉示之以太沖莫
勝』列子黃帝篇作朕，卽其比。勝從朕聲，故可通用，兪氏於莊子則
謂勝、朕之可通，於此則謂朕爲勝之誤，豈非自相抵牾邪！又案此篇
乃許注本，兪氏所稱高注，當作許注。

象日月之行，

案茅本、漢魏叢書本、莊本行上皆有運字，蓋據文子自然篇所加也。
古鈔卷子本、宋本並無運字，與道藏本合，御覽引此亦無運字。

神化者，法四時也。

案古鈔卷子本法作則，

而遠方慕其德。

案古鈔卷子本『遠方』作『遠近。』

是故入小而不偪。注：偪，迫也。

案古鈔卷子本偪作逼，注同。偪與逼同。

非鼓之日也。注：鼓之日，謂陳兵擊鼓鬭之日。

案古鈔卷子本作『非鼓之之日也。』注作『鼓之之日，謂陳兵擊鼓外
鬭之日也。』

卒遇風波。

案古鈔卷子本、宋本卒下並有而字。

不以相得。

案茅本、漢魏叢書本、莊本得並作德。得、德古通。古鈔卷子本、宋
本並作得，與道藏本合。

所得者鮮矣。

案古鈔卷子本『所得』上有『則其』二字。

注：爲大詆要事也。

案古鈔卷子本作『詆，謂大詆事要也。』

脩政廟堂之上，

案古鈔卷子本『脩政』下有於字。

未至兵交接刃，

王念孫云：『「兵交」當作「交兵，」文子上義篇正作「交兵接刃。」

下文亦云：「不待交兵接刃。」』

案王校是也，古鈔卷子本正作『交兵。』

維枹縮而鼓之。注：縮，貫。枹，係於臂，以擊鼓也。

王念孫云：『維枹縮而鼓之，』殊爲不詞。一切經音義二十引此作

『縮枹而鼓之，』無維字，是也。枹字本在縮字下，故注先釋縮，

後釋枹。因枹字誤在縮字上，後人又以注言『枹係於臂，』因加維字

耳。不知縮字已兼維係之義，無庸更言維也。

案王校是也，古鈔卷子本正作『縮枹而鼓之。』

涉血屬腸。

案屬字無義，古鈔卷子本作瀝，是也。瀝，瀝也。

釋其根而樹其枝也。

案古鈔卷子本釋上有是字。

注：軫，乘輪多盛貌。

案古鈔卷子本作『殷軫，委輪多盛貌也。』是也。今本軫上脫殷字，

『委輪』誤爲『乘輪，』則文不成義矣。

難以衆同也。

案古鈔卷子本以作與，以猶與也。

夫論除讁，動靜時，吏卒辨，兵甲治，正行五，連什伯，明**鼓旗**，此尉之

官也。

王引之云：下言五官，而上祇有四官，寫者脫其一也。『兵甲治』
下，當有『此司馬之官也』一句，自『論除謹，』至『兵甲治，』皆
司馬之事，非尉之事。且句法亦與下不同。自『正行五』以下，乃是
尉之事耳。司馬也，尉也，候也，司空也，輿也，所謂五官也。
案古鈔卷子本『此尉之官也，』作『此大尉之官也。』下更有『營軍
辨，賦地極，錯軍處，此司馬之官也』十五字。並有注云：『軍司
馬，司主兵馬者也。』正與下言『五官』合，最爲可貴！今本祇有尉、
候、司空、輿四官，王氏謂『寫者脫其一，』是也。惟謂『兵甲治』
下，當有『此司馬之官也』一句，則未審矣。

發斥不忘遺。注：發，有所見。

　　案古鈔卷子本忘作亡，注文見上有發字。亡、忘古通。

注：行輜，道路輜重。

　　案古鈔卷子本作『行輜，行道路之輜重也。』

注：軍壘尺丈均平。

　　案古鈔卷子本作『軍壘丈尺均平也。』

注：候領輿衆在軍之後者。

　　案古鈔卷子本作『獲輿衆在軍之後者也。』

莫不爲用。

　　案古鈔卷子本莫下有得字。

下畔其上，

　　案古鈔卷子本畔作叛，文子同。畔、叛古通。

謀慮足以知强弱之勢，

　　案古鈔卷子本勢作權，文子同。

昔者楚人地，

　　案古鈔卷子本作『昔楚之地，』是也。今本之作人，不詞。

東襄郟、淮。注：郟、淮，地名。

王念孫云：『郟、淮』本作『郟、邳，』注同，此後人妄改之也。淮乃水名，非地名，與注不合。太平御覽州郡部十三引正作 郟、邳。

案王校是也。古鈔卷子本亦作『郟、邳。』注同。

注：鄧林，沔水上隘。

案古鈔卷子本作『沔水上之隘也。』

山高尋雲，谿肆無景。

王念孫云：『太平御覽引作「山高尋雲霓，谿深肆無景。」是也。「谿深」二字連讀，今本脫深字，則與上句不對。「肆無景」三字連讀，故注云：「肆，極也。極谿之深，不見景也。」若以「谿肆」連讀，則文不成義矣。晉書羊祜傳：「高山尋雲霓，深谷肆無景。」即用淮南語。』

案古鈔卷子本作『山高尋景雲，深谿肆无景。』『景雲』疑本作『雲霓，』涉下景字而誤也。（王氏引晉書云云，又見長短經霸紀下。）

鮑照登翻車山見詩：『高山絕雲霓，深澗斷無光。』藝文類聚五五引梁元帝職貢圖詩：『高山尋雲，深谷絕景。』並可證今本此文脫深字。

疾如錐矢。注：錐，金鏃箭羽之矢也。

王引之云：『錐當為鍭，注內「箭羽」當為「翦羽，」皆字之誤也。爾雅：「金鏃翦羽謂之鍭。」是其明證矣。下文云：「疾如鍭矢，」鍭亦鍭之誤。』

案王校是也，古鈔卷子本錐正作鍭，注『箭羽』正作『翦羽，』下文『鍭矢』正作『鍭矢。』

解如風雨。

案古鈔卷子本如作似。

衆破於柏舉。

案古鈔卷子本柏舉作伯舉，同。

與萬乘之駕，

案古鈔卷子本駕作騎。

注：阿房，地名。秦所築也。

案古鈔卷子本築下有宮字，是也。

收太半之賦。注：貲民之三而稅二。

案古鈔卷子本太作大，注作『貲民三而稅二也。』貲、貨古通，人間
篇：『財貨無貲，』列子說符篇作貨；漢書景帝紀：『今貲算以上乃
得官，』注：『貲，讀與貨同。』並其證。

百姓之隨逮肆刑，挽輅首路死者，一旦不知千萬之數。注：隨逮，應召也。

案古鈔卷子本挽作枕，死上有而字，『一旦』作『一日，』注召上有
徵字。

天下敖然若焦熱，傾然若苦烈。

案古鈔卷子本敖作熬，烈作列，並古字通用。

注：汝陰人也。

案古鈔卷子本汝陰作汝南。

而天下響應。

案古鈔卷子本、漢魏叢書本響並作嚮。嚮、響古通。下文：『善用兵，
若聲之與響。』古鈔卷子本亦作嚮。

非有牢甲利兵，

案古鈔卷子本『牢甲』作『堅甲。』

伐棘棗而爲矜。注：棘棗，酸棗也。

王念孫云：『「棘棗」本作「樲棗，」注同。此亦後人妄改之也。史
記司馬相如傳：「枇杷樲柿，」索隱：「說文曰：『樲，酸小棗也。』
淮南子云：『伐樲棗以爲矜。』」索隱引作「樲棗，」而「酸小棗」
之訓，又與注合，則正文、注文皆作「樲棗」明矣。下句注云：「樲
矜以內鑽鑿，」樲卽樲字之誤。』

案王校是也，古鈔卷子本正作『檽棗，』注同。

周錐鑿而為刃。注：撚矜以內鑽鑿也。

案古鈔卷子本『錐鑿』作『鑽鑿，』注作『撚矜以鑽鑿，鑽，鑿也。』以下蓋脫內字。

然，一人唱而天下應之者，

案古鈔卷子本唱作倡，應作和。

至共頭而墜。注：墜，隕也。

案古鈔卷子本作『至共頭而山隊。』注作『隊，隋也。』荀子儒效篇而下亦有山字。隊、墜正、俗字。隋讀為墮。

風雨繫於中。

案古鈔卷子本中作下。

而天下傅矣。

案傅字無義，古鈔卷子本作傅，是也。傅猶附也，謂天下親附也。傅卽傅之形誤。茅本、漢魏叢書本、莊本並作得，蓋由不知傅是誤字而臆改耳。

是故善守者無與禦。

案古鈔卷子本禦作禦，文子下德篇同。禦、禦古通。

德積而民可用。怒畜而威可立也。

案古鈔卷子本用下有也字，畜作蓄。文子用下亦有也字，與下句句法一律。畜、蓄古通。

故文之所以加者淺，則勢之所勝者小。德之所施者博，則威之所制者廣。

王念孫云：上二句當作『故文之所加者淺，則勢之所服者小。』今本加上衍以字，服字又誤作勝。下言『威之所制者廣，』『威之所制，』猶言『勢之所服』耳。漢書刑法志作『文之所加者深，則武之所服者大。』文子下德篇作『文之所加者深，則權之所服者大。』皆其證。

案古鈔卷子本作『故文之所加者淺，則權之所服者小。』王說惟勢字
異耳。

德均，則衆者勝寡。力敵，則智者勝愚。者倖，則有數者禽無數。

　　王念孫云：劉本改『者倖』爲『勢倖，』而莊本從之，非也。者當爲
　　智，字之誤也。『力敵』二字，承『衆者勝寡』而言，言衆寡相等，
　　則智者勝愚也。『智倖』二字，又承『智者勝愚』而言，言智相等，
　　則有數者禽無數也。劉改爲『勢倖，』則義與上句不相承，且與『力
　　敵』相複矣。文子上禮篇正作『智同，則有數者禽無數。』

　　案古鈔卷子本均作鈞，愚作遇，並古字通用。又案古鈔卷子本『者倖』
　　正作『智倖，』王校是也。

善形者弗法也。

　　案古鈔卷子本無形字，是也。下文『皆非善者也。善者之動也，』皆
　　承此『善者』而言。善下有形字，不詞，蓋涉上下文形字而衍。

不可度量也。

　　案古鈔卷子本『度量』作『量度。』

倨句詘伸，

　　案古鈔卷子本詘作屈，下同。

何之而不用達！

　　劉績云：衍用字。

　　案劉校是也，古鈔卷子本正無用字。

與飄飄往，與忽忽來。

　　案古鈔卷子本飄、忽二字並不疊，是也。『與飄往，與忽來，』與下
　　文『與倏出，與闖入，』文正相對。

莫能臐圍。

　　案臐字無義，古鈔卷子本作甕，是也。臐卽甕之形誤。下文『莫之應

圉，』應亦當爲壅。脩務篇：『破敵陷陳，莫能壅御。』亦可證隁字
之誤。

何可勝俱！

　　案古鈔卷子本俱作耦。

固已至矣。

　　案古鈔卷子本固作故。

鑿其猶猶。

　　案古鈔卷子本作『鑿其搖搖。』猶、搖古通，禮記檀弓：『咏斯猶，』
　　注：『猶當爲搖，秦人猶、搖聲相近。』卽其證。

疾雷不及塞耳，用疾雷之聲，不暇後塞耳，疾霆不暇掩目。

　　吳承仕云：用疑當爲聞，蜀刊道藏本作聞。

　　案古鈔卷子本『不及，』『不暇，』並作『不給。』注文用作聞，與
　　吳說合。又案疾霆不得言掩目，霆當爲電，字之誤也。六韜軍勢篇：
　　『疾雷不及掩耳，迅電不及瞑目。』呂氏春秋貴生篇：『雷則揜耳，
　　電則揜目。』劉子新論言苑篇：『雷霆必塞耳，掣電必掩目。』孫子
　　作戰篇陳皥注：『所謂疾雷不及掩耳，卒電不及瞬目。』皆其證。

　　（下文『聲如雷霆，』御覽二七一引霆作電，亦電、霆二字相亂之
　　例。）

善用兵，

　　案古鈔卷子本兵下有者字，是也。『善用兵者，』上、下文累見。

仰不見天，

　　案古鈔卷子本仰作卬，卬、仰古、今字。

敵之靜不知其所守，動不知其所爲。

　　案之字無義，古鈔卷子本作『敵人靜不知守，動不知所爲。』是也。
　　上文多之字，故人誤爲之。

當者莫不廢滯崩阤。天下孰敢厲威抗節而當其前者？

案古鈔卷子本滯作還，無其字。

爲人杓者死。注：杓，所擊也。

案古鈔卷子本杓作的，注同。杓、的古通，莊子庚桑楚篇：『我其杓之人邪？』亢倉子全道篇作的，卽其比。

故紂之卒百萬之心。

案古鈔卷子本作『故紂之卒百萬，而有百萬之心。』是也。『之心』上脫『而有百萬』四字，則文意不完。管子法禁篇引書泰誓云：『紂有臣億萬人，亦有億萬之心。』（僞古文有刪改。）卽淮南所本。

皆專而一。

案古鈔卷子本而下有爲字。

故千人同心，則得千人力。

案古鈔卷子本力上有之字，是也。『千人同心，則得千人之力。』與下文『萬人異心，則無一人之用。』相對爲文。

乃可以應敵合戰。

案古鈔卷子本無以字。

動無墮容。

案古鈔卷子本墮作惰，惰、墮正、假字。大戴禮記子張問入官篇：『墮怠者，時之所以後也。』亦以墮爲惰。

事無嘗試。

案古鈔卷子本作『事无試嘗。』

心不專一，則體不節動。將不誠必，則卒不勇敢。

王念孫云：『誠必』與『專一，』相對爲文。『勇敢』與『誠必，』相因爲義。古書多以『誠必』連文，劉本『誠必』作『誠心，』因上文『心誠』而誤。諸本與劉本同，唯道藏本作『誠必，』莊不從藏本

427

而從諸本，謬矣！

案王說是也，古鈔卷子本、宋本亦並作『誠必。』

故民誠從其令，

案古鈔卷子本無其字，御覽二七一引同。

雖衆爲寡，

案古鈔卷子本寡作累，是也。

有二權。

莊逵吉云：『御覽引權作鈴，下「知權，」「事權」同。程文學云：「鈴當作鈐爲是。」』

案御覽引權正作鈐，下『知權，』『事權，』『權勢，』並同。莊氏失檢。

誠積踰，而威加敵人。

案古鈔卷子本踰上有精字，是也。

硤路津關。

莊逵吉云：御覽引硤作狹。

案古鈔卷子本硤作陜。當以作陜爲正，硤、狹並俗字。

却笠居。注：却，偃覆也。笠，簦。（簦，舊誤登。）

莊逵吉云：『御覽此下有注云：却，偃覆也。笠，簦也。』

吳承仕云：朱本、景宋本、蜀刊道藏本有注，與御覽引同。惟莊所據本誤奪耳。

案古鈔卷子本、茅本亦有此注，並與道藏本合。漢魏叢書本無此注，蓋卽莊本所本。

羊腸道。注：羊腸，一屈一伸。

莊逵吉云：『御覽此下有注云：羊腸，一屈一伸。』

吳承仕云：蜀刊道藏本有此注，莊本奪。

案古鈔卷子本、宋本、茅本亦並有此注，與道藏本合。漢魏叢書本無此注，蓋卽莊本所本。

發筍門。注：發筍，竹筍。

案古鈔卷子本『發筍』作『蔽筍，』注同。

一人守隘，

案古鈔卷子本隘作險，御覽引同。

推其擔擔。

王念孫云：『擔當爲搖，字之誤也。搖，古搖字也。搖搖者，動而欲仆也。因其欲仆而推之，故曰：「推其搖搖。」太平御覽兵部二引此正作「推其搖搖。」』

案王校是也，古鈔卷子本亦作『推其搖搖。』

注：人，軍之反間也。

案人無反間義，古鈔卷子本人作諜，是也。御覽引作『間諜，軍之反間也。』茅本、莊本人並作言，蓋由不知人是誤字而臆改耳。

注：草木盛曰蔚。

案茅本、漢魏叢書本、莊本盛上並有蕃字。古鈔卷子本、宋本則並無蕃字，與道藏本合。御覽引此亦無蕃字。

敵人之兵，無所適備。

王念孫云：太平御覽引此『敵人』上有使字，於義爲長。

案古鈔卷子本『敵人』上正有使字。

舉錯得失，

王念孫云：失當爲時，聲之誤也。太平御覽引此正作『舉錯得時。』

案王校是也，古鈔卷子本亦作『舉錯得時。』

注：雲梯，可依雲而立。

案古鈔卷子本可上有其字。

明於必勝之攻也。

王念孫云：攻當爲數，此涉上下文攻字而誤也。數，術也。太平御覽引此正作『必勝之數。』

案王校是也，古鈔卷子本亦作『必勝之數。』

鈴縣而後動。

案古鈔卷子本鈴作權。宋本作鈴，鈴卽鈐之誤。

注：敵家之兵，不來相交復也。

案古鈔卷子本交作校。

風雨可障蔽，而寒暑不可開閉。

王念孫云：開當作關，寒暑無所不入，故『不可關閉。』作開，則義不可通矣。案王說是也，劉子兵術編：『寒暑無形，不可以關鑰遏也。』卽本此文，字正作關。

而勇士必勝者，何也？

案『勇士』本作『勇武，』此後人所改也。淮南書通謂士爲武，說詳繆稱篇。

注：星、張爲朱鳥。

案茅本、漢魏叢書本、莊本『朱鳥』並作『朱雀，』同。

是故處於堂上之陰，而知日月之次序。見瓶中之冰，而知天下之寒暑。

俞樾云：於字衍文也。處有辨別之義，後人不達，而妄加於字，『處於堂上之陰，』於義殊不可通；且『處堂上之陰，』本與『見瓶中之冰』相對，今增於字，則句法亦參差不齊矣。

案俞校是也。呂氏春秋察今篇作『審堂下之陰，』可爲旁證。

將欲西，而示之以東。

案御覽引而作如，如猶而也。

若雷之擊，不可爲備。

劉文典云：意林引作『若電之激，不可備也。』

案電卽雷之形誤；激乃擊之聲誤。

而卒爭先合者，

案意林引卒上有士字，（文子上義篇亦有士字，惟無卒字。）

則下視上如父。

　　莊逵吉云：御覽此視作事，下『視上如兄，』『視上如父』兩句同。

　　案下『視上如兄，』『視上如父，』文子視亦並作事。

上親下如弟，

　　王念孫云：『上親下如弟，』親亦當爲視，字之誤也。上文正作『上

　　視下如弟。』

　　劉文典云：王說是也，御覽二百八十一引正作『上視下如弟。』是其

　　證。

　　案文子亦作『上視下如弟。』

下事上如兄，

　　案此承上文『則下事上如兄』而言，宋本、茅本並與道藏本同，文子

　　亦同。上文事字誤爲視，漢魏叢書本因改此文事字作視以合之，莊本

　　從漢魏叢書本作視，謬矣！

故將必與卒同甘苦，俟飢寒。

　　俞樾云：『俟字，義不可通，乃併字之誤。併與并通，廣雅釋話：

　　「并，同也。」「併飢寒」與「同甘苦」一律。』

　　劉文典云：俞說未碻，此本作『故將必與卒同甘苦勞佚飢寒，』　乃

　　承上文『察其勞佚，以知其飽飢』而言。御覽二百八十一引作『故將

　　必與卒同甘苦，佚飢寒。』敓一勞字。此文佚更譌爲俟，而義遂不可

　　通矣。

　　案俟當爲侔，字之誤也。侔，齊也。（說文：侔，齊等也。）『同甘

　　苦，侔飢寒。』文義一律。併與俟字形不近，俞說固非；劉氏謂此本

　　作『故將必與卒同甘苦勞佚飢寒，』乃承上文『察其勞佚，以知其飽

　　飢』而言，亦牽强無據。此如承上文而言，則『甘苦』二字無著；且

　　『飢寒』亦不足以承『飽飢』。』御覽引俟作佚，佚卽俟之壞字，劉氏

乃於佚上臆加勞字以强通之，將誰欺邪？又案影宋本御覽引此作『共飢寒。』

險隘不乘，上陵必下。

　　案上當爲丘，字之誤也。『丘陵』與『險隘，』相對爲文。劉子·新論兵術篇正作『丘陵必下。』

以共安危也。

　　王念孫云：『上文云：「所以程寒暑，」「所以齊勞佚，」「所以同飢渴，」則此「以共安危」上，亦當有所字。』

　　劉文典云：王說是也，意林引有所字，是其證。

　　案劉子新論亦有所字。

投高壺。

　　劉文典云：御覽引壺作墻。

　　案宋本御覽引壺作嗇，嗇卽壺之誤，鮑刻本易嗇爲墻，非也。

是謂至於。窈窈冥冥，孰知其情？

　　王念孫云；『於當爲旄，古書旌字或作旇，形與於相近，因誤爲於。旇、冥、情三字爲韻，旇與精同，主術篇曰：「故至精之像，窈窈冥冥，不知爲之者誰，而功自成。」老子曰：「窈兮冥兮，其中有精。」莊子在宥篇曰：「至道之精，窈窈冥冥。」皆其證也。』

　　劉文典云：『是謂至於，』御覽引作『是謂至矣。』於義爲長。

　　案王校於爲旄之誤，其說至塙。御覽引於作矣，蓋淺人不知於是誤字而臆改耳。劉氏反謂『於義爲長，』疏矣！

社稷之命，在將軍卽。今國有難，願諸子將而應之。

　　王念孫云：卽當爲身，『在將軍身』爲句，『今國有難』爲句。『願諸子將而應之，』請字涉下文『還請』而衍，藝文類聚武部、太平御覽兵部五、七十一、儀式部一一，引此並作『社稷之命，在將軍身。今

國有難，願子將而應之。』是其證。

案王校是也。宋本卽作自，自卽身之誤。『願請子將而應之，』六韜立將篇作『願將軍帥師應之。』亦可證此文衍請字。

臣旣以受制於前矣，鼓旗斧鉞之威。

案『鼓旗斧鉞之威，』文義不完，『鼓旗』上疑本有專字，今本誤脫之也。六韜作『專斧鉞之威，』（長短經出軍篇同。）可證。

注：去手足爪。

案御覽二七四引作『去其手足爪也。』

說　山　篇

『何得而聞也？』魄曰：『吾直有所遇之耳。』

王念孫云：『「何得而聞也」上，本有「魄曰：無有」四字，魄問魂曰：「無有，何得而聞也？」故魂答曰：「吾直有所遇之耳。」今本脫此四字，則義不可通。藝文類聚靈異部下、太平御覽妖異部一，所引並有此四字。』

案天中記二三引『何得而聞也』上，亦有『魄曰：無有』四字。法苑珠林百十六引有『魄曰：有形也。若也無有』九字。

魄曰：『言者獨何爲者？吾將反吾宗矣。』注：宗，本也。魄言將反於無有。

俞樾云：『「吾將反吾宗矣」上，當有「魂曰」二字，此乃魂之言也。「吾將反吾宗」者，魂欲反其宗也。故下文曰：「魄反顧，魂忽然不見。」惟「反其宗，」所以「不見」也。高解「反吾宗」曰：「魂將反于無形。」則其所據本正有「魂曰」二字，不然，何以知其是魂而非魄乎？』

案俞說非也，『吾將反吾宗矣，』與上文言魄之『內視而自反，』下

433

文言魄之『反而自存，亦以淪於無形，』義並相應。此乃魄之言，決無可疑。莊本注文魄誤爲魂（或莊氏妄改），俞氏不察，因謂『吾將反吾宗矣』爲魂之言，而臆補『魂曰』二字於其上，徒費辭耳！

人莫鑑於沫雨，注：沫雨，雨潦上覆瓮也。沫雨，或作流潦。

案『沫雨』爲『流雨』之誤，王念孫於俶眞篇已言之。劉子新論淸神篇作『流波，』亦可證沫字之誤。文子上德篇作『流潦，』與注所稱或本合。倭名類聚鈔風雨類二引注『雨潦上覆瓮也，』作『雨潦上沫起若覆盆也。』是也。今本脫『沫起若』三字，文義不明。

瓠巴鼓瑟，而淫魚出聽。

陶方琦云：『說文魚部鱏字下引傳曰：「伯牙鼓琴，鱏魚出聽。」定是淮南。考蜀志郤正傳注及文選魏都賦注並引淮南作「鱏魚，」卽許本也。論衡亦作「鱏魚。」左思魏都賦亦作「感鱏魚。」皆用淮南許本。』

案陶氏所稱魏都賦及魏都賦注，乃蜀都賦及蜀都賦注之誤。白帖九八引此亦作『鱏魚。』文選張景陽七命注引荀子同（今本荀子勸學篇作『流魚。』）

伯牙鼓琴，駟馬仰秣。

案宋本『駟馬』上有而字，與上下文句法一律。文選馬季長長笛賦注引此亦有而字。荀子勸學篇、大戴禮記勸學篇、韓詩外傳六並同。

杯水見眸子。

案茅本、漢魏叢書本、莊本牟並作眸，文子同。牟、眸古通。荀子非相篇：『堯、舜參牟子，』注：『牟與眸同。』卽其證。

蘭生幽宮，

漢魏叢書本、莊本宮並作谷。劉文典云：御覽九百八十三引谷作宮，宋本同。

案宋本及御覽所引並作宮，與道藏本合。茅本亦作宮。

注：故以爲天下正。

案宋本以上有可字，是也。

嫁女於病消者，夫死，則後難復處也。注：以女爲妨夫，後人不敢娶，故難復嫁處也。

> 劉文典云：『夫死則』下，舊有『言女妨』三字，而今本脫之。故注『以女爲妨夫，』遂無所指。意林引正作『嫁女於消渴者，夫死，則言女妨。』

> 案注『以女爲妨夫，後人不敢娶，』乃申正文『後難復處』之義。若正文本作『夫死，則言女妨。』則何待注乎？意林引『夫死則』下有『言女妨』三字，蓋據注文所增耳。類書引書，往往據注文增字，不可輕信也。

故有所善，則不善矣。

> 案宋本則下有有字。

獸不可以虛器召也。

> 莊本器作氣。俞樾云：氣當作器，器、氣聲近義通。『獸不可以虛器召』，猶上句云『魚不可以無餌釣』也。文子上德篇正作『獸不可以空器召。』

> 案宋本、道藏本、茅本、漢魏叢書本皆作器，惟莊本作氣，蓋亦莊氏改今從古以欺人耳。

人有多言者，猶百舌之聲。注：百舌，鳥名也。能易其舌，効百鳥之聲。故曰百舌也。

> 案玉燭寶典五引聲下有也字，與下文句法一律。並引許注云：『百舌，鳥名。能變易其舌，効百鳥之聲。故曰百舌。』與高注同。蓋許注羼入高注者。

六畜生多耳目者不詳。注：詳，善也。多耳目，人以爲妖災也。喻人有多
言而少誠實，比之於不詳也。

案漢魏叢書本詳作祥，注同。詳、祥古通，宋本注亦作祥。

大夫種知所以强越，而不知所以存身。萇宏知周之所存，而不知身所以凶。

王念孫云：下二句存上脱以字，身下脱之字。

案王校是也，莊子徐无鬼篇：『唯種也能知亡之所以存，唯種也不知
其身之所以愁。』可爲旁證。

因媒而嫁，而不因媒而成。

案不上不當有而字，此涉上下文而字而衍也。『因媒而嫁，不因媒而
成。』與下『因人而交，不因人而親。』相對爲文。意林、御覽五四
一引此並無而字。

趣不合，行不同。

案漢魏叢書本、莊本趣作趨，趨、行二字互易，與上文『行合趨同』合。

以潔白爲汙辱。

案宋本潔作絜，絜、潔古通。

見竅木浮，而知爲舟。

劉文典云：初學記器用部引『見竅木』上有『古人』二字。

案山堂考索前集四五引見上有古字，古下蓋脱人字。

魯人身善制冠，妻善織屨。

案韓非子說林上篇、說苑反質篇並作『魯人身善織屨，妻善織縞。』

金樓子立言篇下作：『魯人有身善屨，妻善織縞』有字衍，屨上脱織字。

往徙於越，而大困窮。

劉文典云：北堂書鈔百三十六引作『往從於越而大困。』

案從字無義，蓋卽徙之形誤。韓非子、說苑、金樓子並作徙。

操釣上山。

案宋本釣作鉤。釣卽鉤也。

使養由基射之，

436

案冊府元龜八四六引作養食其，並有注云：『食其，卽緜基也。』疑
是許注。緜與由同。

而蝯擁柱號矣。

王念孫云：『擁柱』當爲『擁樹，』聲之誤也。文選幽通賦注引此作
『抱樹，』太平御覽兵部八十一引作『擁樹。』

案王說是也，類林殘卷九引此作『抱樹，』（白帖九七亦作『抱樹，』
惟未言引何書。）與文選注引同；事文類聚後集三七引作『擁樹，』
與御覽引同。御覽三百五十、事類賦十三引韓非子有此文，亦並作
『擁樹。』咸可證柱爲樹之聲誤。

行小變而不失常。

案莊子田子方篇常上有大字，『小變』與『大常』對言，於義爲長。

曾子立孝，不過勝母之閭。

劉文典云：文選吳季重答東阿王書注引『立孝』作『至孝。』

案事文類聚續集四、合璧事類別集十一引此亦並作『至孝。』文選答
東阿王書注引閭作里。

故高山仰止，景行行止，鄉者其人。注：言有高山，我仰而止之；人有大
行，我則而行之。故曰『鄉者其人。』

案詩小雅車舝：『高山仰止，景行行止。』止本作之，王念孫史記孔
子世家雜志有說。此文止亦本作之，高注：『我仰而止之，』文不成義
，葢本作『我止而仰之。』淺人因正文之誤止，遂妄乙之耳。『我止
而仰之，』『我則而行之，』正以釋『仰之』『行之』之義。

注：而我因其求炙也。

案宋本因下有望字。

今人放燒，

劉文典云：『放燒，』義不可通。放當爲於，字之誤也。御覽八百六
十九引正作『今人於燒。』是其證。

案『放燒』猶『方燒，』方，放古通。（書堯典；『方命圯族，』漢
書傅喜傳作放；莊子田子方篇：『方矢復寓，』御覽七四五引作放，

並其證。）宋本御覽引此仍作『放燒。』鮑刻本作『於燒，』於卽放
之誤；或不得其義而妄改。劉氏從之，謬矣！

媒但者，非學謾他。但成而生不信。立憧者，非學鬬爭。憧立而生不讓。

王念孫云：『但與誕同，故高注曰：「但猶詐也。」他與詑同，謾詑，
詐欺也。「謾他」與「鬬爭，」相對爲文。各本「謾他」並誤作「謾
也，」；或又於「鬬爭」下加也字，以與「謾也」相對，其謬滋甚！
惟道藏本不誤。』

案王說是也，宋本亦不誤。

嘗一臠肉，知一鑊之味。

案知上當有而字，乃與下文句法一律。說林篇正有而字。

以浴而傮則不可。

劉文典云：『以浴』疑當作『先浴。』

案以與已同，『以浴』卽『已浴，』劉說大謬！

郢人有鬻其母，爲請於買者曰：

案爲當作而，字之誤也。爲，古文作𦙃，與而形近，二字往往相淆，
呂氏春秋長利篇注、意林引此並作而。

說　林　篇

注：生，寄。死，歸。殤子去所寄，歸所卜，故曰以爲壽。彭祖，蓋楚先，
壽四百歲，不早歸，故曰以爲夭。

案兩故字下並不當有曰字，漢魏叢書本刪之，是也。

短綆不可以汲深，器小不可以盛大。

案『短綆』當作『綆短，』傳寫誤倒也。『綆短』與『器小，』相對
爲文。莊子至樂篇：『褚小者不可以懷大，綆短者不可以汲深。』卽
淮南所本。

使大如馬，

> 孫詒讓云：大，莊本作犬，今从宋本正。

> 劉文典云：御覽九百七引作『使大如馬。』

> 案茅本、漢魏叢書本大並誤犬，卽莊本所本。宋本及御覽所引並作大，
> 與道藏本合。

蝮蛇不可爲足，虎豹不可使緣木。

> 案虎下不當有豹字，豹善緣木，有豹字則不可通。蓋後人妄加，以與
> 『蝮蛇』相對耳。注：『虎，猛獸。不可使能緣木也。』是正文本無
> 豹字明矣。文子上德篇作『虎不可爲翼。』亦無豹字。

三十日而脫。

> 案大戴禮記易本命篇盧辯注引脫作死。

三日而死。

> 案大戴禮記注引死作終。

被裘而以燹翼，

> 案宋本被作披，披、被古通。

罩者抑之，罜者舉之。

> 王念孫云：罜非取魚之具，意林、埤雅及初學記武部、太平御覽資產
> 部十四，引此並作『罾者舉之，』是也。罩者下罩而得魚，故言抑。
> 罾者舉罾而得魚，故言舉。

> 案王校是也，宋本罜正作罾。

爲雷電所撲。

> 劉文典云：御覽十三引電作霆。

> 案文子亦作霆。

予拯溺者金玉，不若尋常之繮索。注：『金玉雖寶，非拯溺之具。故曰：
不如尋常之繮索。』

王念孫云：拯字涉注文而衍，太平御覽人事部三十七引此無拯字，文子上德篇亦無。『尋常之纆索，』本作『尋常之纆，』其索字則後人所加也。高注同。太平御覽人事部三十七、珍寶部九，引此並作『尋常之纆，』雖纆誤爲纆，而纆下俱無索字。

案宋本正文、注文纆並作纆，亦與王校合。

匠人處狹盧。

王念孫云：盧與廬同，道藏本、劉本並作盧，莊改盧爲廬，未達假借之義。

案宋本、茅本、漢魏叢書本盧並作廬，則作廬非莊氏所改矣。

雖不見好，

案宋本見作可，文子同。

布之新不如紵，紵之弊不如布。或善爲新，或惡爲故。

王念孫云：『或惡爲故，』本作『或善爲故。』言紵善爲新，布善爲故也。今本作『或惡爲故』者，後人不曉文義而妄改之耳。太平御覽布帛部七引此正作『或善爲故。』

案王校是也，宋本亦作『或善爲故。』

病熱而強之餐，救暍而飲之寒。

案記纂淵海五八引餐上、寒上並有以字。

兔絲無根而生，蛇無足而行，魚無耳而聽，蟬無口而鳴，有然之者也。

劉文典云：御覽九百四十四引此文『無足』作『不足，』『有然之者也，』作『自然之音也。』

案『有然之者也，』乃總結上文四句，鮑刻本御覽引作『自然之音也，』僅與『蟬無口而鳴』一句相應，而『兔絲無根而生，蛇無足而行，魚無耳而聽，』三句皆無著矣。自、音二字蓋有、者二字之形誤，或淺人妄改。宋本御覽引此仍作『有然之者也。』可證。

不如歸家織網。

　　劉文典云：白帖九十八引『歸家織網，』作『退而結網。』

　　案宋本『不如』作『不若，』文子同。漢書董仲舒傳『歸家織網，』
　　亦作『退而結網。』

衡雖正，必有差；尺寸雖齊，必有詭。

　　案劉子新論從化篇衡上有權字，『權衡雖正，』與『尺寸雖齊』對言。

步之遅，百舍不休，千里可致。

　　案宋本此下有注云：『步，行。』

鳥有沸波者，河伯爲之不潮。注：鳥，大鵬也。

　　漢魏叢書本、莊本『大鵬』並作『大鵬。』邵瑞彭曰：『埤雅：「大
　　鵬翔翔水上」云云，卽據此注。爾雅：「鴲鳾，王鴲。」郭注云：
　　「鴲類，好在江渚山邊食魚。」郝懿行義疏卽以沸波當之，是也。注
　　鵬字爲鴲字形近之誤。』

　　吳承仕云：邵說是也，景宋本正作鴲。

　　案宋本作鴲，與道藏本合。茅本亦作鴲。

明月之珠，蜧之病。

　　案御覽九四一引蜧上有蜃字。

巧冶不能鑄木，工匠不能斲金者，

　　莊本『工匠』作『工巧。』孫詒讓云：『「工巧」當作「巧匠，」今
　　本匠譌工，而文又到，遂不可通。泰族訓云：「故良匠不能斲金，巧
　　冶不能鑠木。」是其證。文子上德篇作「良匠不能斲冰，」「良匠」
　　二字亦與泰族訓同。』

　　案宋本、茅本、漢魏叢書本皆作『工匠，』與道藏本合。莊本作『工
　　巧，』蓋涉上巧字而誤也。『工匠』卽『巧匠，』工與巧同義，覽冥
　　篇：『世皆以爲巧，』御覽八九六引作工，卽其證。

楊子見達路而哭之。

　　莊逵吉云：御覽作『楊朱見岐路而哭之。』

　　案文選孔德璋北山移文注、事文類聚續集三、合璧事類別集六引達亦
　　並作岐，呂氏春秋疑似篇同。

441

賊心亡。

　　陳觀樓云：亡字當爲『亡也』二字之譌。亡，無也。意林引此作『無

　　心也。』蓋脫賊字。

　　案陳校是也，宋本作『賊心亡止。』止卽也之誤。

人　間　篇

使知所爲是者，

　　案宋本所下有以字。

歸而封孫叔敖，辭而不受。

　　劉文典云：北堂書鈔四十八引孫叔敖三字重。

　　案楚史檮杌叔敖二字重。

功臣二世而爵祿。

　　俞樾云：『「二世而爵祿，」文義未完，疑本作「二世而奪祿。」下

　　文曰：「夫孫叔敖之請有寢之丘，沙石之地，所以累世不奪也。」奪字

　　卽承此而言。因奪與爵草書相似；又以文在祿上，故奪誤爲爵耳。』

　　案俞說近塙，楚史檮杌作『功臣二世而奪其爵。』

醫陽穀奉酒而進之。

　　案左成十六年傳、韓非子十過篇、飾邪篇、史記晉世家、楚世家、

　　說苑敬愼篇陽穀並作穀陽。

爲使者跪而啜三杯。

　　案韓非子說林上篇、說苑貴德篇『三杯』並作『一杯。』

居一年。

　　案韓非子作『居三月。』

宣子弗欲與之。

　　俞樾云：『弗欲與之，』本作『欲弗與之。』下文『求地而弗與，』

即承此而言。戰國趙策作『魏宣子欲勿與。』

案俞說是也，韓非子十過篇作『宣子欲勿與。』說林上篇作『魏宣子弗予。』魏策作『魏桓子弗予。』說苑權謀篇作『宣子不與。』皆其證。

虞之與虢，相恃而勢也。若假之道，虢朝亡，而虞夕從之矣。

俞樾云：『勢字義不可通，疑本作「相恃而存也。」呂氏春秋權勳篇曰：「夫虢之不亡也，恃虞。虞之不亡也，亦恃虢也。若假之道，則虢朝亡，而虞夕從之矣。」即淮南所本。虢不亡恃虞，虞不亡恃虢，故曰：「相恃而存也。」今本誤作勢者，蓋呂氏春秋此文之上有「虞、虢之勢是也」句，韓子十過篇亦有「虞、虢之勢正是也」句，疑淮南不當無此句，因以意竄改，非其舊矣。』

案『相恃而勢，』而當作爲，字之誤也。爲，古文作𤔻，與而相似，故誤爲而。虢不亡恃虞，虞不亡恃虢，正所謂『相恃爲勢也。』俞氏疑本作『相恃而存也，』徒臆說耳；且呂氏春秋此文之上有『虞、虢之勢是也』句，韓子十過篇亦有『虞、虢之勢正是也』句，淮南之『虞之與虢，相恃爲勢也。』已可概其義，俞氏疑淮南不當無此句，亦臆說也。

故樹黍者不穫稷。樹怨者無報德。

劉文典云：御覽八百四十二引作『故樹黍者無不穫稷。樹恩者無不報德。』宋本穫亦作稷。

案『樹黍者不穫稷，』御覽引不上有無字，義不可通。蓋由所引下句怨誤爲恩，寫者因於無下臆加不字；復於上句不上妄加無字，使二句相對，而不知其不可通也。文子上德篇穫亦作稷，稷、穫古通。

注：楚莊王時，圍宋八月。

陶方琦云：『列子釋文引許注：「楚莊王圍宋九月。」今本「八月，」當作「九月。」』左傳：「宣十四年秋九月，楚子圍宋。十五年夏，楚子去宋。」杜注：「在宋積九月。」呂覽慎勢篇：「莊王圍宋九月。」

宋本淮南正作「九月。」』

案陶說是也，宋本作『九月，』與道藏本合。茅本亦作『九月。』

易子而食，析骸而炊之。

案列子說符篇、論衡福虛篇食下並有之字，與下句一律。茅本、漢魏叢書本、莊本炊下並無之字，蓋不知上句脫之字而妄刪之耳。

馬無故亡而入胡。

莊逵吉云：御覽作『其馬無故亡入胡中。』

案文選班孟堅幽通賦注引馬上亦有其字，記纂淵海九八、事文類聚後集三八引此並作『其馬亡入胡中。』『其馬』下蓋略『無故』二字。

此何遽不爲福乎？

案記纂淵海、事文類聚引『何遽』並作『何詎，』詎下更有知字，下文同。遽、詎古通，天中記五五引此亦作詎。

家富良馬。

王念孫云：『良馬』本作『馬良，』與『家富』相對爲文，漢書、後漢書注、藝文類聚、太平御覽引此並作『家富馬良。』

案王校是也，記纂淵海、事文類聚、天中記引此亦並作『家富馬良。』

墮而折其髀。

案事文類聚別集三十、合璧事類續集五五引髀並作臂。

胡人大入塞。

莊逵吉云：御覽作『胡夷大出塞。』

案記纂淵海、事文類聚後集三八引此並作『胡夷大出。』事文類聚別集三十、合璧事類引此並作『胡兵大出。』文選幽通賦注引入亦作出，出下亦無塞字。

丁壯者引弦而戰。

王念孫云：引本作控，此亦後人以意改之也。文選幽通賦注、太平御

覽禮儀部引此並作『控弦而戰。』漢書注、及藝文類聚禮部、獸部、太平御覽獸部並引作『皆控弦而戰。』

案記纂淵海、事文類聚後集三八引此亦並作『皆控弦而戰。』天中記引者下有皆字。

近塞之人，

莊逵吉云：御覽作『塞上之人。』

案文選幽通賦注、記纂淵海、事文類聚後集三八引此亦並作『塞上之人。』

此獨以跛之故，父子相保。

案記纂淵海、事文類聚後集三八引此下並有子字。文選幽通賦注引『跛之』作『跛足。』事文類聚別集三十、合璧事類引『父子』上並有得字。

高陽魋將爲室。注：高陽魋，宋大夫。

案呂氏春秋別類篇作高陽應，注：『或作高魋，宋大夫也。』即本此文許注。（此篇乃許注本。）

今雖成，後必敗。

劉文典云：『今雖成，』本作『今雖善。』下文『今雖惡，後必善。』『及其始成，夠然善也，而後果敗。』皆承此而言。呂氏春秋別類篇及御覽九百五十二引此文，並作『今雖善。』皆其證也。

案『今雖成，後必敗。』下文『今雖惡，後必善。』成與敗，惡與善，各相對成義。下文『及其始成，夠然善也，而後果敗。』成、敗二字亦與此文成、敗相應。則『今雖成，』固不必作『今雖善。』御覽引成作善，與呂氏春秋合，當是高本。韓非子外儲說左上篇作『今雖成，久必壞。』（壞猶敗也。）則與許本作成合。

然而冠冠履履者，

案宋本『冠冠』作『戴冠。』

以詐僞遇人。

案御覽三一三引遇作愚，愚、遇古通。

雖愈利，後亦無復。

俞樾云：『愈當爲偸，古偸字也。「偸利」卽「偸利，」謂雖偸取利，
而後不可復也。呂氏春秋義賞篇曰：「雖今偸可，後將無復。」』
案俞說是也，御覽引此愈正作偸。韓非子難一篇作『偸取一時，後必無
復。』上文『愈多得獸，』御覽引愈亦作偸（偸上更有雖字），韓非
子作『偸取多獸。』又案御覽引後作厚，厚、後古通。

亡不能存，危弗能安，無爲貴智伯。

王念孫云：伯字因上下文而衍。劉本依趙策改『智伯』爲『智士，』
非也。此謂亡不能存，危不能安，則無爲貴智。非謂無爲貴智士。趙
策誤衍士字，而劉據之以改本書，謬矣！太平御覽引此作『無爲貴
智。』韓子作『則無爲貴智矣。』皆無士字。

案王校是也，宋本正作『無爲貴智。』

今王欲爲霸王者也。

王念孫云：『「今王」當爲「今君，」此涉上下文王字而誤也。魏自
惠王始稱王，此對文侯言之，不當稱王。下文云：「君以爲不然，」
則本作君明矣。太平御覽引此正作君。』

案王校是也，宋本亦作君。

臣請升城鼓之，一鼓甲兵、粟米可立具也。

案下文『一鼓民被甲括矢，操兵弩而出。再鼓負壟粟而至。』卽承此
言之，則此文不當有『一鼓』二字，蓋涉下文而衍。御覽六二七引此
正無『一鼓』二字，莊本刪之，是也。

是使晉國之武，舍仁而爲佞。

莊本爲作後。俞樾云：後字義不可通，乃從字之誤。

案宋本、茅本、漢魏叢書本後並作爲，與道藏本合，是也。治要引此
亦作爲。莊本作後，固非；俞氏以爲從字之誤，亦臆說耳。

雖偸樂哉！

案漢魏叢書本、莊本『偸樂』並作『愉樂。』

又何去之！

案御覽四八二引又作有。作有是故書。

此有節行之人，

案御覽引人作士。

故禍之所從生者，始於雞定。及其大也，至於亡社稷。

莊逵吉云：本或作『雞足，』或作『雞距，』唯藏本作定。定，題也。
疑藏本是。

王念孫云『「雞定」當依劉本作「雞足，」字之誤也。上文云：「季
氏與郈氏鬬雞，爲之金距，」故曰「禍始於雞足。」且足與稷爲韻，
若作定，則失其韻矣。莊伯鴻以定爲「麟之定」之定，大誤！』

案王說是也，茅本、漢魏叢書本亦並作『雞足，』天中記五八引同。

郈公作難。

俞樾云：『郈昭伯，魯大夫，不得稱郈公。乃郈氏之誤。上文云：
「郈氏介其雞，」是其明證也。今作郈公者，涉下文「魯昭公出走」
而誤。』

案俞說是也，宋本正作『郈氏作難。』

雖有聖知，弗能爲謀。耳患禍之所由者，萬端無方。

案宋本、茅本、漢魏叢書本耳並作且，是也。耳卽且之形誤。且誤爲
耳，舊遂有以耳字屬上絕句者矣。

聖人見之密，

447

陳觀樓云：密當爲蛋，字之誤也。上文『禍生而不蛋滅。』卽其證。

案陳校是也，宋本、茅本、漢魏叢書本皆作蛋。

明年伏郎尹，而笞之三百。

劉文典云：御覽八百六十一引作『明日伏節尹，怒而笞之三百。』

案注：『郎尹，主郎官之尹也。』則御覽引作『節尹，』節必郎之誤

矣。何足據哉！

析惕乎虹蜺之間。

莊逵吉云：各本皆作『徜徉，』藏本作『析惕。』

案宋本亦作『析惕，』與道藏本合。記纂淵海五二引作『掀揚。』

欲知築脩城以備亡，不知築脩城之所以亡也。

案宋本『不知』上有而字，與下文句法一律。

去高木而巢扶枝。

陶方琦云：初學記天部一、御覽九、事類賦風部引此並作『去喬木而

巢扶枝。』太平廣記四百六十一引作『去喬木，巢傍枝。』

案天中記五九引高亦作喬。

知仁義而不知世變者也。

案宋本『知仁義』上有此字，是也。茅本、漢魏叢書本亦並有此字，

惟此下脫知字耳。

猶有童子之色。

案茅本、漢魏叢書本、莊本色上並有顏字，疑後人所加，莊子達生篇

作『猶有嬰兒之色。』可證此文本無顏字。

其御曰，

案草堂詩箋十六引曰上有對字。

有一蟲舉足將搏其輪。

案事文類聚後集四八、天中記五七引『一蟲』並作『螳蜋。』韓詩外

傳八同。

知進而不知却，不量力而輕敵。

　　案事文類聚引却作退，輕下有就字。韓詩外傳同。

此爲人，而必爲天下勇武矣。

　　案宋本無而字，爾雅翼二五、記纂淵海六十、天中記引此並同。韓詩
　　外傳亦無而字。

故田子方隱一老馬。注：隱，定。

　　吳承仕云：『疑注文定當爲哀，檀弓鄭注：「隱猶痛也。」周書諡法：
　　「隱哀之方。」蓋哀、隱，脂、諄對轉，聲近義通。注當爲哀，不爲
　　定，尋文可知。此注各本並奪，應據補。』
　　案吳說是也，宋本注正作『隱，哀。』

援龍淵而切其股，血流至足，以自罰也。

　　劉文典云：北堂書鈔四十四引罰作刌，一百十八引援作授。
　　案書鈔引援作授，義不可通。授卽援之誤。爰、受形近易溷，莊子田
　　子方篇：『緩佩玦者，事至而斷。』釋文引司馬彪本緩作綬，卽其比。
　　切股流血，所以『自罰，』若作『自刌，』則非其指矣。書鈔引罰作
　　刌，義亦不可通，刌卽罰之誤。

積博其上。

　　莊逵吉云：列子釋文作『擊博其上，』是也。
　　案列子說符篇有此文，釋文則未引此文，莊氏所稱『列子釋文，』蓋
　　『列子說符』之誤也。

游俠相隨而行樓下，博上者射朋張中，反兩而笑。

　　莊逵吉云：『「博上者，」列子釋文作「樓上博者。」御覽引「反兩」
　　下有稱字，云：「音揭。」諸本皆無之。』
　　案莊氏所稱『列子釋文，』亦『列子說符』之誤。列子說符篇作『俠

客相隨而行樓下，樓上博者射，明瓊張中，反兩檽而笑。』（今本脫『樓下』二字，說詳列子補正四。）此文『博上者，』當作『樓上博者。』今本上字錯在博字下，又脫樓字，則文義不明。金樓子雜記下篇作『樓下俠客相隨而行，樓上博弈者爭采而笑。』可爲旁證。又案列子釋文云：『檽字，眞經本或作魚，案六博經作鰈，比目魚也。此言報采獲中，翻得兩魚，大勝而笑也。』御覽引此文『反兩』下有稴字，稴卽檽之誤。

而必以滅其家。

案以字無義，疑涉上文『無以立矜於天下』而衍。列子正無以字。

怨之憯於骨髓。

案宋本怨上有吾字。

追者皆以爲然。

案茅本、漢魏叢書本、莊本並脫皆字。宋本有皆字，與道藏本合。御覽六三六引此亦有皆字。

脩　務　篇

一日而遇七十毒。

王念孫云：遇字後人所加，御覽皇王部三、資產部三百、卉部一及寇宗奭本草衍義本例引此並作『一日而七十毒。』無遇字。路史禪通紀同。案孔叢子連叢子下篇：『伏羲始嘗草木可食者，一日而遇七十二毒。』今本此文之有遇字，或後人據彼文所加也。

於是神農乃始教民播植五穀。

案宋本、茅本、漢魏叢書本、莊本植並作種。御覽七八引同。

禹沐浴霪雨，櫛扶風。注：禹勞力天下，不避風雨，以久雨爲沐浴。

王念孫云：『沐下本無浴字，此涉高注「沐浴」而誤衍也。「沐霪雨，櫛扶風，」相對爲文。多一浴字，則句法參差矣。（劉本又於櫛上加梳字，以對「沐浴，」尤非。）藝文類聚帝王部一、太平御覽皇王部七、文選謝朓和王著作八公山詩注，引此皆無浴字。莊子天下篇：「禹沐甚雨，櫛疾風。」此卽淮南所本。』

案王說是也，劉子新論知人篇：『禹櫛奔風，沐驟雨，』（又見僞憯

450

子外篇。）路史夏后氏紀：『禹纚長風，沐甚雨，』文並相對，亦可
證此文浴字涉高注而衍。

注：雒家謂寡婦曰孀婦。

案宋本曰作爲。

聖人憂民如此其明也。

案藝文類聚二十引『聖人』下有之字。

故立天子以齊之。

莊本齊下有一字，云：『藏本無一字，葉本有，太平御覽引亦有。』
案注：『齊，等。一，同也。』是正文本有一字。文子自然篇亦作
『故立天子以齊一之。』『齊一，』與下文『輔翼，』『敎誨，』文
並相對。

絕國殊俗僻遠幽閒之處不能被德承澤，故立諸侯以敎誨之。

案『絕國殊俗』上當有爲字，『爲絕國殊俗僻遠幽閒之處不能被德承
澤，故立諸侯以敎誨之。』與上文『爲天下强掩弱、衆暴寡、詐欺愚、
勇侵怯、懷知而不以相敎、積財而不以相分，故立天子以齊一之；爲
一人聰明而不足以遍照海內，故立三公九卿以輔翼之。』句法並一律；
文子正有爲字。

蒙恥辱以干世主，

王念孫云：藝文類聚、太平御覽引此主下並有者字。

案天中記二七引主下亦有者字。

則聖人之憂勞百姓甚矣。

劉文典云：藝文類聚二十、御覽四百一引甚上並有亦字。

案齊民要術序引甚上亦有亦字。

故自天子以下至於庶人，四肢不動，思慮不用，事治求贍者，未之聞也。

案齊民要術引動作勤，『事治』上有而字。文子動亦作勤，動卽勤之

451

誤。原道篇：『四支不勤，』今本勤亦誤動，詳王念孫說。

則鯀、禹之功不立。

　　案鯀治水無功，不當與其子禹並稱，『鯀、禹』本作『大禹，』此因

　　禹字聯想而誤也。齊民要術種穀第三引此正作『大禹。』

嗜欲不得枉正術。

　　案宋本嗜作耆。耆與嗜同。

忘其苦衆勞民，頓兵剉銳，

　　王念孫云：『漢魏叢書本改剉爲挫，而莊本從之，非也。道藏本、劉

　　本並作剉，太平御覽工藝部引此亦作剉，則舊本皆作剉明矣。說文：

　　「剉，折傷也。」經傳或作挫者，借字耳。後人多見挫，少見剉，遂

　　改剉爲挫，謬矣！』

　　案『忘其，』轉語詞，漢魏叢書本、莊本並作『亡其，』同。呂氏春

　　秋愛類篇亦作『亡其。』宋本、茅本挫亦並作剉。

司馬庾諫曰，注：庾，秦大夫也。或作唐。

　　案呂氏春秋期賢篇正作司馬唐。新序雜事五作司馬唐且。

今日良馬，不待冊鍛而行。駑馬雖兩鍛之，不能進。

　　案天中記五五引此作『今有良馬，不待冊鍛而行。駑馬雖冊鍛之，不

　　能進。』是也。日卽有之壞字，兩卽冊之形誤。漢魏叢書本作『今有

　　良馬，不待策鍛而行。駑馬雖策鍛之，不能進。』策、冊正、假字。

　　莊本從漢魏叢書本，獨於兩字仍緣道藏本之誤，殊不可解！

夫純鈞、魚腸劍之始下型，注：純鈞，利劍名。

　　王念孫云：『鈞，皆當爲鉤，字之誤也。覽冥篇曰：「區冶生而淳鉤

　　之劍成。」齊俗篇曰：「淳均之劍不可愛也，而區冶之巧可貴也。」

　　皆其證。道藏本、劉本皆誤作鈞，朱本改鈞爲鉤，是也。茅本又改爲

　　鉤，而莊本從之，且並覽冥篇亦改爲鉤，斯爲謬矣！舊本北堂書鈔武

功部劍下，三引此文皆作純鉤。』

案王校是也，宋本正作純鉤，注同。又案魚腸下不當有劍字，蓋涉注文而衍。漢魏叢書本刪劍字，莊本從之，是也。

夫鴈順風，以愛氣力。銜蘆而翔，以備矰弋。

王念孫云：『順風』下本有『而飛』二字，與『銜蘆而翔，』相對爲文。藝文類聚鳥部中、白帖九十四、太平御覽羽族部四，引此並作『從風而飛，以愛氣力。』說苑說叢篇作『順風而飛，以助氣力。』皆其證。

劉文典云：『以備矰弋，』白帖九十四引作『以避繒繳。』

案記纂淵海九七、合璧事類別集六六引順亦並作從，與藝文類聚、白帖、太平御覽所引合。事文類聚後集四六、合璧事類別集三六、六六引『以備矰弋，』亦並作『以避繒繳，』與白帖引合。事類賦十九引作『以避弋繳。』（記纂淵海引『矰弋』亦作『弋繳。』）避乃備之聲誤，俗讀備、避聲相潤，故二字往往互訛，主術篇：『閨門重襲，以避姦賊。』文選張平子西京賦注引避作備；呂氏春秋重己篇：『其爲宮室臺榭也，足以辟燥濕而已矣。』舊校云：『辟，一作備。』（辟、避古、今字。）並其比。

后稷耕稼。注：『詩曰：播厥百穀。』

案宋本注同。茅本、漢魏叢書本、莊本並脫此注。

隱括之力。

案宋本括作栝。

身淬霜露。

案卷子本玉篇水部引許注云：『冒犯霜露也。』

百舍重跰，不敢休息。注：跰，足胝生。

王念孫云：『「重跰」當爲「重趼，」字之誤也。高注同。趼讀若繭，

莊子天道篇：「百舍重趼而不敢息，」釋文：「趼，古顯反。司馬云：『胝也。』許愼云：『足指約中斷傷爲趼。』」所引許注，卽此篇「重趼」之注也。劉晝新論惜時篇云：「南榮之訪道，重趼而不休。」卽用此篇之文，則趼爲趼之誤明矣。』

案王校是也，卷子本玉篇系部引趼正作趼。劉子新論文武篇：『墨子救宋，重趼而行。』亦可證趼字之誤。

注：莊子，名周。宋蒙縣人。作書三十三篇，爲道家之言也。

莊本『三十三篇』作『廿三篇。』吳承仕云：『藝文志：「莊子五十二篇。」經典釋文序錄：「崔譔注二十七篇。向秀注二十六篇。司馬彪注五十二篇，內有解說三篇。郭象注三十三篇。」此注倘「二十三篇，」並不合。朱本、景宋本作「三十三篇，」與序錄所述郭注本同。然，許、高皆漢人，所見不必與郭象適相應。疑廿、卅形近而誤，未知孰是。』

案吳氏疑廿、卅形近而誤，是也。茅本亦作『三十三篇。』與道藏本合。漢魏叢書本無此注，惟莊本誤爲『廿三篇』耳。『三十三篇』亦非此注之舊。高注呂氏春秋必己篇云：『莊子，名周。宋之蒙人也。著書五十二篇，名之曰莊子。』（與漢志所稱『五十二篇』適合。）其注淮南，亦必相同。蓋此注本作『作書五十二篇，』後人見郭象本莊子僅三十三篇，因妄改此注與之相應，不知三十三篇，乃郭象刪定之本，漢人所見莊子，焉有三十三篇者哉！

楚人有烹猴而召其隣人，

案意林引猴作狙，下同。

託之李奇。

案意林引之作名。

無不憚悴瘁心而悅其色矣。

錢獻之云：憚，注讀探，必非憚字。據楚辭及馮衍賦，應作『憚悷』爲是。形之譌耳。

案錢說是也，記纂淵海六十引憚正作憚。

曾撓摩地，扶於猗那。

王念孫云：『扶於』二字，各本多誤作『扶旋，』惟道藏本、茅本不誤。『扶於，』『猗那，』皆疊韻也。若作『扶旋，』則失其讀矣。太平御覽樂部十二引此正作『扶於。』楚辭九懷洪興祖補注引此亦作『扶於。』

案宋本亦作『扶於。』

泰 族 篇

雨露所以濡生萬物。

王念孫云：『雨露所以濡生萬物，』本作『雨露所濡，以生萬殊。』道藏本濡以二字誤倒，『萬殊』誤作『萬物。』太平御覽工藝部九引此正作『雨露所濡，以生萬殊。』

案宋本濡以二字未誤倒，惟『萬殊』仍誤作『萬物。』

故大人者，與天地合德，日月合明，鬼神合靈，與四時合信。

王念孫云：此用乾文言語也。『日月、』『鬼神』上並脫與字，文子精誠篇正作『與日月合明，與鬼神合靈。』

案宋本『鬼神』上與字未脫。

故丘阜不能生雲雨，滎水不能生魚鱉者，小也。

王念孫云：『滎水，小水也。說文：「滎，絕小水也。」道藏本、劉本皆作滎，太平御覽鱗介部四引此同。朱本改滎爲濚，而莊本從之，斯爲謬矣。』

案宋本、茅本亦並作滎。

455

夫蛟龍伏寢於淵，而卵割於陵。

　　劉文典云：『伏寢於淵。』白帖九十五引作『潛伏於川。』

　　王念孫云：割當爲剖，字之誤也。剖謂破卵而出也。初學記鱗介部、
　　白帖九十五、太平御覽鱗介部二，引此並作『卵剖。』

　　案白帖九五引『伏寢於淵，』作『伏潛於川。』初學記三十、天中記
　　五五引並同。劉氏所稱『潛伏』乃『伏潛』之誤倒。淵之作川，乃唐
　　人避高祖諱改。合璧事類別集六三引寢亦作潛，割作剖。爾雅翼三
　　一、三二、天中記引割亦並作剖，宋本正作剖。王氏謂割爲剖之誤，
　　是也。

螣蛇，雄鳴於上風，雌鳴於下風，而化成形。

　　案宋本、茅本、漢魏叢書本、莊本螣並作螣。荀子勸學篇：『螣蛇無
　　足而飛，』爾雅釋魚：『螣，螣蛇。』郭注：『龍類也。能興雲霧而
　　遊其中。』故螣蛇字又作螣也。初學記引雄上、雌上並有其字。

訟繆胸中。

　　案宋本胸作匈。

聖主在上，

　　劉文典云：羣書治要引主作王。

　　案治要引上下更有位字，宋本、茅本、漢魏叢書本皆有位字。

無軼民。

　　案治要引軼作逸，文子精誠篇同。軼、逸古通。

密子治亶父。

　　劉文典云：羣書治要引密作季，亶作單。

　　案密當爲宓，季當爲宓。宓、宓聲近，故可通用。道應篇：『季子治
　　亶父三年，』治要引作宓子，季亦宓之誤，詳王念孫說。又案亶、單
　　古通，治要引道應篇亶父亦作單父。

456

而斑白不戴負。

案治要引『戴負』作『負戴，』漢魏叢書本作『負戴。』戴、載古通。

故攄道以被民，

劉文典云：羣書治要引攄作總。

案文子亦作總。

故因則大，化則細矣。注：能循，則必大也。化而欲作，則小矣。

王念孫云：『化字義不可通，化當作作，字之誤也。聖人順民性而條暢之，所謂因也。反是則爲作矣。原道篇曰：「任一人之能，不足以治三畝之宅也。循道理之數，因天地之自然，則六合不足均也。」故曰：「因則大，作則細」矣。注本作「能循，則必大也。欲作，則小矣。」今本「欲作」上有「化而」二字，則後人依已誤之正文加之耳。文子道原篇作「因卽大，作卽細。」自然篇作「因卽大，作卽小。」皆其證。呂氏春秋君守篇曰：「作者擾，因者平。」任數篇曰：「爲則擾矣，因則靜矣。」語意略與此同。』

案王說非也，長短經是非篇引孟子云：『天道因則大，化則細。因也者，因人之情也。』羣書治要引慎子因循篇云：『天道因則大，化則細。因也者，因人之情也。人莫不自爲也，化而使之爲我，則莫可得而用矣。』並淮南所本。慎子所言『化則細』之意甚明，則化必非誤字，亦非不可通。老子云：『化而欲作，吾將鎮之以無名之樸。』卽許注『化而欲作』四字所本，則『化而』二字必非後人臆加。許氏既據老子以釋正文，是所見本之作『化則細』明矣。文子化之作作，乃作僞者所改；呂氏春秋自以作、因，爲、因對文，亦不必與此强同。

又案治要引注循上有因字。

因其寧家室，

案治要引『家室』作『室家。』

此治之紀綱也。

案漢魏叢書本、莊本『紀綱』並作『綱紀，』文子上禮篇同。

取其見食而相呼也。

案見，疑本作㬣。㬣，古得字。家語好生篇、劉子適才篇見並作得，是其證。

小利破義。小義破道。

案漢魏叢書本『小義』作『小藝，』莊本從之。疑避與上句義字複而臆改也。宋本、茅本皆作『小義破道，』大戴禮記小辯篇、文子上仁篇並同。與道藏本合。

小見不達，必簡。

王念孫云：『必簡』上當更有達字，文子上仁篇作『道小必不通，通則必簡。』是其證。

俞樾云：『小上當有道字，見乃則字之誤，達下當更有達字，其文本曰：「道小則不達，達必簡。」文子上仁篇作「道小必不通，通則必簡。」與此文小異而義同。若如今本，則不成文理矣。』

案大戴禮記作『道小不通，通道必簡。』亦可爲王、俞說之證。

可以曲說，而未可廣應也。

案『未可』下當有以字，下文『可以治小，而未可以治大也。』『可以愉舞，而不可以陳軍。』『可以養少，而不可以養衆。』並與此句法同。文子正有以字。繆稱篇：『可與曲說，未可與廣應也。』與猶以也。

秤薪而爨。

案宋本秤作稱。

故張瑟者，小絃急而大絃緩。

劉文典云：『急當爲絚，字之誤也。藝文類聚五十二引正作絚，又引注云：絚者，急也。』

案藝文類聚五二引瑟上有琴字。急本作絚，王念孫於繆稱篇『大絃絚』

下已言之，並已舉藝文類聚引此正文及注文爲證。劉氏謂『急當爲緪，字之誤也。』立說殊謬。緪義爲急，則急非誤字，王念孫謂後人依文子（上仁篇）改爲急，是也。

雄雞夜鳴，

案御覽九一八引鳴作啼。

是以天心動化者也。

俞樾云：『「天心動化，」本作「无心動化，」因无字作无，故誤爲天耳。文子上仁篇亦作「天心。」而精誠篇曰：「一言而大動天下，是以无心動化者也。」无字不誤，可據以訂正上仁篇，即可以正淮南子矣。』案俞說非也，『天心動化，』與上文『芒芒昧昧，因天之威，與元同氣。』義正相應。上文『一言聲然大動天下，是以天心呿唫者也。』又云：『故聖人者，懷天心聲然能動化天下者也。』並可證此文作『天心』不誤。文子精誠篇：『一言而大動天下，是以无心動化者也。』即鈔襲上文，『无心』乃『天心』之誤，或作僞者妄改。上仁篇鈔襲此文，『天心』二字尚存其舊。俞氏舍是從非，翩其反矣！

知病之所從生也。

案宋本病作疾。

所以貴聖人者，非貴隨罪而鑒刑也，貴其知亂之所由起也。

案『非貴』下當有其字，上文『所以貴扁鵲者，非貴其隨病而調藥，貴其擊息脉血，知病之所從生也。』與此句法一律。文子下德篇正有其字。

以無聖人也。

茅本、漢魏叢書本、莊本『聖人』並作『賢人。』劉文典云：御覽六百二十四引作『以無聖人也。』

案宋本亦作『聖人，』與道藏本合。

法能殺不孝者，而不能使人爲孔、曾之行。

案『孔、曾』本作『孔、墨，』此後人妄改之也。下文『孔子弟子七
十，養徒三千人，皆入孝出悌，言爲文章，行爲儀表，敎之所成也。
墨子服役者百八十人，皆可使赴火蹈刃，死不還踵，化之所致也。』
卽承此而言，改墨爲曾，則與下文不符矣。治要引此正作『而不能使
人爲孔、墨之行。』

知足以知變者，人之英也。

劉文典云：御覽四百三十二引作『智之足以知權者，人英也。』
案御覽所引之字，當在人字下。文子上禮篇變亦作權。

廉可以分財，信可使守約。

案漢魏叢書本、莊本可並作足，蓋涉上文而誤。宋本、茅本並作可，
天中記二四引同，與道藏本合。文子亦作可。天中記引使作以，文子
亦作以。

其於化民也，

劉文典云：羣書治要引作『於其以化民也。』
案治要所引『於其』乃『其於』之誤倒。

夫聖人之屈者，以求伸也。

案治要引伸作申，文子上義篇同。作申是故書。

文公樹米。

劉文典云：御覽八百二十三引樹作種。
案劉子新論觀量篇亦作種。

趣行蹕馳。

王念孫云：蹕與躰同。道藏本作蹕，各本皆誤爲『蹞蹕』之蹕，而莊
本從之，斯爲謬矣。又下文『知能蹕馳，』各本亦誤作蹕。
案宋本此文及下文並作蹕，與道藏本合。

猶日月之蝕。

案治要引蝕下有也字。說苑說叢篇亦有也字。

夫知者不妄發。

王念孫云：『「夫知者不妄發，」羣書治要引作「夫知者不妄爲，勇
者不妄發。」是也。下文「擇善而爲之，」及「事成而功足賴，」皆
承「知者不妄爲」而言；「計義而行之，」及「身死而名足稱，」皆
承「勇者不妄發」而言，今本脫爲字及「勇者不妄」四字，則與下文
不合。說苑說叢篇亦云：「夫智者不妄爲，勇者不妄發。」（今本發
誤作殺。）』

案王說是也，文子作『故智者不妄爲，勇者不妄發。』（今本發亦誤
作殺。）亦其證。

然後可立也。

案治要引然作而，文子同。而猶然也。

使人左據天下之圖，而右刎喉，愚者不爲也。

俞樾云：刎下當有其字，文子上義篇作『左手據天下之圖，而右手刎
其喉。』

劉文典云：俞說是也，本書精神篇亦正作『使之左據天下圖，而右手
刎其喉。』

案呂氏春秋知分篇注引此作『左手據天下之圖，右手刎其喉，愚夫弗
爲。』後漢書馬融傳同。則今本非僅刎下脫其字而已。御覽四七四引
韓詩外傳云：『左手據天下之圖，右手刎其頸，愚者不爲也。』後漢
書仲長統傳：『夫左手據天下之圖，右手刎其喉，愚者猶知難之，況
明智君子哉？』並可證今本此文左下脫手字，刎下脫其字。又案精神
篇『愚者』亦作『愚夫，』與呂氏春秋注引此文同。

身貴於天下也。

案呂氏春秋注引身作生，精神篇及後漢書馬融傳並同。

死君親之難，視死若歸。義重於身也。

案呂氏春秋注引作『死君親之難者，則當視死如歸。蓋義重於身也。』
文子難下亦有者字，若亦作如。

天下，大利也。比之身，則小。身，所重也。比之義，則輕。

莊本『身，所重也。』作『身之重也。』俞樾云：『身之重也，』本
作『身，所重也。』與『天下，大利也』一律。涉上下句兩言『比之』
而誤。文子上義篇作『身之所重也，比之仁義，則輕。』所字不誤，
之字亦涉上下句而衍。

案宋本、茅本、漢魏叢書本皆作『身，所重也。』與道藏本合。惟莊
本所誤之耳。

言以信義為準繩也。

陶鴻慶云：『「信義」當為「仁義，」上文云：「聖人一以仁義為之
準繩。」是其證。』

案陶說是也。文子正作『仁義。』今本仁作信，卽涉上文言字而誤。

故為政之本，務在寧民。寧民之本，在於足用。

案齊民要術種穀第三引寧並作安。文子下德篇同。

足用之本，在於勿奪時。

案齊民要術引此下有注云：『言不奪民之農要時。』

節用之本，在於反性。

案齊民要術引此下有注云：『反其所受於天之正性也。』

未有能搖其本而靜其末。

案齊民要術引靜作靖。

夫調身弗能治，奈天下何！

案『調身不能治，』文不成義，此本作『夫調身弗能，奈治天下何！』
調猶治也。『奈治』二字誤倒，舊遂妄以治字屬上絕句矣。文子作

『身且不能治，柰治天下何！』『身且不能治，』猶此言『調身弗能』
也。

士億有餘萬。

莊逵吉云：御覽無士字。

案無士字，則不知所謂『億有餘萬』爲何，下文『然皆倒矢而射，傍
戟而戰，』卽指此『億有餘萬』之士而言。御覽所引，必脫士字，何
足據哉！

挺肠而朝天下。

王念孫云：道藏本、劉本如是，各本『挺肠』皆作『揝笏。』肠當爲
臽，臽，古笏字也。今作肠者，臽變爲旮，又誤爲肠耳。無煩改爲笏
也。

案王校是也，宋本肠正作臽。

皆方面、奮臂而爲之關。

王念孫云：『方面』與『奮臂』相對爲文，道藏本、劉本皆作『方
面，』漢魏叢書本面誤爲命，而莊本從之，斯爲謬矣！

案宋本亦作『方面。』

儀狄爲酒，禹飲而甘之。遂疏儀狄而絕嗜酒。

劉文典云：疏，疑本作流，北堂書鈔四十五流刑條下引作『儀狄造酒，
禹嘗而美之。曰：「後世必有以酒亡國者。」乃疏儀狄。』字雖作疏，
然入之刑法部流刑條下，實古本作流之證。今本及書鈔引文字仍作疏
者，乃後人習聞禹疏儀狄之說而改之也。

案疏遠亦流刑之類，故書鈔引此文入流刑條下。若此文本作流，則書
鈔旣引入流刑條下，決不致更作疏矣。劉氏欲曲成己說，乃謂後人改
流爲疏，妄甚！又案漢魏叢書本、莊本『嗜酒』並作『旨酒。』是也。

至中復素，故民無匿情。

王念孫云：中與忠同，劉本依文子改中爲忠，未達假借之義。『民無匿情，』情字後人所加，匿與慝同，言至忠復素，則民無姦慝也。後人誤以匿爲藏匿之匿，而於匿下加情字，則非其指矣。羣書治要引此作『至德樸素，則民無慝。』是其證。

案宋本、茅本並作『至中復素，』與道藏本合。文子微明篇匿下無情字，亦可爲王說之證。

螵蛸一歲再收。注：螵，再也。

案莊本螵作原，注同。治要、意林引此亦並作原。原、螵古、今字。

離先稻熟，而農夫耨之，不以小利傷大穫也。

吳承仕云：『齊民要術水稻篇引離作䕉，並引高注曰：「䕉，水稗。」此高注佚文。』

案齊民要術水稻第十一引此作『䕉先稻熟，而農夫薅之者，不以小利害大穫也。』今本之下脫者字，與上下文句法不一律，當補。又案宋本穫作獲。

家老異飯而食，殊器而享。

劉文典云：羣書治要引飯作糧，享作烹。

案治要引食下、烹下更有之字。享讀爲亨（普彭反），亨、烹古、今字。

初絻而親迎。

王引之云：『絻與冕同。初字義不可通，初當作冠，冠謂弁也。齊風甫田傳曰：「弁，冠也。」士昏禮：「主人爵弁，」鄭注曰：「爵弁，玄冕之次，大夫以上親迎冕服。」是也。「冠絻而親迎，」兼貴賤言之，劉本改作「絻絻，」（諸本及莊本同。）則但有大夫以上，於義爲不備矣。且絻與初字不相似，若是絻字，無緣誤爲初也。』

案治要引此作『絻絻而親迎，』則劉本作『絻絻，』亦有所本。王氏

謂『初當作冠，』恐未審矣。

愚者惑於小利，而忘其大害。

　　劉文典云：羣書治要引此下有『不可以爲法也』六字。

　　案『而忘其大害』下云：『昌羊去蚤蝨，而人弗席者，爲其來蛉窮
　　也。貍執鼠，而不可脫於庭者，爲摶雞也。故事有利於小而害於大；
　　得於此而亡於彼者。故行棊者，或食兩而路窮；或予踦而取勝。儻利
　　不可以爲行，而知術不可以爲法。』『昌羊去蚤蝨』至『而知術』七
　　十四字，治要皆略之，惟引『不可以爲法也』六字耳。今本法下脫也
　　字。劉氏乃謂『引此下有「不可以爲法也」六字，』疏舛甚矣！

　注：材藝畢給，

　　案治要引作『伎藝畢極。』

要　略　篇

通迴造化之母也。注：造化之母，元氣太一之初。

　　王念孫云：『通迴』二字，義不相屬，迴當爲迵，字之誤也。迵亦通
　　也。『通迵造化之母，』謂通乎造化之原也。下文『使人通迵周備，』
　　其字正作迵，道藏本、劉本如是，他本皆誤作迴，而莊本從之，謬矣！
　　莊本注初作神。吳承仕云：『朱本、景宋本神並作初，作初近之，覽
　　冥篇：「以掌握之中，引類於太極之上。」注云：「太極，天地始形
　　之時也。」上猶初也。文義略與此同。』

　　案王校是也，宋本下文亦作『使人通迵周備。』吳校亦是也，朱本、
　　景宋本神並作初，與道藏本合。茅本亦作初。

使百官條通而輻湊。

　　案茅本、漢魏叢書本、莊本湊並作輳，當以作湊爲正，宋本作湊，與
　　道藏本合。

攕揬唲齭之郊也。

  吳承仕云：『文當作「櫼楔，」隸書手、木多相亂，故致譌。說文：
  「櫼、楔也。」「櫼楔唲齭之郊，」謂以木札楔入唲齭而固著之，與
  上文「筬縷綵檾，」義正相配。』
  案吳校是也，宋本正作『櫼楔。』

進退左右，無所擊危。

  王念孫云‥『無所擊危』者，危與詭同。擊詭，猶今人言違礙也。謂
  進退左右，無所違礙也。劉績不解『無所擊危』之義，乃於『無所』
  下加失字，（諸本及莊本同。）讀『無所失』絕句，而以『擊危』二
  字下屬爲句，其失甚矣！
  案王說是也，宋本亦作『无所擊危。』與道藏本合。

然而伏羲爲之六十四變。

  案宋本伏羲作伏戲。

故太公之謀生焉。

  劉文典云：御覽八十四引作『故太公爲之謀主也。』
  案下文『故儒者之學生焉。』『故節財薄葬閒服生焉。』『故管子之
  書生焉。』『故晏子之諫生焉。』『故縱橫脩短生焉。』『故刑名之
  書生焉。』『故商鞅之法生焉。』與此『故太公之謀生焉。』句法並
  同。御覽引作『故太公爲之謀主也。』蓋由生誤爲主，後人乃於之上
  臆加爲字耳。宋本御覽引此正無爲字，劉氏蓋爲鮑刻本所欺也。

厚葬靡財而貧民，服傷生而害事。

  王念孫云：『服傷生而害事，』文義未明，服上當有久字，『厚葬』
  『久服』相對爲文。
  案王說是也。劉子九流篇：『厚葬久服。』（今本久誤文，孫詒讓札
  迻有說。）可爲旁證。

禹身執虆垂以爲民先。

  莊逵吉云：御覽『虆垂』作『畚插』爲是，此誤也。
  王念孫云：『垂字誤，而虆字不誤，虆，盛土籠也。垂當爲臿，臿，今
  之鍬也。韓子五蠹篇：「禹之王天下也，身執耒臿以爲民先。」此卽

淮南所本。耒與藥聲相近，「耒甾」即「藥甾」也。太平御覽引此藥
作舂，所見本異耳。不得據彼以改此也。垂者，甾之誤，非插之誤。
俗書甾字或作函，垂字或作霊，二形相似，故甾誤爲垂矣。』
　　案王說是也，天中記十一引『藥垂』作『舂插，』與御覽同。玉海二
　　三、路史後紀十三引垂並作甾，宋本正作函。庶物異名疏十三引垂亦
　　作甾，惟誤爲呂氏春秋文。

剔河而道九岐，鑿江而通九路。

　　案庶物異名疏引而並作以。

當此之時，死陵者葬陵，死澤者葬澤，故節財薄葬閒服生焉。

　　王念孫云：『閒與簡同，簡服，謂三月之服也。宋書禮志引尸子曰：
　　「禹治爲喪法，使死於陵者葬於陵，死於澤者葬於澤，桐棺三寸，制
　　喪三月。」是也。道藏本、劉本作「閒服，」他本閒字皆誤作閑，
　　而莊本從之，謬矣！文選夏侯常侍誄注及路史後紀，引此並作「簡
　　服。」』
　　案路史後紀引『葬陵，』『葬澤，』葬下並有于字。宋本『閒服』
　　字不誤，與道藏本、劉本合。

附　　記

史記淮南傳索隱引淮南要略云：『安養士數千，高才者八人，蘇非、
李尙、左吳、田由、雷被、伍被、毛被、晉昌，號曰八公。』今本要
略篇無此文，亦不類淮南文，此頗似注者之叙，惟據卷首高叙云：
『天下方術之士，多往歸焉。於是遂與蘇飛、李尙、左吳、田由、雷
被、毛被、伍被、晉昌等八人，及諸儒大山、小山之徒，共講論道
德，總統仁義，而著此書。』與此叙亦不符，要略篇乃許注本，則此
當是許氏注要略既訖，所附於卷末之叙，而司馬貞誤以爲正文耳。文
選謝玄暉和王著作八公山詩注引此亦誤以爲淮南文，首二句作『淮南

王安養士數千人，中有高才八人。』（御覽四七四亦引之，『中有』
作『其中。』）

淮南子斠證補遺

原 道 篇

水下流。

案此當作「水流下，」與上「土處下」對言，文子符言篇正作「水流
下。」

虛而恬愉者，萬物之用也。

案宋本、茅本、朱本「虛而恬愉，」並同。漢魏叢書本「虛而」作
「虛無，」蓋據文子道原篇妄改之也。莊本不從道藏本，而從漢魏叢書
本，妄甚！管子心術上篇：「虛而無形謂之道。」今本亦妄改作「虛
無，」（詳王念孫說。）與此同例。

故天下神器，不可爲也。爲者敗之；執者失之。

案此本老子。「爲者敗之，」承「不可爲也」而言；「執者失之」四
字無著。文子道德篇作「天下，大器也。不可執也；不可爲也。爲者
敗之；執者失之。」多「不可執也」四字，與「執者失之」相應，極
是！今本老子、淮南子並脫四字，當補。據老子王弼注：「萬物以自
然爲性，故可因而不可爲也；可通而不可執也。」是所見本原有「不

469

可執也』四字矣。

俶 眞 篇

若光燿之閒於無有，

陳觀樓云：閒當作問，『光燿問於無有，』事見莊子知北遊篇。

案陳說是也。本書道應篇亦作『光燿問於無有。』

中徙倚無形之域，而和以天地者乎！

俞樾云：『「和以天地，」義不可通。地疑倪字之誤，莊子齊物論曰：「和之以天倪。」』

案地疑均之誤，均、地形近，莊子齊物論篇：『是以和之以是非，而休乎天均。』寓言篇：『萬物皆種也，以不同形相禪，始卒若環，莫得其倫，是謂天均。』卽此『天均』所本。本篇下文『休于天鈞而不碼。』鈞與均同。

所受者，無授也。

陶鴻慶云：『所受者，』當作『所授者，』承上『而非所授者』而言。

案朱本受、授二字互易，是也。

而復反於敦龐。

案『敦龐』下當有矣字，『而復反於敦龐矣。』與上文『而復歸於大矣。』句法一律。注：『故曰：反於敦龐矣。』是正文原有矣字明矣。

使知之訴訴然人樂其性者，仁也。

王念孫云：使下不當有知字，此因上文『所謂知之』而誤衍也。劉本無知字，是。

案朱本使上有而字，使下亦無知字。文子精誠篇亦無知字。

襲九窾，重九熱。

王念孫云：『熟當爲𡊨，玉篇：「𡊨，古文垠字。」』

劉文典云：『御覽七十八引作「襲九𡊨，重九望。」又引注云：「九𡊨，九天也。九望，九地也。」』

案御覽引㰤作𡊨，㰤猶𡊨也。原道篇：『㰤者主浮，』注：『㰤，𡊨也。』御覽引熟作望，望乃塏之形誤，注同。『九塏』卽『九垠，』（兵略篇：『地方而無垠，』日本古鈔卷子本垠作望，望亦塏之誤，正同此例。詳兵略篇。）亦卽『九𡊨。』亦可證熟爲𡊨之誤。

於是萬民乃始憊觟離跂，注：憊讀藩藩無逢際之憊。

案憊疑惝之誤，注疑本作『惝讀荷荷無逢際之惝。』『惝觟、』『離跂，』並用力之貌。『惝觟』與『敝跬』同，莊子駢拇篇：『而敝跬譽無用之言，非乎？』釋文：『一云：敝跬，分外用力之貌。』天地篇：『而楊、墨乃始離跂自以爲得，』成疏：『離跂，用力貌。』

燠有餘於身也。

劉文典云：藝文類聚六十九引燠作煖。

案呂氏春秋有度篇燠亦作暖。煖、暖正、俗字。

夫化生者不死，而化物者不化。

俞樾云：『化生』當作『生生，』涉下句而誤。

案俞說是也，文子守眞篇『化生』正作『生生。』

一夕反而爲湖。

莊逵吉云：反，太平御覽作化。

案反、變古通，詩齊風猗嗟篇：『四矢反分，』釋文引韓詩反作變；本書原道篇：『時之反側，間不容息。』文子道原篇反作變，並其證。變、化同義。

身蹈于濁世之中，

案蹈當爲陷，字之誤也。原道篇：『而蹟蹈于汙壑窘陷之中，』蹈亦

陷之誤，（王紹蘭有說。）與此同例。

覽　冥　篇

孟嘗君爲之增欷歆唈，流涕狼戾不可止。

　　案文選郭景純遊仙詩注引『流涕』下有『霑纓』二字。

手徵忽恍，不能覽其光。

　　案覽與攬同，文選陸士衡擬古詩注引此覽正作攬。

夫道者，無私就也，無私去也。注：天道無私就去。

　　劉文典云：夫本作天，高注作『天道，』御覽二七引此文及文子精誠
　　篇並作『天道。』

　　案朱本亦作『天道。』

援絕瑞。注：殊絕之瑞應，援而致之也。

　　王念孫云：『援絕瑞，』本作『援絕應。』此亦涉注文而誤也。御覽
　　（鱗介部二）引此正作『絕應。』

　　案御覽引此作『屬絕瑞。』援之作屬，乃高、許之異，而瑞字則同。
　　王氏失檢，其說自不足據矣。

扶輿於路。

　　案輿當爲舉，字之誤也。舉與輿同。呂氏春秋期賢篇：『扶傷輿死，』
　　新序雜事五輿誤舉，正同此例。『扶輿於路，』卽謂扶傷舉死於路也。
　　本書兵略篇、管子輕重甲篇亦並云：『輿死扶傷。』

脩太常。

　　案脩當爲循，字之誤也。『循太常，』猶言順太常也。文子上禮篇脩
　　正作循。下文『則是所脩伏羲氏之迹，而反五帝之道也。』脩亦當爲
　　循，並隸書形近之誤。

精神篇

有守之於內者，失之於外。

案失當爲得，此涉上文『失之於內』而誤也。下文『從本引之，』所
謂『守之於內』也。『千枝萬葉，莫不隨也。』所謂『得之於外』也。
得誤爲失，則不可通矣。

抱德煬和，注：煬，炙也。

案煬與養同，雲笈七籤九一引文子九守篇正作『養和。』高注非。
俶眞篇：『抱德煬和，』注：『煬，炙也。』與此同誤。

若然者，正肝膽，遺耳目。

王念孫云：『正當爲亡，亡與忘同。莊子大宗師篇：「忘其肝膽，遺
其耳目。」卽淮南所本。俶眞篇又云：「忘肝膽，遺耳目。」』

案王說是也。莊子達生篇亦云：『忘其肝膽，遺其耳目。』

以死生爲一化，以萬物爲一方。

俞樾云：『文子九守篇作「以千生爲一化，」當從之。「以千生爲一
化，以萬物爲一方。」兩文相儷，而意亦相準。若作「死生，」則不
類矣；且「以死生爲一化，」義亦未安。』

案上文『死生無變於己，』（本莊子齊物論篇。）『是故死生亦大矣，
而不爲變。』（本莊子德充符篇。）下文『死之與生，一體也。』皆
可證此『以死生爲一化』之義。雲笈七籤九一引文子亦作『死生，』
則作『千生』者，乃淺人妄改以與『萬物』相儷者矣。俞說非也。

不以滑心。

案不下當有足字，注：『不足以亂眞人之心也。』可證。莊子德充符
篇：『不足以滑和，』庚桑楚篇：『不足以滑成，』本書俶眞篇：

473

『不足以滑其和。』皆與此句法同。

使神滔蕩，

　　案文選張茂先勵志詩：『安心恬蕩，』注引此文『滔蕩』作『恬蕩。』

學之建鼓矣。

　　案藝文類聚三九引作『亦學者之建鼓也。』

覺而若眛，以生而若死。

　　王引之云：眛當爲眜。

　　案以字涉上文諸以字而衍，『覺而若眛，生而若死。』文正相耦。

當此之時，嚹然得臥，則親戚兄弟歡然而喜夫。

　　案夫當作矣，上文『當此之時，得休越下，則脫然而喜矣。』與此句
　　法同。矣誤爲夫，舊遂誤以夫字屬下讀矣。莊子山木篇：『此木以不
　　材得終其天年夫。』夫亦本作矣，矣誤爲夫，舊亦以夫字屬下讀，與
　　此同例。（詳莊子校釋三。）

注：顏淵十八而卒。

　　案顏淵卒年，舊有十八、三十二兩說，家語弟子解：『顏回三十一早
　　死。』三十一乃三十二之誤，文選劉孝標辯命論注、史記仲尼弟子列
　　傳索隱、事文類聚前集五一、合璧事類前集六三皆引作三十二，是
　　也。列子力命篇：『顏淵之才，不出衆人之下，而壽四八。』（盧重元
　　本、世德堂本、道藏白文本、江遹本、高守元本並同。）四八亦謂三
　　十二也。記纂淵海八七引四八作三十，蓋舉大數言之；五九引四八作
　　十八，（影宋本、道藏林希逸本、元本亦皆作十八。）天中記三九引
　　同。則與此文高說合。至如後漢書郎顗傳云：『昔顏子十八，天下歸
　　仁。』天中記三九引論衡云：『俗傳顏淵年十八，升太山，見吳昌門
　　外有係白馬。』（今本論衡書虛篇無『年十八』三字。）亦並言十八，
　　惟未可遽斷爲卒年耳。

本經篇

狻貐、鑿齒、九嬰、大風、封豨、脩蛇，皆爲民害。

王念孫云：漢書揚雄傳應劭注、文選辯命論注、太平御覽皇王部五、兵部三十六引此『鑿齒』皆在『封豨』下，各本誤在『狻貐』下。

案俶眞篇高注『狻貐』作『窫窳，』文選揚子雲長楊賦注引應劭注引此『狻貐』亦作『窫窳，』（並有注云：窫窳，類軀，虎爪，食人。）『封豨』作『封豕，』『鑿齒』在『封豕』下，亦可證今本『鑿齒』之誤在『狻貐』下也。（宋龔頤正芥隱堂筆記引應劭注引此文『封豨』作『封豬，』餘與文選注引同。）

齊俗篇

山處者木。

俞樾云：『木乃朵之壞字，謂朵樵也。文子自然篇作「林處者採。」可據以訂正。說林篇：「木者走山。」木亦當爲朵。』

案『山處者木，』於義自通，說林篇：『木者走山，』正可證此文木字不誤。治要、初學記二二、御覽八三三引文子並作『山處者木，』與此文同。則作採者，必淺人所改矣。何足據哉！

其於五音無所比，而二十五絃皆應。

案覽冥篇作『夫有改調一弦，其於五音無所比，鼓之而二十五弦皆應。』此文『其於五音無所比』上，當補『夫有改調一絃』六字，比下當補『鼓之』二字，文意乃明。莊子徐无鬼篇：『夫或改調一弦，於五音無當也，鼓之二十五弦皆動。』卽覽冥篇及此文所本。

脩脛者使之跙鑊。

王念孫云：『太平御覽地部二、器物部九引此钁並作鏵。案鏵字是也。釋名云：「錘或曰鏵。」』

案治要引跖作踏，朱本亦作踏，劉子新論適才篇作蹋，蹋、踏正、俗字。劉子钁作錘，正可證淮南子钁本作鏵也。

待西施、毛嬙而爲配，

案治要引配作妃，妃、配古、今字。

若以聖人爲之中，則兼覆而幷之，未有可是非者也。

陶鴻慶云：有字當在幷字下。

案陶說是也，文子符言篇亦云：兼覆而幷有之。

其織不强者，無以揜形。

劉文典云：羣書治要引作『其織不力，』宋本同。

案文子上義篇、劉子新論貴農篇强亦並作力。

道　應　篇

將任車，以商於齊。

案商疑本作適，適壞爲啇，因易爲商；或涉上『商旅』字而誤。新序（雜事五）正作適。呂氏春秋（舉難篇）作至，可爲旁證。

冠雖弊，必加於頭。

案證非子外儲說左下篇作『冠雖穿弊，必戴於頭。履雖五采，必踐之於地。』又據賈子新書階級篇：『履雖鮮，弗以加枕。冠雖弊，弗以苴履。』史記儒林列傳：『冠雖敝，必加於首。履雖新，必關於足。』說苑奉使篇：『冠雖弊，宜加其上。履雖新，宜居其下。』意林引六韜：『冠雖敝，加于首。履雖新，履于地。』皆以冠、履對言。此習用古語，此文單言冠，於義未備，頭下疑脫『履雖新，必踐於地』七字。

476

玄玉百工。注：二玉爲一工也。

　　俞樾云：「『三玉爲一工，』他書無見。疑本作「玄玉百珏。」注本作「二玉爲一珏也。」說文珏部：「二玉相合爲一珏」是也。」

　　案宋本、茅本、朱本、漢魏叢書本注並作「二玉爲一工，」與道藏本合。惟莊本二誤三耳。工象二玉之連，｜，其貫也。（猶王^{隸加點作玉}。象三玉之連，｜，其貫也。）是工與珏同義，許注是也，無煩改字。

人　間　篇

百姓不親，五品不愼，契敎以君臣之義，父子之親，夫妻之辯，長幼之序。

　　案『百姓不親，五品不愼』二句，本書堯典。（僞古文舜典。）淮南蓋以五倫爲五品，故承之以『契敎以君臣之義，父子之親，夫妻之辯，長幼之序。』惟旣言五品，此僅及其四，『長幼之序』下，當有『朋友之信』四字，蓋誤脫也。孟子滕文公篇：『使契爲司徒，敎以人倫：父子有親，君臣有義，夫婦有別，長幼有序，朋友有信。』卽此文所本。則此文脫『朋友之信』四字明矣。

爲國而無信，是俗敗也。

　　案『俗敗』乃『敗俗』之誤倒，下文『賞一人，敗國俗。』可證。

西屬流沙，北擊遼水，東結朝鮮。

　　案擊當爲繫，字之誤也。繫與上文屬、下文結，義並相近。周書作雒篇：『南繫於洛水，』與此句法同。孔晁注：『繫，連接也。』是也。

哀公默然深念，憤然自反。

　　劉文典云：御覽百八十引憤作喟，於義爲長。

　　案憤當爲噴，御覽引作喟，喟與喟同。喟誤爲噴，後人復改爲憤耳。

上文『孔子讀易至損、益，未嘗不噴然而歎。』今本噴誤憤，（詳王念孫說。）與此同例。

陸地之朝者三十二國。

　　案韓非子五蠹篇作『三十有六國。』

夕惕若屬，以陰息也。

　　案屬字涉上文『厲無咎』而衍；或淺人不知上文『夕惕若』句，『厲無咎』句，而誤以『夕惕若屬』爲句，因於此文妄加屬字耳。

逆順在君。

　　案朱本君作時，文子微明篇同。

公宜子諫曰，

　　案御覽一七四引作『公儀子諫曰。』

脩　務　篇

馬，聾蟲也。注：蟲，喻無知也。

　　劉文典云：御覽八百九十六引注『蟲喻』作『聾蟲。』

　　案蟲不得言『喻無知，』注蟲上當有聾字，御覽引蟲上有聾字，蟲下脫喻字，非引『蟲喻』作『聾蟲』也。聾乃有無知之義，說林篇：『雖聾蟲而不自陷，又況人乎？』注：『聾，無知也。』

知人無務，不若愚而好學。

　　案『知人無務，』文不成義，人當作而，涉下文『自人君公卿至於庶人』而誤也。『知而無務，』與『愚而好學』對言。

昔者南榮疇恥聖道之獨亡於己，

　　案莊子庚桑楚篇南榮疇作南榮趎，釋文引此文作南榮疇，賈子新書勸學篇作南榮跦，並同。

蹠達膝。注：達，穿。

案『蹠達膝，』文不成義，楚策作『蹠穿膝暴，』是也。此文膝下蓋脫暴字。注訓達爲穿，卽本楚策。

惠施死，而莊子寢說言，見世莫可爲語者也。

案言上當有不字，『而莊子寢說不言，』與上『而伯牙絕弦破琴，』文正相耦。說苑說叢篇言上正有不字。又案『爲語』猶『與語，』說苑爲正作與。

不可以爲櫨棟。注：櫨，屋也。

俞樾云：『高注曰：「櫨，屋也。」然則正文及注文並當作廬。漢書食貨志注曰：「廬，田中屋也。」故高注訓廬爲屋。櫨者，柱上枅也。何得以屋訓之！』

案櫨本作廬，廬與廬同，故注訓屋。今本作櫨，蓋涉棟字而誤加木旁耳。說林篇：『匠人處狹廬，』亦以廬爲廬。（詳前。）

泰 族 篇

日計無算，歲計有餘。

案『無算』本作『不足，』此淺人妄改之也。『日計不足，歲計有餘，』謂無近功，而有遠效也。旣言『日計無算，』何待言『歲計有餘』邪？文子精誠篇『無算』正作『不足。』莊子庚桑楚篇：『今吾日計之而不足，歲計之而有餘。』（又見亢倉子全道篇。）卽此文所本。本書俶眞篇亦云：『是故日計之不足，而歲計之有餘。』

坿 記

寫斠證時，未得朱東光本，其佳勝處爲斠證所未涉及者，檢得數事，

已補斠於上。其可以佐證斠證之說者則甚多，如原道篇：「而大宇宙之總。」朱本大下有與字。「勁策利鍛，」朱本鍛作鍛。「彎棊衛之箭。」朱本棊作棻。「因江海以爲罟，」朱本罟上有之字。「所謂志弱者，」朱本同。「遠渝於無崖，」朱本渝作淪。「有餘不足，與天地取與。授萬物，而無所前後。」朱本『與天地取與，』作『任天下取與。』授（原誤受）上有稟字。「皆生於形乎！」朱本形上有無字。「如是，則萬物之化無不遇。」朱本遇作偶（偶與耦同）。俶眞篇：「注：諭德道者，能與日月明也。」朱本德作得。「撢掞挺挏世之風俗。」朱本挺字同。「不知耳目之宜，」朱本宜作宜。天文篇：「天地之含氣，」朱本『天地』字同。「太微者，主朱鳥。」朱本『朱鳥』字同。「陰氣極，則下至黃泉，北至北極。」朱本作『陰氣極，則北至北極，下至黃泉。』「東井三十。」朱本『三十』字同。地形篇：「凡容者生於庶人。」朱本容作窔。「陰陽相薄爲雲雷。」朱本無雲字。時則篇：「注：是月之朔，天子朝日於靑陽左个。東向堂，故曰靑陽。北頭室，故曰左个。个猶隔也。春令，寬和之令也。」朱本同（下文『端權槩』注：『端，正也。槩，平也。』朱本亦同）。「天子烏始乘舟。注：烏猶安也。」朱本同。「有隨以喪。」朱本有字同。「扶榑木之地。」朱本無扶字。覽冥篇：「注：文王在春秋前，成王不以告，故不書也。」朱本同。「仁君處位而不安。」朱本仁作人。「西老折勝。」朱本老作姥。主術篇：「百官修通。」朱本通字同。「五寸之鍵，制開闔。」朱本同。「必先計歲收。」朱本收上有而字。「專行孝道。」朱本孝作教。繆稱篇：「以與其下交。」朱本作『以交其下。』「聖王之養民，」朱本『聖王』字同。「通於己而無功於國者，不施賞焉。逆於己便於國者，不加罰焉。」朱本通作適，『便於國』上有而字。「暉日知晏。注：暉日，鳩鳥也。」朱本『暉日』字正文、注文並同。「昔二鳳凰至於庭。」朱本作『昔二皇鳳凰至於庭。』（凰字衍。）齊俗篇：「今今三月嬰兒生而徙國，」

朱本下今字作令。『越人劗髮。』朱本同。『譬由膠柱而調瑟也。』朱本瑟作瑟。『而刀如新剖。』朱本剖下有硎字。『久積而不決。』朱本積作稽。道應篇：『注：道者，末之由，生之本也。』朱本同。『絕塵弭徹。注：弭徹，引迹疾也。』朱本徹作轍，注同。『臣請伏於陛下以司之。』朱本司作伺。『仲尼造然曰，』朱本『造然』作『遽然。』『吾獨無豫讓以為臣子？』朱本子作乎。氾論篇：『注：氣堅緻也。』朱本氣作器。『非乃鳴條之野，』朱本乃作待。『紂拘於宣室。』朱本拘字同。『而可傳於後世，』朱本同。詮言篇：『仁者不以位為患。』朱本患作惠。『時之去不可迎而反也。』朱本去作至。『自身以上至於荒芒，爾遠矣。自死而天地無窮，爾滔矣。』朱本兩爾字並作亦。兵略篇：『象日月之行，』朱本同。『不以相得。』朱本得作德。『何之而不用達！』朱本無用字。『注：草木盛曰蔚。』朱本同。『注：星、張為朱鳥。』朱本『朱鳥』作『朱雀。』『下事上如兄，』朱本同。說山篇：『蘭生幽宮，』朱本宮字同。『獸不可以虛器召也。』朱本器字同。『六畜生多耳目者不詳。注：詳，善也。多耳目，人以為妖災也。喻人有多言而少誠實，比之於不詳也。』朱本詳作祥，注同。說林篇：『使大如馬。』朱本大字同。『予拯溺者金石，不若尋常之纆索。注：「金玉雖實，非拯溺之具。故曰：不如尋常之纆索。」』朱本正文、注文纆並作繘。『匠人處狹盧。』朱本盧作廬。『工匠不能斲金者，』朱本『工匠』字同。人間篇：『注：楚莊王時，圍宋八月。』朱本『八月』作『九月。』『是使晉國之武，舍仁而為佞。』朱本為字同。『雖偷樂哉！』朱本『偷樂』作『愉樂。』『追榮皆以為然。』朱本同。脩務篇：『四肢不動，』朱本動作勤。『頓兵剉銳，』朱本剉字同。『今日良馬，不待冊錣而行。駑馬雖兩錣之，不能進。』朱本作『今有良馬，不待策錣而行。駑馬雖策錣之，不能進。』『后稷耕稼。注：「詩曰：播厥百穀。」』朱本注同。泰族篇：『小見不達，必簡。』朱本『必簡』上

更有達字。『以無聖人也。』朱本『聖人』字同。『廉可以分財，信可使
守約。』朱本兩可字同。『趣行蹐馳。』朱本蹐字此文及下文並同。『身，
所重也。』朱本同，『皆方面、奮臂而爲之鬭。』朱本『方面』字同。要
略篇：『使百官條通而輻湊。』朱本湊字同。凡此七十九事，皆可佐證斠證
之說，坿記於此，以供同好之檢驗焉。

淮南子斠證續補

原　道　篇

柝八極。

陶方琦云：『唐釋慧琳大藏音義十五引許注：「庎，拓也，」是許本
當作斥。說文作庎，正同。列子黃帝篇：「揮斥八極。」亦作斥。』

吳承仕云：『唐卷子本玉篇庎字注引此文，並引許注云：「庎，拓也。」
高本用假字作柝，許本用正字作庎。說文正作庎。古銅器欵識或省作
庍，今隸作斥。』

案爾子大道文王問篇逢行珪注用此文，柝亦作斥，蓋據許本。莊子田
子方篇：『揮斥八極。』（列子黃帝篇同，乃鈔襲莊子。）又許本作斥
所本也。

扶搖抮抱羊角而上。注：扶，攀也。搖，動也。抮抱，了戾也。

俞樾云：『此當作「抮扶搖、抱羊角而上。」讀者因淮南書多以「抮抱」
連文，高氏此注曰：「抮抱，引戾也。」故移抮字於下，使「抮抱」連
文，以合於高注。不知高注自總釋二字之義耳，非正文必相連也。扶
搖也、羊角也，皆風也。莊子逍遙遊篇：「搏扶搖而上者九萬里。」

釋文引司馬云：「上行風謂之扶搖。」又曰：「搏扶搖羊角而上者九萬里。」司馬云：「風曲上行若羊角。」是其義也。「抮扶搖、抱羊角而上，」猶云「搏扶搖羊角而上。」今作「扶搖抮抱羊角，」則義不可通矣。』

案此本作『抮抱扶搖羊角而上。』莊子逍遙遊篇：『搏扶搖羊角而上者九萬里。』卽淮南所本。俞氏旣引莊子，而忽其以『扶搖羊角』相連；且旣知淮南書多以『抮抱』連文，而又割裂二字，牽強殊甚！高注之不以『扶搖』爲風；且先釋『扶搖，』後釋『抮抱，』是所見本『扶搖』已誤倒在『抮抱』之上矣。又案注『了戾』字，宋本、茆本並與道藏本同。漢魏叢書本妄改作『引戾，』莊本從之，非也。

各生所急，以備燥溼。

案備，疑本作避。管子法法篇：『爲宮室臺榭，足以避燥溼寒暑。』禁藏篇：『宮室足以避燥溼。』晏子春秋內篇諫下：『吾細人也，皆有蓋廬以避燥溼。』左襄十七年傳：『吾儕小人，皆有闔廬以避燥溼寒暑。』荀子富國篇：『爲之宮室臺榭，使足以避燥溼。』皆作『避燥溼。』俗讀避、備聲相亂，故避誤爲備。呂氏春秋重己篇：『其爲宮室臺榭也，足以辟燥溼而已矣。』辟、避古、今字。舊校云：『辟，一作備。』作備，誤與此同。

化育玄燿。注：玄，天也。

案『玄燿』卽『炫燿。』炫亦燿也。說文：『炫，爛燿也。』炫、玄正、假字。高注非。

氣者，生之充也。

王念孫云：『充本作元，此涉下文「氣不當其所充」而誤也。元者，本也。言氣爲身之本也。文選養生論注引此正作元。文子九守篇亦作元。王冰注素問刺禁論云：「氣者，生之原。」語卽本於淮南。原與

元同。』

案管子心術下篇：『氣者，身之充也。』孟子公孫丑篇：『氣者，體之
充也。』並淮南所本；下文『氣不當其所充而用之則泄。』『氣爲之
充。』並與此充字相應。則充非誤字明矣。文選注引此作元，蓋據文
子所改耳。王冰注素問刺禁論一語，似直本於文子。

俶 眞 篇

所謂有始者：繁憤未發，萌兆牙蘗，未有形埒垠堮。

王念孫云：『垠堮』與『形埒』同義，旣言『形埒，』無庸更言『垠
堮，』疑『垠堮』是『形埒』之注，而今本誤入正文也。且此三句以
發、蘗、埒爲韻，若加『垠堮』二字，則失其韻矣。

案後漢書禮儀志注引莊子逸文云：『易姓而王，封於泰山、禪於梁父
者，七十有二代。其有形兆垠堮勒石，凡千八百餘處。』彼言『形兆
垠堮，』猶此言『形埒垠堮，』古書自多複語，則『垠堮』蓋非『形
埒』之注矣。若必以韻求之，則『垠堮』或本在『形埒』之上耳。

無無蝡蝡，將欲生興，而未成物類。

案無讀爲膴，膴與腜同。詩大雅緜篇：『周原膴膴，』韓詩作腜腜，
卽其證。說文：『腜，婦始孕。腜，兆也。』『蝡，動也。』『腜腜蝡
蝡，』正所謂『將欲生興』也。

己自以爲獨擅之，不通之于天地之情也。

案『不通』下不當有之字，蓋涉上下文之字而衍。

故能有天下者，必無以天下爲也。能有名譽者，必無以趍行求者也。

俞樾云：趍乃越字之誤，越之言逸也，躐也。『越行』猶言過行也。
謂不以過甚之行求名譽也。文子九守篇作『能有名譽者，必不以越行

485

求之。』是其證。

劉文典云：『趣行，』猶奔走馳騖也。俞氏以趣爲越，其說迂曲難通，文子九守篇雖作『越行，』疑字之誤，未可據彼改此也。

案『必無以天下爲也。』也上當有者字，與下文句法一律。雲笈七籤九一引文子守眞正有者字。又引文子『越行』作『趣行，』與淮南合，正可證俞說之誤。齊俗篇：『由此觀之，則趣行各異，何以相非也！』漢魏叢書本趣作趍，『趣行』與『趍行』同，趍卽俗趣字。

覽 冥 篇

還至其曾逝萬仞之上，

孫詒讓云：還字無義，當爲逯之誤，逯與逮同。

案朱本還作逯，是也。還卽逯之誤，下文『逮至夏桀之時，』『逮至當今之時，』字並作逯，與此一律。孫說義是而文非。

其行蹎蹎，其視瞑瞑。

案莊子馬蹄篇：『其行塡塡，其視顚顚。』卽此文所本。釋文引崔譔云：『塡塡，重遲也。顚顚，專一也。』又引此文蹎蹎作莫莫，莫蓋眞之形誤（莫、眞隸書形近，往往相淆），眞又蹎之壞字也。蹎蹎與塡塡同，『其行蹎蹎，』謂其重遲也。瞑瞑當作瞋瞋，（冥、眞隸書形近，亦往往相淆），莊子作顚顚，顚亦借爲瞋，莊子秋水篇：『晝出瞋目而不見丘山。』瞋，釋文引一本作瞋；淮南子主術篇作顚，作瞋者誤字，作顚者借字，與此可互證。『其視瞋瞋，』謂其視專一也。與上文『與盰盰，』義正相應，（瞋、盰同義，說文並訓『張目。』）高注：『盰盰然，視無智巧貌。』（今本正文、注文並誤盰盰，詳王念孫說。）『視無智巧，』正所謂『專一』也。荀子非十二子篇：『酒食

486

聲色之中，則瞞瞞然、瞑瞑然。』楊注：『瞑瞑，視不審之貌』『視不審』與『專一』之義乖舛，亦可證此文瞑瞑爲瞑瞑之誤。 文子道原篇：『行蹎蹎，視瞑瞑。』精誠篇：『視瞑瞑，行蹎蹎。』子華子神氣篇：『瞑瞑蹎蹎。』字皆作瞑瞑，蓋後出之僞書，並鈔襲淮南已誤之文也。

精 神 篇

以道爲紃。

案文子守樸紃作循。循、紃正、假字。

淪於不測，入於無閒。

案『入於無閒，』與上文『出入無閒』義複，『無閒』疑本作『無有，』涉上文而誤也。莊子應帝王篇：『立乎不測，而遊於無有者也。』可證。

主 術 篇

天下之物，莫凶於雞毒。注：雞毒，烏頭。

王念孫云：雞毒當爲奚毒，（注同。）廣雅、本草並作奚毒。羣書治要、意林及太平御覽藥部七引淮南亦作奚毒。（急就篇補注引作奚毒，則南宋本尙不誤。）無作雞毒者。

案王說是也，長短經任長篇引此亦作奚毒。

鹿之上山，獐不能跂也；及其下，牧豎能追之。

案長短經引此作『麋之上山也，大章不能跂；及其下也，牧豎能追之。』獐、章正、假字。

齊 俗 篇

性失然後貴仁，道失然後貴義。

> 案道，疑本作行，涉上『謂之道』而誤也。『性失』承上『得其天性』
> 之性而言。『行失』承上『率性而行』之行而言。本經篇：『行沮然
> 後義立。』與此『行失然後貴義』同恉，正可證此文道字之誤。

審神愈舞，

> 案愈借爲喩，文子自然篇作『審神論變，』『論變』乃『諭舞』之誤，
> 諭與喩同。

見者以爲其愛之至也。

> 案長短經忠疑篇引『其愛』作『愛子。』

從城上視牛如羊，視羊如豕。

> 案長短經引豕作豚，呂氏春秋壅塞篇：『夫登山而視牛若羊，視羊若
> 豚。』卽此文所本。前言豕爲豚之壞字，此尤其驗矣。

於杯則隨。

> 案長短經引隨作隋，下同。可證成前說。

庸遽知世之所自窺我者乎？

> 案長短經引遽作詎，同。又引窺下有于字。

湖上不鬻魚，

> 案長短經勢運篇引魚下有者字。

故世治，則小人守政。

> 案長短經引政作正。

而法弗能禁也。

> 案長短經引『法弗』作『刑不。』

道 應 篇

石乙入。

　　案說苑權謀篇作石乞。

南望料山。

　　莊逵吉云：料山，太平御覽引作獵山。

　　劉文典云：文選應休璉與滿公琰書注引作『南望獵山。』

　　案說苑正諫篇亦作獵山。

晉公子重耳出亡，過曹，無禮焉。

　　案曹下當更有曹君二字，文意乃明。史記管蔡世家作『晉公子重耳其
　　亡，過曹，曹君無禮焉。』（敦煌本無其字。）正此文脫曹君二字之
　　證。韓非子十過篇作『晉公子重耳出亡，過於曹，曹君袒裼而觀之。』
　　本書人間篇作『晉公子重耳過曹。曹君欲見其骿脇。』亦並有曹君二
　　字。晉語十作『自衞過曹，曹共公亦不禮焉。』曹君卽曹共公也。

兵 略 篇

涉血屬腸。

　　案屬字無義，古鈔卷子本作履，是也。履謂踐履也。呂氏春秋期賢
　　篇、新序雜事五並有『履腸涉血』之文。

莫能應圉。

　　案古鈔卷子本應作壅，脩務篇：『破敵陷陳，莫能壅御。』字亦作壅。
　　管子七法篇作『莫敢禁圉。』禁與壅義近。惟作應義亦可通，本篇下
　　文『莫之應圉。』亦以『應圉』連文。管子幼官篇：『經不知，故莫
　　之能圉。發不意，故莫之能應。』兵法篇：『徑乎不知，故莫之能禦

也。發乎不意，故莫之能應也。』兩應字並與此文及下文應字同義。
（前言應字無義，未審。）

故將必與卒同甘苦，佚飢寒。

俞樾云：『佚字義不可通，乃併字之誤。併與並通，廣雅釋詁：「並，
同也。」「併飢寒，」與「同甘苦」一律。』

劉文典云：俞說未碻，此本作『故將必與卒同甘苦勞佚飢寒，』乃承
上文『察其勞佚，以知其飽飢』而言。御覽二百八十一引作『故將必
與卒同甘苦佚飢寒。』泜一勞字，此文佚更誤爲佚，而義遂不可通
矣。

案佚當爲供，字之誤也。供與共同，（道應篇：『臣有所與供儋纏采薪
者九方堙，』供亦與共同。）影宋本御覽二八一引此正作『共飢寒。』
『同甘苦，供飢寒。』文義一律。俞氏以佚爲併之誤，固爲臆說；劉
氏謂此本作『故將必與卒同甘苦勞佚飢寒，』乃承上文『察其勞佚，
以知其飽飢』而言，亦牽強無據。此如承上文而言，則『甘苦』二字
無著；且『飢寒』亦不足以承『飽飢。』鮑刻本御覽引佚作佚，本不
足據，劉氏乃於佚上臆加勞字以強通之，愈失此文之舊矣！（前言佚
當爲佅，未審。）

說 林 篇

予拯溺者金玉，不若尋常之纏索。

案長短經卑政篇引此作『濟溺人以金玉，不如尋常之纆。』文雖小異，
與前引王校合。

若蚈之足，注：蚈，馬蚈。

案御覽九四八引蚈作蚿，（引文子上德篇亦作蚿，今本作蚈。）蚿、蚈

一聲之轉。呂氏春秋季夏紀：『腐草化爲蚈。』高注：『蚈，馬蚿也。』
與此注作『馬蚈』同。

人 間 篇

門者止之，曰：『天下探之不窮，我將出子。』注：不窮，言深遠。

 王念孫云：『門者止之，曰』下，不當有『天下探之不窮』六字。蓋錯
簡也。（高注同。）太平御覽兵部八十二引此作『門者止之，曰：我將
出子。』無『天下探之不窮』六字。

 案門者如出陽虎，則天下之廣無從探得之。故曰：『天下探之不窮，
我將出子。』御覽所引無『天下探之不窮』六字，蓋不得其義而妄刪
之也。王氏過信御覽，因以此六字爲錯簡，不知從何錯簡邪？

豎陽穀奉酒而進之。

 案史記晉世家、楚世家並作穀陽。

於是陳勝起於大澤，奮臂大呼，

 案『大呼』疑本作『一呼，』涉上大字而誤也。史記淮陰侯列傳：『天
下初發難也，俊雄豪桀，建號壹呼。』壹與一同，可爲旁證。李陵荅
蘇武書亦有『振臂一呼』之文。

泰 族 篇

而猶弓矢，中之具，而非所以中也。

 王念孫云：『而猶』當爲『亦猶，』隸書而、亦下半相似，故亦誤爲
而。（趙策：『趙雖不能守，亦不至失六城。』舊本亦誤作而。）

 案『而猶弓矢，』猶『亦猶弓矢。』（趙策：『而不至失六城，』猶

『亦不至失六城。』）而、亦同義，無煩改字。本書原道篇：『是故無所私，而無所公。靡濫振蕩，與天地鴻洞。無所左，而無所右。蟠委錯紛，與萬物終始。』『無所大過，而無所不逮。』『是故無所喜，而無所怒。無所樂，而無所苦。』精神篇：『無所甚疏，而無所甚親。』齊俗篇：『雖之夷狄徒倮之國，結軌乎遠方之外，而無所困矣。』孟子公孫丑篇：『對曰：不幸而有疾，』（對上文齊王之『有寒疾』而言。）史記淮陰侯列傳：『食時信往，而不爲具食。』（據白帖十六引。今本無而字，蓋淺人所刪。）諸而字義並同亦。惜此義前人未發。管子法禁篇引書泰誓云：『紂有臣億萬人，亦有億萬之心。武王有臣三千，而一心。』（僞古文泰誓略有刪改。）亦、而互文，亦猶而也。日本古鈔卷子本本書兵略篇：『故紂之卒百萬，而有百萬之心。武王之卒三千人，皆專而爲一。』（今本有脫文，詳斠證。）卽本泰誓，亦正作而。則亦、而同義，益信而有徵矣。

聖人一以仁義爲之準繩。

　案治要引此無一字，鐵華館景宋本文子上義篇同。（治要、御覽四百一引文子亦並無一字。）

文 子 斠 證

顧觀光文子札記序，謂文子乃『以淮南子割裂補湊而成。其出淮南者十之九；取他書者不過十之一。』其說極塙。是書剽襲淮南，每據許愼、高誘注以改正文，如淮南原道篇：『陰陽爲駟。』高注：『駟，御。』文子道原篇駟正作御；（今本淮南駟作御，乃後人依文子所改。詳王念孫說。）俶眞篇：『地不定，草木無所植。』高注：『植，立也。』文子精誠篇植正作立；本經篇：『剛而不鞼。』高注：『鞼，折也。』文子下德篇鞼正作折；主術篇：『而枹鼓爲小。』高注：『小，細。』文子道原篇小正作細；兵略篇：『淅米而儲之。』許注：『淅，漬也。』文子上義篇淅正作漬。皆其明證。則是書之晚出可知。蓋魏、晉好事之徒爲之也。唐志稱北魏李暹作文子註，暹註已失傳。（徐鍇說文繫傳十一樅字下引文子云：『老子師常樅子。』（見上德篇。）並引李暹注云：『言如樅之常不凋。』此暹注之僅存者。）文選注中偶引有張湛注，如班孟堅東都賦注、沈休文恩倖傳論注、陸士衡辯亡論注並引文子云：『羣臣輻湊。』（見上仁篇。）又並引張湛注：『如衆輻之集於轂。』（一引轂下有也字。）任彥昇奏彈曹景宗一首注引文子云：『起師十萬，日費千金。』（見微明篇。）又引張湛注：『日有千金之費。』蓋卽注列子之東晉張湛，此最可貴者也！齊民要術栽樹第三十二引文子云：『冬冰可折，夏木可結，時難得而易失。木方盛，終日採之而復生。秋風下霜，一夕而零。』（見上德篇。）並有注云：『非時者功難立。』則不知何氏注矣。是書剽襲淮南最多；次如管子、老子、莊子、孟子、尸子、呂氏春秋、逸周書、孝經、韓詩外傳、說苑等，亦偶有竊取。正由其出於剽襲，往往與諸書可資比勘。其存淮南之舊者，尤美不勝收。惜旣目爲僞書，遂見棄前賢，顧觀光、俞樾（俞樓襍纂）、孫詒讓（札迻）諸家外，鮮有討治者。鈔梁流傳，訛奪尙多，補闕拾遺，方期後學。今所見最早之本，有敦煌唐寫本，惜僅存道德篇百五十六行；蔣鳳藻鐵華館叢書有景宋本徐靈府注十二卷，靈府號默希子，惟與道藏本默希子注十二卷勘驗，道藏本實優於景宋本（景宋本有極繁之錯簡）。因據道藏本參覈羣籍，成斠證一卷云。一九五五年仲

493

春十一日，叔岷記於臺北慕廬。

道 原 篇

原流沺沺，沖而不盈。

案『不盈』當從淮南子原道篇作『徐盈。』高誘注：『原泉始出虛，徐流不止，能漸盈滿。以喻於道亦然。』是其義也。偽託者蓋據老子『道沖而用之，或不盈。』改徐爲不，失其旨矣。

以退取先。默希子注：自後而人先也。

俞樾云：退當作後。

案俞說是也。據注，則正文退本作後矣。

天常之道，

俞云：『天當作太，字之誤也。常當作上，聲之誤也。淮南子原道篇正作「太上之道。」』

案景宋本天作大，是也。『大常』猶『太上，』老子：『道可道，非常道。名可名，非常名。』俞云：『常與尙古通，尙者，上也。』於此則謂常爲上之聲誤，疏矣！

以地爲車。

案御覽七百二引車作輿，淮南子原道篇同。

四支不動，聰明不損。

案動當作勤，勤、損爲韻。說文：『勤，勞也。』勞、損義近。今本勤誤動，旣失其義；又失其韻矣。自然篇：『四體不勤，』亦可證此文動字之誤。今本淮南子勤亦誤動，詳王念孫說。

除其貴欲。

顧觀光云：貴字誤，當依原道訓作嗜。

案治要、文選張茂先鷦鷯賦注引貴並作嗜。貴葢耆之誤，耆與嗜同。

約其所守卽察。寡其所求卽得。

案治要引察下、得下並有矣字。

494

聖人忘乎治人，

　　案上人字涉下人字而衍，『聖忘乎治人，』與下『貴忘乎勢位，』『樂忘乎富貴，』
　　文例一律。淮南子正無上人字。

至德天地之道。

　　案文選張平子南都賦注、賈誼鵬鳥賦注引德並作得。德、得古通。淮南子俶眞
　　篇：『則至德天地之精也。』卽此文所本，藝文類聚八三引德作得，與此同例。

形究而神杜。

　　顧云：杜字誤，當依俶眞訓作壯。

　　兪云：杜乃壯字之誤，淮南子俶眞篇正作壯。

　　案顧、兪說並是；惟『形究而神壯，』亦不可通，究乃苑之誤，仍當依淮南子訂
　　正。高誘注：『苑，枯病也。』是其義也。

嗜欲害之。

　　案御覽三百六十引害作亂。

安而不傾。

　　案治要引傾下有也字。

一之嘏，察於天地。

　　顧云：原道訓嘏作解。

　　案管子內業篇嘏亦作解。淮南子察作際，察、際古通。

曲因其直，直因其常。

　　案二句義不可通。景宋本作『曲因其常。』是也。注：『各附所安，俱利其性，
　　是曲因其常者也。』可證正文『曲因其』下本無『直直因其』四字。淮南子作『曲
　　因其嘗，』常、嘗古通，道德篇：『故聖人常聞禍福所生而擇其道。』唐寫本常
　　作嘗，卽其比。

夫喜怒者，道之邪也。

　　案景宋本邪作衺，衺蓋袤之誤，袤與邪同。

水爲道也：廣不可極，

　　案初學記六引水下有之字，廣作大。淮南子廣亦作大。御覽五八兩引此文，一引

與初學記同；一引大仍作廣，『廣不可極』下有注云：『莫知其言。』言疑崖之
誤。

息耗減益，過於不訾。

　　案御覽引此下有注云：『涌出曰息煎乾曰耗。出川枝流曰減。九野注之曰益。過
　　於不訾者，此過尾閭之大壑，入无底谷。』

下地爲潤澤。

　　案初學記引『潤澤』作『江河。』

藏於不取。

　　案取當作敢，字之誤也。老子：『勇於不敢則活。』可證。淮南子正作『藏於不
　　敢。』（俞樾不得其義，訶當從文子作取，謬甚！）

齒堅於舌，而先斃。

　　案意林引而下有齒字。

堅强者死之徒。

　　案意林引堅作剛。

機械之心藏於中，卽純白之不粹，神德不全。

　　案『純白』下有之字，不詞，蓋涉上之字而衍。『純白不粹，神德不全。』文正
　　相耦。淮南子原道篇正作『純白不粹。』泰族篇作『純白不備，』莊子天地篇同。
　　亦其證。

欲害之心忘乎中者，

　　案害乃宍之誤，宍，俗肉字。欲肉者，欲食肉也。（本王念孫說。）景寫宋本淮
　　南子原道篇正作宍。

夫任耳目以聽視者，勞心而不明。以智慮爲治者，苦心而無功。

　　案『勞心』本作『勞形，』涉下『苦心』而誤也。『任耳目以聽視，』此『勞形』
　　之事。『以智慮爲治，』乃『勞心』之事。淮南子正作『勞形。』

鑿井而飲。

　　案景宋本鑿作立，意林引同。

不布施，不求德。高下不相傾，長短不相形。

顧云：齊俗訓德作得。

案意林引作『不布施以求德，不高下以相傾。此古人之德也。』御覽八百六引德
作得（與淮南子齊俗篇同。德、得古通），餘與意林同。

精　誠　篇

故精誠內，形氣動於天，景星見，黃龍下，鳳凰至，

顧云：『精誠』下脫『感於』二字，當依泰族訓補。

案文選曹大家東征賦注引『精誠』下有『通於』二字。御覽七引『景星』上有則
字，淮南子泰族篇亦有則字。意林引『景星』作『景雲，』『鳳凰』作『祥風，』
風蓋鳳之誤，淮南子正作『祥鳳。』

故大人，與天地合德，與日月合明，

案初學記十七引『大人』作『聖人者，』兩合字下並有其字。據此，則下文『與
鬼神合靈，與四時合信，』（初學記未引。）兩合字下亦當有其字，文乃一律。易
乾文言作：『夫大人者，與天地合其德，與日月合其明，與四時合其序，與鬼神
合其吉凶。』卽其證。淮南子『大人』下亦有者字。

萬物而不傷。

案『萬物而不傷，』文不成義，『萬物』當從淮南子覽冥篇作『萬化。』一本『萬
物』下無而字，蓋不知物爲化之誤而妄刪之耳。

枕石寢繩。

案景宋本石作方，是也。淮南子正作方。石卽方之形誤。

浮游汎然不知所本，自養不知所如往。

俞云：『本乃求字之誤，「汎然」二字，當爲衍文。「自養」當爲「罔養，」後漢
書馬融傳注：「罔養，猶依違也。」莊子天地篇之「罔象，」楚辭哀時命之「罔
兩，」並字異而義同。如字衍文，「浮游不知所求，罔養不知所往。」游、求爲
韵，養、往爲韻。淮南作「浮游不知所求，魍魎不知所往。」「罔兩」二字皆從
鬼，此寫者誤增，「浮游、」「罔兩，」皆形容當時之民之不識不知。』

案俞說是也，莊子在宥篇：『浮游不知所求，猖狂不知所往，』景宋本此文『自

養』作『悶養，』北堂書鈔十五引淮南子『魍魎』作『悶兩。』咸可爲兪說之證。

『狷狂』與『悶養』義亦相近。

至黃帝，要繆乎太祖之下。

案『要繆』當作『宓繆，』淮南子作『宓穆，』繆與穆同。高誘注：『宓，寧也。』

穆，和也。』是其義也。杜道堅纘義本作『要妙，』蓋不知要是誤字，而臆改繆

爲妙耳。

積惠重貨，

案御覽四一九引貨作厚，淮南子俶眞篇同。

藏志意，

案御覽四百三引藏作滅，

知九竅四肢之宜，

兪云：『淮南子俶眞篇作「不知耳目之宜，」宣乃宜字之誤。句上有不字，當從

之。』

案兪說是也，莊子德充符篇作『不知耳目之所宜，』亦可證此文知上脫不字。

民貧苦而分爭生，事力勞而無功。

案生字涉下文『智詐萌生』而衍，『民貧苦而分爭，事力勞而無功。』文正相耦。

淮南子主術篇無生字，當據刪。

夫水濁者魚噞，政苛者民亂。

案意林、御覽六二四引兩者字並作則，者猶則也。淮南子、韓詩外傳一、說苑政

理篇皆作則。治要引下者字作卽，卽亦猶則也。御覽八引噞下有喁字，蓋由噞，

一本作喁，傳寫因並竄入耳。韓詩外傳噞作喁，可證。

抱薪而救火。

案治要、文選枚叔上書諫吳王注引火下並有也字。淮南子同。

而莫之使，極自然。

案治要引作『而莫之使也。』無『極自然』三字，疑是舊注之竄入正文者。意林

引作『而莫使。』亦無『極自然』三字。

弗召自來，不去而往。

案『而往』本作『自往，』涉上『而莫之使』而誤也。『弗召自來，不去自往。』

相對成義。治要引此正作『自往。』淮南子同。

其於治難矣！

案治要引治上有以字，淮南子治上有爲字，爲猶以也。

皋陶喑而爲大理，天下無虐刑，何貴乎言者也！

案御覽七百四十引『大理』作『士師。』二三一引『何貴』作『有貴。』淮南子

亦作『有貴。』

師曠瞽而爲太宰。

案御覽七百四十引『太宰』作『太師。』

從其所行。

案治要引行下有也字。

而國家昏亂。

案治要引『國家』作『國多。』淮南子作『民多。』

故聖人精誠別於內，好憎明於外。

顧云：明字誤，主術訓作忘。

案別當作刑，字之誤也。刑與形同，治要引此正作形。淮南子同。明，當從淮南

子作忘，涉下『發號以明指』而誤也。注：『外絕愛憎。』是正文明本作忘矣。

精至爲神。

顧云：主術訓『精至』二字倒，與治要引此文合。

案治要引作『夫至精爲神。』『精至』卽『至精』之誤倒。

秋氣之殺。

案治要引殺下有也字。淮南子同。

故理人者，愼所以感之。

案治要引作『故治人者，愼所以感也。』疑此文『感之』下本有也字，淮南子作

『愼所以感之也。』可證。

不知道之所體一，

案『體一』乃『一體』之誤倒，淮南子本經篇正作『不知道之所一體。』

信君子之言，忠君子之意。

> 顧云：治要引言下、意下並有也字，於文爲順。繆稱訓文小異，然亦有兩也字。

> 案治要引信上更有夫字。

不如寡言。

> 顧云：言字誤，道應訓作也。

> 案注：『故多不如寡也。』是正文言本作也。言字涉上文『言有宗』而誤。

害衆者倕，而使斷其指。

> 顧云：『「害衆者倕，」此句誤，道應訓作「周鼎著倕。」與呂氏春秋合。』

> 案『害衆者』三字，卽『周鼎著』三字之誤。景宋本者作著，是也。淮南子本經篇亦作『周鼎著倕。』斷當作䑽，字之誤也。呂氏春秋離謂篇、淮南子道應篇並作䑽；淮南子本經篇作銜，義亦相符。作斷，則非其恉矣。

存亡定傾若一。

> 案治要引存上有其字。淮南子脩務篇同。

異聲而皆樂。

> 案景宋本聲作傳，御覽四六八引同。治要引聲作轉，淮南子同。傳猶轉也。聲字涉下文『異聲而皆哀』而誤。

夫歌者，樂之徵。

> 案治要引徵下有也字，與下文句法一律。淮南子亦有也字。

愔於中，發於外。

> 案愔當作憤，字之誤也。淮南子正作憤，注：『憤，發也。』是其義也。治要引『發於外，』作『而應於外。』淮南子作『則應於外。』而猶則也。

言則傷有神之神者。

> 案『言則傷有神，』當作『有言則傷其神。』承上『有言也卽傷』而言。言上脫有字，其誤爲有，（古書其、有二字往往相亂。）則文不成義。淮南子說山篇正作『有言則傷其神。』淮南子『之神者』三字，乃起下之詞，與『有言則傷其神』句，不當連讀。（陳觀樓有說。）此文『之神者』三字當刪，蓋僞託者誤讀淮南子『有言則傷其神之神者』爲一句，（王念孫有說。）而不知其不可通也。

昔南榮趎恥聖道而獨亡於己，

　　顧云：而字誤，脩務訓作之。

　　案景宋本南榮趎作南榮疇，淮南子同。賈子新書勸學篇而亦作之。

勤苦十日不食，如享太牢。

　　俞云：『勤字衍文，苦乃若字之誤，如讀爲而，此本云：「若十日不食，而享太

　　牢。」淮南子脩務篇作「欣然七日不食，如饗太牢。」疑此文「十日」亦當從淮

　　南作「七日。」』

　　案俞說是也，賈子新書作『若饑十日，而得太牢焉。』『十日』亦當作『七日，』

　　七，古文作十，與十形近，往往相亂。

怳若有喪。

　　案景宋本怳作憂，治要引同。

九 守 篇

窈窈冥冥。

　　案雲笈七籤九一引窈窈作宵宵，古字通用。

重濁爲地。

　　案七籤引重作凝。

骨骸根于地。

　　案七籤引骸作骼，下同。

萬物逆之者死，

　　案七籤引逆作失，淮南子精神篇同。

故靜漠者，神明之宅。虛無者，道之所居。

　　案七籤引宅下、居下並有也字，淮南子同。

沖氣以爲和。

　　案七籤引此下更有『故貴在守和』五字。

人受天地變化而生。

　　案七籤引作『人之受天地變化而生也。』

501

一月而膏。

　　案御覽三百六十引此下有注云：『初形骸如膏脂。』

二月血脈。

　　案血乃而之誤，孫詒讓已言之。淮南子亦作而。御覽引此下有注云：『漸生筋脈。』

三月而胚。

　　案御覽引此下有注云：『胚，胞也。三月如水龍狀也。』

四月而胎。

　　案御覽引此下有注云：『如水中蝦蟆之胎。』

五月而筋。

　　案御覽引此下有注云：『氣積而成筋。』

六月而骨。

　　案御覽引此下有注云：『血化肉，肉化脂，脂化骨。』

七月而成形。

　　案御覽引此下有注云：『四肢九竅成。』

八月而動。

　　案御覽引此下有注云：『動作。』

九月而躁。

　　案御覽引此下有注云：『動數如前。』

五藏乃分。

　　案景宋本分作形。御覽引同。

腎主耳。

　　案御覽十三、三七六引耳並作鼻，淮南子同。惟與下文『肺主鼻』複，未知孰是。

頭圓法天，足方象地。

　　案御覽三六三、七籤並引作『頭之圓以法天。足之方以象地。』淮南子頭下、足
　　下亦並有之字。

天有四時、五行、九曜、三百六十日。人有四支、五藏、九竅、三百六十節。

　　案七籤引『九曜』作『九星。』御覽引人下有『亦復』二字，復字疑衍。淮南子
　　人下亦有亦字。下文『人有取與喜怒。』御覽引人下有亦字，淮南子亦有亦字。

腎爲雨。

　　顧云：御覽十三又三百六十三並引作『腎爲電。』（據孫詒讓引。）

　　孫詒讓云：『今本淮南精神訓與此書同。高注云：「雨，或作電。」豈此書亦有

　　別本，與淮南或本同與？』

　　案七籤亦引作『腎爲電。』

人與天地相類。

　　顧云：『七籤人作以，相下有比字。精神訓作「以與天地相參也。」』

　　案御覽三六三引人亦作以。

日月失行，薄蝕無光。風雨非時，毀折生災。

　　案七籤引失下、非下並有其字，淮南子同。

五星失行，州國受其殃。

　　案七籤引作『五星失其度，郡受其殃。』（郡上疑脫州字。）淮南子失下亦有其

　　字。御覽引『州國』作『州土。』

至闊以大。

　　案七籤引作『至闊且大。』

人之耳目何能久燻而不息？精神何能馳騁而不乏？

　　顧云：七籤燻作勞，精神訓作『久熏勞。』下句『馳騁』上亦有久字。

　　案御覽引作『人之耳目何能久勤而不愛？精神何能久馳而不止？』燻當作勤，勤

　　壞爲董，因誤爲熏，復易爲燻耳。（淮南子作薰，亦勤之誤。孫詒讓有說。）七

　　籤作勞，勤猶勞也。

聖人誠使耳目精明玄達，

　　顧云：七籤無『聖人』二字，與精神訓合。

　　案『聖人』二字，涉上文『聖人愛而不越』而衍。七籤引使下有其字。

禍福之間，可足見也！

　　案景宋本可作何，可、何古通。初學記十七、七籤引此亦並作何。

以言精神不可使外淫也。

　　案七籤引『精神』下有之字，淮南子同。

故嗜欲使人氣淫，好憎使人精勞。

顧云：七籤精作心，與精神訓合。

案七籤引作『故嗜欲使人之氣衰殺，好憎使人之心勞倦。』淮南子兩人字下亦並有之字。

吾處天下，亦爲一物。

案文選陸士衡豪士賦序注引作『譬吾處於天下，亦爲一物也。』淮南子作『譬吾處於天下也，亦爲一物矣。』矣猶也也。

而物亦物也。物之與物，何以相物！

案文選注引作『然則我亦物也；而物亦物也。物之與物也，有何以相物也！』淮南子『物亦物也』上無而字，餘與文選注引此文同。

守　　虛

夫哀樂者，德之邪。好憎者，心之累。喜怒者，道之過。

案七籤引邪下、累下、過下，皆有也字。淮南子精神篇同。唐寫本莊子刻意篇：『悲樂者，德之邪也。喜怒者，道之過也。好惡者，德之失也。』（今本脫三也字。）淮南子原道篇：『喜怒者，道之邪也。憂悲者，德之失也。好憎者，心之過也。嗜欲者，性之累也。』並與此句法同。

是以聖人遵之，不敢越也。

兪云：『遵當作尊，言聖人尊重之，不敢越也。淮南精神篇作「是故聖人貴而尊之，不敢越也。」可據訂。』

案兪說是也。七籤引此作『是故聖人尊之，弗敢越。』可證。

守　　無

齊生死，則意不懾。

案七籤引『生死』二字倒，淮南子精神篇亦作『齊死生。』

無之而不通。

案七籤引之作至，淮南子同。

正以義，不可縣以利。

顧云：七籤正作止，與精神訓合。此正字誤。

案顧說是也。七籤引『不可』上有而字，與上文句法一律。淮南子亦有而字。

下考世俗之行，乃足以羞也。

案以字當在下字上，淮南子作『以下考世俗之行，乃足羞也。』可證。七籤引此作『以考世俗之行，乃足薄也。』以字未錯在足字下，惟以下脫下字。

守　　平

通內外之符者，

顧云：七籤符作府。

案七籤引通下有乎字，淮南子精神篇通下有于字，于猶乎也。

何往不逐？

案七籤引作『何往而不逐也？』淮南子『何往』下亦有而字。

守　　易

無益於性者，不以累德。不便於生者，不以滑和。

案七籤引性作情，生作性，淮南子精神篇同。

不縱身肆意，而制度可以為天下儀。

顧云：精神訓不作故，故字是也。此卽『從心所欲不踰矩』之義。

案不字涉上文諸不字而衍，七籤引此正無不字。七籤引『制度』作『度制，』淮南子同。

制形而衣。

顧云：制字誤，七籤作度，與精神訓合。

案度之作制，涉上文『制度』字而誤。下守眞一目，亦有『度形而衣』之文，淮南子俶眞篇同。

守　　清

人受氣於天者，

案七籤引受上有所字，淮南子俶眞篇同。

所以爲制者異。

顧云：七籤有也字，與俶眞訓合。

案七籤引所上有其字，亦與淮南子合。

智者，心之府也。

案治要引府作符，符亦借爲府。上守平：『通內外之符者，不可誘以勢。』七籤
引符作府，亦府、符通用之證。

人莫鑒於流潦，而鑒於澄水，

案治要、七籤引『流潦』並作『流水。』莊子德充符篇同。治要、七籤引『澄水』
下並有者字，淮南子俶眞篇、說山篇、劉子新論清神篇亦皆有者字。

乃能形物之情。

案治要引情下有也字。淮南子情作性，下亦有也字。

故用之者，必假於不用者。

顧云：『必假於不用者，』七籤作也，與俶眞訓合。

案七籤引之字在假字下，亦與淮南子合。景宋本下者字亦作也。

夫鑒明者，則塵垢不汙也。

案七籤引此無則字，與下文句法一律。淮南子亦無則字。

則消躁藏息矣。

顧云：躁字誤，七籤作爍，與俶眞訓合。

案藏字亦誤，七籤引作滅，亦與淮南子合。

守　　眞

度形而衣。

案御覽四三一引形作身。

必無以天下爲也。

案七籤引也上有者字。

必不以越行求之。

顧云：七籤越作趨，之作也，並與俶眞訓合。

案七籤引之作『者也。』與淮南子合。顧氏失檢。

誠達性命之情，仁義因附也。

顧云：七籤達下有乎字，因作自。

案淮南子達下有于字，（于猶乎也。）因作固。因卽固之形誤。因，俗作曰，遂
更誤爲自矣。

勢利不能誘，聲色不能淫，辯者不能說，智者不能動，勇者不能恐。

案七籤引誘下、淫下、說下、動下、恐下，皆有也字。淮南子同。

此眞人之遊也。

顧云：七籤遊作道，與俶眞訓合。

案道乃遊之誤。遊者，行也。淮南子道亦當作遊，詳王念孫說。

夫生生者不生，化化者不化。

案七籤引作『夫生生者不死，化物者不化。』淮南子同（今本淮南子『生生』誤
『化生。』詳俞樾說）。

不達此道者，

案七籤引達下有乎字。

辭潤金石。

顧云：七籤辭作澤，與俶眞訓合。

案澤乃辭之誤，『辭潤金石，』與上句『辯解連環，』義正相因。辭誤爲澤，則
不倫矣。淮南子澤亦當作辭，詳王念孫說。

守　靜

非譽不能塵垢。

案七籤引非作毀。

有其才不遇其時。

案七籤引才作人，淮南子俶眞篇同。

耳調金玉之音者，目不見太山之形。

507

案七籤引『金玉』作『玉石，』形作峻。淮南子『金玉』亦作『玉石，』形作高，高、峻義同。御覽十三引『金玉』作『金石。』

故小有所志，則大有所忘。

案七籤引志下有者字，則作必。御覽引則亦作必。

今盆水，若淸之經日，乃能見眉睫。

案意林、七籤引『經日』並作『終日，』義同。淮南子亦作『終日。』七籤引『乃能』作『不能，』是也。『淸之終日，不能見眉睫。』正以見其難淸也。淮南子作『未能，』義同。作『乃能』者，淺人所改耳。

守　弱

損有餘，補不足。

案景宋本補作奉，七籤引同。

滿足者亡。

顧云：七籤足作溢。

案景宋本足亦作溢。

飄風暴雨不終日。

案七籤引『暴雨』作『驟雨，』下同。與老子合。

樂終而悲。

顧云：治要引此句在『物盛則衰』之下，此錯簡。

案治要引此句仍在『月滿則虧』下，顧氏失檢。惟淮南子道應篇此句作『樂極則悲，』則在『物盛則衰』之下。

是故聰明廣智，守以愚。多聞博辯，守以儉。武力勇毅，守以畏。

案七籤引『廣智』作『俊智，』『武力勇毅，』作『武勇驍力。』

此五者，先王所以守天下也。

案七籤引『先王』下有之字。

是以弊不新成。

顧云：道應訓『是以』下有能字，與老子合。

案七籤引此『是以』下亦有能字。

是內樂外，不以外樂內。

　　顧云：七籤是下有以字，與原道訓合。

　　案景宋本是下亦有以字。七籤引『樂內』下有『者也』二字。

卽有自志貴乎天下。

　　顧云：句費解，七籤作『卽至貴乎天下。』原道訓作『志遺於天下。』貴、遺二
　　字形相似。

　　案此本作『卽志遺乎天下。』『有自』二字，涉上文『故有自樂也』而衍。七籤
　　引此無『有自』二字，是也。七籤引志作至，至、志古通，（老子：『終日號而
　　不嗄，和之至也。』敦煌卷子本至作志；莊子漁父篇：『眞者，精誠之至也。』
　　文選嵇叔夜幽憤詩注引至作志；本書道德篇：『至德道行，命也。』淮南子俶眞
　　篇至作志。皆其比。）貴乃遺之壞字，當據淮南子正。

一失其位，卽三者傷矣。注：此三者，謂形、神、氣也。精神卽逝，形、氣亦凋。一
失其所，三者何依也！

　　案三當作二，注：『精神卽逝，形、氣亦凋。』（卽當作旣。）正所謂『一失其
　　位，卽二者傷矣。』七籤引此正作二。淮南子同。（北宋本、道藏本、朱東光本
　　及文選養生論注引淮南子皆作二。茅一桂本、漢魏叢書本二誤三，莊逵吉本從
　　之，非也。詳王念孫說。）注文三，亦當作二。景宋本正作二。

以形爲主者，神從而害。

　　案景宋本主作制，七籤引同。是也。作主，涉上文『以神爲主』而誤。淮南子亦
　　作制。

幾以過人之知，位高於世。

　　兪云：位當作立。

　　案七籤引位正作立。

是以時有盲忘自失之患。

　　案七籤引忘作妄，忘、妄古通，淮南子亦作妄。

守 樸

性合乎道也。

案七籤引也上有者字。

治其內，不治其外。

案七籤引下治字作知，是也。作治，涉上治字而誤。淮南子精神篇作「不識其外。」識猶知也。

明白太素，無爲而復樸。

案七籤引太作入，是也。此本作「明白入素，無爲復樸。」相對爲文。太乃入之誤，而字涉上文而衍。莊子天地篇正作「明白入素，无爲復朴。」淮南子作「明白太素，無爲復樸。」太亦入之誤。說互詳淮南子斠證。

體本抱神，以遊天地之根。

顧云：七籤本作性，根作閒。

案莊子本亦作性。根亦作閒。

芒然仿佯塵垢之外，逍遙乎無事之業。

案「仿佯」下當有乎字，與下句一律。本書精誠篇、莊子大宗師篇、達生篇皆有乎字。淮南子俶眞篇、精神篇「仿佯」下、「消搖」下並有于字，（于猶乎也。）句法亦一律。七籤引「塵垢」作「塵埃，」淮南子俶眞篇、脩務篇亦並作「塵埃。」

通達禍福於一。

顧云：七籤作「通遠歸于一。」

案七籤遠乃達之形誤。

清靜而無。

案「清靜而無，」文意不完，七籤引無下有爲字，是也。淮南子精神篇作「清靖而無思慮。」亦可證此有脫文。

有神而不用。

案七籤引用作行，淮南子同。

使精神暢達，而不失於元。

案元當作充，字之誤也。七籤引此正作充。淮南子同。高注：『充，實也。』是

其義也。

化者，復歸於無形也。不化者，與天地俱生也。

案七籤引兩也字上並有者字。

純粹之道也。

案七籤引作『純粹素樸之道矣。』是也。景宋本作『純粹素道。』亦有脫文。

符 言 篇

其角美者身必殺。

案御覽五九引必作見。藝文類聚二三引晏子同。

甘泉必竭。直木必伐。

案御覽五九引『必竭』作『先竭。』莊子山木篇、藝文類聚八八引淮南子亦並云：

『甘井先竭。』御覽九五二引『直木』作『良木。』

山生金，石生玉，反自刻。

顧云：『說林訓云：「山生金，反自刻。」刻字與下食、賊韻。此一增、改，便

失韻，而辭句亦多寡不倫。』

案意林、御覽九四九引此並作『山生金，反自刻。』與淮南子合。

木生蟲，還自食。

案文選王子淵四子講德論注、意林、御覽引蟲並作蠹，淮南子同。意林引食作

蝕，食、蝕古通。

還自賊。

案文選注引還作因。

循其所已有，

案景宋本循作脩，是也。脩、循隸書形近，往往相淆。淮南子詮言篇亦作脩。

芒芒昧昧，從天之威，與天同氣。

案『與天同氣，』當作『與元同氣。』元、天形近，又涉上天字而誤也。呂氏春

秋應同篇、淮南子繆稱篇、泰族篇皆作『與元同氣。』本書上仁篇有此文，元亦

誤天。

故至德，言同輅。

案景宋本輅作賂。

退之於邪，開道之於善。

案景宋本『退之於邪，』作『退章於邪。』此本作『退障之於邪，』與『開道之於善』對言，章乃障之壞字。淮南子繆稱篇作『遏障之於邪。』可證。

人有窮，而道無通。

顧云：無下脫不字，當依詮言訓補。

案顧說是也。注：『道无爲而自周。』正以釋『道無不通』之義。是正文原有不字明矣。

故羽翼美者，傷其骸骨。枝葉茂者，害其根荄。能兩美者，天下無之。

孫云：『骸骨』當作『骨骸，』與荄、之爲韻。淮南子詮言訓正作『骨骸。』可證。

案孫說是也。文選張茂先鷦鷯賦注引此正作『傷其骨骸。』

隨時三年，時去我走。去時三年，時在我後。

顧云：走字誤，詮言訓作先。

案顧說非也。走與下文後爲韻，先乃走之形誤，宋本淮南子正作『時去我走。』與此文合。

爵高者，人妒之。官大者，主惡之。祿厚者，人怨之。

案藝文類聚三五、御覽八三引『人怨之，』並作『怨處之。』淮南子道應篇同。是也。處與上文妒、惡爲韻。作『人怨之』者，後人妄改之也。冊府元龜七八八引韓詩外傳七、御覽四五九引列子說符篇亦並作『怨處之。』（今本外傳處作歸，列子處誤逮。）

豈獨形骸有闇聾哉？心亦有之。塞也，莫知所通。此闇聾之類也。

案『塞也，莫知所通。』文意不明。『塞也』上當有『心之』二字，承『心亦有之』而言。淮南子泰族篇作『心之塞也，莫知務通也。』可證。

不聞與不問，

顧云：此句誤，泰族訓作『不學與學。』

　　案景宋本作『問與不問，』與淮南子作『不學與學』義近。

聖人同死生，明於分理。愚人同死生，不知利害之所在。

　　案御覽四百一引『聖人、』『愚人』下並有之字，『分理、』『所在』下並有也字。

　　五四八引『聖人』下亦有之字，『分理』下亦有也字。

能勝不如己者，至於若己者而格。柔勝出於若己者，其事不可度。

　　案『能勝不如己者，』能本作強，強與下文柔對言。淮南子原道篇、詮言篇、列
　　子黃帝篇皆作強。上文多能字，故強誤爲能。『柔勝出於若己者，』若字涉上『若
　　己者』而衍，淮南子、列子皆無若字。

道　德　篇

舉事有道，

　　案唐寫本舉作與，與猶舉也，淮南子覽冥篇：『帝道揔而不與。』高注：『與，
　　舉也。』卽其證。

故帝者，天下之適也。王者，天下之往也。

　　案唐寫本『之適』作『適之，』『之往』作『往之。』

夫失道者，奢泰驕佚，慢倨矜傲。

　　案唐寫本失作背，傲作振。

小人行之，

　　案唐寫本『小人』作『小夫。』

未若使人无其意。

　　案唐寫本、景宋本无上並有本字。呂氏春秋順說篇、淮南子道應篇、列子黃帝篇
　　皆同。

國家安寧。

　　案唐寫本寧作定。

故物生者，道也。

　　案唐寫本無物字。

無道不亡者，

　　案治要引不上有而字。

人民樂其業。

　　案唐寫本作『人人自樂其間。』

至德道行，命也。

　　顧云：『至德』二字誤，俶眞訓作『志得。』

　　案唐寫本正作『志得。』惟至、志古通，德、得古通，作『至德』亦非誤字。

命得時而後能明。

　　顧云：時字誤，俶眞訓作性。

　　案唐寫本時作生。生、性古通，本書多以生爲性。

无聞見者，愚迷。

　　案唐寫本『愚迷』作『愚也，』與上文『聖也、』『智也、』一律。也之作迷，

　　涉注『眞謂愚迷也已矣。』而誤。

君好義，則信時而任己，棄數而用惠。

　　顧云：義當作智，信當作倍，詮言訓並不誤。惠字誤，詮言訓作慮。

　　案唐寫本作『君好知，則信時而任己，棄數而用思。』信亦當作倍，倍與背同。

　　思猶慮也，不必從淮南子作慮。

財不足任，

　　顧云：財字誤，詮言訓作才。

　　案唐寫本正作才。惟作財，亦非誤字，財、才古通。孟子盡心篇：『有達財者，』

　　與此同例。淮南子作『賢能之不足任，』顧氏謂財作才，蓋據上文『人之美才也』

　　爲說。

守靜，能爲天下正。

　　案唐寫本能上有故字，『守靜，故能爲天下正。』與上文『見小，故能成其大。』

　　句法一律。

具於此矣。

　　案唐寫本具作期，景宋本作其。具乃其之誤。其、期古通，易繫辭：『死其將

至，」釋文：『其，亦作期。』韓非子十過篇：『至於期日之夜，』淮南子人間

篇期作其，並其比。

民有道所同行。

案唐寫本行作道，淮南子詮言篇同。

下之任懼。

顧云：『任懼』二字誤甚，詮言訓作『徑衢。』

案唐寫本正作『徑衢，』與淮南子合。徑字或作徑，因誤而爲任。衢壞爲瞿，更

誤爲懼矣。

誅暴救弱謂之義。

案唐寫本弱作溺，溺與弱同。

此天道也。

案唐寫本也上有然字。

王者得其歡心，

案唐寫本作『王天下，得天下之歡心。』

聖人者，應時權變，

案唐寫本『權變』作『偶變。』是也。淮南子齊俗篇作『耦變。』偶與耦同。齊

俗篇又云：『夫以一世之變，欲以耦化應時。』本書道原篇：『萬物之化，無不

應也。百事之變，無不耦也。』（本淮南子原道篇。）亦並以應、耦對文。

是故不法其已成之法，而法其所以爲法者，與化推移。

案此有脫文，唐寫本作『是故不法其已成之法，而法其所以爲法。其所以爲法

者，與化推移也。』是也。淮南子作『是故不法其已成之法，而法其所以爲法。

所以爲法者，與化推移者也。』亦其證。

文子問政。

案唐寫本問下有爲字。

廉而不劌。

案唐寫本不作無，無猶不也。

人爭，則輕爲非。

515

案唐寫本人作民，與上文作『民爭』一律。

戰戰兢兢，

案唐寫本『兢兢』作『怛怛。』

使桀、紂循道行德，

案唐寫本循作修，是也。修、循古多相亂。

諸侯背叛。

案唐寫本『背叛』作『倍畔，』同。

勿撓而已。

案唐寫本勿上有曰字。淮南子齊俗篇同。

猶逃雨。

顧云：齊俗訓有也字，於文爲順。

案御覽十引此亦作『猶逃雨也。』

故聖人體道反至，

顧云：至字誤，齊俗訓作性。

案唐寫本至作生，是也。至卽生之誤。生與性同。

吾聞子得道於老聃，

案唐寫本『得道』作『學道。』

振亂以爲治。

案御覽四百三引作『治亂以爲定。』

化淫敗以爲樸。

案唐寫本樸作貞。

蛟龍宿其沼。

案唐寫本沼作谷。

上 德 篇

老子曰：學於常樅。

案景宋本、杜道堅纘義本並無曰字。淮南子繆稱篇作『老子學商容。』商容卽常

槤。徐鍇說文繫傳十一引此作『老子師常樅子。』並引李暹注：『言如槤之常不測。』

膏燭以明自煎。

案藝文類聚八十引作『蘭膏以明自鑠。』御覽八百七十引煎亦作銷，三三八引作消。消、銷古通。

幽冥者，所以論道而非道也。

顧云：說山訓論作喻。

案論當作諭，字之誤也。淮南子作喻，喻與諭同。

以其內保之，止而不外蕩。

案文選謝靈運初去郡詩注引蕩下有也字。淮南子同。

清之爲明，杯水可見眸子。濁之爲害，河水不見太山。

案御覽七五九引『可見』作『而見，』三九引淮南子同（今本說山篇無而字）。

藝文類聚七三引『爲害』作『言闇，』御覽七五九引作『爲闇，』淮南子亦作『爲闇。』

川廣者魚大，山高者木脩，地廣者德厚。

案御覽四百三引『木脩』上、『德厚』上並有其字。據此，則上文『魚大』上亦當有其字，文乃一律。九三五引『木脩』作『獸脩。』脩亦有大義，淮南子脩務篇：『吳爲封豨脩蛇，』高注：『封、脩，皆大也。』卽其證。

園有螫蟲，

案御覽四百一引園作野。

得鳥者，羅之一目。

案文選禰正平鸚鵡賦注、王元長永明十一年策秀才文注、御覽九一四引『一目』下皆有也字。淮南子說山篇同。

則無時得鳥。

案文選禰正平鸚鵡賦注引作『卽無時得鳥也。』王元長永明十一年策秀才文注、御覽九一四引則亦並作卽，作卽是故書。御覽八三二引『得鳥』下有焉字。淮南子『得鳥』下有矣字。矣、焉、也，並同義。

狡兔得而獵犬烹，高鳥盡而良弓藏。

案藝文類聚六十引烹作死，『良弓』作『强弓，』御覽三四八引『良弓』作『强弩。』淮南子說林篇亦作『强弩。』

寒螿得木。

案景宋本得作洋，初學記三十引作『寒螿翔水。』淮南子同。洋亦借爲翔。

椎固百內，而不能自椽。

顧云：椽字誤，說林訓作椓。

案『百內』乃『有丙』之誤，淮南子作『有柄，』柄、丙正、假字。景宋本椽作椓，與淮南子合。

而不能見其眥。

案意林引見上有自字，淮南子同。

泠泠之水清，

案北堂書鈔一二七、藝文類聚八、御覽五八引『泠泠』並作『青青。』

勩之爲縞也，

顧云：勩字誤，說林訓作鈞。

案顧說是也，御覽六九七引勩作均。鈞與均同。

冠則戴枝之，絑則足躡之。

顧云：枝字誤，說林訓作致。

案枝非誤字，淮南子作致，致乃跂之誤，跂亦戴也。跂與枝聲近義同。詳王念孫說。又案御覽引躡作履，躡亦履也。

一擲不能塞江河。

案意林引作『一塊不能塞一河。』

一酌不能救一車之薪。

案意林引『一酌』作『一杓。』

與死同病者，難爲良醫。與亡國同道者，不可爲忠謀。

案御覽七三八引尹文子云：『與死者同病，難爲良醫。與亡國同道，不可爲謀。』所引蓋此文，而誤爲尹文子文也。淮南子『與死同病者，』者字亦在死字下，『與亡國同道』下亦無者字，謀上亦無忠字。

聾者不歌，无以自樂。盲者不觀，无以接物。

　　案御覽七百四十引此，亦誤爲尹文子文。

漠然無聲。

　　案意林引『漠然』作『寂然。』淮南子同。

農夫勞而君子養。愚者言而智者擇。

　　案意林引作『農夫勞而君子食之。愚者言而智士擇之。』

浮雲蔽之。

　　案景宋本蔽作葢，文選古詩十九首注、劉孝標辯命論注、治要、藝文類聚三、八
　　一、初學記二七、御覽四、二四、九八三引此皆作葢。淮南子齊俗篇、說林篇並
　　同。意林引蔽作翳。

叢蘭欲脩，

　　案文選劉孝標辯命論注、帝範去讒篇注、意林、御覽二四引脩皆作茂。劉子新論
　　傷讒篇、帝範去讒篇並同。御覽四引脩作秀。

蒙塵而欲無眯，不可得絜。

　　絜，本亦作潔，同。顧云：潔字誤，說林訓作也。

　　案絜字涉注文『无以全其絜（一作潔）』而誤。治要引此作『不可得也。』與淮
　　南子合。

故與翳者金玉，不如與之尺素。

　　顧云：翳字誤，說林訓作溺。

　　俞云：翳當作溺，素當作索，淮南子說林篇作『予拯溺者金玉，不若尋常之繩
　　索。』

　　案意林引此，翳正作溺，素正作索。

足无千里之行，无政敎之原，

　　案『无政敎之原』上，當據淮南子補心字，『足无千里之行，心无政敎之原。』
　　文正相耦。

若蚈之足。

　　案御覽九四八引蚈作蚿，引淮南子亦作蚿，（今本淮南子作蚈。）蚿、蚈一聲之轉。

華太早者，不須霜而落。

　　案意林引落上有自字。

夏木可結。

　　案文選陸士衡樂府從軍行注、張景陽雜詩注、御覽二七引『夏木』並作『夏條。』

　　劉子新論言苑篇同。

必將以利溺之矣。

　　案攢義本之作人，淮南子同。

不若歸而織網。

　　案御覽八三四引歸作退。白帖九八引淮南子、漢書董仲舒傳並同。（今本淮南子

　　作歸。）

有榮華者，必有愁悴。

　　案文選左太沖詠史詩注引作『身有榮華，心有愁悴。』

鏡不沒形，故能有形。

　　案『鏡不沒形，』義不可通，沒當作設，草書形近而誤也。淮南子詮言篇正作

　　『鏡不設形。』（今本設亦誤沒，詳王念孫說。）

不動不鳴。

　　案意林引動作扣，淮南子作叩。本字作攱，說文：『攱，擊也。』扣，借字。叩，

　　俗字。

不吹無聲。

　　案意林引『無聲』作『不聲，』是也。白虎通義禮樂篇：『聲，鳴也。』『不吹不

　　聲，』謂不吹不鳴也。作『無聲』者，淺人所改耳。淮南子作『弗吹弗聲。』弗

　　猶不也。（今本『弗聲』亦妄改爲『無聲。』詳王念孫說。）

域中乃安。

　　案御覽二引作『然後能正萬物。』

微 明 篇

孰知形之不形者乎！

案此當作『孰知形形之不形者乎！』脱一形字，則義不可通。莊子知北遊篇正作『孰知形形之不形乎！』（今本脱孰字。）今本淮南子道應篇亦脱一形字，詳王念孫說。

夫爲無知，

　　顧云：爲字誤，道應訓作唯。

　　案顧說是也，纘義本作惟，惟與唯同。爲字涉上文『至爲去爲』而誤。

苟悄傷德。

　　案悄當作陗，字之誤也。纘義本作峭，峭卽俗陗字。淮南子泰族篇作削（治要引作峭），削猶陗也。

故察於刀筆之迹者，不知治亂之本。習於行陣之事者，不知廟戰之權。

　　案治要引兩『不知』上並有卽字，淮南子兩『不知』上並有而字，而猶卽也。纘義本陣作陳，治要引同，作陳是故書。淮南子亦作陳。

故仁莫大於愛人。智莫大於知人。

　　案治要引『愛人』下、『知人』下，並有也字。

愛人卽无怨刑。

　　顧云：怨字誤，泰族訓作冤。

　　兪云：怨當讀爲冤。

　　案兪說是也，治要引此，怨正作冤。淮南子作虐，顧氏失檢。

居知所以，

　　顧云：治要引以作爲，與人間訓合。

　　案景宋本以亦作爲。

事知所乘，

　　案乘當作秉，字之誤也。淮南子正作『事知所秉。』

不可禁於人。

　　顧云：治要引禁作止，與人間訓合。

　　案景宋本禁亦作止。禁字涉下文『不可禁於遠』而誤。

事者，難成易敗。名者，難立易廢。

案意林引『難成』下、『難立』下，並有而字。淮南子同。

故事或可言而不可行者；或可行而不可言者；

　　案『事或可言而不可行者；或可行而不可言者；』二句當依淮南子氾論篇倒置，·

　　下文可照。

而務施救於患。

　　顧云：句費解，治要無施字，『救於』二字倒。

　　案治要引作『而務於救之。』淮南子人間篇作『患生而救之。』

雖神人不能爲謀。

　　案治要引作『雖神聖人不能爲謀也。』（顧氏所據本神下有聖字，未知何據。）

聖人深居以避患，

　　案治要引『聖人』上有故字，淮南子有『是故』二字。

動而陷於刑。

　　案治要引動下有作字。

而不留心於已成之內。

　　案治要引『留心』下有『盡慮』二字。淮南子作『而不留思盡慮於成事之內。』

是以禍患無由生，非譽不能塵垢。

　　案治要引『禍患』作『患禍，』『塵垢』下有也字。淮南子『禍患』亦作『患禍。』

是非輻輳，

　　案治要引輳作湊，淮南子主術篇同。當以作湊爲正。

行不用巫覡，

　　案治要引『巫覡』作『巫祝，』淮南子同。

是以無爲而一之成也。

　　案治要引『而一之成』作『而有成，』是也。有作『一之，』涉上文『日愼一

　　日，』及下文『愚人之智』而誤。今本作『而無不成，』蓋不知『一之』爲有之

　　誤而臆改也。

其下病而亦勞。

　　案景宋本『亦勞』作『不勞，』淮南子繆稱篇同。

有罪有仁義者，必見信。

　　案治要引『有仁義』作『不失仁心，』淮南子人間篇作『不敢失仁心。』

百言百計常不當者，

　　顧云：人間訓作『百言百當。』此『計常不』三字並衍。

　　案顧說是也，治要引此亦作『百言百當。』

虐國樂所以亡。

　　案治要引『虐國』作『亡國，』淮南子繆稱篇同。

非求其報，

　　案治要引作『非求報也。』淮南子作『非爲報也。』

而必窮。

　　案治要引窮下有矣字。

則知其所終。

　　案治要引終下有矣字，淮南子同。

必先甘魚肉之味。

　　案治要引甘上有不字。御覽七三八引同，惟誤爲尹文子文。藝文類聚二三、御覽
　　四五九引晏子有此文，甘上亦並有不字。劉子貴言篇亦作『必不甘魚肉之味。』

治國若不足，亡國困倉虛。

　　案此有脫文，御覽四七二引作『治國若不足，亂國若有餘。存國困倉實，亡國困
　　倉虛。』上下二句各相對成義，當從之。脫去『亂國若有餘，存國困倉實』十
　　字，則文意不完矣。

與民同欲則和，與民同守則固，與民同念者和。

　　案者當作則，與上文一律。治要引兩則字並作卽，者亦作卽，文亦一律。

人有五位。

　　案文選歐陽堅石臨終詩注、陸士衡謝平原內史表注引此並作『人有五情。』御覽
　　三百六十引作『人有五伍。』下更有『五伍二十五』五字。

故天地之間有二十五人也。

　　案御覽引人上有等字。

上五有神人、眞人、道人、至人、聖人。

案御覽引五作伍，下同。

自　然　篇

故見不遠者，不可與言大。知不博者，不可與論至。

　　案欑義本見上、知上並有其字，淮南子齊俗篇同。

夫稟道與物通者，無以相非。

　　案「夫稟道與物通者，」本作「夫稟道與通物者，」與猶以也，淮南子正作「夫
　　稟道以通物者。」淺人不知與、以同義，故妄乙「通物」爲「物通」耳。注：「自
　　非博達通物者，莫能明至道之原。」則「物通」本作「通物」明矣。

聖人不辭其負薪之言，

　　案其字涉上下文而衍，欑義本無其字，是也。文選李斯上秦始皇書注引作「聖人
　　不讓負薪之言，」亦無其字。

言不放魚於木，不沉鳥於淵。

　　案御覽九三五引此無下不字，淮南子同。

昔堯之治天下也，

　　案治要引昔下有者字。

林處者採。

　　顧云：治要引作「山處者木，」與齊俗訓合。

　　案初學記二二、御覽八三三引此，亦並作「山處者木。」

陵處者田。

　　顧云：陵字誤，治要引作陸，與齊俗訓合。

　　案顧說是也，欑義本陵亦作陸。

械宜其材。

　　顧云：治要引材作人。

　　案治要引此作「械便其人。」初學記、御覽引材亦並作人。

以所工易所拙。

　　案治要引作「以所巧易所拙也。」（一本此下更有「以所長易所短」六字，蓋後

人所加。）

忽然而感之，

　　案治要引無而字，淮南子同。

故亂國若盛，

　　案治要引故作夫。

民鮮而費多也。

　　顧云：鮮字誤，齊俗訓作躁。

　　案顧說是也，治要引鮮正作躁。鹽鐵論本議篇作『嗜慾衆而民躁也。』亦其證。

生稼者，

　　案治要引生作產。

有其性，无其資，不可使遵道。

　　顧云：資字誤，泰族訓作養。

　　案治要引資正作養，『遵道』下有也字。

不可使向方。

　　案治要引方下有也字。

怫其性，

　　案怫，本亦作拂。治要引作咈。怫、拂並咈之借字，說文：『咈，違也。』

江海無爲，以成其大。窊下，以成其廣。

　　案初學記六、御覽六十引『以成其大，』成並作象。『窊下，』窊並作洼。景宋
　　本作『洼下。』注卽洼之誤，洼亦借爲窊。

帝者貴其德。王者尙其義。霸者通於理。

　　案治要引德下、義下、理下皆有也字，通作迫。景宋本通亦作迫。

因循任下，責成而不勞。

　　案景宋本無而字，上下句一律。治要引此亦無而字。

卽治國之所以明矣。

　　顧云：『所以』二字誤，主術訓作『治國之道明矣。』

　　案顧說是也，治要引此正作『卽治國之道明矣。』『所以』二字，涉上文『所以

制臣、』『所以事君』而誤。

能勝其事，

　　案檢義本勝作稱，淮南子同。

故人無棄人，物無棄材。

　　案治要引作『故人無弃人，物無弃財矣。』弃，古棄字。財、材古通。

推之不去，

　　案治要引去作往。

捲握而不散。

　　案治要引散下有也字。

聖人踐位者，

　　案治要引『聖人』下有之字。

強陵弱，

　　案治要引陵作掩，淮南子脩務篇同。

百里奚傳賣。

　　案賣當作䢑（夐之隸變），淮南子作鬻，賣、鬻古、今字。

孔子無黔突，墨子無煖席。

　　案文選班孟堅荅賓戲云：『孔席不暖，墨突不黔。』與此互易，注引此文亦作
　　『墨子無黔突，孔子無煖席。』長短經是非篇：『墨翟無黔突，孔子無煖席。』
　　即用此文，與文選注所引合。（劉子新論惜時篇：『仲尼栖栖，突不暇黔。墨翟
　　遑遑，席不及煖。』則與今本此文合。）

將欲事起天下之利，

　　顧云：治要引無事字。

　　案文選注引此亦無事字，長短經同。

天化遂，

　　顧云：遂字誤，兵略訓作『化育。』

　　案遂非誤字，此傷託者有意改之也。遂、育同義，禮記樂記：『氣衰則生物不
　　遂，』史記樂書遂作育，即其證。

廟戰者，法天道。神化者，明四時。

案御覽三一三引『天道』下、『四時』下，並有也字。淮南子兵略篇同。

循己而動，

顧云：己字誤，兵略訓作道。

案顧說是也，纘義本己正作道。

下　德　篇

供嗜欲。

案治要、御覽七百二十引供並作開，

口惟滋味。

案惟當作嶵，嶵壞爲唯，復易爲惟耳。淮南子泰族篇作嚼，嚼卽嶵之重文。一本
惟作肥；治要引惟作欲，皆不知惟是誤字而臆改耳。

非謂其履勢位、稱尊號。

案治要引『尊號』下有也字。淮南子同。

治人之亂，

案纘義本亂上有所字，是也。此承上文『爭者，人之所亂也』而言，淮南子道應
篇、說苑指武篇並有所字。

以道本人之性，

顧云：『以道本』三字衍，當依齊俗訓刪。

案『以道』二字，涉上文『不以德，以道』而衍。本字非衍，淮南子作『原人之
性，』此易原爲本耳。

夫先知遠見之，人才之盛也。

顧云：『遠見』下之字衍，當依齊俗訓刪。人字屬下讀。

案顧說是也。治要引『遠見』下正無之字。

而明主不求於下。

顧云：治要引不下有以字，與齊俗訓合。

案晸宋本不下亦有以字。

不從流俗。

案治要、文選成公子安嘯賦注引此並作『不汙於俗。』淮南子同。

危爲其難而誅不敢也。

顧云：齊俗訓難作禁，無其字。

案淮南子難作禁，乃後人妄改，常從此文作難，危猶高也，謂高爲艱難之事而誅不敢爲者也。（詳王念孫說。）此文其字，當據淮南子刪，乃與上文句法一律。治要引此正無其字。

而未能有治之者也。

案『能有』當依淮南子本經篇作『有能，』此誤倒。

謂之天府。

案文選班孟堅荅賓戲注引『天府』作『天符。』

莫知其所求由出。

案出字乃後人據淮南子妄加，景宋本無出字，是也。惟『莫知其所求由，』亦不可通，此本作『莫知其所由來，』來誤爲求，（古籍中來、求相亂之例甚多。）『由求』又倒作『求由』耳。莊子齊物論篇正作『而不知其所由來。』纘義本作『莫知其所由出，』蓋據淮南子刪求字，亦非此文之舊也。

止五道。

顧云：道字誤，本經訓作遒。

案顧說是也。纘義本道正作遒。

是任道而合人心者也。

顧云：主術訓合作釋，釋字勝。

案合當作舍，字之誤也。舍與釋同，周禮春官占夢：『乃舍萌于四方以贈惡夢，』鄭注：『舍讀爲釋。』呂氏春秋仲春紀：『命樂正入舞舍采，』禮記月令舍作釋。並其證。淮南子主術篇：『君人者釋所守而與臣下爭事，』（今本脫事字，詳王念孫說。）氾論篇：『是釋其所以存，』本書上仁篇釋亦並作舍。

一者，無爲也。百王用之，萬世傳之，爲而不易也。

顧云：主術訓無此文，其語意與上文大同，眞續貂也。

案景宋本、纘義本並無此十八字，此乃注文竄入正文者。『爲而不易，』爲字涉

上『無爲』而衍。

夫人君不出戶以知天下者，因物以識物，因人以知人。

　　案治要引『人君』作『君人者，』『知人』下有也字。淮南子同。景宋本『人君』
　　下有者字，當作『君人者』爲是。纘義本『知人』下亦有也字。

工無異伎。士無兼官。

　　案治要引異作二，下無字作不，淮南子同。

職事不慢也。

　　案治要、文選何平叔景福殿賦注引『職事』上並有而字，淮南子同。

帝者不體陰陽卽侵。王者不法四時卽削。霸者不用六律卽辱。

　　顧云：本經訓無三不字，以上文考之，帝者當體太一，故體陰陽卽侵。王者當法
　　陰陽，故法四時卽削。霸者當則四時，故用六律卽辱。層遞說下，文義甚明。此
　　增三不字，謬甚！

　　案顧說是也，景宋本、纘義本並無三不字，此淺人妄增者耳。

地廣民衆，不足以爲强。甲堅兵利，不足以恃勝。城高池深，不足以爲固。嚴刑峻
罰，不足以爲威。

　　案治要引『爲强』下、『恃勝』下、『爲固』下、『爲威』下皆有也字，『峻罰』作
　　『利殺。』利蓋刻之誤，纘義本作『刻殺，』是也。

爲存政者，雖小必存焉。爲亡政者，雖大必亡焉。

　　案治要引兩雖字並作無，無兩焉字。纘義本同。淮南子兵略篇亦無兩焉字。

而天下服。

　　案治要引作『而取天下也。』淮南子亦作『而取天下。』

上　仁　篇

百官修達。

　　案景宋本達作通，治要引同。韓非子難一篇、淮南子主術篇亦並作通。（劉績本
　　淮南子通作同，莊逵吉本從之，非也。王念孫有說。）

耳目聰而不闇。

案景宋本聰作通，治要引同。淮南子作達，通猶達也。

乘舟楫者，不游而濟江海。

案治要引不下有能字，淮南子同。

其計可用，不羞其位。其言可行，不貴其辯。

案治要引位下、辯下，並有矣字。

所以託天下。

案景宋本『天下』下有矣字。淮南子道應篇同。

未嘗聞身治而國亂者也。身亂而國治者未有也。

案景宋本作『未嘗聞身治而國亂，身亂而國治也。』

自攻其君歸神農氏。

顧云：治要引『自攻其君』下有而字，與上句一例。

案淮南子、說苑政理篇亦並有而字。

不可不畏也。

案治要引作『亦不可以不畏。』

事煩，難治。法苛，難行。求多，難贍。

案文選枚叔上諫吳王書注引作『夫事煩，難治也。法苛，難行也。求多，難贍
也。』淮南子泰族篇作『夫事碎，難治也。法煩，難行也。求多，難贍也。』

曲辯難爲慧。

案治要引慧作惠，惠、慧古通。

法雖少，足以治。

案治要引治下有矣字。淮南子作『足以化矣。』

無道以理之，法雖衆，足以亂。

案治要引作『無道以臨之，命雖衆，足以亂矣。』淮南子亂下亦有矣字。

有司枉法而從風。

案治要引風下有矣字。

君臣相怨。

案治要引怨下有矣字。

人臣愈佚。

案治要引作『人臣愈逸矣。』（淮南子主術篇佚亦作逸，古字通用。）

是代大匠斲。夫代大匠斲者，希有不傷其手矣。

案景宋本作『是以代大匠斲者，希有不傷其手。』治要引作『是代大匠斲者，希不傷其手也。』者上並無『夫代大匠斲』五字，此五字疑後人據老子所加也。

不伐之言，

案伐當作代，字之誤也。謂臣所當言者，君不代之言也。代誤爲伐，則不可通矣。呂氏春秋知度篇、淮南子主術篇代亦並誤伐，王念孫有說。

故人君者，

案『人君』當作『君人，』治要引淮南子正作『君人者。』今本淮南子『君人』二字亦誤倒，王念孫有說。

是以羣生以長，

案景宋本『以長』作『遂長，』淮南子同。是也。以字涉上『是以』而誤。

羅網不得張於皋。

案文選左太沖魏都賦注引皋作谷。淮南子作『谿谷。』

國之所以存者，得道也。所以亡者，理塞也。

案『得道』當作『道得，』與『理塞』對言，淮南子氾論篇作『道德，』俞樾云：『德當作得。』是也。

務於地廣，而不務於仁義。務在高位，而不務於道德。

案治要引『地廣』作『廣地，』『務在』作『務於，』是也。『務於廣地，而不務於仁義。』與『務於高位，而不務於道德。』句例一律。

造其所以亡也。

案治要引造上有而字，淮南子同。

上 義 篇

是貴其冠履，而忘其首足也。

案治要引首作頭，淮南子泰族篇同。

身不可離車輿之安，手不可失馴馬之心。

> 案治要引兩『不可』下並有以字。

故馴馬不調，

> 案『馴馬』當作『輿馬，』此兼承上文『車輿、』『馴馬』而言，治要引此正作『故輿馬不調。』淮南子主術篇同。

萬舉而不失矣。

> 案治要引不作無，淮南子同。

卽奇伎天長，

> 案一本『天長』作『逃亡。』淮南子作『佻長。』注：『佻長，卒非純賢也。』『天長，』義亦近之。『逃亡，』蓋卽『佻長』之誤耳。

而令行爲古。

> 顧云：氾論訓古作右。

> 兪云：古字涉下文『不必法古』而誤，淮南子氾論篇作『令行爲上。』

> 案淮南子古作上，顧氏失檢。治要引此古作右，古卽右之誤，右猶上也。

故道可道，非常道也。名可名，非常名也。

> 案治要引『可道、』『可名』下，並有者字。淮南子『可道』下亦有者字。

故聖人所由曰道，猶金石也。

> 顧云：『道字下有脫文，治要引此文云：「故聖人所由曰道，所爲曰事。道猶金石也」云云，與氾論訓合。』

> 案顧說是也，道下當據治要及淮南子補『所爲曰事。道』五字。文選謝靈運從游京口北固應詔詩注引道下『所爲曰事』四字尙存。

曲終改調。

> 案景宋本曲作每，治要、文選陸士衡演連珠注引此並同。淮南子亦作每。

法制禮樂者，

> 案景宋本法上有故字，治要引同。淮南子亦有故字。

故曲士不可與論至道者，

> 案文選左太沖吳都賦注引論作言。

順於天地。

　　案纘義本『天地』作『天道。』

不可與達舉。

　　顧云：氾論訓作『遠舉。』

　　案景宋本、纘義本並作『遠舉。』達卽遠之誤。

雖循終亂。

　　案循下當有古字，『循古』與上『應時』對言，脫一古字，則文意不明。淮南子
　　正作『雖循古終亂。』

欲以爲治非此不治，

　　案爲下本無治字，此涉下治字而衍也。纘義本作『欲以爲治，』蓋不知治爲衍文，
　　而妄刪『非此不治』四字耳。淮南子正作『欲以爲非此不治。』（今本欲誤敎。）

禁於民者，不行於身。

　　案景宋本禁上有所字，治要引同，與上文句法一律。淮南子主術篇亦有所字。

卽令行於民。

　　案治要引民下有矣字，淮南子同。

故反樸无爲。

　　顧云：治要引樸作於，與主術訓合。

　　案纘義本樸作于，于猶於也。

處有其當。

　　顧云：有字衍，當依主術訓刪。

　　案顧說是也，治要引此正無有字。

所在甚大。

　　案景宋本、纘義本在並作任，治要引同。在卽任之形誤。一本在作利，蓋不知在
　　爲任之誤而臆改耳。淮南子在作存，存亦當作任，王念孫有說。

順之者利。

　　案治要引順作從，淮南子同。

逆之者凶。

顧云：治要引凶作害。

案欑義本凶亦作害。

成其大略是也，

顧云：成字誤，當依氾論訓作誠，下句同。

案顧說是也，景宋本成正作誠，下同。

博達而不訾，道德文武不責備。於人以力，自修以道。而不責於人，易賞也。自修以
道，則无病矣。

案文有錯亂，幾不可讀。一本『於人以力，』改以爲而，『而不責於人，』改而
爲故，愈失此文之舊。『道德文武不責備，』疑本作『道德文武而不責，』與上
『博達而不訾，』相對爲文。『文武』下脫而字，責下涉上文『不責備於一人』
衍備字，因有妄讀『道德文武不責備於人』爲句者，而下文『以力』二字遂無所
屬矣。『而不責於人，』疑本作『於人以力，』而字卽上文『文武』下而字之誤
錯，『不責』二字涉上文『不責』而衍，『於人』下又脫『以力』二字耳。『於
人以力，易賞也。自修以道，則无病矣。』分承上文『於人以力，自修以道』二
句而言，文理甚明。淮南子作『博通而不以訾，文武而不以責。求於人則任以人
力，自修則以道德。責人以人力，易償也。自修以道德，難爲也。』文雖有異，
尚可證此文之誤。（又案『易賞也，』各本賞皆作償，與淮南子合。賞、償古通，
下德篇：『其責易賞也，』一本賞作償，淮南子齊俗篇同。與此同例。）

不能無瑕。

案御覽八百七引瑕作纇。

不以小惡妨大美。

案治要引『大美』下有也字，淮南子同。

忘人之所長。

案治要引忘上有而字，淮南子同。

夫衆人之見位之卑，身之賤，事之汙辱，

顧云：治要『衆人』下無之字，與氾論訓合。

案治要引賤上無『身之』二字，亦與氾論訓合。『位之卑賤，事之汙辱，』相對

爲文。

而不知其大略。

案治要引『大略』下有也字。

窮卽觀其所受。

顧云：治要引所下有不字，與氾論訓合。下句同。

案纘義本此句及下句所下亦並有不字，呂氏春秋論人篇亦同。

如此，則人情可得矣。

案治要引此無可字，淮南子同。景宋本『可得』作『可知。』

聖人一以仁義爲準繩。

案景宋本無一字，治要、御覽四百一引此並同。治要引淮南子泰族篇亦無一字。

不中繩者，

案治要引作『弗中者，』淮南子同。

雖愚者不爲。身貴於天下也。

案治要、文選陸士衡演連珠注引此並無雖字，於並作乎。淮南子精神篇、泰族篇、御覽四七四引韓詩外傳、後漢書馬融傳亦皆無雖字。

視死如歸。

案治要、文選注引如並作若，淮南子泰族篇同。

義重於身也。故天下，大利也。

案『也故』二字當倒置，治要、文選注引此並作『義重於身故也。天下，大利也。』淮南子『天下』上亦無故字。

比之身卽小。

案景宋本無之字，治要、文選注引此並同。

身，之所重也。

顧云：之字衍，治要引無之字，與泰族訓合。

案顧說是也。文選注引此亦無之字。

比之仁義卽輕。

案治要、文選注引此並無『之仁』二字，淮南子亦無仁字。

教人以道。

顧云：兵略訓人作之，與下句一例。

案纘義本人亦作之。

此天倫所不取也。

顧云：『天倫』二字誤，兵略訓作『大論。』

案說文：『倫，一曰：道也。』『天倫』卽『天道。』淮南子作『大論，』大乃
天之誤，論與倫同。（王念孫有說。）顧氏舍是從非，疏矣！

是以虎傅翼，

案御覽四九二引以作爲，淮南子同。以猶爲也。

挾義而動。

案挾當作扶，字之誤也。意林引此正作扶。淮南子作『以義扶之。』亦其證。

其國之君，

案其當作某，字之誤也。日本古鈔卷子本淮南子正作某。今本某亦誤其，王念孫
有說。

百姓開戶而內之。

案意林引內作待，淮南子同。

羣臣同力。

案羣當作君，涉上『羣臣親附』而誤，淮南子正作『君臣同力。』

明苛政之變。

顧云：『苛政』二字誤，治要引作『奇正，』與兵略訓合。

案顧氏謂苛爲奇之誤，是也。惟政則非誤字，政、正古通，古鈔卷子本淮南子亦
作政。

骨骸滿野。

案治要引滿作盈，淮南子同。

是故令之以文，齊之以武。

案令當作合，字之誤也。合與齊相對成義，淮南子正作『合之以文。』

上 禮 篇

當此之時，領理，隱密自成。純樸純樸未散，而萬物大優。

　　顧云：『領理』二字誤，似眞訓作『決離。』

　　案文有脫誤，『領理』上當有『莫之』二字，景宋本『純樸』二字不疊，是也。

　　淮南子作『當此之時，莫之領理決離，隱密而自成。渾渾蒼蒼，純樸未散，旁薄

　　爲一，而萬物大優。』可證此文之誤。此文鈔襲淮南子，『領理』下略『決離』

　　二字，非『領理』爲『決離』之誤也。顧說失之。

昔者之聖王，

　　案者字衍，治要引此無者字。

分國而治之。

　　案治要引國作職，淮南子泰族篇同。

立大學以敎之。

　　案治要引以作而，淮南子同。與上文句法一律。

唯聖人可盛而不敗。

　　案治要引敗作衰，淮南子同。

各推其所與。

　　案治要引此無所字，淮南子同。

不可以治。

　　案治要引作『不可治也。』淮南子同。

智過萬人者謂之英。

　　案御覽三百六十引『智過萬人』作『智出於萬人。』

智足以決嫌疑。

　　案足當作可，與上下文句法一律。上文多足字，故可誤爲足。

目雖欲之，禁以度。

　　案御覽五二三引度作法。

屈節卑拜。

案御覽引作『屈節異儀。』

酒澂而不飲。

案御覽引澂作敗。

內愁其德。

案御覽引內作中。

鉗陰陽之和。

案御覽引鉗作泔，鉗乃錯之誤，宋本淮南子精神篇正作『錯陰陽之和。』（今本錯亦誤鉗。）錯、泔義近。

不知其所用，

案『所用』上當有無字，『不知其無所用，』與上文『知其無所用』對言，治要引此正作『不知其無所用。』淮南子同。

萬物變爲塵垢矣。

案治要引『萬物』上有則字，『萬物』下有之字，淮南子同。

故揚湯止沸，

案治要引揚作以，淮南子同。

而利不能誘也。

案治要引誘作動。

金石在中，

案治要、御覽六二引『金石』並作『金鐵，』淮南子道應篇同。

大敗大，裂之道也。

顧云：『道應訓云：「大則大矣，裂之道也。」此脫誤，不可讀。』

案顧說是也，治要引此作『大卽大矣，裂之道也。』與淮南子合。

坿　　記

御覽中所引文子之文，偶有爲今本所無者。細審之，乃誤以尸子、尹文子爲文子，如卷四百二引文子云：『虎豹之駒未成，而有食牛之氣。鴻鵠之翼未合，而有四海之心。賢者之生亦然也。』此尸子之文也。（詳汪繼培所輯尸子卷下。）又同卷引

文子云：『國之所以不治者三：不知用賢，此其一也；或求賢不能得，此其二也；雖得弗能盡，此其三也。』此尸子發蒙篇之文也。六二六引文子云：『楚人擔山雞。路人問曰：「何鳥也？」欺之曰：「鳳凰也。」路人請十金，弗與；倍，乃與之。將獻楚王，經宿鳥死。路人不惜其金，唯恨不得獻。國人傳之，咸以爲眞鳳，遂聞楚王，王感其貴買欲獻於己，厚賜之，過於買鳥之金十倍。』此尹文子大道上篇之文也。八百五引文子云：『鄭人謂玉未理者璞。周人謂鼠未腊者璞。周人懷璞，問鄭賈曰：「欲之乎？」出其璞視之，乃鼠璞。』此尹文子大道下篇之文也。（又見秦策。）此類皆非文子之文，乃御覽徵引之誤。恐閱者疑爲文子逸文，特辨白於此。

跋 元 刻 本 晏 子 春 秋

清嘉慶甲戌，孫星衍以所獲影寫元刻晏子春秋八卷贈吳鼐。明年，吳氏請顧千里督梓之。顧氏復以是書贈王念孫。是書內篇六卷，外篇二卷，每卷首皆有總目，又各標於當篇之前。內篇偶附舉異文，外篇每章附有定著之語。顧、王二氏並稱悉復劉向之舊，洵善本也。岷前據是書寫成晏子春秋斠證一卷，深知是書之可貴，遠出他本之上。茲標二事論之。

一、元刻本嘉勝處

內篇諫上第一第十四章：

公，明神之主。

孫星衍音義作『神明之主，』云：今本作『明神主之。』據下文訂正。

劉師培校補云：『明神主之，』御覽四百五十六引作『明神之主。』

案各本『之主』二字皆誤倒，惟元刻本存其舊，與御覽所引及下文合。

同篇第二十二章：

晏子曰：公伐無罪之國。

張純一校注云：元刻如此，浙局本脫公字。

案各本皆脫公字，明活字本公字錯在曰字上。惟元刻本存其舊。

內篇諫下第二第八章：

臣將逝矣。

蘇輿校注云：『逝，各本作遊。遊、逝形近而譌。（盧文弨）拾補作逝，旁注云：「遊，譌。」黃以周（校勘記）云：「遊，當依元刻作逝。」今改從元刻。』

劉師培云：黃（之寀）本及各本逝並作遊。御覽（十九）亦引作逝。

541

案明活字本、子彙本逝並誤游，惟元刻本存其舊，與御覽所引合。

內篇問下第四第九章：

貨竭於晉。

孫星衍音義竭字同，云：一本作謁。

盧文弨拾補竭字亦同，旁注謁字，云：從說苑權謀篇改。

蘇輿校注本竭字亦同，云：竭，舊刻作謁，蓋形近而誤。浙局本從盧校改竭，今從之。

張純一校注本竭字亦同，云：竭，從元刻。

案各本竭皆誤謁，惟元刻本存其舊，與說苑權謀篇合。孫氏音義作竭，蓋亦據說苑改。音義往往據他書徑改本文。

內篇雜上第五第三章：

子獨不為夫詩乎？

孫氏音義「夫詩乎」同，云：今本作「天討乎，」形相近，字之誤也。據呂氏春秋（知分篇）訂正。

張純一云：元刻正作「夫詩乎。」

案各本「夫詩」皆誤「天討，」惟元刻本存其舊，與呂氏春秋合。

同篇第十九章：

得金壺。

孫氏音義同，云：今本脫壺字，一本作緘字，非。據太平御覽壺部(七六一)訂正。

案御覽八九六、事類賦注二一引此亦並有壺字。各本皆脫壺字，惟元刻本存其舊，與御覽、事類賦注所引合。

同篇第二十七章：

奉以託，退而自刎。

孫氏音義同，云：今本作「奉以退，」據呂氏春秋（士節篇）作「奉以託。」

案各本「託退」二字並誤倒，惟元刻本存其舊，與呂氏春秋合。

內篇雜下第六第十一章：

楚王曰：橘當去剖。

孫氏音義無橘字，云：說苑（奉使篇）當上有橘字。

黃以周云：元刻當上有橘字，與說苑同。

劉師培云：御覽九百六十七^{御案七當作六}引與此同。七百七十九引作『橘未剖。』

案景宋本御覽七七九引作『橘去剖。』蓋略當字。事類賦注二七、記纂淵海九
二引此亦並有橘字。各本皆脫橘字，明活字本雖有橘字，惟錯在楚字下；僅元
刻本存其舊，與御覽、事類賦注、記纂淵海所引及說苑同。

外篇重而異者第七第一章：

人之所以貴於禽獸者，

劉師培云：各本脫以字，治要及御覽四百八十六所引並有以字。新序（刺奢篇）
同。

蘇輿校注本有以字，云：『各本所下無以字，治要有。黃以周曰：「元刻有。」
今據補。』

案明活字本、子彙本亦並有以字，惟『以貴』二字並誤倒；僅元刻本存其舊，
與治要、御覽所引及新序合。

元刻本嘉勝處甚多，惟他本亦頗有相同者。上所舉九事，則僅元刻本存其舊，此最可
貴者也。

二、元刻本與明活字本

于省吾晏子春秋新證序云：『清儒所稱元刻本，即明刊活字本也。』今案元刻本
半葉九行，行十八字。明活字本同。上言元刻本『每卷首皆有總目，又各標於當篇之
前。內篇偶附舉異文，外篇每章附有定著之語。』明活字本皆同。即其字句間，他本
皆誤，元刻本不誤者，明活字本亦不誤；他本不誤，元刻本誤者，明活字本亦誤。則
于氏之說，似可據信。然細加比勘，則不盡然。凡元刻本中以、寢二字，明活字本皆
作目、寑，足證二本有別。即上所舉元刻本嘉勝處九事，明活字本皆誤，則元刻本非
即明活字本明矣。二本相異之處尚多，詳舉於次。

內篇諫上第一第三章：

國治怨乎外。

案明活字本怨誤怒。

同篇第四章：

令章過桀、紂。

案明活字本令作今。

同篇第十八章：

今誰責寡人哉？

案明活字本誰作孰。

內篇諫下第二第一章：

多者十有餘。

案明活字本餘作余。

同篇第三章：

公日自莅之。

案明活字本日誤曰。

同篇第十八章：

而公不得享也。

案明活字本享作亨。

同篇第二十四章：

豋衛左驂。

案明活字本衛誤御。

內篇問上第三第六章：

左右多過。

案明活字本『左右』二字誤倒。

同篇第九章：

景公問晏子曰，

案明活字本問下有於字。

同篇第十三章：

蒞國治民，

案明活字本蒞作涖。

同篇第二十二章：

風雨不降虐。

案明活字本虐誤雪。

內篇問下第四第十七章：

豆、區、釜、鍾。

案明活字本鍾作鐘。

萁伯、

案明活字本萁作其。

內篇雜上第五第四章：

二讒毀乎內。

案明活字本乎作于。

同篇第十四章：

大夫以下，各與其僚，無有獨樂。今上樂其樂，下傷其費，是獨樂者也。

案明活字本『大夫』誤『匹夫，』『今上樂』下脫『其樂』二字，『者也』誤『晉也。』

同篇第十九章：

注之壺，

案明活字本缺壺字。

內篇雜下第六第三章：

而曹有五丈夫。

案明活字本曹作夢。

同篇第四章：

仰而對曰，

案明活字本仰誤抑。

同篇第七章：

如膣辨。

案明活字本辨作辦。

外篇重而異者第七第六章：

民卒流亡。

案明活字本流作沆。

同篇第十四章：

然則夫子扐寡人止之。

案明活字本扐作扐。

同篇第十五章：

則虞、夏當存矣。

案明活字本當作常。

同篇第十九章：

故退而野處。

案明活字本野作埜。

藉斂過重。

案明活字本藉作籍。

外篇不合經術者第八第二章：

魯孔丘之徒鞠語者也。

案明活字本鞠作鞠。

同篇第五章：

則固聖人之林也。

案明活字本林作材。

同篇第十五章：

皆摽長兵而立於閭。

案明活字本摽作操。

以上二十七事，明活字本皆與元刻本不同，足證元刻本非卽明活字本。于氏未詳加覈校，故誤以爲一耳。然就全書言之，二本實極接近，岷以爲明活字本蓋從元刻本出，當可無疑也。　　　　　　　一九五六年仲春十一日，脫稿於南港舊莊。

NOTES ON THE YUAN DYNASTY BLOCK-PRINTED EDITION (元刻本) OF YEN-TZE CH'UN-CH'IU (晏子春秋)

(SUMMARY)

SHU-MING WANG

The edition of Yen-tze Ch'un-Ch'iu, block-printed in the Yuan Dynasty, appeared in eight volumes, (Nai-pien 內篇 in six volumes and Wai-pien 外篇 in another two), Each volumes is headed by a general table of contents. In Nei-pien, parts of text from other edition, differing from the corresponding ones in this edition, are given examples. Textual criticsm is added to each chapter in Wai-pien. On the bases of these special features, this edition is considered by the author of this article the oldest as well as the best edition of Yen-tze Ch'un-ch'iu ever found. Yet some scholars were of the opinion that the so-called Yuan Edition is actually the Typographical Edition published in the Ming Dynasty (明活字本). The following subjects are discussed in this article:

(1) The merits of the Yuan edition, which have not yet been found in other editions, serve to prove that the Yuan Edition is the oldest as well as the best edition of all.

(2) A comparative study of the Yuan Edition and the Ming dynasty Typographical Edition shows many examples of differences between these two editions. They all prove that the Typographical Edition can not be identified with Yuan Edition.

跋日本高山寺舊鈔卷子本莊子殘卷

日本高山寺舊鈔卷子本莊子，僅存七卷（雜篇庚桑楚第二十三、外物第二十六、寓言第二十七、讓王第二十八、說劍第三十、漁父第三十一、天下第三十三）。七卷皆完好。其中佳勝處，嵇昔年撰莊子校釋時，悉已收入。惟有數事，尚須申論，庶幾同好之士，益知此七篇之可珍也。

（一）　鈔　本　原　本

鈔本來源甚早（說詳後），鈔者無識，每擦後出之本妄加改竄，原本之眞遂失矣。此極當留意者。

如外物篇：

神能見夢於元君，而不能避余且之網；智能七十鑽而無遺筴，不能避刳腸之患。

鈔本原本如此，後又將神下能字改爲龜字，復於龜下右旁補能字。今本並作『神龜能見夢於元君，』與鈔本改後之本同。但龜字乃衍文，竇伺莊子補註云：『神下不應有龜字，蓋涉上文神龜而衍。神與知（鈔本作智，同。）相對，下文：「知有所困，神有所不及。」卽分詮此文，藝文類聚夢部、龜部，引此文並無龜字，可證。』其說是也，劉子新論言苑篇：『知能知人，不能自知；神能衛人，不能自衛。』卽本此文，亦以神、知對言，可爲旁證。敦煌唐寫本殘卷（藏巴黎圖書館）亦作『神能見夢於元君，』與鈔本原本同。鈔者妄加改竄，遂失原本之眞矣。

魚不畏網，而畏鵜鶘。

鈔本原本如此，後又將胡字塗去，而改爲鶘。鵜胡本單呼鵜（六帖九八引此文卽無胡字，劉子新論去情篇同。），以其頷下胡大能抒水（詳詩曹風候人正義引陸璣疏。），故

549

又名鵜胡，則作鵜鵠者非也。唐寫本亦作鵜胡，與鈔本原本同。寫者妄加塗改，遂失原本之眞矣。

　　草木之到植者過半，而不知其然也。

鈔本原本如此，到字後補筆作倒。到倒古今字，易到爲倒，遂失原本之眞矣。狩野直喜鈔本校勘記，徑出倒字，蓋忽其原本也。

　　荃者所以在魚也，得魚而忘荃。

鈔本原本如此，後又改荃爲筌。狩野直喜校勘記徑出筌字，且云：『宋刻注疏本，趙諫議本作筌，與鈔本同。』蓋忽其原本也。

漁父篇：

　　兩容顏適。

鈔本原本如此，後又刪顏字，而於欄上出頰字，下注『或作顏』三字，遂失原本之眞矣。

天下篇：

　　已之太循。

鈔本原本如此，後又刪循字，而於欄下出順字，下注『或作循』三字，遂失原本之眞矣。

　　輪行不暖於地。

鈔本原本如此，後又將行字點去，但據釋文引司馬彪注：『地平輪圓，則輪之所行者跡也。』成玄英疏：『是以輪雖運行，竟不暖於地也。』似所見本並有行字，與鈔本原本同（今本無行於二字）。狩野直喜校勘記徑略行字，蓋忽其原本也。

（二）　鈔本與宋元嘉本

　　鈔本中已有成疏竄入（如漁父篇：『孔子愀然自竦也曰：請問何謂眞也？』『自竦也』三字，乃成疏竄入正文者。），其鈔寫年代，不可塙考，惟其來源，尚略可探索，檢陸德明釋文所引宋元嘉本，常與鈔本暗合。如庚桑篇：

　　正得秋而萬寶成。

釋文本萬寶作萬實，云：『元嘉本作萬實。』是鈔本與元嘉本合。

夫函車之獸，分而離山。

釋文本分作介，云：『介，一本作分，謂分張也。元嘉本同。』是鈔本與元嘉本合。惟鈔本分字，後又抹去，而改爲介，尚隱約可察，原本之眞幾失矣。

因失吾閒。

釋文本閒作問，云：『元嘉本問作閒。』是鈔本與元嘉本合。

若有不卽是者，天鈞則之。

釋文本則作敗，云：『敗，或作則。元嘉本作則。』是鈔本與元嘉本合。

兵莫憯乎志。

釋文本憯作憯，云：『元嘉本作憯。』是鈔本與元嘉本合。

寓言篇：

如三鶡蚊相過乎前者也。

釋文本『如三鶡蚊』作『如鶡蚊虻，』云：『元嘉本作「如鶡蚊，」無虻字。』鈔本三字乃涉上文『三釜三千鍾』而衍，蓋本作『如鶡蚊，』與元嘉本合。後又删三字，蚊下補虻字。删三字是也，補虻字（與釋文本合）則失原本之眞矣。

讓王篇：

七日不食。

釋文本不下有火字，云：『元嘉本無火字。』是鈔本與元嘉本合。惟鈔本後又於不下右旁補火字，遂失原本之眞矣。

漁父篇：

下以化於齊民。

釋文本無於字，云：『元嘉本作：化於齊民。』是鈔本與元嘉本合。

天下篇：

寂漠無形。

釋文本寂作芴，云：『元嘉本作寂。』是鈔本與元嘉本合。惟鈔本後又删寂字，而於欄上出芴字，遂失原本之眞矣。

上舉諸例，咸可證鈔本卽從元嘉本出。惟當留意原本，若爲改竄處所欺，則其來源不可探索矣。

（三） 鈔本與唐寫本

敦煌唐寫本與鈔本可資比勘者，僅巴黎圖書館所藏殘存之外物篇。此篇與鈔本頗爲接近，相同之處甚多，上文論鈔本原本時，已有二例，茲再廣其證。如：

　　奈何哉，其載焉矜爾！

今本矜上有終字，唐寫本無終字，與鈔本同。

　　且之図，得白龜，圓五尺。

今本作『得白龜焉，其圓五尺。』（元纂圖互注本，世德堂本，其竝作箕。箕與其同。）唐寫本無焉其二字，與鈔本同。鈔本龜下右旁有焉字，蓋據後出之本所補也。

　　七十鑽而無遺筴。

今本七十下有二字，下同。唐寫本無二字，與鈔本同。鈔本十下右旁有二字，蓋據後出之本所補也。

　　去小智大智明，去而善而善矣。

今本作『去小知而大知明，去善而自善矣。』唐寫本與鈔本同。鈔本「大智」上右旁有而字，『善矣』上左旁注：『一本有自字。』皆非原本之舊也。

　　意其非至知厚得之任與？

今本意作噫，得作德。唐寫本與鈔本同。鈔本意字左旁注：『一本作噫。』得字左旁注德字，皆非原本之舊也。

　　雖相爲君臣。

今本相下有與字，唐寫本無與字，與鈔本同。鈔本相下右旁有與字，蓋據後出之本所補也。

　　故至人不留行焉。

今本故下有曰字，唐寫本無曰字，與鈔本同。鈔本故下右旁有曰字，蓋據後出之本所補也。

　　爲且以狶韋之流，觀今之世。

今本無爲字，狶韋下有氏字。唐寫本有爲字，無氏字，與鈔本同。

　　惟至人能遊於世而不僻。

今本能上有乃字，唐寫本無乃字，與鈔本同。鈔本能上右旁有乃字，蓋據後出之本所補也。

　　哽而不止則跂，跂則衆生。

今本兩跂字竝作跈，衆下有害字。鈔本上跂字左旁有注云：『女展反，或作跟。』是跂字原本作跈，鈔者誤爲跂耳。唐寫本與鈔本原本同。

　　天之穿之也，日夜无降。

今本無也字，唐寫本有也字，與鈔本同。

　　室无空，則婦姑勃豀。

今本空下有虛字，唐寫本無虛字，與鈔本同。

　　亦神者不勝也。

今本無也字，唐寫本有也字，與鈔本同。鈔本不下右旁有能字，蓋據後出之本所補也。

　　草木之到植者過半，而不知其然也。

今本無也字，唐寫本有也字，與鈔本同。

　　由上所舉諸例，可證唐寫本與鈔本最爲接近。然亦非卽同一來源，因其中尚有不同之處也。此不可不辨者。如：

　　不如兩忘而閉其所譽。注：閉者，閉塞之也。

唐寫本（兩字以上闕）閉作閉，注同。譽作譽，與鈔本異。（今本閉亦作閉，譽亦作譽，與唐寫本同。惟注無之也二字。釋文：『閉，一本文、注竝作門。』作門，與鈔本同。疑所稱一本，卽元嘉本，蓋鈔本從元嘉本出也。鈔本譽作與，與疑與之誤，與譽古通，禮記射義：『則燕則譽，』注：『譽或爲與，』卽其比。說互詳莊子校釋四。）

　　嬰兒生无石師而能言。

唐寫本石師作碩師，與鈔本異。鈔本石字左旁注：『一本作碩，』作碩雖與唐寫本同，但非鈔本之舊也。

　　然則仄足而墊之。

唐寫本仄作側，（墊誤蟄，）與鈔本異。

　　皆姫可以已沐，老寧可以已遽

唐寫本皆姫作揃搣，老字屬上絕句，與鈔本異。

雖然，若是，勞者之務也。

唐寫本若是下有者字，(者字以下闕。)與鈔本異。鈔本是下左旁注：『一本有者字。』有者字雖與唐寫本同，但非鈔本之舊也。

（四） 鈔本天下篇末郭象後語與今本郭象序

鈔本天下篇末有二百二字云：

夫學者尙以成性易知爲德，不以能政異端爲貴也。然莊子閎才命世，誠多英文偉詞，正言若反。故一曲之士，不能暢其弘旨，而妄竄奇說。若閼亦，意脩之首；尾言，遊易，子胥之篇，凡諸巧雜、若此之類，十分有三。或牽之令近；或迂之令誕；或似山海經；或似夢書；或出淮南；或辯形名。而參之高韻，龍蛇並御。且辭氣鄙背，竟無深澳，而徒難知，以困後蒙，令沉滯失乎流，豈所求莊子之意哉！故皆略而不存。令唯哉取其長達致全乎大體者，爲卅三篇者。

太史公曰：莊子者，名周，守蒙縣人也。曾爲漆園史，與魏惠、齊王，楚威王同時者也。

此二百二字，他本無之，最爲可貴。據釋文序錄引郭子玄云：『一曲之才，妄竄奇說，若閼奕，意脩之首；危言，游鳧，子胥之篇，凡諸巧雜，十分有三。』則此二百二字，爲郭象所記，殆可無疑。惜鈔者無識，挩誤特多。狩野直喜校勘記引武內義雄莊子考云：『此文政異端當作攻異端，閼亦當作閼奕，尾言當作巵言，遊易當作遊鳧，夢書釋文叙錄作占夢書，鈔本偶脫占字，深澳當作深奧，因後蒙當作困後蒙，失乎流誤衍乎字，令唯哉當作今唯裁，爲卅三篇者，者宜作焉。守蒙縣人也，守當作宋，齊王王上脫宣字。』岷案閼亦不必作閼奕。亦奕古通，猶奕世亦作亦世也。深澳不必作深奧，澳奧古通，詩衛風淇奧。禮大學及左昭二年傳竝作澳，卽其證。失乎流不必衍乎字，疑流上有挩文。又狩野直喜云：『起句「夫學者尙以成性易知爲德，」尙當作當，是猶奕之誤亦。末段魏惠下脫王字，叙錄作魏惠王可證。』岷案尙不必作當，尙當古通，莊子說劍篇：『梩尙何敢言？』陳碧虛闕誤引張君房本作當，卽其證。

武內義雄謂此二百二字爲郭象附於書末目錄之序，狩野直喜謂此二百二字爲郭象後語，自述其刪芟莊子輯爲三十三篇之意也。岷謂此二百二字，措辭草率，不似一完

554

整之序，當是郭象注莊子畢，偶記於篇末者。至其注莊大旨，則篇首之序已盡之矣。其文云：

　　夫莊子者，可謂知本矣。故未始藏其狂言。言雖無會，而獨應者也。夫應而非會，則雖當無用；言非事物，則雖高不行。與夫寂然不動，不得已而後起者，固有閒矣。斯可謂知無心者也。夫心無爲，則隨感而應，應隨其時，言唯謹爾。故與化爲體，流萬代而冥物，豈曾設對獨遘，而游談乎方外哉？此其所以不經，而爲百家之冠也。然莊生雖未體之，言則至矣。通天地之統，序萬物之性，達死生之變，而明內聖外王之道，上知造物無物，下知有物之自造也。其言宏綽，其旨玄妙，至至之道，融微旨雅，泰然遣放，放而不敖。故曰：不知義之所適，猖狂妄行，而蹈其大方。含哺而熙乎澹泊，鼓腹而游乎混芒。至人極乎無親，孝慈終於兼忘，禮樂復乎已能，忠信發乎天光。用其光，則其朴自成，是以神器獨化於玄冥之境，而源流深長也。故其長波之所蕩，高風之所扇，暢乎物宜，適乎民願，弘其鄙，解其懸，灑落之功未加，而矜夸所以散。故觀其書，超然自以爲已當經崑崙，涉太虛，而游惚怳之庭矣。雖復貪婪之人，進躁之士，暫而攬其餘芳，味其溢流，仿佛其音影，猶足曠然有忘形自得之懷，況探其遠情，而玩永年者乎？遂綿邈清遐，去離塵埃，而返冥極者也！

　郭象之注莊子，常以冥字會其極；在此序中，已先作啓示。所謂冥者，卽泯然無迹之意。其立論也，重在物之自生自化，物之外無所謂主宰，欻然自爾，各冥其分。序中所謂：『上知造物無物，下知有物之自造也。』二語，實爲全書綱領。如齊物論篇注：『故物各自生，而無所出焉，此天道也。』『故造物者無主，而物各自造。物各自造，而無所待焉，此天地之正也。』在宥篇注：『夫莊老之所以屢稱無者，何哉？明生物者無物，而物自生耳。自生耳，非爲生也，又何有爲於已生乎？』知北遊篇注：『誰得先物者乎哉？吾以陰陽爲先物，而陰陽者，卽所謂物耳。誰又先陰陽者乎？吾以自然爲先之，而自然卽物之自爾耳。吾以至道爲先之矣，而至道者，乃至無也。旣以無矣，又奚爲先？然則先物者誰乎哉？而猶有物無已，明物之自然，非有使然也。』庚桑楚篇注：『死生出入，皆欻然自爾，未有爲之者也。』厥例甚多，皆本此義而發，此治郭注所當致意者也。（說互詳拙箸郭象莊子注校記序。跋記共五卷，三十七年秋交上海

商務印書館，久未印出，稿之存亡，已不可知矣！）王雩南華真經新傳拾遺有云：『故郭象以周爲知本者，所謂知莊子之深也。』蓋卽據此序起句『夫莊子者，可謂知本矣』而言，其知重視此序，是也。宋人亦有謂此序非郭象之文者，蓋淺稚之見矣。岷謂欲窺郭象注莊大旨，則當致意前序；欲明郭象刪定莊子爲卅三篇之意，則當致意後語。然後語措辭草率，必郭象偶記於篇末者也。

（五） 郭象後語與莊子逸文

昔年收輯莊子逸文，得一百五十餘條，已見莊子校釋附錄一。郭象後語所稱閼亦（同奕），意脩，危言（從釋文序錄），遊鳧，子胥五篇，皆已刪略，其中閼亦，遊鳧二篇之文，今尚有可考者，至足珍貴。茲迻錄於下：

閼奕之隸，與殷翼之孫，遏氏之子，三士相與謀致人於造物，共之元天之上。

元天者，其高四見列星。

見文選顏延年侍游蒜山詩注，白帖二，天中記七。此蓋閼亦篇之文也。

遊鳧問於雄黃曰：今逐疫出魅，擊鼓呼噪，何也？雄黃曰：昔黔首多疾，黃帝氏立巫咸，教黔首，使之沐浴齊戒，以通九竅；鳴鼓振鐸，以動其心；勞形趯步，以發陰陽之氣；春月畀巷飲酒茹葱，以通五藏。夫擊鼓呼噪，非以逐疫出魅，黔首不知，以爲魅祟也（一作爾）。

見玉燭寶典一，荆楚歲時記注，藝文類聚八二，白帖一，御覽二九、五百三十，路史後紀五、餘論三，記纂淵海二（諸書所引，詳略不一，且有訛悅，隨文補正。），此蓋遊鳧篇之文也。

牧馬小童謂黃帝曰：熱艾宛其聚氣。雄黃亦曰：燔金熱艾，以炙其聚氣，令以點爲炙，直取其名。

見玉燭寶典七。此與上文相照，疑亦遊鳧篇之文也。

後語所稱『或似山海經』及『或出淮南』之文，亦尚有可考者，茲分別述之。

（1）似山海經者：

一切經音義四五引云：

龍伯國人鉤船。

一切經音義八六引云：

> 鷦螟巢於蚊睫。

一切經音義九三引云：

> 夸父與日角走，渴死於北地。

凡此逸文，皆似山海經。又見僞列子湯問篇，列子八篇中鈔襲莊子甚多，莊子逸文賴以保存者亦不少也。

（2）出於淮南者：

御覽三、記纂淵海五八竝引云：

> 陽燧見日則燃爲火。

淮南天文篇有此文。

淮南俶眞篇高誘注、列子天瑞篇張湛注，文選班孟堅幽通賦注竝引云：

> 生乃徭役，死乃休息也。（乃一作爲。）

淮南精神篇有此文。

御覽三六九引云：

> 盧敖見若士，深目鳶肩。

淮南道應篇有此文。

文選左太沖魏都賦注，王元長三月三日曲水詩序注，白帖九竝引云：

> 尹需（一作儒）學御三年，而無所得。夜夢受秋駕於其師。明日往朝其師，其師望而謂之曰：吾非獨愛道也，恐子之未可與也，今將敎子以秋駕。

淮南道應篇有此文。

事類賦八地部三引云：

> 老槐生火，久血爲燐，人弗怪也。

淮南氾論篇有此文。

御覽三六四引云：

> 亡羊而得牛，斷指而得頭。

淮南說山篇有此文。

藝文類聚九一引云：

嫗雞搏狸。

淮南說林篇有此文。

淮南鈔襲莊子至多。類此遺文，彌足珍貴。又如玉燭寶典三，藝文類聚八八，初學記二八並引云：

槐之生也，入季春五日而兔目，十日而鼠耳。

御覽九五四，埤雅十四，爾雅翼十一，記纂淵海九五，事文類聚後集二三，天中記五一，並引淮南亦有此文，『十日而鼠耳』下，更有『更旬而始規，二旬而葉成』二句（困學紀聞十引莊子亦有此二句，不知何據。），此則不惟不見於今本莊子，更不見於今本淮南矣。

○　　　○　　　○

上舉五端，鬱積於懷者久矣。常思寫出為快，苦無閒暇。深宵援筆，乘興疾書，返本探源，析疑發覆。宿願初償，怡然忘倦也！一九五〇年四月二十日深夜跋訖，時客臺北。

日本高山寺舊鈔卷子本莊子
卽成玄英疏本試證

日本高山寺舊鈔卷子本莊子，雖僅存雜篇庚桑楚、外物、寓言、讓王、說劍、漁父、天下七卷，然其來源出於宋元嘉本，尚可探索，曾於跋日本高山寺舊鈔卷子本莊子殘卷一文中詳證之（見中研院歷史語言研究所集刊第二十二本）。近偶檢成玄英疏本，復多與鈔本合；兼以有成疏竄入鈔本之故，一時觸發，因疑鈔本卽成疏本，謹述所見，以驗此說。

欲明鈔本卽成疏本，須先論成疏本，今所存之成疏本有二，一爲道藏本；一爲古逸叢書覆宋本。覆宋本並非完璧，據黎庶昌叙目稱：『得原本時，無養生主一卷、德充符數頁，後另得於肆中補之。尚闕應帝王以迄至樂，因取坊刻本成疏校訂繕補云云。』其所補養生主一卷、德充符數頁，是否原本所遺，不能無疑。而應帝王至至樂十二篇乃據坊刻本繕補，則去原本愈遠矣！今以道藏、覆宋二本比勘，出入頗多，互有優劣，已非成疏本之舊。欲窺成疏本之舊，斟酌二本外，尚當於疏文中求之。明乎此，然後與鈔本七篇校對，則知成疏本與鈔本相合之例甚多，如庚桑楚篇：

正得秋而萬寶成。

559

鈔本實作寶，覆宋本同。

　　不厭深眇而已矣。

鈔本深眇作眇深，疏：『眇，遠也。夫棲遁之人，全形養生者，故當遠迹塵俗，深就山泉。』先言眇，後言深，是成疏本原亦作眇深。

　　兒子終日嗥而嗌不嗄。

鈔本嗥作號，疏：『故終日喁號，不破不塞。』是成疏本原亦作號。

　　人見其跂，猶之魁然。

鈔本跂作企，疏；『企，危也。』是成疏本原亦作企。

　　解心之繆。

鈔本繆作繆，疏：『繆，繫縛也。』是成疏本原亦作繆。（下文『繆心也。』覆宋本作繆，存成疏本之舊。）

外物篇：

　　吾得斗升之水然活耳。

鈔本斗升作升斗，疏：『升斗之水，可以全生。』是成疏本原亦作升斗。

　　期年不得魚。

鈔本期作朞，道藏本同。

　　老萊子之弟子出薪。

鈔本出下有取字，疏：『出取薪者，采樵也。』是成疏本原亦有取字。

　　故曰至人不雷行焉。

鈔本無曰字，疏：『是故達人曾無雷滯。』是成疏本原亦無曰字。

寓言篇：

　　故曰无言。

鈔本无上有言字，疏：『故曰言無言也。』是成疏本原亦有言字。

　　終身言，未嘗不言。

鈔本無不字，道藏本同。

讓王篇:

　　越人三世弒其君。

鈔本弒作殺，疏：『越國之人，頻殺君王。』是成疏本原亦作殺。

　　故曰：道之眞，以治身。

鈔本治作持，疏：『夫用眞道以持身者，』是成疏本原亦作持。

說劍篇:

　　請奉千金，以幣從者。

鈔本者作車，疏：『以充從車之幣帛也。』是成疏本原亦作車。

　　晉、魏爲脊。

鈔本魏作衞，陳碧虛音義引成疏：『晉、衞二國近趙地，故爲劍脊也。』
（道藏、覆宋二本疏，衞並誤魏。）是成疏本原亦作衞。

漁父篇:

　　鬚眉交白。

鈔本鬚作鬢，覆宋本同。

　　長少无序。

鈔本少作幼，疏：『長幼曾無次序。』是成疏本原亦作幼。

　　而夫子曲要磬折。

鈔本要作腰，道藏本同。

　　而樸鄙之心，至今未去。

鈔本樸鄙作鄙樸，疏：『嗟其鄙拙。』以拙釋樸，是成疏本原亦作鄙樸。

　　見賢不聳，不仁也。

鈔本賢作貴，疏：『見可貴而不聳。』是成疏本原亦作貴。

天下篇:

　　皆有所明。

鈔本皆作各，疏：『各有所主。』是成疏本原亦作各。

時有所用。

鈔本用上有不字，疏：『故時有所廢。』廢卽不用也，是成疏本原亦有不
字。

其小大精粗，其行適至是而止。

鈔本小大作大小，道藏本同。鈔本而止作而已，疏：『不過適是而已矣。』
是成疏本原亦作而已。

南方无窮而有窮。

鈔本此下更有『无厚不可積也』六字，疏：『只爲無厚，故不可積也。』
是成疏本原亦有此六字。

輪不蹍地。

鈔本作『輪行不蹍於地。』疏：『是以輪雖運行，覺不蹍於地也。』是成
疏本原亦作『輪行不蹍於地。』

孤駒未嘗有母。

鈔本無此句，上下文皆有疏，獨此句無之，是成疏本原亦無此句。

觀上諸例，成疏本之與鈔本合，決非偶然，似可推知鈔本卽成疏本也。
玆再據疏文竄入鈔本之例證之：

讓王篇：

至於岐陽。疏：岐陽，是岐山之陽。

鈔本『岐陽』作『岐山之陽。』山之二字，蓋卽由疏文竄入也。

漁父篇：

孔子愀然。疏：自竦也。

鈔本作『孔子愀然自竦也。』自竦也三字卽由疏文竄入也。

不能法天，而恤於人。不知貴眞，祿祿而受變於俗。故不足。疏：
恤，憂也。

鈔本『故不足』作『故不可足恤。』恤字卽由疏文竄入也。

鈔本何以有疏文竄入？此必鈔者所據之本爲成疏本，鈔者於正文外，但鈔郭象注，不鈔成疏，遂偶將疏文鈔入正文耳。此三處皆無郭注，疏文與正文相接，故易亂也。以此證之，則鈔本卽成疏本，蓋無可疑矣。

鈔本雖卽成疏本，然亦非卽成疏原本，何以明之？如庚桑楚篇：

是乃所謂冰解凍釋者。

鈔本者下有也字。覆宋本者下有能乎二字（疏：能乎？明非眞也。），與鈔本不合。

外物篇：

然則側足而墊之。

鈔本側作仄。道藏、覆宋二本並作側，與鈔本不合。

讓王篇：

故許由娛於潁陽。

鈔本娛作虞。道藏、覆宋二本並作娛，與鈔本不合。

天下篇：

特與天下之辯者爲怪。

鈔本特作將，道藏、覆宋二本並作特（疏：特，獨也。字亦有作將者。），與鈔本不合。

四例中，外物、讓王二例，是否鈔本存成疏本之舊，而道藏、覆宋二本經後人改竄，未敢遽斷；庚桑楚、天下二例，則是鈔本失成疏本之舊，甚明。蓋由鈔寫流傳，不能不稍有出入，亦猶道藏、覆宋二本同爲成疏本，而決非成疏本之舊也。特鈔本去成疏原本未遠，僅此七篇已可證之，此最爲可貴者也。

一九五一年一月八日初稾。

跋日本古鈔卷子本淮南鴻烈
兵略閒詁第廿

　　王念孫斠理淮南，稱『余未得見宋本，所見諸本中惟道藏本爲優。』（讀書雜志九之二十二。）峴曾以四部叢刊影寫北宋本與道藏本詳加比證，知道藏本卽從北宋本出。間有北宋本佳勝處爲道藏本所無者，是北宋本復優於道藏本矣。惜其中頗多訛誤耳！今夏整理淮南斠稿，繙紹羣籍，於臺灣大學國文系圖書室檢得日本影印古鈔卷子本淮南鴻烈兵略閒詁第廿，起『古之用兵者，』訖『國無守城矣。』雖僅存兵略篇之半，然其佳勝處又遠出北宋本之上，舊有所疑於心者，證此卷而釋然。洛誦摩挲，歡喜累日！茲舉數事論之。

一、鈔寫年代

　　淮南有許愼、高誘二家注，據宋蘇魏公文集校淮南子題敍，許本標淮南閒詁，下題記上。高本標淮南鴻烈解經，下題高氏注，每篇下皆曰訓，篇名注有『因以題篇』字。今本二十一篇，有高注十三篇——原道、俶眞、天文、墬形、時則、覽冥、精神本經、主術、氾論、說山、說林、脩務。（其中偶雜有許注。）許注八篇——繆稱、齊俗、道應、詮言、兵略、人閒、泰族、要略。考北宋本高注十三篇，首並題淮南鴻烈解，下題太尉祭酒臣許愼記上，末亦題淮南鴻烈解。許注八篇，僅繆稱、要略二篇首題淮南鴻烈閒詁，下題太尉祭酒臣許愼記上，末仍題淮南鴻烈解。餘六篇題與高注十三篇同。則是許、高相溷之本。道藏本高注十三篇及許注前七篇，首皆題淮南鴻烈解，下題太尉祭酒臣許愼記上，末亦題淮南鴻烈解。亦許、高溷而不分。惟要略篇首題淮南鴻烈閒詁，下題太尉祭酒臣許愼記上，末亦題淮南鴻烈閒詁。存許注本之舊。

兵略篇爲許注本，獨鈔本首題淮南鴻烈閒詁，最爲可貴。而下題高氏注，末題淮南鴻
烈解，則仍是許、高相溷之本。錢塘淮南天文訓補注自序云：『淮南鴻烈解有許愼、
高誘兩家注，隋書經籍志並列于篇。至劉昫作唐書經籍志，唯藏高注，則許注已佚于
五季之亂矣。』鈔本與北宋本出入頗大，就其內容證之，實遠在北宋本之前，則其鈔
寫年代，至遲亦當在五季。據鈔本標題許、高已溷而不分，則許注至遲亦當佚於五季
之初，或竟在唐末矣。

二、鈔本來源

　　淮南善本中，北宋本與道藏本同一系統，可無疑義。北宋本與鈔本出入頗大，明
其來源非一。惟太平御覽所引兵略篇之文，則往往與鈔本相合，其來源似極接近。
如：

　　　　非利土壤之廣，

案御覽二七一引土壤作壤土，鈔本正作壤土。

　　　　含牙帶角，

案御覽二七一、九四四引帶角並作戴角，帶卽戴之聲誤。鈔本正作戴角。

　　　　有毒者螫。

案御覽九四四引螫作蠚，鈔本正作蠚。

　　　　萬人搔動。

案御覽二七一引人作民，文子上義篇同。鈔本正作民。

　　　　自五帝而弗能偃也，

案御覽引弗作不，鈔本正作不。

　　　　故黄帝擒之。

案御覽引擒作禽，鈔本正作禽。

　　　　臨之威武而不從，

案御覽引威武上有以字，鈔本正有以字。

　　　　乃令軍師曰：

案御覽引師作帥，文子同。師卽帥之誤。鈔本正作帥。

毋扣墳墓。

王引之云：『扣，抇字之誤。廣雅：「抇，掘也。」』案御覽引扣作掘，文子同。鈔本正作掘。可證王說。

其國之君，

王念孫云：『其當作某，字之誤也。太平御覽兵部二引此正作某國。』案鈔本亦作某國。

此天之所以誅也。民之所以仇也。

案御覽引此無兩以字，文子同。俞樾謂兩以字爲衍文。鈔本正無兩以字。

東裹郯、淮。注：郯、淮，地名。

王念孫云：『郯、淮本作郯、邳，注同。太平御覽州郡部十三引此正作郯、邳。』案鈔本亦作郯、邳，注同。

山高尋雲，谿肆無景。

王念孫云：『太平御覽引作「山高尋雲霓，谿深肆無景。」是也。』案鈔本作『山高尋景雲，深谿肆无景。』景雲疑本作雲霓，涉下景字而誤也。

故民誠從其令，

案御覽二七一引此無其字，鈔本正無其字。

一人守隘，

案御覽引隘作險，鈔本正作險。

推其搶搶。

王念孫云：『搶當爲搖，字之誤也。搖，古搖字也。太平御覽兵部二引此正作「推其搖搖。」』案鈔本亦作『推其搖搖。』

敵人之兵，無所適備。

王念孫云：『太平御覽引此敵人上有使字。』案鈔本敵人上正有使字。

舉錯得失。

王念孫云：『失當爲時，太平御覽引此正作「舉錯得時。」』案鈔本亦作『舉錯得時。』

明於必勝之攻也。

王念孫云：『攻當爲數，太平御覽引此正作「必勝之數。」』案鈔本亦作『必勝之數。』

上舉十九例中，尤可注意者，『萬人擾動，』『乃令軍師曰，』『毋扣壙墓，』『此天之所以誅也，民之所以仇也，』四例，御覽所引與鈔本同者，文子亦同。文子一書，十九皆鈔襲淮南，往往可據以斠正今本淮南之誤。其涉及此篇者，多與鈔本暗合，四例之外，更有：

而養無義之君，

案鈔本無作不，文子上義篇亦作不。

而復有德也。

案鈔本復作授，文子亦作授。

尅國不及其民。

案鈔本尅作克，文子亦作克。

爲身戰者，不能立其功。

案鈔本戰作求，文子亦作求。

未至兵交接刃，

王念孫云：『兵交當作交兵，文子上義篇正作「交兵接刃。」』案鈔本亦作『交兵接刃。』

下畔其上，

案鈔本畔作叛，文子亦作叛。

謀慮足以知強弱之勢，

案鈔本勢作權，文子亦作權。

是故善守者無與御。

案鈔本御作禦，文子下德篇亦作禦。

德積而民可用。怒畜而威可立也。

案鈔本用下有也字，與下句句法一律。文子亦有也字。

故文之所以加者淺，則勢之所勝者小。

王念孫云：『當作「故文之所加者淺，則勢之所服者小。」今本加上衍以字，服字又誤爲勝。文子下德篇作「文之所加者深，則權之所服者大。」』案鈔本作『故文之所加者淺，則權之所服者小。』文子鈔襲之淮南，必與鈔本同，特易淺爲深、小爲大，

以掩其鈔襲之迹耳。

者佯，則有數者禽無數。

王念孫云：『劉（續）本改者佯爲勢佯，而莊（逵吉）本從之，非也。者當爲智，文子上禮篇正作「智同，則有數者禽無數。」』案鈔本者亦作智。

由此九例及前四例證之，則文子所鈔襲之淮南，當與鈔本同一來源。姚際恒疑文子爲北魏李暹僞託（古今僞書考），雖無塙據，然文子至遲亦不得出於李暹作注之後（李注已亡），則可斷言。卽此已可證鈔本來源之早矣。

三、鈔本最佳處

鈔本雖僅存兵略篇之半，而佳勝處甚多，卽就上述諸例已可證之。茲再舉其最佳者七事：

不至於爲炮烙。

案鈔本炮烙作炮格，當從之。呂氏春秋過理篇：『肉圃爲格，』高注：『格，以銅爲之。布火其下，以人置上，人爛墮火而死，笑之以爲樂。』是其義也。後人昧於古義，乃改格爲烙，古書中此例甚多，本書俶眞、道應二篇，亦並有『爲炮烙』之文，蓋皆後人所改也。

維枹縮而鼓之。注：縮，貫。枹，係於臂，以擊鼓也。

王念孫云：『「維枹縮而鼓之，」殊爲不詞。一切經音義二十引此作「縮枹而鼓之，」無維字，是也。枹字本在縮字下，故注先釋縮，後釋枹。因枹字誤在縮字上，後人又以注言「枹係於臂，」因加維字耳。不知縮字已兼維係之義，無庸更言維也。』案王校是也，鈔本正作『縮枹而鼓之。』

夫論除謹，動靜時，吏卒辨，兵甲治，正行五，連仟伯，明鼓旗，此尉之官也。

王引之云：『下言五官，而上祇有四官，寫者脫其一也。「兵甲治」下，當有「此司馬之官也」一句，自「論除謹，」至「兵甲治，」皆司馬之事，非尉之事。且句法亦與下不同。自「正行五」以下，乃是尉之事耳。司馬也，尉也，候也，司空也，輿也，所謂五官也。』案鈔本『此尉之官也，』作『此大尉之官也。』下更有『營軍辨，賦

569

地極，錯軍處，此司馬之官也」十五字。並有注云：『軍司馬，司主兵馬者也。』正與下言五官合，最為可貴！今本祇有尉、候、司空、輿四官，王氏謂『寫者脫其一，』是也。惟謂『兵甲冶』下，當有『此司馬之官也』一句，則未審矣。

　　疾如錐矢。注：錐，金鏃箭羽之矢也。

王引之云：『錐當為鏃，注內箭羽當為翦羽，皆字之誤也。爾雅：「金鏃翦羽謂之鏃。」是其明證矣。下文云：「疾如鏃矢，」鏃亦鏃之誤。』案王校是也，鈔本錐正作鏃，注內箭羽正作翦羽。下文鏃矢正作鏃矢。

　　伐棘棗而為矜。注：棘棗，酸棗也。

王念孫云：『棘棗本作樲棗，注同。此亦後人妄改之也。史記司馬相如傳：「枇杷樲，」索隱：「說文曰：『樲，酸小棗也。』」淮南子云：「伐樲棗以為矜。」』索隱引作樲棗，而「酸小棗」之訓，又與注合，則正文、注文皆作樲棗，明矣。』案王校是也。鈔本正作樲棗，注同。

　　而天下傅矣。

案傅字無義，鈔本作傅，是也。傅猶附也，謂天下親附也。傅即傅之形誤。茅一桂本、漢魏叢書本、莊本並作得，蓋由不知傅是誤字而臆改耳。

　　故紂之卒百萬之心。

案鈔本作『故紂之卒百萬，而有百萬之心。』是也。『之心』上脫『而有百萬』四字，則文意不完。書泰誓：『受有臣億萬，惟億萬心。』即淮南所本。
上舉諸例，北宋本以下皆誤，惟鈔本存其舊，奚啻一字千金邪！

四、鈔本瞀亂處

　　鈔本雖為最古最佳之本，然其中亦偶有瞀亂，茲舉數事正之：

　　喜而相戲，怒而相害。天之性也。

案鈔本作『喜而不相戲，怒而不相害。天地之性也。』文意乖舛，兩不字疑即兩而字之誤而衍者，地字則因天字聯想而衍也。

　　故羣居雜處，

案鈔本雜誤離。雜、離形近，往往相亂，本書俶真篇：『雜道以偽，』莊子繕性篇作

離；鶡冠子環流篇：『離於名，』陸佃注：『離，或作離。』並其比。

　　　天下莫之敢當。

案鈔本之敢二字誤倒。

　　　士卒殷軫。注：殷，衆。

案鈔本作『殷軫殷衆。』既脫士卒二字，又誤以注文殷衆二字爲正文也。

　　　手不麾戈。

案鈔本手誤乎，麾上衍指字。

　　　動則淩天振地，抗泰山，蕩四海，鬼神移徙，鳥獸驚駭。如此，則野無校兵。

案鈔本脫此二十七字。

類此之例，雖尚不少，然皆易於辨正，固不足以掩鈔本之善也。今夏寫成淮南子斠證一卷，鈔本佳勝處悉已收入；天寒歲暮，重讀殘篇，略書所見，將以商諸同好云。

　　　　　　　　　　　　　　　　一九五三年殘臘，於臺北慕廬。

571